Entwürfe für die Zukunft
- Bildung -

Sammelband III
(Buch 13 - 23)

Kontakt: www.HarryEilenstein.de
Harry.Eilenstein@web.de
Harry Eilenstein bei youtube

Verlag: BoD · Books on Demand GmbH, Überseering 33, 22297 Hamburg, bod@bod.de
Druck: Libri Plureos GmbH, Friedensallee 273, 22763 Hamburg

ISBN: 978-3-8192-2865-0

Inhaltsverzeichnis

Warum 12?

Alle Booklets dieser Reihe haben genau 12 Kapitel – was sich ja auch in den Titeln dieser Booklets widerspiegelt. Warum?

In diesen Büchern wird der Tierkreis als Matrix von 12 verschiedenen Sichtweisen auf die Welt verwendet, um das Thema des Buches möglichst umfassend in 12 Kapiteln zu betrachten. Dadurch wird eine ausgewogenere, umfassendere und tiefere Einsicht in das jeweilige Thema erlangt als es ohne ein solches Raster, ohne eine solche Matrix möglich wäre.

Der Tierkreis wird in dieser Buch-Reihe als Forschungs-Hilfsmittel benutzt, durch das die Einseitigkeiten in der Betrachtung zumindest vermindert werden können. Weiterhin werden durch dieses Vorgehen diese 12 Sichtweisen auch als Ergänzungen zueinander, als organische Teile eines Ganzen deutlich.

Die Inspiration zu diesem Vorgehen stammt aus Hermann Hesses Roman "Das Glasperlenspiel", für das er 1946 den Literatur-Nobelpreis erhielt. In diesem Roman beschreibt er die öffentlichen Darstellungen von Übersichten und Gesamtbetrachtungen, die mithilfe von verschiedenen allgemeinen Strukturen wie z.B. dem Ba Gua aus dem chinesischen Feng-Shui angefertigt und aufgeführt werden.

Diese Booklet-Reihe ist ein Versuch, Hesse's Idee im ganz Kleinen konkret zu verwirklichen.

Die Blickwinkel der 12 Tierkreiszeichen sind:

♈	Widder:	Spontaner
♉	Stier:	Genießer
♊	Zwilling:	Neugieriger
♋	Krebs:	Familienmensch
♌	Löwe:	Egozentriker
♍	Jungfrau:	Handwerker
♎	Waage:	Schöngeist
♏	Skorpion:	Tiefgründiger
♐	Schütze:	Idealist
♑	Steinbock:	Realist
♒	Wassermann:	Theoretiker
♓	Fische:	Träumer

Die 12 Leitlinien der Erziehung

Entwürfe für die Zukunft – Band 13

Inhaltsübersicht

1. Erfahrung

♈

Die meisten Indianer und auch die meisten anderen Naturvölker lassen ihre Kinder selber Erfahrungen machen, aber schützen sie dabei vor zu großen Gefahren. Wenn das Kind erlebt hat, dass Feuer heiß ist, weiß das Kind das – und eine eigene Erfahrung ist immer verlässlicher und überzeugende als etwas, das man nur gehört hat.

Doch die Eltern achten dabei darauf, dass das Kind nicht ins Feuer fällt, nicht von einer Schlange gebissen wird und auch nicht einen giftigen Pilz isst.

In der heutigen, komplexen Welt gibt es viele verschiedene Bereiche, in der die Eltern ihre Kinder erziehen können.

Die grundlegenden Bereiche sind die Fähigkeit, sich zu bewegen, wozu Turn-Spiele der Eltern mit den Kindern – z.B. auf den Matratzen des Doppelbetts – in großem Maße beitragen können. Bei diesen kreativen Bewegungs-Spielen (z.B. auf die Schultern des auf dem Bett sitzenden Vaters klettern) kann den Kindern auch die Bereitschaft zum Wagnis und zugleich die Wichtigkeit der Vorsicht gezeigt werden.

Weiterhin ist die Entwicklung der Sprache ein wichtiger Bereich. Wie bei der Bewegung brauchen die meisten Kinder hier lediglich Gelegenheiten und ein wenig Anregung um dazulernen zu können und ihre Fähigkeiten zu entfalten.

Die Erhaltung der eigenen Gesundheit durch das Anziehen der passenden Kleidung, ein gesundes Essen, durch das Erlernen des Aufklebens eines Pflasters und ähnlicher Dinge ist ebenfalls von Bedeutung.

Ab einem Alter von 2-3 Jahren, aber in vollem Umfang meist erst ab einem Alter von 4 Jahren können die Kinder auch ein Sozialverhalten erlernen, da sie dann klarer „Ich" und „Du" unterscheiden können. Ab dieser Zeit können sie auch ihrer eigene Persönlichkeit deutlicher erfassen und ausrücken, wenn sie dazu von ihren Eltern angeregt werden.

Schon recht früh kommen dann auch Themen wie Verkehr (nicht einfach über die Straße rennen), Umwelt (keinen Müll auf die Wiese werfen) und Medien (nicht ständig aufs Handy schauen) hinzu.

Es gibt auch die Auffassung, dass den Kindern das Spielen gelehrt werden müsste, aber in aller Regel reicht es vollkommen aus, den Kindern die Möglichkeit zum Spielen zu bieten, was meistens einfach bedeutet, dass man sie eben einfach mit dem, was da ist, spielen lässt.

Kinder sind durchaus auch sehr offen für künstlerische Anregungen (Singen, Malen, schnitzen, Ton kneten, Knetgummi …).

Dasselbe gilt auch für religiöse Geschichten, einfache magische Vorgänge (verdeckte Bilder raten) und später auch Astrologie. Dabei ist es wichtig, dass die Eltern ihren Kindern nur solche Dinge zeigen und erklären, von deren Richtigkeit sie überzeugt sind bzw. die sie auch selber durchführen können.

Noch später kommt dann in der Pubertät die Sexualität als Thema hinzu, bei dem die Eltern mit möglichst viel Fingerspitzengefühl vorgehen sollten.

Erziehung wirkt am besten, wenn sie auch den Eltern Spaß macht – man kann Erziehung auch als „gemeinsam das Leben entdecken" auffassen. Dass dabei die Eltern mehr Erfahrung haben, stellt sie nicht über die Kinder, sondern gibt ihnen nur eine bestimmte Rolle. Die Kinder haben anstelle von viel Erfahrung oft viel Kreativität und entdecken neue Möglichkeiten.

Das Ziel dieses Aspektes der Erziehung ist die Fähigkeit, das, was gerade da ist, wahrzunehmen und auf eine sinnvolle Weise darauf einzugehen. also ganz im Hier und Jetzt sein zu können.

„Das Interesse des Kindes hängt von der Möglichkeit ab, eigene Erfahrungen zu machen."

Maria Montessori

„Über einen Graben, den das Kind ohne Gefahr aus eigener Kraft überspringen kann, darf ich es nicht hinüberheben."

Gustav Friedrich Dinter

„Was man einem Kind beibringt, kann es nicht mehr selbst entdecken. Aber nur das, was es selbst entdeckt, verbessert seine Fähigkeit, Probleme zu verstehen und zu Lösen."

Jean Piaget

„Was Du mir sagst, das vergesse ich. Was Du mir zeigst, daran erinnere ich mich. Was Du mich tun lässt, das verstehe ich."

Konfuzius

2. Besitz

♉

Die Kinder erhalten die Dinge, die sie brauchen: Nahrung, Kleidung, Wohnung und ähnliches.

Die Eltern sind für die Kinder einen dauerhafte Unterstützung und bei ihnen ist eine ständige Heimat. Sie zeigen ihren Kindern auch nach und nach die Wichtigkeit von Besitz, Beruf und Geld, aber stellen dieses Thema nicht in den Vordergrund, sondern zeigen, dass Besitz ein Mittel zum Zweck ist. Idealerweise lehren sie ihre Kinder auch, nicht auf das Geld zu blicken, sondern auf das, was sie eigentlich erreichen wollen – also den Besitz selber.

Kinder brauchen einen Schutzraum, der nur nach und nach zur Welt hin geöffnet wird. Bei vielen Anthroposophen wird daraus ein „in Watte packen" der Kinder, was nicht besonders förderlich ist. Die Kinder von Anfang an allem auszusetzen zerstört hingegen den Schutzraum und ist genauso wenig förderlich. Wie bei den meisten Dingen ist auch hier das rechte Maß entscheidend.

Zu diesem Thema gehört auch die Frage, ab wann ein Kind Taschengeld erhält und ab wann das Kind in zunehmendem Maße für den Kauf seiner Schulhefte und später auch seiner Kleidung zuständig ist.

Zu den Erziehenden gehören nicht nur die Eltern – am besten beide – sondern auch die Tagesmütter in den Kinderkrippen (0-3 Jahre), die Erzieherinnen in den Kindergärten (3-6 Jahre), die Lehrer und Lehrerinnen in den Schulen (ab 6 Jahre) und die Erzieher in den Kinderhorten (ab 6 Jahre).

Als Vater oder Mutter sollte man die Kinder und ihre Bedürfnisse ernst nehmen – ganz einfach deshalb, weil die Kinder diese Bedürfnisse haben. Man sollte also achtsam mit den Kindern umgehen und sich um ihre Bedürfnisse kümmern, sie also nicht weinen lassen, sie viel im Arm halten, sie stillen – und das nach Bedarf und nicht nach der Uhrzeit, sie im Elternschlafzimmer schlafen lassen, sie lange Zeit im Tragetuch tragen usw.

Das bedeutet keineswegs, dass man immer alles macht, was die Kinder gerade wollen, sondern nur, dass man ihr Bedürfnisse ernst nimmt und die Bindung zu ihnen nicht abreißen lässt. Es geht also nicht darum, die Kinder zu verwöhnen, sondern ihnen lediglich die Sicherheit zu vermitteln, dass man sich um sie kümmert.

Dieses „sich um die Bedürfnisse kümmern" funktioniert dann am besten, wenn man als Vater oder Mutter (oder als älterer Bruder oder ältere Schwester) auch um die eigenen Bedürfnisse kümmert. Eine Familie kann nicht gedeihen, wenn einer alles erhält und die anderen darben. Es geht darum, dass alle in etwa gleich zufrieden – so zufrieden, wie es die Umstände möglich machen.

> **Das Ziel dieses Aspektes der Erziehung sind das sichere Gefühl von Schutz und die Fähigkeit, das Leben genießen.**

„Belohnung und Bestrafung ist die niedrigste Form der der Erziehung."
Dschuangtse

„Der modische Irrtum ist, dass wir durch Erziehung jemand etwas geben können, das wir (selber) nicht haben."
G. K. Chesterton

„Nicht der Besitz an materiellen Gütern erhellt die Kinderjahre, sondern die Liebe und Gemütsverfassung der Eltern."
Rudolf von Tavel

„Kinder können nicht verwöhnt werden, indem sie zu viel von dem bekommen, was sie wirklich brauchen."
Jesper Juul

„Das erste Glück eines Kindes ist das Bewusstsein, geliebt zu werden."
Don Bosco

„Mit einer Kindheit voller Liebe kann man ein halbes Leben hindurch die kalte Welt aushalten."
Jean Paul

3. Neugier

Ⅱ

Die Kinder entfalten sich am mühelosesten und am besten, wenn sie in einer „bunten Umgebung", die viele verschiedene Seiten und Anregungen hat, aufwachsen.

Durch dieses „Montessori-Prinzip" können die Eltern die Neugier ihrer Kinder fördern, die eine der wichtigsten Eigenschaften eines Menschen ist. In diesem Zusammenhang haben auch Kindergärtnerinnen und später dann die Schule und die Lehrer einen großen Einfluss.

Erziehung hat auch viel mit Zeigen und Lernen zu tun. Die Kinder saugen fast alles Wissen geradezu auf: Sie stehen neben dem Vater, der Holz hackt, und wollen das Holz stapeln; sie schauend er Mutter zu, wenn sie einen Kuchen backt und wollen auch mal den Teig rühren; sie sehen den Bruder malen und wollen auch Stifte und Papier haben; sie sehen die Schwester auf der Blockflöte spielen und wollen auch mal in die Flöte blasen … Erziehung hat sehr viel mit Zulassen und Raum geben zu tun. Man muss als Vater oder Mutter gar nicht so viel prägen, sondern einfach nur zulassen, dass sich das, was da ist, entfalten kann, dass sich das Kind bei den verschiedensten Tätigkeiten selber erlebt.

Das „Lenken der Kinder", als das Erziehung noch häufig angesehen wird und das für dieses Lenken Belohnung und Strafe benutzt, kann leicht zu einer „Dressur" werden.

Man kann jedoch auch durch Anregung und durch die Förderung der Einsicht der Kinder viel erreichen. Diese Methode hat auch den Vorteil, dass die Kinder dabei nicht aufgrund von Zwang handeln, sondern aus Einsicht und weil sie sehen, dass sie so am besten ihre Ziele erreichen.

Dabei muss man als Vater oder Mutter auch immer im Auge behalten, dass jedes Kind wieder ganz anders ist und dass das, was bei dem einen Kind gut funktioniert, bei dem anderen vielleicht überhaupt keine Wirkung hat, und dass das, was das eine Kind fasziniert, für das andere völlig uninteressant ist.

Die Welt ist bunt und auch die Kinder sind verschieden – also muss auch der Stil der Erziehung bei jedem Kind wieder ein bisschen anders sei, auch wenn man als Vater oder Mutter bei der Erziehung natürlich noch immer an denselben Werten orientiert und alle seine Kinder liebt.

Das Ziel dieses Aspektes der Erziehung das Anregen des Kindes, zu erkunden wie bunt die Welt ist und welche Vielfalt an Möglichkeiten sie bietet.

„Die Quelle alles Gutem liegt im Spiel."
Friedrich Fröbel

„Mit allen Sinnen spielen ist sinnvolles Spielen, heißt sich in die Welt zu begeben und sich mit ihr auseinanderzusetzen."
Renate Zimmer

„Das habe ich noch nie gemacht, also geht es sicher gut."
Pippi Langstrumpf

„Spielen ist die höchste Form der Forschung."
Albert Einstein

„Wer noch nie einen Fehler begangen hat, hat noch nie etwas Neues ausprobiert."
Albert Einstein

„Hilf mir, es selbst zu tun (...)."
Maria Montessori

„Du kannst Deinen Kindern Deine Liebe geben, nicht aber Deine Gedanken. Sie haben ihre eigenen."
Khalil Gibran

„Die schönste Musik ist das Lachen eines Kindes."
anonym

4. Nachahmung

♋

Kinder lernen vor allem durch Nachahmung. Das bedeutet, dass die Eltern so leben sollten, wie sie sich wünschen, dass auch ihre Kinder leben werden. Die größte Erziehungshilfe für ein Kind sind glückliche Eltern.

Kinder ahmen ihr Eltern (und Geschwister) nach, d.h. sie kopieren sie. Das ist etwas, das jedes Kind aus sich heraus mach: sie erleben etwas und machen es dann genauso wie die anderen es gemacht haben. Kinder sind lernbegierig: „Selber machen!"

Dieses Lernen durch Vorbilder ist nichts, was man Kinder beibringen müsste. Das Unterbewusstsein ist durch Assoziationen strukturiert, d.h. wenn man eine bestimmte Situation erlebt, wird diese Situation mehr oder weniger bewusst mit allen anderen ähnlichen Situationen, die man schon zuvor erlebt hat, verbunden.

Zu diesen Verbindungen gehören auch die (erfolgreichen) Verhaltensweisen, die man bei anderen gesehen hat. Daher neigen Kinder (und Erwachsene) dazu, sich so zu verhalten, wie sie es bei anderen gesehen haben, die in der betreffenden Situation erfolgreich gewesen sind. Folglich ist die Nachahmung die einfachste Form des Lernens, die jedes Kind aufgrund der assoziativen Selbstorganisation des Gehirns und der Psyche zur Verfügung hat.

Es für Kinder auch hilfreich, wenn sie den Umgang mit ihren inneren Bildern, mit der Traumdeutung, der Imagination und der Lebenskraft erlernen.

Kinder gedeihen, wenn sie sie bei ihren Eltern Geborgenheit erleben und daher ein Urvertrauen entwickeln können. Wenn die Eltern empathisch sind, kann das Kind sich zeigen und damit beginnen die Welt zu entdecken und ohne Angst zu schauen, was all die Dinge sind, denen es begegnet.

Empathie bedeutet nicht Verwöhnung, sondern Anteilnahme, Verstehen und Einfühlungsvermögen. Verwöhnung ist genauso wenig förderlich wie Verwahrlosung – es geht nicht darum, alles zu tun, was das Kind will, sondern, dem Kind emotionale Sicherheit in der Familie zu geben.

Das Verhältnis zwischen Eltern und Kindern wird in verschiedenen Kulturen recht verschieden gesehen.

In der westlichen Kultur werden die Kinder so erzogen, dass sie möglichst autonom werden. D.h. die Eltern müssen etwas für ihre Kinder tun.

In China, das vom Konfuzianismus geprägt ist geht es bei der Erziehung hingegen um die Festigung der Familienbindung, damit die Kinder ihre Eltern, wenn sie alt geworden sind, versorgen. D.h. die Kinder müssen etwas für ihre Eltern tun. Diese Form der Erziehung und des Eltern/Kind-Verhältnisses findet sich auch bei den Naturvölkern und war auch in Europa bis zum Mittelalter und auch darüber hinaus üblich.

In der westlichen Kultur hat der Staat anstelle der Kinder die Versorgung der Alten übernommen, wobei es sich dabei noch immer um einen „Generationen-Vertrag" handelt, da die Arbeitenden durch ihre Sozialabgaben das Geld für die Rente der Alten erwirtschaften. Das Prinzip „Junge versorgen Alte" gibt es also auch im Westen noch immer – nur ist es anders, d.h. kollektiv statt individuell organisiert worden.

Die soziale Auswirkung dieser verschiedenen Altersversorgungs-Formen ist, dass in China die Gemeinschaft im Vordergrund steht, während im Westen das Individu-um im Vordergrund steht.

Dieser Unterschied, der bereits in der Erziehung des kleinen Kindes zu sehen ist, zeigt sich dann auch in der politischen Organisation: im individuell-orientierten Westen die freie Marktwirtschaft (in der die Versorgung der Alten weitgehend fehlt), im kollektiv-orientierten Osten die zentrale Planwirtschaft des Kommunis-mus. Die soziale Marktwirtschaft wie z.B. in der BRD ist eine Mischform dieser beiden Extreme.

Das Ziel dieses Aspektes der Erziehung ist die Fähigkeit der Kinder, ihre Innenwelt zu verstehen und konstruktiv mit ihr umgehen zu können, was auch Grundkenntnisse in Meditation und dem Lenken der Lebenskraft u.a. in der Meditation beinhaltet.

„Es ist einfacher, eine Nation zu regieren, als vier Kinder zu erziehen."
Sir Winston Churchill

„Man kann ohne Liebe Holz hacken, Ziegel formen und Eisen schmieden, aber man sollte nie ohne Liebe mit Menschen umgehen."
Leo N. Tolstoi

„Wenn wir wahren Frieden in der Welt erlangen wollen, müssen wir bei den Kindern anfangen."
Mahatma Gandhi

„Die Erziehung ist die mächtigste Waffe, die man benutzen kann, um die Welt zu ändern."
Nelson Mandela

„Die Lösung für die Menschheit liegt in der richtigen Erziehung der Jugend, nicht in der Heilung von Neurotikern."
Alexander Sutherland Neill

„Wer sich seiner eigenen Kindheit nicht mehr deutlich erinnert, ist ein schlechter Erzieher."
Marie von Ebner-Eschenbach

„Viele, die bei Kindern sind, tun ihre Pflicht, aber das Herz ist nicht dabei. Das merkt das Kind."
Wilhelm von Humboldt

„Mit den Kindern muss man zart und freundlich verkehren. Das Familienleben ist das beste Band. Kinder sind unsere besten Richter."
Otto von Bismarck

„Kinder, die man nicht liebt, werden Erwachsene, die nicht lieben."
Pearl S. Buck

„Es gibt nichts Schöneres als geliebt zu werden, geliebt um seiner selbst willen oder vielmehr: trotz seiner selbst."
Victor Hugo

„Die Liebe der Eltern zu ihren Kindern ist das einzige vollkommen selbstlose Gefühl."

William Somerset Maugham

„Mütter halten die Hände ihrer Kinder nur für eine Weile, aber ihr Herz für immer."

Irische Weisheit

5. Eigenständigkeit

♌

Das wichtigste, was Kinder von ihren Eltern erhalten können, ist die Liebe der Eltern zu ihren Kindern – und zwar nicht die Liebe zu dem, wie sich die Eltern ihre Kinder wünschen, sondern zu dem, wie die Kinder sind.

Daher sollten die Eltern die Selbsterkenntnis, die Eigenständigkeit und die Selbsttreue ihrer Kinder fördern. Dazu gehört es als Erstes, dass auch die Eltern selber wissen, wer sie sind, eigenständig geworden sind und sich selber treu sind.

Die Traumreise zur eigenen Mitte, durch die man die eigene Seele und das eigene Krafttier kennenlernen kann, ist ein wichtiger und sehr hilfreicher Teil der Selbsterkenntnis.

Um die Kinder zu Individuen heranwachsen zu lassen, ist es notwendig, den Kindern – und nicht nur den eigenen – respektvoll zu begegnen und sie genauso ernst zu nehmen wie jeden Erwachsenen. Das bedeutet nicht, dass man die Kinder alles entscheiden lässt, sondern nur, dass man das, was sie tun und sagen, nicht als „Kinderkram" abtut und z.B. in ihrem Beisein über sie mit anderen spricht, als wären sie Dinge oder Haustiere.

Die Förderung der Fähigkeiten der Kinder hilft den Kindern, sich selber zu erkennen und sich zu entwickeln und zu entfalten – was die Grundvoraussetzung dafür ist, dass sie ein glückliches Leben führen können.

Im Grund ist Erziehung aus dieser Sicht eine Hilfe zur Selbsthilfe und die Entwicklung der Fähigkeit der Selbsterziehung. Dieser Ansatz ist schon deshalb sinnvoll, weil jedes Kind seinen eigenen Stil hat und daher seine ganz besondere Erziehung braucht. Wenn die Eltern etwas von Astrologie verstehen, kann es in Erziehungs-Krisen unter Umständen auch hilfreich sein, sich das Horoskop des Kindes anzusehen.

Vielleicht hat es ja ein Quadrat zwischen Uranus und Saturn – dann braucht das Kind, um Regeln folgen zu können, zwischendurch immer wieder mal, dass es entweder selber oder noch besser zusammen mit den Eltern etwas Verrücktes tun kann. Wenn man als Vater oder Mutter solche Eigenheiten des Kindes kennt und sie berücksichtigt, wird die Erziehung sehr viel einfacher …

Den schon im vorigen Kapitel angesprochenen West/Ost-Unterschied in der Erziehung gibt es auch bei dem Thema dieses Kapitels: Im Westen wird eher das Erschaffen von Individualität, Unterschieden und Vorteilen angestrebt – im Osten wird eher das Erschaffen von Kooperation, Gemeinsamkeiten und Gleichheit angestrebt.

Das Ziel dieses Aspektes der Erziehung dient dazu, dass das Kind befähigt, wirklich sein eigenes Leben zu leben – als Kind, als Jugendlicher und als Erwachsener.

„Das Leben anzuregen – und es sich dann frei entwickeln zu lassen – hierin liegt die erste Aufgabe des Erziehers.“
Maria Montessori

„Jede Erziehung ist Selbsterziehung, und wir sind eigentlich als Lehrer und Erzieher nur die Umgebung des sich selbst erziehenden Kindes.“
Rudolf Steiner

„Kinder werden nicht erst zu Menschen – sie sind bereits welche.“
Janusz Korczak

„Ein Kind ist kein Gefäß, das gefüllt, sondern ein Feuer, das entzündet werden will.“
François Rabelais

„Erziehung ist nicht das Füllen eines Kübels, sondern das Entfachen eines Feuers.“
William Butler Yeats

„Wer sagt, daß Spielen nur ein Üben für das spätere Leben ist, hat noch nie gespielt."

Jörg Wichmann

„Ein Kind nach den Anleitungen eines Buches zu erziehen, ist gut, nur braucht man für jedes Kind ein anderes Buch."

anonym

„Jede Schneeflocke und jedes Kind haben etwas gemeinsam... sie sind alle einzigartig."

anonym

„Große Männer werden nicht gemacht. Sie werden, was sie sind, ohne besondere Erziehungspläne, völlig unabhängig auch von sonst allerbesten Systemen."

Edgar Allan Poe

„Liebt eure Kinder um ihrer selbst willen, nicht ihrer Leistungen wegen."

Basil Johnston, Ojibwa- Indianer

„Jedes Kind muss die Erfahrung machen, dass Menschen es so liebt, wie es ist und nicht, weil es versucht, jemand anderes zu sein."

Mary Leitka

„Sei einfach Du selbst, alle anderen gibt es schon."

Oscar Wilde

„Jedes menschliche Wesen hat Anspruch auf eine Erziehung, die es fähig macht, in sich selber zu ruhen."

Malwida von Meysenbug

„Je mehr wir unsere Kinder lieben, desto weniger kann es uns genügen, daß sie nur in unsere Fußstapfen treten."

Friedrich Schleiermacher

„Erziehen ist vor allem Sache des Herzens."

Don Bosco

6. Handwerk

♍

Es ist auch sehr förderlich für Kinder, wenn sie viele verschiedene Handwerke und Fertigkeiten erlernen – vom Malen über das Backen bis hin zum Reparieren ihres Fahrrades. Sachkenntnis ist immer förderlich – wobei die Eltern natürlich auch schauen müssen, wozu ihre Kinder eine Begabung und Neigung haben.

Ideal ist eine grundlegende Kenntnis in den meisten Bereichen und eine besondere Förderung in den Bereichen, in denen die Kinder ein auffälliges Talent haben.

Zu diesen Bereichen, deren Förderung sinnvoll ist, gehört neben dem Handwerk auch das Wissen und Grundkenntnisse in physischer und psychischer Heilung. Das beinhaltet auch Grundkenntnisse in Erster Hilfe, also Notfallmedizin, Bachblüten, Umgang mit Schockerlebnissen und ähnliches.

Eltern, denen diese Seite der Erziehung besonders wichtig ist, werden vermutlich auch verschiedene Erziehungskonzepte studieren und allerlei Erziehungs-Ratgeber lesen, um nach Möglichkeit nichts falsch zu machen und nichts zu übersehen. Das ist natürlich durchaus förderlich, aber man solle dabei nicht vergessen, dass das, was für die Kinder das allerwichtigste ist, die Freude der Eltern über die Eigenarten und Besonderheiten der eigenen Kinder ist – auch dann und vor allem dann, wenn die Kinder völlig anders als die Eltern sind.

Die Eltern haben natürlich die Aufgabe, ein Mindestmaß an Ordnung aufrecht zu erhalten und auch für das Funktionieren der Gesamtfamilie zu sorgen, aber diese Ordnung sollte immer nur die Lebendigkeit fördern, aber sie nicht einengen.

Das Ziel dieses Aspektes der Erziehung ist es, das Kind dazu zu befähigen, handwerklich geschickt die Aufgaben bewältigen zu können, vor die es sich gestellt sehen könnte.

„Man soll die Kinder lehren, die Übertreibung in den Ausdrücken als ein erstes Abweichen von der Wahrheit zu vermeiden."

Alexandre Vinet

„Hat man dem Kinde etwas versprochen, so soll man es halten. Sonst lernt es lügen."

Talmud

„Kinder brauchen Eltern, die Grenzen nicht nur setzen, sondern auch einhalten."

Christa Schyboll

„Kinder brauchen Eltern, die genau fühlen, wann es die Ausnahme von der Regel auch mal sein darf und damit ihre Grundregel dennoch bestätigen."

Christa Schyboll

„Die Seele eines Kindes ist heilig, und was vor sie gebracht wird, muss wenigstens den Wert der Reinheit haben."

Johann Gottfried von Herder

„Was wir heute nicht in Erziehung, Schulen und Familien investieren, zahlen wir morgen doppelt bei der Kriminalitätsbekämpfung; dann ist das Kind aber schon in den Brunnen gefallen."

Heiner Geißler

„Das Ziel der Erziehung sollte sein, dem Kinde zu ermöglichen, später ohne Lehrer weiterzukommen."

Elbert Hubbard

„Über die Erziehung schreiben heißt beinahe über alles auf einmal schreiben."

Jean Paul

„Erziehung: wesentlich das Mittel, die Ausnahme zu ruinieren zu Gunsten der Regel."

Friedrich Nietzsche

„Unter Umständen ist es für manches Kind am besten, wenn es gar nicht erzogen wird."

Peter Rosegger

7. Freundschaften

♏

Das Anregen von Freundschaften ihrer Kinder durch die Eltern beschränkt sich weitgehend auf drei Dinge: 1. die Schaffen von Gelegenheiten für ihre Kinder, andere Kinder kennenzulernen; 2. das Vorbild der eigenen Freundschaften; und 3. die Hilfe für die Kinder, wenn es in den Freundschaften zu Krisen kommt – wobei die Eltern bei diesem 3. Punkt mit viel Vorsicht und Taktgefühl vorgehen sollten.

Die grundlegende Fähigkeit, auf der diese Fähigkeit zu Freundschaften beruht, ist das Gespräch, das die Kinder idealerweise auch bei ihren Eltern sowie bei ihren Eltern und deren Freunden erleben sollten.

Das Gespräch mit den Kindern und der spielerische Austausch mit ihnen sind wichtig, um die Bindung zwischen Eltern und Kindern lebendig zu erhalten. Und was könnte besser und für beide förderlicher sein, als wenn Eltern und Kinder zu Freunden werden?

Dazu müssen die Eltern ihren Kindern – wie bereits gesagt – auf Augenhöhe begegnen und sie ernst nehmen. Dazu gehört auch, dass die Eltern ihre Kinder in Entscheidungen miteinbeziehen, die die Kinder betreffen. Damit ist nicht gemeint, dass sie die Kinder bestimmen lassen, sondern zuerst einmal nur, dass die Eltern zu verstehen versuchen, was die Kinder selber wollen. Die Eltern sollen also nicht ohne mit ihren Kindern zu sprechen, über sie selber, ihre Spielsachen, ihre Kleidung usw. entscheiden.

Weiterhin sollten Eltern ihre Kinder nicht bestrafen, bedrohen oder beschämen. Im besten Fall führt das zu der Abwendung der Kinder von den Eltern – im schlimmsten Fall geben die Kinder dadurch ihren eigenen Willen auf und werden angepasst und antriebslos. Dieses Sprechen mit den Kindern macht allerdings mehr Mühe, wenn das Kind z.B. morgens gut angezogen in den Kindergarten gebracht werden soll und das Kind nicht will, aber es lohnt sich sehr, da dadurch mittelfristig der Umgang mit den Kindern einfacher wird und auch das Verhältnis zwischen Eltern und Kindern wesentlich lebendiger und für beide bereichernder wird.

Es ist offensichtlich, dass auch Manipulationen oder Lügen gegenüber dem Kind die Beziehung zwischen Eltern und Kind nachhaltig zerstören können. Dasselbe gilt auch dann, wenn die Eltern das Zeigen ihrer Liebe zu ihren Kindern an Bedingungen wie z.B. „brav sein" knüpfen.

Stattdessen sollte man als Vater oder Mutter mit dem Kind sprechen und nach einer Einigung mit ihm suchen – da sind die Kinder sehr kreativ, wenn sie das System erst einmal begriffen haben. Wenn der Vater z.B. meditieren will, das Kind jedoch auf den Spielplatz will, kann der Vater dem Kind vorschlagen, dass sie beides machen – erst das eine und dann das andere – und das Kind entscheiden lassen, was sie zuerst machen. Dabei kommt es durchaus vor, dass das Kind zuerst will, dass der Vater meditiert, damit sie anschließend ein „offenes Ende" auf dem Spielplatz haben – und dass sich das Kind ebenfalls ein Kissen holt und sich neben den Vater zum Meditieren hinsetzt, obwohl es noch gar nicht weiß, was Meditieren eigentlich ist.

> *Das Ziel dieses Aspektes der Erziehung ist es, dem Kind zu helfen, nicht alleine leben zu müssen, sondern zu allen Menschen, zu denen es eine Verbindung spürt, auch einen Kontakt knüpfen zu können.*

„Kinder achten mehr darauf, was Eltern tun, als was sie sagen."
anonym

„Erziehung besteht aus zwei Dingen: Beispiel und Liebe."
Friedrich Fröbel

„Nur das lebendige Beispiel erzieht."
Achim von Arnim

„Das gute Beispiel ist nicht eine Möglichkeit, andere Menschen zu beeinflussen – es ist die einzige."
Albert Schweitzer

„Auf Kinder wirkt das Vorbild, nicht die Kritik."
Heinrich Thiersch

„Kinder machen nicht das, was wir sagen, sondern das, was wir tun."
Jesper Juul

„Wir brauchen unsere Kinder nicht erziehen, sie machen uns sowieso alles nach."
Karl Valentin

„Das Leben der Eltern ist das Buch, in dem die Kinder lesen."
Augustinus Aurelius

„Erziehen heißt vorleben. Alles andere ist höchstens Dressur."
Oswald Bumke

„Besteht nicht die Hälfte der Kinderzucht darin, das wieder abzulehren, was die Kinder von Erwachsenen sehen und lernen?"
Karl Julius Weber

„Das bedeutendste Ergebnis der Erziehung ist die Toleranz."
Helen Keller

8. Krisen

♏

Krisen sind unvermeidbar. Daher ist es eine große Hilfe für die Kinder, wenn sie erleben können, wie ihre Eltern mit Krisen umgehen – sofern die Eltern mit Krisen konstruktiv umgehen können und nach der Krise stärker und runder geworden sind als vorher.

Generell ist ein gutes Vorbild in Bezug auf den Umgang mit heftigen Gefühlen – einschließlich Sexualität und Kampf – für die Kinder sehr hilfreich. Eine der anspruchsvollsten Krisen sowohl für die Kinder als auch für die Eltern sind Beziehungskrisen der Eltern und die Trennung der Eltern.

Kinder brauchen es, dass die Eltern ihre Gefühle der Kinder ernst nehmen. Wenn Eltern das nicht tun, führt das entweder zu heftigem Widerstand durch die Kinder oder zum innerlichen Zusammenbrechen der Kinder. Schließlich erwarten sie vor allem von den Eltern Verständnis und Hilfe bei ihren eigenen heftigen Gefühlen – von wem sonst sollten sie diese Hilfe erhalten können? Wenn sie jedoch stattdessen zurückgewiesen oder gemaßregelt werden, fühlen sich die Kinder hilflos und isoliert und stehen dann – wenn sich das wiederholt – unter zunehmend großem emotionalen Druck.

Zu diesem Verständnis für die Gefühle der Kinder und dem Ernstnehmen dieser Gefühle gehört auch, dass die Eltern nicht danach streben, ihre Kinder zu unterdrücken, zu entmündigen und zu dressieren.

Insbesondere sollten sie die Wutanfälle ihrer Kinder nicht sofort bestrafen und abwürgen, denn dann wird die Wut entweder noch heftiger oder sie wird nach innen, d.h. gegen sich selber gerichtet. Wut, Verzweiflung und Trauer werden heftiger, wenn man sie einengt und ihnen den Raum zum Ausdruck nimmt – sie entspannen sich hingegen, wenn man ihnen Raum gibt und zuhört. Leider ist dies noch nicht einmal allen Therapeuten bewusst.

Die sogenannte Trotzphase, die oft von viel Wut und Weinen begleitet wird, beginnt mit ca. eineinhalb Jahren. Dieser Trotz beruht auf der Entdeckung der Abgrenzung zwischen „Ich" und „Nicht-Ich", die auf die weitgehend symbiotische Phase des

Babys folgt. Diese Entdeckung der Entscheidungsmöglichkeiten und des „Nein!" ermöglicht dem Kleinkind, einen eigenen Standpunkt einzunehmen. Das, was dabei förderlich ist, ist das Ernstnehmen des Willens der Kinder und der Suche nach einer Möglichkeit, die sowohl dem Kind als auch den Eltern gefällt.

Trotz ist keine Elternmanipulation durch die Kinder – Kinder können sich erst ab dem Alter von ca. 4 Jahren in andere hineinversetzen. Vorher ist bei ihnen einfach nur ein „das haben wollen" oder „das nicht wollen", also nur ein internes Gefühl, aber noch keine externe Einschätzung der Gesamtsituation.

Daher liegt es zunächst einmal bei den Eltern, einen tragfähigen Kompromiss zwischen dem, was die Kinder und was sie selber wollen, zu finden. Wenn die Kinder jedoch das Prinzip des Kompromisses erst mal verstanden haben, können sie darin ziemlich kreativ werden und auch selber Lösungen vorschlagen, auf die man als Vater oder Mutter gar nicht gekommen wäre.

Die Grundlagen dafür sind zum einen, dass sich das Kind von den Eltern ernst genommen fühlt, und zum anderen, dass nur Kompromisse geschlossen werden, von denen die Eltern wissen, dass sie sie mit sehr großer Wahrscheinlichkeit auch einhalten können werden. Wenn diese Abkommen durch die Eltern des öfteren gebrochen werden, funktioniert diese Suche nach Kompromissen schon nach kurzer Zeit nicht mehr und es wird wieder zu einem Kampf zwischen Eltern und Kindern kommen.

Das Ziel dieses Aspektes der Erziehung ist die Fähigkeit des Kindes, seine eigenen Tiefen, Grundüberzeugungen, Wünsche, Ängste usw. kennenzulernen und sein Leben an ihnen auszurichten.

„In einem Haus voll Kindern hat der Teufel keine Macht. "
Sprichwort

„Man kann in Kinder nichts hineinprügeln, aber vieles herausstreicheln. "
Astrid Lindgren

„Von allen Fehlern, die in der Erziehung gemacht werden, ist der Glaube an ererb-
te Grenzen der Entwicklung der schlimmste. "
Alfred Adler

„Bevor ein Kind Schwierigkeiten macht, hatte es welche. "
Afred Adler

„Kinder entwickeln Störungen wenn sie in der Entwicklung gestört werden. "
Gunda Frey

„Niemand kann erreichen Kindeszucht mit Streichen (= Schlägen). "
Walther von der Vogelweide

„Er pflegte gern zu behaupten, dass sowohl bei der Erziehung der Kinder als bei
der Leitung der Völker nichts ungeschickter und barbarischer sei als Verbote, als
verbietende Gesetze und Anordnungen. "
Johann Wolfgang von Goethe

„Wehe dem, der ein Kind in Furcht erzieht, und wenn es die Furcht Gottes wäre! "
Walther Rathenau

„Kinder brauchen Liebe – besonders, wenn sie sie nicht verdienen. "
Henry David Thoreau

„Nichts wirkt seelisch stärker auf die menschliche Umgebung, besonders auf die
Kinder, als ungelebte Leben der Eltern. "
Carl Gustav Jung

„Kinder berühren unbewusst unsere wunden Punkte und helfen uns damit, richtig
erwachsen zu werden. "
Jesper Juul

„Ein Kind stellt die Fehler der Erwachsenen nicht in Frage, es erduldet sie. "
Dan George, Salish-Indianer

„Es ist ausgemacht, daß eine schlechte Erziehung der Frauen viel mehr Unheil erzeugt als die der Männer.“

François de Salignac de la Mothe Fénelon

„Wenn man einen jungen Burschen erzieht, erzieht man einen einzelnen Menschen. Wenn man ein Mädchen erzieht, erzieht man eine ganze spätere Familie.“

Harold McIver

„Mütter lieben ihre Kinder mehr, als Väter es tun, weil sie sicher sein können, dass es ihre sind.“

Aristoteles

9. Ziele

↗

Auch das Lehren des Wertes von Zielen ist den Eltern vor allem durch ihr eigenes Vorbild möglich. Dazu sollten die Eltern wissen, was sie erreichen wollen – oder eben mit dem, wie es ist, von Herzen zufrieden sein.

Hier ist es sehr hilfreich, wenn die Kinder zusammen mit den Eltern Abenteuer erleben und Entdeckungen machen können. Das kann von einfachen Wanderungen über Kanufahrten bis hin zu Gleitschirmspringen reichen.

Möglicherweise kann es für das Kind eine Hilfe sein, wenn die Eltern es anregen, sich einmal ein Ideal-Leben auszudenken – entweder im Gespräch miteinander oder als geschriebene Geschichte.

Meist wird man, wenn man Vater oder Mutter geworden ist, feststellen, dass man sich wie der eigene Vater bzw. wie die eigene Mutter verhält. Das liegt daran, dass wir durch Nachahmung lernen, was auch die Vaterrolle und die Mutterrolle mit einschließt.

Das sollte man sich jedoch nicht selber vorhalten, sondern stattdessen schauen, wie man es anders machen will und dann auch ganz bewusste Erziehungsziele und Erziehungsmethoden beschließen.

Dabei sollte man allerdings immer beachten, dass es nicht darum geht, das Beste für sich selber zu erreichen oder immer das Beste für das Kind zu tun und sich ganz für das Kind aufzuopfern, sondern dass es um die Bedürfnisse der ganzen Familie geht. Nur in einer insgesamt glücklichen Familie kann auch der Einzelne glücklich sein.

Dabei sollte man mit sich selber und der eigenen Entwicklung nachsichtig und geduldig sein – so gut wie niemand ist genau so, wie er am liebsten wäre, oder so, wie es seinem Ideal entsprechen würde … Auch den eigenen Kindern sollte man nach und nach den Wert von Geduld und das Erkennen des richtigen Augenblicks lehren. Das ist jedoch erst bei Kleinkindern möglich – Babys sind dazu noch nicht in der Lage, da sie vollständig im Hier und Jetzt sind und immer ganz in dem Gefühl sind und dieses Gefühl ausdrücken, das gerade in ihnen da ist. Sie können noch nicht in die Zukunft hinein denken und planen.

Eine große Hilfe ist es dabei, wen man andere Mütter und Väter kennt und sich mit ihnen auf dem Spielplatz beim Schieben des Kinderwagens u.ä. austauscht.

Das Ziel dieses Aspektes der Erziehung ist die Entwicklung des Mutes des Kindes, das, was es am meisten inspiriert und begeistert, auch anzustreben und in seinem Leben Wirklichkeit werden zu lassen.

„Kinder halten uns nicht vom Wichtigen ab. Sie sind das Wichtigste!"
C.S. Lewis

„Für Kinder ist das Beste gerade gut genug."
Johann Wolfgang von Goethe

„Kinder sind Gäste, die nach dem Weg fragen."
Maria Montessori

„Ehe man eigene Kinder hat, hat man nicht die leiseste Vorstellung davon, welches Ausmaß die eigene Stärke, Liebe oder Erschöpfung annehmen kann."
Peter Gallagher

„Niemand wird mit dem Hass auf andere Menschen wegen ihrer Hautfarbe, ethnischen Herkunft oder Religion geboren. Hass wird gelernt. Und wenn man Hass lernen kann, kann man auch lernen zu lieben. Denn Liebe ist ein viel natürlicheres Empfinden im Herzen eines Menschen als ihr Gegenteil."
Nelson Mandela

„Die Kinder sind der Fortschritt selbst – vertraut dem Kinde."
Rainer Maria Rilke

„Die Zukunft gehört denen, die der nachfolgenden Generation Grund zur Hoffnung geben."
Pierre Teilhard de Chardin

10. Rückhalt

Die Frage, ob eine autoritäre oder eine antiautoritäre Erziehung besser ist, ist im Grunde eine falsche Fragestellung. Das, was Kinder brauchen, ist ein verlässlicher Rückhalt bei den Eltern, von dem aus sie selber die Welt erforschen können. Da dieses Erforschen zum Erleben der „Realität da draußen" führt, ist der Rückhalt bei den Eltern das, was die Kinder brauchen, um auf Entdeckungsreise gehen zu können.

Bei der autoritären Erziehung fehlt der Freiraum, durch den die Kinder ihre eigenen Erfahrungen machen und sich ein eigenes Bild von der Welt erschaffen können – bei der antiautoritären Erziehung fehlt der Rückhalt, durch den sich die Kinder sicher fühlen und wissen, dass sie nach ihren Ausflügen in die Welt immer wieder in einen sicheren Schutzraum zurückkehren können.

Für viele Kinder könnte auch ein Überblick über die verschiedenen Weltanschauungen und Religionen sowie eine grobe Skizzierung der Geschichte der Menschheit anregend sein und dem Kind eine bessere Orientierung geben.

Durch die Erziehung übertragen die Eltern bewusst oder und unbewusst die Themen und Verhaltensweisen von sich selber Eltern und von ihren Vorfahren auf ihre Kinder. Diese Themen kann man gut bei Familienaufstellungen beobachten. Das Kind wird durch die Eltern gewollt oder ungewollt in die jeweilige Familien-tradition eingeführt. Neben den sinnvollen und hilfreichen Verhaltensweisen können so auch unsinnige und schädliche Eigenschaften weitergegeben werden, die zu einem großen Teil auch auf Traumas beruhen.

Die große Kraft und die große Beständigkeit dieser Familientradition kann man vor allem bei den Familienaufstellungen gut erkennen. Diese Familientradition ist nicht nur in dem Verhalten der Eltern verankert, das die Kinder kopieren, sondern sie ist auch eigenständig vorhanden. Das kann man daran erkennen, dass bei den Familien-aufstellungen die Person, die z.B. den Vater des Ratsuchenden repräsen-tiert, sich genau wie dieser Vater verhalten und auch intuitiv Dinge über ihn wissen, obwohl sie vorher lediglich gehört haben, dass es diesen Vater gibt. Diese Familien-aufstellungen sind ein gutes Beispiel für kollektive Telepathie.

Die Erziehung beruht auch auf den Erziehungsnormen in der jeweiligen Kultur, in der ein Kind bei seinen Eltern aufwächst. Diese Normen sind nur teilweise bewusst, aber sie werden dem Kind von den Eltern vorgelebt. Aus dieser Sicht kann man Erziehung auch als eine methodische Sozialisation und als eine Sicherung des der-zeitigen sozialen Systems ansehen.

Die Erziehung in einem Lehrer/Schüler-Verhältnis ist in der Regel eine schon etwas bewusstere Erziehung als die durch die Eltern, da Lehrer mehr nach bewussten Konzepte und Prinzipen vorgehen als Eltern.

In vielen Ländern – auch in der BRD – ist die staatliche Erziehung der elterlichen Erziehung rechtlich gleichgestellt.

Es gibt rechtlich gesehen sowohl ein Erziehungsrecht als auch eine Erziehungs-pflicht der Eltern. Das Erziehungsrecht kann den Eltern bei anhaltenden groben Verstößen durch das Jugendamt entzogen werden.

Zwischen ca. 1800 und 1960 (und in weiten Teilen auch schon vor 1800) herrschte in Europa der autoritäre Erziehungsstil. Dabei ging es darum, die Kinder schon früh an Regeln zu gewöhnen. Man ließ sie auch lange schreien lassen – das sollte angeb-lich die Lunge stärken und verhindern, dass die Kinder verwöhnt werden. In der NAZI-Zeit sollten Kinder „zäh wie Leder, hart wie Krupp-Stahl" werden, d.h. sie sollten gehorsam, beherrscht und anspruchslos sein … sie sollten eben gute Untertanen und Soldaten werden …

Diese Sichtweise wurde erst in der Hippiezeit durch die antiautoritäre Erziehung verändert, die als Gegenreaktion zu der autoritären Erziehung zwar auch einseitig war, aber es in der Folgezeit ermöglichte, eine sinnvolle Mischung aus Autorität und Freiheit zu entfalten, die vor allem in der natürlichen, in der Sachkenntnis der Eltern begründeten Autorität der Eltern gegenüber den Kindern begründet ist.

Diese Autorität ist keine Herrschaft, sondern ein Wissen der Eltern und der Kinder darüber, dass die Eltern manches wissen und können, was die Kinder noch nicht wissen und können – und dass es daher für die Kinder sinnvoll ist, den Anweisun-gen der Eltern zu folgen. Das setzt natürlich voraus, dass die Eltern ihre Autorität nicht vortäuschen oder mit Gewalt erzwingen, sondern dass sie wirklich diese Sachkenntnis haben, die die Kinder davon überzeugen kann, dass es sinnvoll ist, was die Eltern ihnen sagen.

Die Werte, die heute weitgehend die westliche Erziehung bestimmen, sind Toleranz, Gewaltlosigkeit, Gesprächsbereitschaft, Kompromissfähigkeit, Mut, Zivilcourage, Leistungsbereitschaft und vereinzelt auch noch Religionstreue.

> **Das Ziel dieses Aspektes der Erziehung ist die Förderung von Sachkenntnis und Realismus.**

„Jeder junge Mensch hat ein Recht auf Förderung seiner Entwicklung und auf Erziehung zu einer eigenverantwortlichen und gemeinschaftsfähigen Persönlichkeit."
Kinder- und Jugendhilfegesetz, § 1

„Das Wichtigste bei der Erziehung ist, dass die Kinder ein klares Bewusstsein für die Folgen ihres Denkens und Tuns entwickeln."
Dalai Lama

„Wer Kindern was verspricht, sei es ein Spiel, ein Geschenk ... der halte es wie einen Eid."
Peter Rosegger

„In der kleinen Welt, in welcher Kinder leben, gibt es nichts, dass so deutlich von ihnen erkannt und gefühlt wird, als Ungerechtigkeit."
Charles Dickens

„Kinder sind nicht dümmer als Erwachsene; sie haben nur weniger Erfahrung."
Janusz Korczak

„Die Jugend soll ihre eigenen Wege gehen, aber ein paar Wegweiser können nicht schaden."
Pearl S. Buck

„An seinen Vorfahren kann man nichts ändern, aber man kann mitbestimmen, was aus den Nachkommen wird."
François de La Rochefoucauld

„Solange Kinder klein sind, gib ihnen tiefe Wurzeln, wenn sie älter geworden sind, gib ihnen Flügel."
Indisches Sprichwort

„Viele Eltern sind entrüstet und verwundert, wenn sie sehen, dass die Kinder so werden, wie sie sie erzogen haben."
Wilhelm Schlichting

„Erst wenn man genau weiß, wie die Enkel ausgefallen sind, kann man beurteilen, ob man seine Kinder gut erzogen hat."
Erich Maria Remarque

„Jeder junge Mensch macht früher oder später die verblüffende Entdeckung, dass auch Eltern gelegentlich Recht haben können."
André Malraux

„Was man als Kind geliebt hat, bleibt im Besitz des Herzens bis ins hohe Alter."
Khalil Gibran

„In den Kindern erlebt man sein eigenes Leben noch einmal, und erst jetzt versteht man es ganz."
Søren Kierkegaard

„Viele Kinder haben schwer erziehbare Eltern."
Jean-Jacques Rousseau

„Erziehung ist im Wesentlichen das Mittel, die Ausnahme zu ruinieren zugunsten der Regel."
Friedrich Nietzsche

„Eines wissen alle Eltern auf der Welt: wie die Kinder anderer Leute erzogen werden sollen."
Alice Miller

„Glücklich, wer sich zuerst erzieht, ehe er sich anmaßt, andere zu bessern."
Deutsches Sprichwort

„Vater werden ist nicht schwer, Vater sein dagegen sehr."
Wilhelm Busch

11. Gemeinschaften

~~

Menschen leben nicht isoliert, sondern schließen sich gerne zu Gruppen von Gleichgesinnten und Menschen mit ähnlichen Interessen zusammen. Hier können die Eltern ihre Kinder beobachten und sie mit anderen Kindern, die ähnliche Neigungen haben, zusammenbringen.

Es ist natürlich auch hier wieder sehr förderlich, wenn die Kinder auch in diesem Bereich einfach ihre eigenen Eltern als gute Vorbilder nachahmen können.

Auch ein Überblick über die derzeit notwendige Veränderungen (Kriege, Klimaerwärmung usw.) und generell über die Politik können das Bewusstsein des schon älteren Kindes über seine Stellung in der Welt und seine Möglichkeiten in ihr entwickeln.

Die antiautoritäre Erziehung seit ca. 1965 und die Weiterentwicklung dieses Ansatzes führte zu einem Erziehungsstil, den man „emanzipatorisch" nennen könnte: Das Kind sollte eigenständig werden, um dann später sein eigenes Leben selbstbestimmt gestalten zu können.

Diese Ansatz strebt auch danach, dass alle gleich erzogen und ausgebildet werden, d.h. es wird versucht, eine Chancengleichheit herzustellen, von der wir natürlich global gesehen noch sehr weit entfernt sind.

Das Ziel dieses Aspektes der Erziehung ist es, die eigene Utopie zu erkennen und dann Menschen zu finden, die dieselben Zukunftsvorstellungen haben und mit ihnen zusammen daran arbeiten zu können, dass diese Utopie Wirklichkeit wird.

„Die Fragen eines Kindes sind schwerer zu beantworten als die Fragen eines Wissenschaftlers."

Alice Miller

„Nicht alle Kinder lernen das Gleiche zur gleichen Zeit auf die gleiche Weise!"

Kathy Walker

„Lass Deine Kinder gehen, wenn Du sie nicht verlieren willst."

Malcolm Forbes

„Was Kinder betrifft, betrifft die Menschheit."

Maria Montessori

„Es kann keine Revolution ohne radikale Veränderungen im Erziehungswesen geben."

H. G. Wells

„Überlasst mir die Erziehung und in einem Jahrhundert ist Europa umgestaltet."

Gottfried Wilhelm von Leibniz

„Die Welt reformieren heißt, die Erziehung reformieren."

Janusz Korczak

12.   Religion

H

Dies ist ein Bereich, in dem die Eltern ihren Kindern nur so viel Anregung geben können, wie sie selber an Erfahrung haben. Dies beginnt ganz schlicht mit der Freude an der Natur und geht dann über das Deuten von Horoskopen, Traum-reisen, Meditationen und dem Erlernen der Grundformen der Magie bis zu den traditionellen Formen der Spiritualität und den Religionen.

Besonders anspruchsvoll ist es natürlich, wenn die Eltern zwei verschiedenen Religionen angehören. Dann sollten sie dem Kind die Möglichkeit geben, beide Sichtweisen auf die Welt kennenzulernen.

Zu den spirituellen und religiösen Themen, die die Entwicklung eines Kindes fördern können, gehören auch Mitgefühl, Hilfsbereitschaft, Gelassenheit, sich selber als Teil der Welt erleben, Vertrauen und Verantwortung, und schließlich noch das Annehmen des Wandels aller Dinge. Ein wesentlicher Aspekt der Magie und der Religion ist das Kennenlernen der eigenen Schutzgottheit, also der Gottheit, von deren „Meer" die eigene Seele sozusagen ein „Tropfen" ist.

Ein weiteres wichtiges Thema aus diesem Bereich ist die Kunst, deren Aufgabe es ja unter andrem ist, die wesentlichen Dinge im Leben, in der Spiritualität und in der Welt darzustellen und dazu anzuregen, zusammen mit allen anderen diesen „guten Zustand" anzustreben.

Eine wesentliche Erkenntnis in diesem Zusammenhang ist es, dass nicht nur die Mutter, sondern auch der Vater einen wesentlichen Anteil an der Erziehung hat – auch wenn er zumindest in der traditionellen Form der Familie deutlich weniger Zeit mit seinen Kindern verbring als die Mutter.

Das Ziel dieses Aspektes der Erziehung ist, dem Kind zu helfen, sich als Teil der Welt zu erleben und sich dann entsprechend zu verhalten.

„Tiere und kleine Kinder sind der Spiegel der Natur."
Epikur

„Die Arbeit läuft Dir nicht davon, wenn Du einem Kind den Regenbogen zeigen willst. Aber der Regenbogen wartet nicht, bis Du mit der Arbeit fertig bist."
aus China

„Phantasie ist wichtiger als Wissen, denn Wissen ist begrenzt."
Albert Einstein

„Kreativität ist Intelligenz, die Spaß hat."
Albert Einstein

„Nur wer erwachsen wird und Kind bleibt, ist ein Mensch."
Erich Kästner

„Ein großer Mensch ist derjenige, der sein Kinderherz nicht verliert."
Johannes Legge

„Kinder spielen aus dem gleichen Grund, wie Wasser fließt und Vögel fliegen."
Fred O. Donaldson

„Der gute Erzieher legt die Kinder als Maß an sich, der schlechte sich als Maß an die Kinder."
Lucius Annaeus Senecio

„Wenn Du Dein Kind im rechten Sinn erziehst, ahnst Du es nicht, dass Du Dich oft zu ihm erhebst und im Erziehen Dein eigner Zögling bist?"
Karl May

„Nimm ein Kind an die Hand und lass Dich von ihm führen. Betrachte die Steine, die es aufhebt und höre zu, was es Dir erzählt. Zur Belohnung zeigt es Dir eine Welt, die Du längst vergessen hast."
anonym

„Und am Ende eines Tages sollen Deine Füße dreckig, Dein Haar zerzaust und Deine Augen leuchtend sein."
anonym

„Es braucht ein ganzes Dorf, um ein Kind zu erziehen."
afrikanisches Sprichwort

„Christus, da er den Menschen ziehen wollte, mußte Mensch werden. Sollen wir Kinder ziehen, so müssen wir auch Kinder mit ihnen werden."
Martin Luther

„Genießen Sie Ihre Kinder. Das ist das Beste, was Sie tun können."
Jesper Juul

„Drei Dinge sind uns aus dem Paradies geblieben: die Sterne der Nacht, die Blumen des Tages und die Augen der Kinder."
Dante Alighieri

„Unsere wahre Aufgabe ist es, glücklich zu sein."
Dalai Lama

Die 12 Richtungen des Denkens

Entwürfe für die Zukunft — Band 14

Inhaltsübersicht

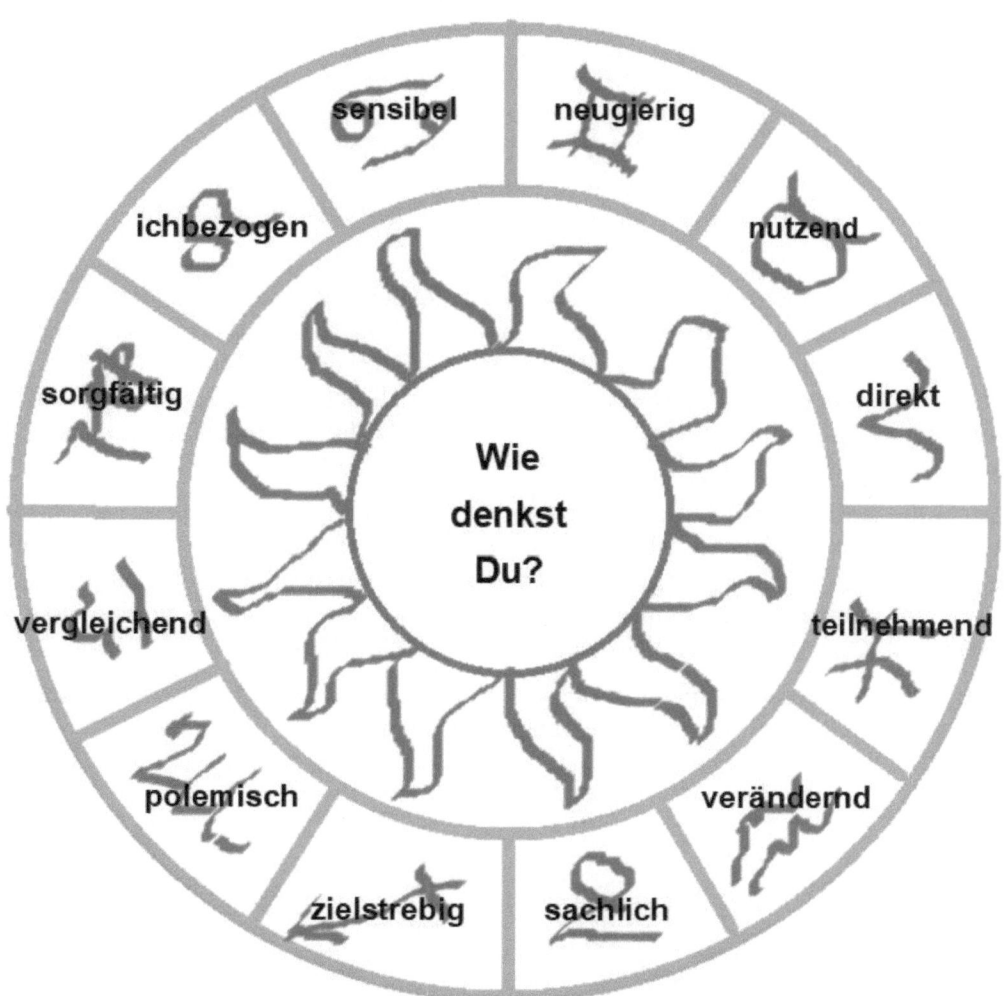

Vorwort

In diesem Buch werden zwölf Arten des Denkens beschrieben. Diese zwölf Denkweisen entsprechen dem Vorgehen der zwölf Tierkreiszeichen. Jede dieser zwölf Arten des Denkens in sich schlüssig und führt zum Ziel – allerdings ist jede Art des Denkens vor allem auch zum Erreichen einer bestimmten Art von Ziel und für eine bestimmte Lebensweise geeignet, die eben dem betreffenden Tierkreiszeichen entspricht.

Man kann jetzt allerdings nicht sagen, dass alle Krebse wie der in diesem Buch beschrieben Krebs-Stil denken. Das liegt daran, dass die Sonne (das eigene Tierkreiszeichen) nicht für das Denken zuständig ist, sondern der Merkur. Da der Merkur jedoch stets in der Nähe der Sonne steht und in ungefähr der Hälfte der Fälle auch im Krebs steht, wenn man ein Krebs ist, haben ungefähr die Hälfte der Krebse auch im Denken den Stil des Krebses.

Man sollte jedoch unabhängig von seinem Sternzeichen schauen, welchen Denk-Stil man selber hat – oder der Mensch, dessen Worte man immer nur mit viel Mühe begreifen kann. Wenn man es ganz genau nimmt, müsste man sich natürlich das ganze Horoskop anschauen, da der Merkur auch noch Beziehungen zu den anderen Planeten, d.h. zu den anderen Fähigkeiten des Menschen hat.

Aber die zwölf Beschreibungen in diesem Buch sollen auch nur eine erste Orientierung dazu sein, wie grundverschieden man denken kann.

1. direkt

♈

Die Widder-Art des Denkens ist sehr direkt, schlicht, vereinfachend und will die Dinge auf den Punkt bringen. Er ist eher der optische Typ, der sich an dem orientiert, was er sieht. Er wartet nicht lange, sondern macht – vom Sehen über das Denken zum Tun ist bei ihm kein langer Weg, denn schließlich will er etwas erreichen. Folglich ist diese Form des Denkens an einem selber orientiert und eigenständig. Dissonanzen und Widersprüche wecken ihn auf und er kann das Gesagte so nicht stehen lassen und widerspricht heftig – das gilt auch schon für einzelne Details. Ihn überzeugen nur Tatsachen, also Taten, und wenn er einmal etwas erlebt hat, ist er auch schon überzeugt. Er neigt dazu, die Möglichkeiten und das Potential zum Handeln zu sehen und ist daher auch eher der „das Glas ist halbvoll"-Typ. Generell ist er sehr unabhängig und eigenständig.

a) Motivation

Der Widder will, wenn er denkt, etwas erreichen – das Denken ist für ihn immer nur die Vorstufe zum Handeln. Er denkt, um ein Hindernis aus dem Weg zu räumen oder um eine Brücke zu etwas hin zu bauen. Das Denken ist immer nur ein Werkzeug und eine Waffe, die man benutzt, um eine Ziel zu erreichen. Daher bezieht sich das Denken bei ihm immer nur auf die konkrete vorliegende Situation. Natürlich kann er auch in größeren Zusammenhängen denken, aber auch dann ist das eigentlich Ziel stets ganz schlicht und direkt und an dem Werkzeug/Waffen-Charakter des Denkens und des Sprechens und Schreibens ändert sich dadurch nichts.

b) Zufriedenheit

Der Widder ist mit seinem Denken zufrieden, wenn er mit seinem Denken, Reden und Schreiben sein Ziele reicht hat. Er ist ebenfalls zufrieden, wenn er es geschafft hat, eine komplexe Situation auf die einfache Frage „Ja oder nein?" herunterzubrechen. Er ist im Denken ein wenig wie Alexander der Große, der den Gordischen Knoten nicht durch langes Tüfteln gelöst hat, sondern durch einen kräftigen Schwerthieb. Wenn das Ziel erreicht worden ist, war das Denken richtig – das ist der einzige Maßstab für die Bewertung des Denkens und seiner Richtigkeit.

c) Beweglichkeit

Der Widder ist sehr schnell in seiner Auffassungsgabe und in seinem Denken und wenn sich die Umstände ändern, ändert er auch sofort sein Bild von der Situation die Richtung seines Denkens, seine Ansichten und daher auch sein Handeln. Er hängt nicht an dem Alten, sondern ist immer ganz im Hier und Jetzt. Daher ist sein Denken gut für Lebensumstände geeignet, die sich ständig ändern wie des Jägers, des Staubsauger-Vertreters, des Feuerwehrmannes oder der Kindergärtnerin – also für alle Bereiche, in denen ständig Unvorhergesehenes geschieht und in denen man ständig mit neuen Menschen zu tun hat.

d) Einheiten

Die Grundeinheiten, in denen der Widder denkt, sind die einzelne Dinge und die einzelnen Augenblicke. Jeder Augenblick und jede Situation sind neu – jeder Mensch und jedes Ding ist wieder anders als alle anderen Menschen und Dinge. Das Denken richtet sich daher auf das Einzelne. Folglich wird auch stets nach der einen Sache oder dem einen Menschen gesucht, von dem die weitere Entwicklung abhängt. Diesen einen Menschen oder diese einzelne Sache gilt es zu erkennen und so zu verändern, dass die Dinge in die gewünschte Richtung laufen. Er sucht wie Archimedes nach dem einen Punkt, von dem aus er die Welt ausheben kann.

e) Verknüpfungen

Der Widder verbindet zwei Informationen miteinander, indem er die Wichtigere von beiden auswählt und über sie nachdenkt. Er verallgemeinert nicht, verbindet nicht, abstrahiert nicht. Natürlich greift auch er auf frühere Erfahrungen zurück, aber nur um eine erste Einschätzung zu erlangen. Danach schaut er sich die Sache selber an und prüft, wo ihr Schwachpunkt ist, an der er sie verändern, aus dem Weg räumen oder erobern kann. Er betrachtet das Einzelne, nicht da Ganze. Komplexe Dinge sind ihm ein Gräuel und er vereinfacht sie soweit, dass sie wieder zu einer „Ja oder nein?"-Frage werden. Dann kann er entscheiden.

f) Qualitäten

Die Qualitäten, an denen sich der Widder beim Denken orientiert, sind die Wichtigkeiten der einzelnen Menschen oder Aspekte in einer Situation – und dann richtet er seine gesamte Verstandes-Kraft auf diese eine Sache aus, um von dieser Sache aus das Ganze zu verändern. „Alles auf eine Karte setzen" ist die Grundstrategie des Widders – auch im Denken. „Alles oder nichts!" ist seine Taktik. Generell ist er ein Taktiker, aber kein Stratege, d.h. er hat einen Plan für den aktuellen Augenblick, aber keinen Plan für die nächsten fünf Jahre. Es muss stets der nächste Schritt getan werden – ganz wie Konfutse das beschrieben hat – und um diesen nächsten Schritt kümmert er sich.

g) Weltbild

Der Widder sieht die Welt punktuell. Das Weltgeschehen ist eine große Fülle von Einzelereignissen, die alle auch einzeln betrachtet werden müssen. Und wer weiß, ob nicht das nächste Mal in einer eigentlich vertrauten Situation alles auf einmal ganz anders ist? Daher kümmert sich das Denken stets um das, was gerade am wichtigsten ist – und es kümmert sich nur um diese eine Sache, die gerade am wichtigsten ist. Aufspaltung und Verzettelung mindert nur die Geisteskraft, also die Konzentration – und dann gelangt das Denken zu minderwertigen Ergebnissen. Also ist ein Weltbild zwar so etwas wie ein diffuser Hintergrund des Denkens, aber die eigentliche Aufmerksamkeit wird immer auf das aktuell vorliegende Problem oder die aktuelle vorliegende Möglichkeit ausgerichtet.

h) Gemeinschaft

In einer Gemeinschaft hat der Widder durch seine Art des Denkens die Aufgabe, Impulse zu setzen, Probleme anzugehen, Missstände unverblümt anzusprechen, veraltete Gewohnheiten anzuprangern und dergleichen mehr. Er bringt die neuen, frischen

Impulse in das System, weckt die erlahmte Initiative, bringt Schwung in die Sache und sagt einfach immer, wie es ist. Dadurch kann er sich bei den eher Behäbigen ziemlich unbeliebt machen, aber er ist notwendig, damit die betreffende Gemeinschaft nicht verkümmert, veraltet und schließlich funktionsunfähig wird.

i) Verwendung

Der Widder verwendet das Denken, um die Notwendigkeiten zu erkennen und ebenso, um die Erfolg oder Lust versprechenden Möglichkeiten zu erkennen. Das Denken ist der Handlanger des Handelns. Mit dem Denken wird das Einzelne in seiner ganzen Eigenart erkannt und folglich auch in sinnvoller Weise genutzt. Der einzelne Mensch wird in seinem Charakter genau erkannt, weil man nicht verallgemeinert. Ebenso wird die Qualität eines Spatens in seiner Eigenart genau erkannt, weil man auch nicht diesen einen Spaten zu „Alle Spaten sind ..." verallgemeinert. Dadurch entsteht eine große Effektivität in den einzelnen, konkreten Situationen.

j) Niedriges Niveau

Die klassische Art von Irrtümern der Widder sind die zu großen Vereinfachungen, die wesentliche Zusammenhänge übersehen. Dann stürmt man aufgrund einer Fehleinschätzung los und stellt dann fest, dass da vor einem keine Tür, sondern eine Wand gewesen ist. Auch Übereile oder die fälschliche Überzeugung, dass man bereits alle relevanten Aspekte betrachtet hat, können zu Irrtümern und Fehlschlägen führen. Eine weitere Möglichkeit ist eine zu große Naïvität oder Gutgläubigkeit, die nicht die Tiefe der Situation und die Hintergründigkeit der Absichten mancher Beteiligter erfasst hat. Die Schlichtheit und Einfachheit ist die Stärke des Widders, aber wenn es zu schlicht und einfach wird, wird es problematisch.

k) Hohes Niveau

Überdurchschnittlich begabte Widder erkennt man daran, dass sie eine große Initiative besitzen und in der Lage sind, in neue Richtungen zu denken, neue Wege zu sehen und bislang unentdeckte Möglichkeiten ausfindig zu machen. Außerdem haben sie großen Mut und sind in der Lage, neue Gedankengänge zu verfolgen und ihre

Richtigkeit vehement zu verteidigen. Dadurch können sie zu Entdeckern werden – oftmals zu Entdeckern von Dingen, die nach der Entdeckung von allen für eigentlich offensichtlich gehalten werden, weshalb sich viele wundern, wieso das vorher noch niemand gesehen hat.

l) Bild

Der Widder denkt spontan und direkt. Er ist wie ein kleines Kind, dass etwas zum ersten Mal sieht und es dann mit naïven, schlichten Worten beschreibt und die Möglichkeiten dieser Sache erkennt – auch die Möglichkeiten, die andere noch nicht gesehen haben, weil sie die betreffende Sache in eine bestimmte Schublade in ihrem Weltbild gesteckt haben anstatt sie wie ein Kind frisch und unvoreingenommen zu betrachten. Warum nicht ein Nudelsieb als Ritterhelm benutzen? Warum sich nicht die Pinselhaare als Schnurrbart an die Oberlippe kleben? Warum nicht mal probieren wie Kellerasseln schmecken?

2. nutzend

♉

Die Stier-Art des Denkens ist eher langsam und gründlich und stets auf den konkreten Nutzen ausgerichtet. Bei diesem Denk-Stil blickt man auf die Dinge im Außen und strebt die eigene Absicherung sowie die Harmonie im Innenbereich und mit dem Außen an. Man schaut auf das Ganze und urteilt dann, was am besten zu tun ist. Bei diese Art des Denkens ist man von dem als real vorhanden überzeugt, was man sehen und anfassen kann – was in konkreter, physischer Form vorliegt. Man braucht ein intensives Erlebnis, um zu einer Ansicht zu gelangen – doch danach ist man sich in Bezug auf diese Sache auch sicher. Diese Art des Denkens schaut auf das, was angenehm ist und auf das, was unangenehm ist, und versucht dann, den eigenen Besitzstand vor dem Unangenehmen zu schützen. Man reagiert auf das, was einem begegnet, und bemüht sich um Schutz vor dem Schmerzhaften und um Förderung des Genussreichen. Das Denken unterscheidet ganz klar zwischen „meins" und „nicht meins" und richtet seine Aufmerksamkeit auf das „meins". Es kann durchaus kooperativ sein, wenn dies nützlich erscheint. Man hat vorsichtshalber die „das Glas ist halbleer"-Einstellung, um sich vor Verlusten zu schützen.

a)   Motivation

Der Stier will etwas erreichen, was ihm nützt. Er beginnt also zu denken, wenn er einen Vorteil ahnt oder wenn er eine Schädigung fürchtet. Er beginnt zu denken, wenn klar ist, wozu das gut sein könnte. Er ist also alles andere als ein Theoretiker. Sein Denken ist daher ein sehr praktisches, alltagstaugliches Denken, das auf die eigenen Vorteile ausgerichtet ist. Warum sollte man denken, wenn dabei nichts herauskommt, was man genießen kann? Das bedeutet, dass der Stier vor allem über konkrete Dinge nachdenkt. Dabei ist er jedoch durchaus auch in der Lage, eine gewisse Abstraktionsebene zu erreichen – z.B. ausgehend von dem Geld in seinem Portemonaise zu Begriffen wie „Kapitel", „Zinsen", „Inflation" und Ähnlichem zu gelangen.

b) Zufriedenheit

Der Stier ist mit seinem Denken zufrieden, wenn er durch sein Denken seine Lage verbessert hat. Das kann der Bau eines Hauses, das Erlangen einer besser bezahlten Arbeit, ein leckeres neues Kochrezept oder auch die erfolgreiche Therapie einer Krankheit sein. Das Denken soll die Situation verbessern – warum sollte man sonst nachdenken? Das Denken ist zufrieden, wenn es einen Sachverhalt klar erfasst, abgegrenzt und in seinem Nutzen überschaut hat, denn dann bringen diese Gedanken einen Vorteil gegenüber dem nicht-Denken.

c) Beweglichkeit

Der Stier ist zunächst einmal in seinem Denken eher ein wenig träge – oder freundlicher formuliert: behäbig-behaglich. Denken strengt an – also braucht es eine Motivation, um mit dem Denken zu beginnen. Seine Form der Beweglichkeit ist die Prüfung, ob zwei Dinge zusammenpassen, ob sie die gleiche Qualität oder eine sich gegenseitig fördernde Qualität haben – das kann er schnell erfassen und setzt diese Erkenntnis dann auch sofort gewinnbringend ein. Seine Beweglichkeit besteht also in seinem Urteil über die Kombinations-Möglichkeiten, die er in einer Situation erkennen kann. Das macht ihn u.a. zu einem sehr guten Koch.

d) Einheiten

Die Grundeinheiten, in denen der Stier denkt, sind konkrete Dinge, die man sehen und anfassen kann. Mit diesen Dingen ist stets auch der Vergleich mit der eigenen Lage verbunden, d.h. der Blick darauf, wie man diese Dinge für sich selber nutzen könnte. Die Dinge „an sich" werden jedoch stets als mögliche Dinge „für mich" betrachtet. Dabei schaut er zum einen nach den ganz handfesten Eigenschaften wie Größe, Gewicht und Material, aber auch nach den subjektiveren Eigenschaften wie Geschmack, Ästhetik, Stil usw. – vor in Hinblick auf die eigenen kulinarischen Vorlieben, den eigenen Einrichtungsstil, die bevorzugten Art von Kleidungsstücken und ähnliches mehr.

e) Verknüpfungen

Der Stier verbindet zwei Informationen miteinander, indem er schaut, ob sie zusammenpassen oder nicht – und wenn sie zusammenpassen, in welcher Weise sie sich ergänzen und dadurch noch nützlicher werden als einzeln. Das führt dazu, dass er auch gut erkennen kann, welche Menschen gut zusammenpassen würden und welche nicht – in Bezug auf gemeinsame Arbeiten, Freundschaften, Beziehungen und ähnliche Verbindungen. Daher kann er Dinge gut arrangieren – angefangen mit einem Kalten Buffet über die Sitzordnung bei einer Hochzeit bis hin zu der Zusammenstellung einer Crew für eine wie auch immer geartete Sondermission.

f) Qualitäten

Die Qualitäten, an denen sich der Stier beim Denken orientiert, sind die Harmonie, das Fördern und das Gedeihen. Er denkt wie ein Gärtner oder wie ein Bauer. Doch das ist nicht nur auf konkrete Dinge beschränkt: Dieses Schönheitsempfinden kann sich durchaus auch auf das Genießen von Lyrik beziehen – auch wenn das Wohlfühlen in einer stilvoll eingerichteten Villa naheliegender ist. Eine wichtige Eigenschaft dieser Art des Denkens ist ihre Bodenständigkeit, die niemals abgehoben oder theoretisch wird, sondern stets ihren klaren Realitätsbezug behält. Dieses Denken schätzt es, wenn die Dinge beständig bleiben, aber wenn es offensichtlich wird, dass etwas geändert werden muss, ist dies Denken durchaus dazu bereit.

g) Weltbild

Der Stier sieht die Welt als eine große Menge von Gegenständen an, die tendenziell alle der Besitz von irgendjemandem sind oder die von irgendjemandem genutzt werden. Dieses Denken schaut auf den Schutz des eigenen Besitzes und auf seine Vermehrung und natürlich auch auf den Genuss dieses Besitzes. Schließlich ist Besitz ja kein Selbstzweck, sondern erhält seine Bedeutung erst dadurch, dass man ihn ihm wohnen kann, sich mit ihm kleiden kann, ihn essen kann, also ihn mit sich selber in Zusammenhang stellt. Sein Weltbild beruht auf der Frage, was wem gehört und wer was nutzen kann.

h) Gemeinschaft

In einer Gemeinschaft hat der Stier durch seine Art des Denkens die Aufgabe, die Gemeinschaft zusammenzuhalten, indem er die Bildung von Untergruppen anregt, in denen die zusammenarbeiten, die jeweils gut zueinander passen. Von seinem Denken her wird er auch dafür sorgen, dass es die passenden Räume für die Gemeinschaft gibt und ebenfalls genügend zu essen und gemütliche Sessel. Er kann generell die Harmonie erhalten und Konflikte entschärfen und er ist durch seine Sichtweise auch für die Posten des Kassenwarts, des Hausmeisters und des Finanzchefs geeignet. Auch Dekorationsaufgaben, Werbung, Imageverbesserungen und Ähnliches sind bei ihm gut aufgehoben.

i) Verwendung

Der Stier verwendet das Denken, um ein konkretes Ziel zu erreichen. Das Denken ist stets Mittel zum Zweck und hat für sich genommen keinen Eigennutz. Der Stier strebt nicht nach abstrakten Erkenntnissen, sondern nach anwendbaren Vorgehensweisen. Das Denken ist dafür da, die vorhandene Situation zu verbessern. Folglich wird das Denken auch nur dann angeregt, wenn die Möglichkeit zu einer Verbesserung, zu einer Harmonisierung oder zu einem vermehrten Wachstum deutlich wird. Wenn es solche Möglichkeiten nicht gibt, wird das Denken als Zeitverschwendung angesehen.

j) Niedriges Niveau

Die klassische Art von Irrtümern des Stiers beruht auf Neid und Gier und generell auf Mangel oder Völlerei, die ihn dazu bringen können, dass er nicht mehr klar denken kann. Ein anderes Problem kann darin bestehen, dass er mit seinem Denken zu sehr an der Materie haftet und nicht zu einem ausreichenden Abstraktionsgrad in der Lage ist. Ein drittes Problem kann durch eine Steigerung seiner Genuss-Orientierung zu einer Harmonie-Sucht entstehen, die verhindert, dass er die tatsächlich vorhandenen Probleme, Krankheiten und Bedrohungen nicht sehen kann – d.h. nicht sehen will. Dieses „den Kopf in den Sand stecken" führt dann jedoch früher oder später zu einem bösen Erwachen.

k)   Hohes Niveau

Überdurchschnittlich begabte Stiere erkennt man daran, dass sie auf umsichtige Weise das Potential einer Situation erkennen und darlegen können, wie man dieses Potential Realität werden lassen kann. Sie können dabei die anderen mit einem charmanten Lächeln und Freundlichkeit dahin lenken, wo sie sich aufgrund ihrer Fähigkeiten am besten entfalten und selber gedeihen und zudem für die Gemeinschaft am förderlichsten sein können. Sie sind in der Lage, alle notwendigen Informationen zu sammeln und sie denen, die sie brauchen, zur Verfügung zu stellen – sofern sie sie nicht gleich selber auswerten und weiterverarbeiten.

l)   Bild

Der Stier denkt wie ein Sammler und Genießer. Seine Philosophie ist der Hedonismus: Das, was wahr und wichtig ist, erkennt man daran, dass man es von Herzen genießen kann. Er ist wie gutmütiger, etwas beleibter Mann, der wenig denkt, solange es ihm gutgeht und sich lieber über angenehmen Dinge unterhält, der jedoch in Krisenzeiten ein erstaunliches Talent darin entwickelt, die Stadtmauer zu sichern und die Versorgungswege zu der Stadt aufrecht zu erhalten – und selber an keinem Mangel zu leiden oder gar zu darben. Er denkt wie ein Gärtner, ein Koch und ein Bauer: Er strebt nach Gesundheit, Gedeihen und Wohlstand – für sich und für alle, die ihm wichtig sind … und in einem erweiterten Rahmen auch für alle anderen.

3. neugierig

♊

Die Zwilling-Art des Denkens ist sehr beweglich – man schaut mal hier, mal da und mal dort hinten oder hinter der nächsten Ecke. Diese Neugier führt dazu, dass man erkennt, wie bunt die Welt ist. Dieses Denken ist an dem orientiert, was man gerade am spannendsten findet – darauf geht man dann eigenständig zu und schaut es sich genauer an. Man strebt nach dem Neuen, nach dem Anregenden, nach dem Scherz, nach der Abkürzung, nach der interessanten Wendung, nach der unerwarteten Drehung ... Und wenn man mal auf einen Widerspruch stößt, ist auch das interessant, weil man dann die betreffende Sache noch besser als zuvor kennenlernen kann. Damit etwas als wirklich wichtig erscheinen kann, muss es schon mehrmals geschehen – schließlich ist die Welt derartig bunt, dass ein einmaliges Ereignis nicht allzu sehr auffällt. Er ist auf das Hören ausgerichtet und lässt sich auch durch ein gutes Argument überzeugen. Er hat auch Spaß am Kleinen, wenn dieses Kleine unterhaltsame Eigenschaften hat. Er ist ein „das Glas ist halbvoll"-Optimist, der davon ausgeht, dass man für alles eine Lösung finden kann, wenn man sich die Sache nur mal aufmerksam anschaut.

a) Motivation

Der Zwilling will erkunden, wie bunt die Welt ist und was man alles in ihr erleben kann. Er will das Leben vereinfachen, die Wege verkürzen, die Arbeit abwechslungsreicher machen, den Alltag interessanter machen. Daher sucht er ständig nach neuen Möglichkeiten und Vorgehensweisen – darin ist er ausgesprochen findig. Er macht viel – und er macht noch allerlei zwischendurch – und bewahrt dabei fast immer den Überblick. Er will vor allem Spaß haben und unterhalten werden – daher zieht ihn alles Neue an und er lässt sich gerne von dem, was er gerade tut und denkt, ablenken, wenn etwas auftaucht, was noch bunter ist oder eine ganz neue Farbe hat. Bloß keine Eintönigkeit! Wie soll denn da das Denken wach bleiben können?

b) Zufriedenheit

Der Zwilling ist mit seinem Denken zufrieden, wenn er Neues sieht, wenn viel los ist, wenn Informationen hinzukommen, wenn es unerwartete Wendungen gibt und er hilfreich Abkürzungen entdeckt. Der Verstand will nicht rumsitzen, sondern tanzen; er will nicht stricken, sondern Ping-Pong spielen; er will nicht wiederkäuen, sondern Neues entdecken. Je größer die Vielfalt, desto munterer wird der Verstand, desto begeisterter kombiniert er die verschiedensten Dinge miteinander und schaut, was dabei geschieht. Das Denken strebt nicht danach, mit dem Denken fertig zu werden, sondern danach, möglichst viele interessante Dinge vor sich stehen zu haben.

c) Beweglichkeit

Der Zwilling kann in seinem Denken so schnell hüpfen, springen, Saltos schlagen und Pirouetten drehen, dass es einem Zuschauer, der kein Zwilling ist, dabei schon vom bloßen Zuhören schwindelig werden kann. Er begreift schneller als der andere ihm etwas erzählen kann und wenn der Erzähler mit dem Erzählen fertig ist, hat er schon drei Ideen, was man da noch alles machen könnte. Er kann Dinge verdrehen, umstellen, umdeuten und aus fast allem auch einen Scherz machen und andere zum Lachen bringen. Er sieht sofort die neuen Möglichkeiten, die eine Situation bietet und die lustigen Dinge, die man mit einer Sache auch noch so alles anstellen könnte.

d) Einheiten

Die Grundeinheiten, in denen der Zwilling denkt, sind die Dinge, die gerade vor ihm liegen. Es sind allerdings nicht die Dinge selber, sondern die Möglichkeiten, die diese Dinge in sich tragen, also das, was man mit ihnen alles machen könnten. Der Zwilling sieht die möglichen Bewegungen, die möglichen Verwandlungen der Dinge vor ihm, und dazu auch noch die möglichen Verwendungen, an die bisher noch keiner gedacht hat. Er sieht also die Vielfalt der Entwicklungsmöglichkeiten und auch die Ergebnisse, die das Verfolgen dieser Entwicklungsmöglichkeiten bietet. Sein Denken ist ein Spiel.

e) Verknüpfungen

Der Zwilling verbindet zwei Informationen miteinander, indem er sie einfach mal nebeneinanderstellt und schaut, wie sie verknüpft werden können – zu zweit oder mit noch drei oder vier anderen Dingen. Diese Verbindungen sind lose, sind aus dem Augenblick heraus gegriffen – in anderen Umständen können ganz andere Möglichkeiten gesehen und ausgewählt und umgesetzt werden. Es gibt keine dauerhaften Verbindungen – nicht in dem Sinne, dass keine anderen Verbindungen möglich wären. Das schließt natürlich nicht aus, dass manche Dinge auch mal von Dauer sind. Aber es besteht immer eine große Zahl von Möglichkeiten.

f) Qualitäten

Die Qualitäten, an denen sich der Zwilling beim Denken orientiert, sind das Neue, die Abkürzung, die Vereinfachung, die interessante Kombination, die neue Farbe, der neue Klang, die Vielfalt, das Spiel, der Trick, die List, der Spaß, der Gag, der gesteigerte Unterhaltungswert … Das ist keineswegs Oberflächlichkeit, sondern einfach eine überdurchschnittliche Beweglichkeit. Natürlich ist die Neugier eine der größten Motivationen, aber das, was durch die Neugier gefunden wird, kann dann ja auch so angewendet werden, dass der Alltag leichter und unterhaltsamer wird und von mehr Freude und Fröhlichkeit und Lachen erfüllt wird. Das Denken ist wie der Wind, der in alle Winkel weht, aber nirgendwo lange verweilt.

g) Weltbild

Der Zwilling sieht die Welt als den Ort der unendlichen Möglichkeiten. Das genialste an Gottes Schöpfung ist aus seiner Sicht, dass die Welt so bunt und vielfältig ist, dass es einem niemals langweilig werden wird. Aufgrund der gewaltigen Vielfalt kann man die Welt nicht wirklich ganz erkennen – sie ist unendlich große Bewegung, sie ist unendlich viele Möglichkeiten, grenzenloses Potential, ein unüberschaubares Spiel … Daher ist das fast unbeschwerte Tanzen die beste Weise zu leben. Sich nirgendwo festhalten, sich niemals festhalten lassen – das Denken muss ungebunden und beweglich bleiben, damit es die bunte Vielfalt erfassen kann.

h) Gemeinschaft

In einer Gemeinschaft hat der Zwilling durch seine Art des Denkens die Aufgabe, die Erstarrung zu entkrampfen, das Verstaubte zu belüften, in das Althergebrachte neue Ideen einzufügen, das Einfarbige bunter zu gestalten, die Augen der anderen für die vielen Möglichkeiten anzuregen … das Zwillings-Denken ist die Kohlensäure in dem Wasser des Denkens, das den Verstand sprudeln lässt. Er sieht die Möglichkeiten, eine Verstrickung oder einen Konflikt auf elegante Weise zu lösen, und er sieht die Möglichkeit, aus einer verfahrenen Situation wieder herauszukommen. Er vertreibt die Trägheit und bringt das Lachen zurück, er regt die anderen an, endlich aufzustehen und wie er selber das Leben zu tanzen.

i) Verwendung

Der Zwilling verwendet das Denken, um neue Wege zu öffnen, Dinge einmal anders zu machen, die Vielfalt zu erkunden und zu genießen, und um neue Entwicklungen in Gang zu bringen. Er nutzt sein Denken, um die Dinge zu verändern – entweder weil sie anders besser sein könnten oder auch einfach mal deshalb, weil sie schon so lange Zeit gleich geblieben sind. Abwechslung belebt das Leben! Er hilft sich und anderen in verfahrenen Situationen, in denen alles feststeckt, indem er ihnen den Weg hintenherum und dann untendrunter und mittendurch nach ganz oben zeigt, den sonst keiner der anderen gesehen hat. Und er benutzt sein Denken, und seine Sprache, um der Spaßvogel zu sein, der das Leben in ein leichtes und freudevolle Lachen verwandelt.

j) Niedriges Niveau

Die klassische Art von Irrtümern der Zwillinge sind Übereile, Vorwitzigkeit, Oberflächlichkeit, Unachtsamkeit und dergleichen mehr. Diese Irrtümer kommen zustande, wenn die Bewegung selber als wichtiger empfunden wird als das, wo sie hinführt. Dann geschehen leicht mal Unfälle oder man gelangt in Situationen, die man sich so eigentlich nicht ausgesucht hatte. Auch Verletzungen durch Unvorsichtigkeit, Hektik, Übereile oder Fehleinschätzungen können vorkommen. Seine große Schnelligkeit kann zu seinem großen Problem werden.

k) Hohes Niveau

Überdurchschnittlich begabte Zwillinge erkennt man daran, dass sie hilfreiche oder unterhaltsame Möglichkeiten sehen, die andere nicht sehen. Dadurch können sie zu Erfindern, Entdeckern, Komikern und Clowns werden. Sie sind dann die, die einen Weg finden, wo kein anderer mehr einen Weg sieht – keine schlechte Voraussetzung für Außenminister, Diplomaten, Unternehmensberater und ähnliche Berufe. Sie sind sehr wach und aufmerksam und sehen die Vielfalt an möglichen Weiterentwicklungen. Daher können sie geschickte Helfer sein, die anderen durch ein paar kurze Worte weiterhelfen können.

l) Bild

Der Zwilling denkt in Bewegungen und er ist auch selber sehr beweglich – er ist der „Gelenke-Typ". Er spielt mit Gedanken, tanzt mit Worten, jongliert mit Möglichkeiten und lacht über jede unerwartete Wendung. Er ist der Spaßvogel, der den Trübsinn so verscheucht wie der Wind die Regenwolken fortbläst. Es gibt doch neue Wege, andere Möglichkeiten und neue Sichtweisen! Warum also in dem Alten erstarren, wenn man doch in dem Neuen mitfließen könnte? Er kennt viele Menschen und Ansichten, er ist bei vielen Zu Gast und hat viele Gäste und manchmal muss er sich die Zeit nehmen, einfach mal alleine zu sein und sich auf sich selber zu besinnen, denn zu viel ständiger Trubel ist auch nicht das, was am angenehmsten ist. Aber danach geht es dann wieder mit frischen Schwung in die Bunte Welt hinaus!

4. sensibel

♋

Die Krebs-Art des Denkens ist bildhaft und assoziativ. Das Denken ist daher auch eher emotional. Diese Art des Denkens reagiert auf alle äußeren Einflüsse sehr stark und zieht sich erst einmal zurück, d.h. es wird erst einmal lange im Stillen nachgedacht, man lässt sich die Dinge auf der Zunge zergehen, man dreht und wendet sie einmal in alle Richtungen und brütet über sie. Dadurch will man vermeiden, dass man mit Fremdem in Kontakt kommt. Das Denken ist darauf ausgerichtet, den eigenen Bereich zu schützen – man schaut also, ob neue Worte, Gedanken oder Ansichten zu seinem selber passen oder nicht … und wenn nicht, werden sie schweigend abgelehnt. Jede Art von Störungen des eigenen Nestes wird auch im Bereich des Denkens vermieden. Trotz dieser Ausrichtung auf den Schutz des eigenen Nestes ist dieses Denken stark Du-bezogen, Kooperations-bereit und Harmonie-orientiert, da die innige Begegnung, die Wärme und Geborgenheit der höchste Wert ist. Da diese Art des Denkens das Innenleben schützen will und das Außen misstrauisch beäugt, muss dieses Denken immer wieder auf's Neue in jedem Detail davon überzeugt werden, dass eine Sache noch immer so ist wie zuvor – und Argumente überzeugen weitaus weniger als Emotionen. Eher ein „die Flasche ist halbleer"-Typ.

a) Motivation

Der Krebs will durch sein Denken die Lage erfassen, Möglichkeiten und Gefahren erkennen, sich und die Seinen schützen und den Kontakt zu denen, die ihm nah sind, stärken und sichern und erleben. Für ihn ist die Familie, in der er Geborgenheit und Sicherheit findet, das Wichtigste. Er sucht die Nestwärme. Dies ist eine Qualität, die sich nicht gut in Begriffen ausdrücken lässt, sondern deutlich besser in Bildern, da diese den Gefühlen näher sind. Folglich versucht der Krebs, ein möglichst zutreffendes Bild von seiner eigenen Situation zu erhalten und achtet dabei vor allem auf den aktuellen Zustand der Bindung zu den Menschen, die ihm wichtig sind.

b) Zufriedenheit

Der Krebs ist mit seinem Denken zufrieden, wenn er durch sein Denken seine Beziehungen zu seinen Eltern, Partnern, Freunden und Kindern schützen, erhalten und fördern konnte. Diese Wärme, Nähe und Geborgenheit ist das, was er sucht und was er braucht und was er daher auch durch sein Denken anstrebt. Das Denken braucht dabei keine Begriffe, sondern ein inneres Bild, das sozusagen eine „Fotographie" des emotionalen Zustandes ihrer Familie ist. Dieses Bild ist seine Erkenntnis und wenn dieses Bild ausreichend viel Wärme, Verbundenheit und gegenseitige Zuwendung zeigt, geht es ihm gut.

c) Beweglichkeit

Der Krebs kann Dinge und Situationen sehr schnell auf emotional-bildhafte Weise erfassen. Daher ist sein Denken sehr beweglich oder eher sehr aufmerksam, was die kleinsten Abweichungen der aktuellen Bilder von dem Zustand angeht, den der Krebs anstrebt. Er kann sehr schnell denken, was bei ihm jedoch eher ein „schnell assoziieren" ist, da er in seinem Inneren Bilder kombiniert und durch diese Bild-Kombinationen zu Erkenntnissen gelangt. Dabei hat er ein gutes Gespür dafür, welche Bilder zusammengehören – und mögen sie noch so verschieden sein. Er kann durchaus auch formal-logisch denken, aber das ist nicht seine Methode, um wesentliche Zusammenhänge zu erkennen – dafür benutzt er Bild-Assoziationen.

d) Einheiten

Die Grundeinheiten, in denen der Krebs denkt, sind Eindrücke, Bilder, Nähe, Lebenskraft, Umarmungen, Streicheln, Körperkontakt – das Denken des Krebses ist also immer nah an der Wahrnehmung, die beim Menschen ja zu 80% optisch, also Bilder sind. Die sekundären Einheiten, die der Krebs benutzt, ist der „Klang", der zwischen zwei Bildern entsteht: Passen sie zusammen? Ist da ein schräger Ton? Ein Unterton? Ein emotionaler Widerspruch? Durch die Bilder und den „Klang" zwischen ihnen gelangt der Krebs zu Erkenntnissen, die dann wiederum eine Gruppe von Bildern mit verschiedenen Bezügen zueinander sind.

e) Verknüpfungen

Der Krebs verbindet zwei oder mehr Wahrnehmungen und Informationen miteinander, indem er sie nebeneinander stellt und dann dieses Bild betrachtet und in den Zusammenhang zwischen ihnen hineinspürt. Dabei benutzt er nicht die übliche „Schritt für Schritt"-Logik, sondern erkennt anhand des Eindrucks, den dieses Bild dann macht, was gerade los ist. Seine Logik ist dabei nicht auf die einzelnen Dinge ausgerichtet, sondern auf den Gesamteindruck, den dieses „Emotions-Foto" macht – wobei er dabei durchaus auch auf die kleinsten störenden Details achtet, die ihm zeigen, dass da etwas nicht in Ordnung ist. Diese Verbindungen und ihre Qualität erkennt er, in dem er „über etwas brütet", d.h. diese Sache auf innige Weise betrachtet und dadurch ihre Qualität immer genauer erfassen kann. Da dies eine zeitaufwendige Methode ist, verbringt der Krebs viel Zeit damit, alleine oder zusammen mit der „Busenfreundin" oder dem besten Freund alles eingehend zu betrachten.

f) Qualitäten

Die Qualitäten, an denen sich der Krebs beim Denken orientiert, sind die Nähe und die Verwandtschaft und die Frage, ob etwas zusammenpasst – Nähe entsteht durch Verwandtschaft. Am stärksten ist diese Qualität zwischen einer Mutter und ihrem Kind. Dem kommen nur noch die Bilder in dem eigenen Inneren gleich, die man im Traum, auf Traumreisen oder beim „Brüten über etwas" in sich sieht.

g) Weltbild

Der Krebs sieht sich die Welt unter dem Aspekt des Verwandtschaftsgrades zwischen sich und etwas anderem bzw. allgemein zwischen zwei Dingen an. Dabei ergeben sich als Gesamtbild sozusagen „konzentrische Kreise mit nach außen hin abnehmendem Verwandtschaftsgrad": In der Mitte ist er selber mit seinen inneren Emotions-Bildern, darum herum die allerengsten Vertrauten, dann im nächsten Kreis die nächsten Verwandten und Freunde, dann noch weiter außen die sonstigen Verwandten und ganz außen die losen Bekannten. Jeder dieser Kreise ist von einer Schutzmauer umgeben, die das, was innen ist, vor den Augen und Ohren von deren schützt, die weiter außen sind.

h) Gemeinschaft

In einer Gemeinschaft hat der Krebs durch seine Art des Denkens die Aufgabe, die Wärme, Nähe und Geborgenheit wiederherzustellen. Er hält die Gemeinschaft – meist die Familie – intakt. Er spricht unter vier Augen die Konflikte an, die er spürt und will sie wieder auflösen; er ist der „Beichtvater" der Gemeinschaft und er hat für alle Sorgen und Nöte ein offenes Ohr. Die Gemeinschaft ist das, was für ihn das Wichtigste überhaupt ist, weshalb er sein Denken und Reden ganz auf dieses Thema richtet. Auch abstraktere und allgemeinere Themen betrachtet er aus dieser Perspektive und sieht die beteiligten Elemente wie die Mitglieder einer Familie an.

i) Verwendung

Der Krebs verwendet das Denken, um Zusammenhänge zu erkennen – genauer gesagt, um die Art von Kontakten, von Verbindungen zu verstehen. Das ist das, wo er hineinspürt, was er betrachtet, was er erfassen kann. Daher kann er gut zuhören und sich in andere hineinfühlen und auch Träume intuitiv verstehen. Er schaut daher auch beim Denken vor allem auf Gefühle – die mit Gefühlen aufgeladenen Bilder sind das, woran er sich orientiert, da diese Bilder stets das Wichtigste sind. Das ist auch sein Verfahren bei abstrakteren Themen: Wo ist das größte Drängen? Auf diese Weise erhält er ein Bild von den Zusammenhängen zwischen den beteiligten Menschen, also ein Soziogramm. Dasselbe Verfahren lässt sich natürlich auch auf Dinge und abstraktere Themen anwenden.

j) Niedriges Niveau

Die klassische Art von Irrtümern der Krebse sind das Bemuttern, das „nicht aus den Augen lassen", das Festklammern, Tratsch und Klatsch und Ähnliches. Möglicherweise kann der Krebs aufgrund seiner Nähe-Bedürftigkeit die äußere Welt nicht mehr klar genug sehen – dann versinkt er ganz in seinen inneren Bildern und verliert ein wenig den Realitätskontakt. Sein Denken wird dann ganz von seinen inneren Bildern (vor allem Verlassenheitsangst) geprägt, was dann schließlich – wie bei solchen Irrtümer üblich – eben dazu führt, dass sich andere von ihm abwenden.

k) Hohes Niveau

Überdurchschnittlich begabte Krebse erkennt man daran, dass sie auch unerwartete Dinge miteinander kombinieren und deren Verwandtschaft erkennen und beschreiben können. Ein gutes Beispiel dafür ist Albert Einstein, der einen Krebs-Aszendenten hatte und die Verwandtschaft von Raum und Zeit („Raumzeit") sowie die Verwandtschaft von Materie und Energie erkannte („$E=mc^2$"). Sie zeichnen sich durch ein großes Einfühlungsvermögen, eine große Vorstellungskraft und gleichzeitig durch eine Klarheit in ihren inneren Bildern und Emotionen aus. Als Künstler können sie besonders berührende Kunstwerke erschaffen.

l) Bild

Der Krebs denkt in dem Schema „Mutter, Vater, Kind". Er ist ein Familienmensch. Das Urbild ist die Mutter, die ihr Kind stillt. Der Krebs hat eine bildhaft-emotionale Intelligenz, die Menschen und Situationen gut erfassen und daher auch auf eine passende Weise mit ihnen umgehen kann. Die Vorgehensweise ist weich, aber nachdrücklich und sie sendet eine Welle nach der anderen aus bis sie ihr Ziel erreicht hat. Auch das Denken kehrt immer wieder zu dem zurück, was ihnen wichtig ist und betrachtet es immer noch einmal bis es schließlich alle sichtbaren und verborgenen Seiten daran entdeckt und emotional erfasst hat. Es ist ein „fürsorgliches Denken", das niemals ruht und sich immer wieder allem Wichtigen zuwendet.

5. ichbezogen

♌

Die Löwe-Art des Denkens beginnt immer mit demselben Wort: „Ich." Er kann dann über etwas nachdenken, wenn er es zu sich selber in Bezug gesetzt hat. Er ist folglich ich-orientiert und eigenständig; er unterscheidet sich von anderen, sieht an sich selber das Besondere; und er betrachtet das Ganze – womit hier sein ganzes Ich gemeint ist. Er ist ein optischer Typ: er versteht, was er sieht – und er will natürlich auch selber gesehen werden. Er beachtet stets die Wirkung seiner Gedanken, Worte und Schriften. Er erschafft etwas, er strebt etwas an – und das hat immer etwas mit seinem Ruf und seinem Ruhm zu tun. Ihn überzeugt die Tat – seine eigene und die von anderen … vor allem die kraftvolle, strahlende Tat. Er fördert jedoch nicht nur seine eigene Individualität, Eigenständigkeit und Unabhängigkeit, sondern auch die von anderen. Er stellt sich lieber selber durch seine Worte dar als dass er anderen zuhört – außer wenn er genügend Niveau hat, um andere nicht mehr als Konkurrenten zu seinem eigenen Strahlen anzusehen. Er ist im Grunde ein Fundamental-Optimist und sieht stets das „halbvolle Glas".

a) Motivation

Der Löwe will sich selber erkennen und verstehen, sich selber treu sein und ausdrücken – darauf ist sein Denken ausgerichtet. In einem erweiterten Rahmen will er nicht nur sich selber als Individuum verstehen, sondern auch jeden anderen Menschen, jedes Lebewesen und jede Sache – und sei sie noch so abstrakt – ebenfalls als Individuum erfassen. Erst wenn ihm das gelungen ist, ist er zufrieden, denn er schaut stets auf das Lebendige. Selbst die Erde und die Welt als Ganzes betrachtet er stets als ein Lebewesen. Dadurch ist er letztlich ein Beschützer und Förderer jeglichen Lebens und jeglicher Individualität.

b) Zufriedenheit

Der Löwe ist mit seinem Denken zufrieden, wenn er die interne Dynamik eines Wesens oder einer Sache erfasst hat – wenn er das „Herz" dessen erfasst hat, was er mit seinem Denken betrachtet. Er sucht nach der Buchecker, aus der die Buche entstanden ist. Wenn er diesen Ursprungs-Samen gefunden hat und dessen Charakter erfasst hat, kann er auch das ganze Lebewesen verstehen und ist zufrieden. Sein Ziel ist Buddhas Lächeln oder das Lächeln, das man auch bei vielen altägyptischen Statuen sehen kann: eine von innen her leuchtende Selbstgewissheit, die als organischer Teil in der Welt als Ganzes ruht und unbeirrbar wie ein Stern unabhängig von allem, was ringsum geschieht, erstrahlt.

c) Beweglichkeit

Der Löwe kann sich zwar in seinem Denken bewegen, aber er bleibt stets an seine Mitte angeschlossen – jedenfalls so lange, wie es ihm gut geht. Die Bewegungen des Denkens gehen bei ihm stets von seiner Mitte aus und reichen in den Umraum hinein – das Denken besteht sozusagen aus Ich-Strahlen, die die Welt berühren und sie als Bühne und als Nahrung für die eigene Entfaltung sehen. Wenn er einen anderen Menschen, ein Tier, eine Pflanze oder sonst eine Sache betrachtet, geht er von der Mitte dieses Wesens oder dieser Sache aus und betrachtet deren Strahlen – bzw. er sucht erst einmal nach dieser Mitte.

d) Einheiten

Die Grundeinheiten, in denen der Löwe denkt, sind Individuen. Das ist für ihn selber selbstverständlich, aber wird von anderen manchmal als „Personifizierung" angesehen, was für den Löwen ein großes Missverständnis ist, da aus seiner Sicht eben alles vom Regenwurm und den Kieselstein über die Menschen und die Tiere bis hin zu den Sternen und Galaxien Lebewesen sind. Schließlich haben sie alle einen Charakter, einen organischen Aufbau und eine innere Dynamik. Er sieht ihre innere Struktur und die Notwendigkeit, dass sie genau so und nicht anders aufgebaut sind und sich entwickeln. Daher denkt der Löwe stets ganzheitlich und ist auf die Entfaltung der Essenz ausgerichtet.

e) Verknüpfungen

Der Löwe verbindet zwei Informationen miteinander, indem er sie mit der Mitte, mit dem „Herz" dessen, was er betrachtet (meistens sich selber) in Beziehung setzt. Das bedeutet, dass das eine Ende einer Verknüpfung so gut wie immer an der Mitte des Systems endet. Diese Verknüpfungen sind daher immer lebendige Verbindungen, die ein notwendiger Bestandteil dieses als Lebewesen betrachteten Systems sind. Folglich hat er auch einen Blick dafür, ob diese Verbindungen ihre Aufgabe erfüllen können oder nicht und was sie evtl. brauchen, um diese Funktion wieder erfüllen zu können. Dabei richtet der den Blick stets auf das ganze System, da er die Funktion und den Zustand des Einzelnen nur anhand seiner Stellung in dem Ganzen erkennen kann.

f) Qualitäten

Die Qualitäten, an denen sich der Löwe beim Denken orientiert, sind die Lebendigkeit und die Lebendigkeit und die Lebendigkeit. Sie ist sein einziger Maßstab und sein einziges Ziel. Daher denkt er stets organisch, d.h. er sieht jedes Detail als ein notwendiges Teil in dem Ganzen an. Aus dem zentralen Wert der Lebendigkeit ergibt sich notwendigerweise auch eine Förderung der Selbsterkenntnis, der Heilung, der Selbsttreue, des Wachstums und des Selbstausdrucks – also des möglichst erfüllenden Lebenstanzes.

g) Weltbild

Der Löwe sieht – wie bereits gesagt – alle Dinge als Lebewesen an. Das bedeutet, dass er auch davon ausgeht, dass alle Wesen und Dinge ein Bewusstsein haben. Für ihn ist es daher geradezu selbstverständlich, dass auch die Erde als Ganzes ein Bewusstsein hat, das er möglicherweise „Gaia" nennt. Ein wesentliches Element seines Weltbildes ist daher die Visionssuche, also das Erkennen der eigenen Mitte, die meistens „Seele" genannt wird. Die logische Ergänzung dazu ist das Streben, durch Meditation o.ä. auch das Bewusstsein anderer Menschen, Lebewesen und Dinge wahrnehmen zu können. Sein Weltbild erinnert daher stark an die Weltbilder der meisten Indianerstämme.

h) Gemeinschaft

In einer Gemeinschaft hat der Löwe durch seine Art des Denkens die Aufgabe, den organischen Zusammenhalt der Gemeinschaft zu erhalten und sie zu beleben. Er strebt auch oft die Rolle eines „Königs" an, weil er – da er stets auf die Mitte einer Sache ausgerichtet ist – dazu neigt, sich selber in eben diese Mitte zu stellen. Dabei will er sich nicht um alle Details kümmern, aber er will andere darauf hinweisen, was noch zu tun ist und was förderlich ist – und erwartet natürlich, dass die andern das auch so sehen und seinen Worten Folge leisten. Daher kann er derjenige sein, der eine Gemeinschaft lebendig erhält.

i) Verwendung

Der Löwe verwendet das Denken, um die Lebendigkeit zu fördern, die schließlich sein Herzensanliegen ist. Er strebt danach, den Aufbau der Organe innerhalb des Gesamtsystems zu verstehen und ihre Gesundheit zu fördern, wobei er „Gesundheit" als den heilen, natürlichen Zustand des Organs auffasst. Der Löwe ist daher auch ein Heiler – er geht dabei stets von dem Herzen des Menschen aus und will den Menschen an seine eigenen Essenz erinnern, damit der Kranke dieser Mitte wieder treu wird und daher auch wieder gesunden kann. Daher ist der Löwe letztlich auch ein Leiter der Visionsreisen und der Mysterien. Er ist ein Priester der Seelen.

j) Niedriges Niveau

Die klassische Art von Irrtümern der Löwen sind die platte Egozentrik und der kurzsichtige Egoismus. Sie führen auch dazu, dass er nur seinen Ruf, sein Ansehen, seinen Ruhm und sein Aussehen im Blick hat. Eine geniale Darstellung dieses Fehlers ist „Gilderoy Lockhard" aus den „Harry Potter"-Büchern. Diese Störung führt dazu, dass man wirklich jeden Satz mit „ich" beginnt und in einem Gespräch stets sofort wieder zur Selbstdarstellung zurückkehrt, sodass die anderen kaum eine Chance haben, auch mal etwas zu sagen. Im Extrem ist solch ein Mensch kaum noch in der Lage, auch die anderen wahrzunehmen.

k) Hohes Niveau

Überdurchschnittlich begabte Löwen erkennt man daran, dass sie eine große Achtung vor der Individualität aller Menschen haben und dass sie das Leben auf der Erde schützen. Sie ruhen in sich selber und ihre Selbstgewissheit lässt sich durch nichts erschüttern. Sie verhelfen anderen zur Selbsthilfe, damit auch die anderen sich selber erkennen und entfalten können. Sie denken stets organisch und ganzheitlich und ist auf die Erhaltung und Förderung des Lebens ausgerichtet – sie sind nicht nur selbstbejahend, sondern lebensbejahend. Und sie sind herzlich und strahlend und in ihrer Umgebung scheint es wärmer zu werden und sie können andere mit ihrem Optimismus anstecken.

l) Bild

Der Löwe denkt wie ein König: Er betrachtet das Ganze, die Zusammenhänge, das Wachstum, die Lebendigkeit und kümmert sich um das Ganze. Das Gesamtbild ist stets schlüssig, alle Teile sind selbstähnlich, alle Aspekte sind integrierte Bestandteile des Ganzen. Er denkt ganzheitlich, er spricht nachdrücklich und er schreibt von einem Kerngedanken aus: von dem Herz dessen aus, worüber er schreibt. Seine Logik wird von der Herzlichkeit gelenkt und seine Worte werden von seiner Lebensbejahung geprägt. Er ist ein Hüter des Lebens, zu dem fast jeder sofort Vertrauen fasst – vor allem kleine Kinder.

6. sorgfältig

♍

Die Jungfrau-Art des Denkens blickt auf das Detail und betrachtet alle Dinge wie Uhrwerke, die aus vielen Elemente bestehen, die auf eine sinnvolle Weise zusammenwirken – oder das zumindest sollten. Dieses Denken begreift Dinge, wenn man diese Dinge ganz wörtlich mit den Händen ergreift. Die Jungfrau ist von etwas überzeugt, wenn sie es physisch vor sich sieht und anfassen und untersuchen kann. Doch dann genügt eine Gelegenheit, um dauerhaft überzeugt zu sein – wobei sie natürlich jede neue Sache wieder als etwas Neues oder zumindest als eine neue Variante erst einmal wieder gründlich betrachtet. Sie will eine Ordnung erschaffen oder sie wiederherstellen, d.h. sie repariert, therapiert und heilt – sie ist also eher reaktiv als von sich aus aktiv. Sie kann auch selber durchaus etwas konstruieren und herstellen – aber das ist dann die Reaktion auf eine äußere (und manchmal auch innere) Notwendigkeit. Sie löst Probleme durch das Vermeiden des Konfliktes. Sie schaut auf das Detail im Außen und ist schnell durch Kleinigkeiten irritiert, aber kann sich auch über Kleinigkeiten freuen. Sie sucht die Harmonie in der Form einer Ordnung, ist kooperativ und betrachtet die Flasche vorsichtshalber lieber als „halbleer" – die „halbvoll"-Sichtwiese könnte ja später mal enttäuscht werden.

a) Motivation

Die Jungfrau will, dass die Dinge funktionieren und dafür in der richtigen Ordnung sind. Ihre Motivation ist, diesen richtigen Zustand herzustellen und alles in Ordnung zu bringen. Daher denkt sie sachbezogen und hat die Haltung eines Handwerkers, eines Therapeuten oder Heilers. Sie freut sich, wenn alles reibungslos läuft, regt sich über Sand im Getriebe auf, bringt die Dinge mit drei Tropfen Öl wieder ans Laufen und findet keine Ruhe, bevor nicht auch das kleinste Detail so ist, wie sie es für richtig hält. Sie sucht nach der Stelle in dem Uhrwerk, an der es klemmt und kann das System in der Regel wieder in Ordnung bringen, indem sie lediglich eine Kleinigkeit ändert.

b) Zufriedenheit

Die Jungfrau ist mit ihrem Denken zufrieden, wenn sie den Weg zur Herstellung oder Wiederherstellung der Ordnung gefunden hat – also wenn das Geschirr gespült ist, das Fahrrad wieder fährt, die Wunde verheilt und das Trauma aufgelöst worden ist. Das sollte auf eine möglichst effektive Weise und ohne großen Aufwand geschehen. Wenn der Bastler seinen Apparat zum Laufen gebracht hat und wenn der Tüftler die Vorrichtung perfektioniert hat, ist dieses Denken zufrieden – offenbar hat dieses Denken dann selbst bei den komplexesten Angelegenheiten an alles gedacht.

c) Beweglichkeit

Der Jungfrau kann sich auf jede Situation einstellen, sich die beteiligten Elemente anschauen, ihre Funktion begreifen, die Baupläne studieren, die Bedienungsanleitungen lesen und dann schließlich den Fehler im System entdecken oder einen Verbesserungsvorschlag machen, der das Ganze noch effektiver und noch schneller macht. Sie begreift schnell die konkreten Details, die Funktionen und die Wirkung der einzelnen Elemente. Je sachlicher, konkreter und genauer die Beschreibungen und Anleitungen sind desto besser. Wie soll man auch sonst präzise vorgehen können?

d) Einheiten

Die Grundeinheiten, in denen der Jungfrau denkt, sind die Details, also die Zahnrädchen, die Ketten, die Pleuelstangen, die Schrauben, die Nieten, die Ventile, die Rotoren, die Räder usw. Das Ganze besteht stets aus seinen Einzelteilen und die Jungfrau studiert diese Einzelteile, um zu begreifen, wie das Zusammenwirken dieser Einzelteile in dem Ganzen abläuft und dadurch die Aufgabe, die das Ganze hat, erfüllen können. Sie schaut sich jede Abweichung in den Spektrallinien an, jede Schwankung in der Umsatzkurve, jede Abweichung von dem üblichen Blutdruck – und zieht dann präzise Schlussfolgerungen aus diesen Abweichungen. Dadurch kann sie erfassen, was die Ursachen für diese Abweichungen sind.

e) Verknüpfungen

Die Jungfrau verbindet zwei Informationen miteinander, indem sie schaut, wie sie aufeinander einwirken. Was macht dieses Zahnrad, das diesen Zeiger dreht? Was macht Vitamin B5 im menschlichen Körper? Wie wirkt ein homöopathisches Globuli auf die Krankheit? Wenn die Struktur der Einzelteile klar definiert ist, lässt sich daraus auch die Dynamik ihres Zusammenwirkens ableiten. Ihr Vorgehen ist daher ausgesprochen analytisch und sie schließt stets vom Detail auf das Ganze. Sie stellt gerne systematische Ordnungssysteme auf, die ihr helfen, den Überblick zu bewahren. Das kann das Periodensystem der Elemente sein, die Liste der Elementarteilchen, der Überblick über die Qualitäten der Tierkreiszeichen und dergleichen mehr.

f) Qualitäten

Die Qualitäten, an denen sich die Jungfrau beim Denken orientiert, sind die richtige Ordnung und das sich daraus ergebende reibungslose Funktionieren. Ihr Denken ist sehr sachlich und daher auch handwerklich und stets auf die Problemlösung ausgerichtet – Hauptsache, der Laden läuft anschließend wieder. Dabei möchte sie natürlich die Struktur und die Dynamik der Systeme, mit denen sie tun hat, verstehen, da sie dann schneller auf Störungen reagieren kann und evtl. auch selber neue Systeme ersinnen kann. Aus ihrem Blickwinkel ist Gott so etwas wie ein unermesslich großer Uhrmacher.

g) Weltbild

Die Jungfrau sieht die Welt vor allem auf mechanische Weise: Alle Dinge haben ihre Eigenschaften und wirken aufeinander, wodurch sich dann die komplexe Dynamik des Weltgeschehens ergibt. Einem selber geht es dann gut, wenn man begriffen hat, welch eine Art von Teilchen man in dem riesigen Getriebe der Welt ist und welche Aufgabe man daher in dem Ganzen hat. Wenn man das begriffen hat und dem folgt, geht es einem gut und die meisten Dinge werden einem dann auch gelingen. Der Begriff der „Richtigkeit", der in den magisch-mythologischen Weltbildern der Jungsteinzeit und der frühen Königreiche zentral ist, ist auch für die Jungfrau der Kernbegriff.

h) Gemeinschaft

In einer Gemeinschaft hat die Jungfrau durch ihre Art des Denkens die Aufgabe, Ordnung zu halten, andere bei Schludrigkeiten zu ermahnen, aufzuräumen, Dinge zu prüfen, zu putzen und alles noch schnell zu erledigen, was die anderen vergessen haben. Sie hat eine fürsorgliche Art, die im rechten Maß angewandt ein Segen für jeden Gemeinschaft ist. Sie weist auch mit einer gewissen Penetranz auf jeden Widerspruch und auf jede unerledigte Aufgabe hin, die zwar nervig sein kann, aber eben auch nützlich ist, da sie unter Umständen das Scheitern eines Vorhabens verhindert. Wenn sie etwas geprüft hat, kann man sich recht sicher sein, dass die Sache auch wirklich in Ordnung ist.

i) Verwendung

Die Jungfrau verwendet das Denken, um die Gestalt und die Funktion von Dingen zu verstehen. Sie denkt daher genau und präzise und ist dabei recht findig. Sie hat wie der Zwilling eine schnelle Auffassungsgabe, aber ist im Gegensatz zu dem luftigen, unsteten Zwilling erdhaft und sorgfältig. Sie kommt daher zu Ergebnissen, die sie so präzise beschreiben kann, dass auch andere, die ihre Anleitungen lesen, ihre Erkenntnisse über die Funktion und die Dynamik einer Sache anwenden können. Sie kann daher auch neue Methoden entwickeln und sie soweit perfektionieren, dass sie auch ein wertvolles Hilfsmittel für andere sein können. Sie ist daher auch eine Wissenschaftlerin oder eher noch eine wissenschaftliche Assistentin.

j) Niedriges Niveau

Die klassische Art von Irrtümern der Jungfrau ist das „Kleben an den Details", durch das sie zum Pedant, Pfennigfuchser, Erbsenzähler und Besserwisser werden kann. Möglicherweise neigt sie auch zum Bevormunden oder zum Betüddeln. Diese Grundhaltung, die übertrieben stark nach Ordnung strebt und so gut wie nie auch mal „Fünfe gerade sein lassen kann", birgt in sich die Gefahr des Burnouts. Schließlich ist nichts jemals wirklich im vollkommen perfekten Zustand – und schon gar nicht man selber oder die eigenen Leistungen … Letzteres ist etwas, das die Jungfrau nur schwer ertragen kann.

k) Hohes Niveau

Überdurchschnittlich begabte Jungfrauen erkennt man daran, dass sie ihre Sorgfalt und Gründlichkeit auf die wesentlichen Dinge richten können und die unwichtigeren Dinge auch mal in einem nicht-perfekten Zustand lassen können. Sie haben an sich selber keinen Perfektions-Anspruch – was ihr Leben wesentlich einfacher macht. Sie haben erkannt, dass jedes Prinzip, das man ins Extrem treibt, schädlich wird. Daher können sie sehen, wo Präzision gebraucht wird und wo nicht – sie können ihr Talent sozusagen ein- und ausschalten. Sie können aus kleinen Variationen in Beobachtungen weitreichende Schlussfolgerungen ziehen. Sie können Informationen auf geschickte Weise ordnen und vereinheitlichen, sodass man ihre Bedeutung klarer erkennen kann.

l) Bild

Die Jungfrau denkt wie ein sorgfältiger Handwerker, der alle Einzelheiten beachtet. Jemanden mit dieser Art zu denken als Helfer zu haben, ist für jeden, der nicht diese Denkweise hat und der weitreichende Dinge plant, ein großer Segen, da ihm die Jungfrau helfen kann, grobe Fehler zu vermeiden und an alle Details zu denken. Sie denkt sozusagen mit Lupe und Pinzette – oder sogar mit Mikroskop und Skalpell. Sie schaut auf die eine Sache vor ihr und bekommt von dem, was sich sonst noch in dem Raum abspielt, nicht allzu viel mit – aber das will sie auch gar nicht, denn wie sollte sie sich sonst auf das konzentrieren können, um das es gerade geht?

7. vergleichend

♎︎

Die Waage-Art des Denkens ist das Nachspüren, auf welche Weise zwei Dinge zusammenpassen bzw. wie sie nicht zusammenpassen. Sie lauscht sozusagen auf den Akkord, den zwei Töne miteinander bilden und zieht daraus ihre Schlussfolgerungen. Sie ist als jemand, die viel denkt, auch jemand, die Informationen vor allem über das Hören und das Lesen erhält. Sie strebt aktiv nach dem, was sie gut findet – was vor allem die Harmonie ist. Sie geht aktiv auf Menschen und Dinge zu und ist eigenständig. Wenn sie Dissonanzen begegnet, versucht sie diese Missklänge auf diplomatische Weise aufzulösen. Sie schaut auf das Ganze und strebt danach, das Ganze in einen guten Zustand zu bringen – am liebsten schaut sie jedoch nur auf zwei: auf „Ich und Du." Sie ist ein Beziehungsmensch, der ganz in seinem Verhältnis zu allen anderen lebt. Da sie selber sehr beweglich ist, braucht sie immer mehrere Erlebnisse derselben Art, um von etwas überzeugt zu werden. Sie hört zwar allen zu und geht auch auf alle ein, aber sie ist in ihrem Denken trotzdem unabhängig. Sie gehört zu den Optimisten, die die „Formulierung „Die Flasche ist halbvoll" vorziehen, da sie findet, dass man mit Offenheit und Optimismus weiter kommt als mit Skepsis und Pessimismus – das ist für die anderen einfach einladender …

a)   Motivation

Die Waage will die Schönheit erschaffen oder wiederherstellen. Das strebt sie vor allem in der Begegnung zwischen Menschen an, aber auch in der Kunst und bei allem anderen, womit sie zu tun hat. Schönheit und Harmonie sind für sind sie der gute Zustand. Durch diese Qualitäten kann sie schnell Kontakte knüpfen – und die Begegnung mit anderen Menschen ist sozusagen ihr Lebenselixier. Sie ist daher sowohl ein guter Diplomat (wie der US-Expräsident Jimmy Carter, der eine Doppel-Waage ist) als auch ein guter Verführer (wie der US-Expräsident Bill Clinton, der auch ein Waage ist).

b) Zufriedenheit

Die Waage ist mit ihrem Denken zufrieden, wenn sie zunächst einmal den Frieden und die Eintracht wiederhergestellt hat und dann auch zu intensiven Begegnungen mit anderen Menschen gelangt. Das, was die Waage sucht, ist die Resonanz mit dem anderen – im Gespräch, in Blicken, in der Erotik. Dieses Übereinstimmen ist das, was sie sucht und womit sie sich wohlfühlt. Sie schätzt daher auch die Musik, da dies eine universelle Sprache ist, die alle verstehen. Dabei spielt sie am liebsten Oktaven zusammen, da diese am harmonischsten klingen (z.B. a und a'), und am wenigsten mag sie den schrägen Tritonus (z.B. a und dis'). Ihr geht es am besten, wenn sie einem Gleichgesinnten, einer Schwester im Geiste begegnet.

c) Beweglichkeit

Die Waage kann sich sehr schnell nacheinander auf die verschiedensten Menschen einstellen. Das ist nun keineswegs eine reine Anpassung, sondern der Wunsch, den anderen wirklich zu erleben – und das geht am besten, wenn man ihm viel Raum gibt. Sie hat eine schnelle Auffassungsgabe und kann sich innerhalb kürzester Zeit in einen anderen hineindenken und seine Motivationen und Neigungen erkennen. Manche sagen, dass sie ihr Fähnchen nach dem Wind hängt und mit jedem anbändelt, doch die, die das sagen, haben nicht verstanden, dass es der Waage immer um die intensive Begegnung geht – und die ist ohne eine große eigene Beweglichkeit nicht möglich.

d) Einheiten

Die Grundeinheiten, in denen die Waage denkt, sind zwar zunächst die Individuen, aber sie sind nicht ihr eigentliches Ziel, sondern der Klang zwischen ihr selber und dem anderen – oder zwischen zwei anderen. Sie denkt also in Begegnungen, Beziehungen, Akkorden, Zusammenwirkungen, gemeinsamen Erlebnismöglichkeiten und dergleichen mehr. Sie sieht die Einzelnen, aber sie denkt stets in den Kombinationsmöglichkeiten zwischen diesen Einzelnen. Der Zusammenhang ist das, worauf sie in ihrem Denken ausgerichtet ist. Daher erkennt sie auch so gut, wer mit wem zusammenpasst und wer nicht.

e) Verknüpfungen

Die Waage verbindet zwei Informationen miteinander, indem sie die beiden Dinge – oder Menschen – nebeneinanderstellt und vergleicht. Dabei geht sie entweder intuitiv vor oder sie benutzt vergleichende Systeme, die die Welt mithilfe von Analogien betrachten. Solche „Gleichnis-Systeme" sind die vier Elemente (Feuer, Wasser, Luft, Erde) bzw. fünf Elemente (Feuer, Wasser, Erde, Holz, Metall), die Astrologie, die Orakel (Tarot, I Ging u.a.), das Ba Gua aus dem Feng-Shui, das Vastu Purusha aus Indien, der Lebensbaum aus der Kabbala usw. Mit ihrer Hilfe lassen sich die Zusammenhänge in der Welt systematisch erforschen und verstehen. Durch dieses Talent, auf die verschiedensten Weisen Zusammenhänge zu erkennen, haben die Waagen auch das Talent, auch selber auf verschiedene Weisen Verbindungen zu knüpfen – sie können sehr charmant sein.

f) Qualitäten

Die Qualitäten, an denen sich die Waage beim Denken orientiert, sind die Verbindung und die Schönheit – also die genussvolle schöne Verbindung. Sie denkt, um Zusammenhänge zu erkennen, um Harmonie zu finden, um den Frieden wiederherzustellen, um Beziehungen oder erotische Abenteuer anzubahnen und ähnliches mehr. Sie geht im Denken, Sprechen und Schreiben auf den anderen ein und ist sich weitgehend darüber bewusst, wie das, was sie sagt, auf den anderen wirkt.

g) Weltbild

Die Waage sieht die Welt als ein Geflecht von Begegnungen und von Beziehungen, von harmonischen und weniger harmonischen Klängen zwischen zwei Tönen. Sie sieht zudem die Ähnlichkeiten zwischen den Einzelnen, denen sie begegnet, und sie sieht die Regelmäßigkeiten, die sie als Kausalität oder als Analogie erkennen und beschreiben kann. Das können die mechanischen Bewegungsgesetze sein oder die Regelmäßigkeiten der zwölf astrologischen Charaktere (Sternzeichen) oder auch eigenständige vergleichende Betrachtungen wie: „Bei der Kutsche entspricht das Pferd dem Motor beim Auto, der Zügel dem Lenkrad, der Kutscher dem Fahrer, die Deichsel der Antriebswelle, das Heu dem Benzin usw."

h)   Gemeinschaft

In einer Gemeinschaft hat die Waage durch ihre Art des Denkens die Aufgabe, Streit zu schlichten und den Frieden zu wahren und die Einzelnen immer wieder zu einer Gruppe zusammenzufügen. Das gelingt ihr mit ihrer diplomatischen und auf das Verständnis von Beziehungen ausgerichteten Art zu denken sowie ihrer diplomatischen Weise, Dinge zu formulieren. Sie ist auch in der Lage, Neue in der Gruppe miteinzubeziehen und ihnen zu helfen, Kontakte zu den Mitgliedern der Gruppe zu finden. Sie kann auch schnell erkennen, zwischen welchen Menschen es „funken" könnte – woraufhin sie diese beiden dann unauffällig zueinander führen wird.

i)   Verwendung

Die Waage verwendet das Denken, um Zusammenhänge zu verstehen, den „Klang" zwischen zwei Menschen zu erfassen und die Entwicklungsmöglichkeiten, die sie sieht, auszunutzen. Sie erkennt deutlich, was von welchen anderen Dingen abhängt, und sie ist auch geschickt im Verwenden von „Vitamin B", also von nützlichen Beziehungen. Sie hat daher auch ein Talent für das Aufstellen von Soziogrammen, für den Entwurf anschaulicher Darstellungen komplexer Zusammenhänge und für eine ansprechende Präsentation, die vom hübschen Dekorieren über die Schaufenstergestaltung bis hin zu einer diplomatischen Darstellung eines Friedenskonzeptes reichen kann.

j)   Niedriges Niveau

Die klassische Art von Irrtümern der Waage sind die Anpassung, das Gleichmachen, das „unter den Teppich kehren" von Widersprüchen und Konflikten (die dann in größerer Form irgendwann wieder hervorkommen) und ähnliche Ausweichmanöver, die jeglichen Unterschied und jeglichen Konflikt dadurch vermeiden wollen, dass sie einfach nicht hinschauen. Das führt dann dazu, dass die Waage im Grunde keine eigene Meinung und kein eigenes Streben mehr hat, außer „um des lieben Friedens willen" zu allem „Ja und Amen" zu sagen. Die Extremform wäre dann das „Einschleimen".

k) Hohes Niveau

Überdurchschnittlich begabte Waagen erkennt man daran, dass sie in der Lage sind, auch verfeindete Parteien zu einem konstruktiven Gespräch zusammenzuführen und dann dieses Gespräch auch so zu lenken, dass am Ende greifbare Ergebnisse zustande kommen. Sie kann Zusammenhänge und Parallelen sehen, die anderen nicht gleich aufgefallen sind, und sie sieht neue Kombinationsmöglichkeiten und Kooperationen und dadurch auch Einsparungen an Geld, Zeit und Arbeit. Sie erschafft neue Verbindungen, die für alle Beteiligten von Vorteil sind. Sie hat außerdem auch ein ausgesprochen großes soziales Gewissen.

l) Bild

Die Waage denkt in Kombinationen, Zusammenhängen, Zusammenwirkungen. Sie ist die Frau im Eheanbahnungsinstitut, die Beziehungs-Therapeutin, die Stil-Beraterin, die Modeschöpferin, die Diplomatin, die Schlichterin im Tarifkonflikt usw. Da ihr Denken auf Begegnungen, Harmonie und Schönheit ausgerichtet ist, kann sie Lösungen und Kombinationen sehen, die den meisten anderen noch gar nicht aufgefallen sind. Dabei hat sie immer das Wohl aller Beteiligten im Blick. Sie schaut den anderen an, während sie mit ihm spricht, ist entgegenkommend, freundlich und charmant und reicht dem anderen – symbolisch – die Hand, um ihn zu einem Zusammenwirken einzuladen, damit sie das gemeinsame Ziel erreichen können.

8. polemisch

♏

Die Skorpion-Art des Denkens ist stets erfolgsbezogen, d.h. er denkt, spricht und schreibt, um etwas zu bewirken, um etwas zu erreichen. Das ist die Haltung des Politikers. Daher sind sowohl das Denken als auch das Sprechen sehr emotional, auch wenn sie sich hin und wieder das Gewand der Sachlichkeit überstreifen. Die Reaktion auf Hindernisse ist heftig und Widerspruch wird aus dem Weg geräumt. Das Denken ist daher taktisch, seltener auch strategisch – es wird also das, was gerade da ist, so umgeformt, wie man es braucht, während die lange Sicht weniger deutlich ausformuliert ist. Er kann gut widersprechen und auch selber Dissonanzen erzeugen, um sein Ziel zu erreichen. Er kann in seiner Sprache eine emotionale Heftigkeit entwickeln, die jegliche Hindernisse aus dem Weg fegt. Es sind daher auch nicht die Argumente, sondern die Emotionen, die ihn selber überzeugen – am besten häufig auftretende Emotionen. Er kann sich über Kleinigkeiten aufregen, die ihm im Weg stehen – wobei er die meisten Dinge ins Existentielle steigert, damit sie deutlicher werden und eine größere Wirkung auf die anderen haben. Es geht ihm um das, was er erreichen will. Dabei kann er durchaus auch mal mit anderen zusammenwirken. Er sieht die Flasche stets als „halbleer" an – das ist sicherer …

a) Motivation

Der Skorpion will etwas erreichen und benutzt Denken, Worte und Schriften als Mittel zum Zweck, wobei der Zweck weitestgehend auch die Mittel heiligt. Das Ziel des Denkens ist, etwas zu erreichen, d.h. etwas zu erleben, also ein Gefühl zu fühlen – Lust, Sieg, Durchsetzung, Macht, Heilung … was auch immer. Daher ist sein Denken – wie bereits erwähnt – so gut wie immer durch Emotionen geprägt und gelenkt. Seine Ziele sind zwar von ihrem Grundcharakter her weitgehend gleichbleibend, aber da er sehr stark auf das reagiert, was er gerade fühlt, können sich auch sehr schnell neue Ziele ergeben, wenn er neue Gelegenheiten oder Verlockungen sieht.

b) Zufriedenheit

Der Skorpion ist mit seinem Denken zufrieden, wenn er es mit seiner Hilfe geschafft hat, das zu erreichen, nach was es ihn verlangt hat, und wenn er sich und seine Meinung durchgesetzt hat. Sein Denken ist der Öffner des Tores zu seinem Ziel – und dieses Ziel ist eine Emotion. Aber ist er jemals wirklich zufrieden? Das ist zweifelhaft, denn jedesmal, wenn er etwas erreicht hat, will er wieder etwas Neues oder eine Wiederholung desselben – wie schon Friedrich Nietzsche (der einen Skorpion-Aszendenten hatte) sagte: „Alle Lust will Ewigkeit." Doch diese Lust muss immer wieder auf's Neue gesucht und erlangt werden … Das macht das Wesen des Skorpions und auch sein Denken ein wenig ruhelos.

c) Beweglichkeit

Der Skorpion kann in seinem Denken und vor allem in seinem Argumentieren schlagartig die Richtung ändern, wenn er merkt, dass sein erster Ansatz nicht die erwünschte Wirkung gehabt hat. Das geht so weit, dass er ein anderes Weltbild vortäuschen kann, wenn das für seine Ziele nützlich ist. Worte sind für ihn einfach ein Werkzeug zum Erreichen eines Ziels. Entsprechend dreht sich sein Denken auch sehr stark darum, den Weg zu finden, auf dem er durch Worte und evtl. auch Taten am leichtesten sein Ziel erreichen kann. Dabei kann er durchaus auch zu Listen und zum „Schaffen von Tatsachen" greifen.

d) Einheiten

Die Grundeinheiten, in denen der Skorpion denkt, sind Gefühle, Strategien, Machtverhältnisse, Möglichkeiten und dergleichen mehr. Er sieht die Furcht-Objekte und die Lust-Objekte – was jedoch nicht bedeutet, dass er keine Menschen als Individuen wahrnimmt. Doch diese anderen Menschen müssen sich schon selber gegen das wehren, was er will, wenn ihnen das nicht passen sollte. Er sieht die Dinge wie die Schauspieler in einem klassischen Drama, die alle ihre Ziele verfolgen und danach streben, sie auch zu erreichen – und das meistens mit allen Mitteln. Und das Leben ist aus seiner Sicht sowohl eine lustvolle Komödie als auch eine leidvolle Tragödie. Leben ist der Kampf der Lebewesen – und darauf richtet sich sein Denken.

e) Verknüpfungen

Der Skorpion verbindet zwei Informationen miteinander, indem er das Spannungs-Potential zwischen ihnen auslotet: Wieviel Lust ist hier möglich? Wieviel Frust droht hier? Sex und Tod sind die beiden Grundformen der Verknüpfung: der Kampf auf dem Bett und der Kampf auf dem Schlachtfeld. In dem Denken des Skorpions herrscht so gut wie immer Spannung. Und wenn zwischen ihm und einem anderen oder zwischen seinen Gedanken und denen des anderen Spannung herrscht, genießt er den niveauvollen Streit, der ihm manchmal sogar wichtiger ist als der Sieg.

f) Qualitäten

Die Qualitäten, an denen sich der Skorpion beim Denken orientiert, sind das Potential für Lust und das Potential für Schmerz. Er will auch diese Spannung – aber natürlich stets so, dass sie sich zu seinem Vorteil hin entwickelt, d.h. von ihm zu seinem eigenen Gunsten gelenkt und entschieden wird. Er ist der Feldherr, der mit mehr oder weniger allen Mitteln den Sieg anstrebt. Menschen, die einfach nur aufrichtig und naiv die Wahrheit sagen, sind ihm zu schlicht – und außerdem weitgehend hilflos ausgeliefert. Schließlich benutzt er auch das Verschweigen und die Lüge, wenn das seinen Zielen dient: „Im Krieg und in der Liebe ist alles erlaubt.“

g) Weltbild

Der Skorpion sieht seine Wünsche und seine Ängste als die Eckpfeiler seines Weltbildes an. Das ist zwar auch bei anderen Menschen weitgehend der Fall, aber der Skorpion hat diese Lüste und Ängste ganz bewusst und klar im Vordergrund seines Weltbildes stehen. Natürlich ist die Tiefe dieser Erkenntnisse eine Niveaufrage, aber er ist auf jeden Fall auf seine Gefühle ausgerichtet, die für ihn die Wurzel von allem sind. Er hat also ein emotional-individuell-existentialistisches Weltbild – was er jedoch nicht unbedingt zugeben wird. Wahrscheinlich wird er seinen Standpunkt sachlich mit scharfen Argumenten als die allein richtige Sichtweise verteidigen.

h) Gemeinschaft

In einer Gemeinschaft hat der Skorpion durch seine Art des Denkens die Aufgabe, auf Missstände, auf ungenutzte Potentiale und auf neue Möglichkeiten hinzuweisen, die Gemeinschaft zu größeren Leistungen anzuspornen und vor allem die Gemeinschaft immer wieder zu verwandeln, wenn es ihm notwendig erscheint. Er schafft Unruhe, aber schafft auch eine klare Ausrichtung. Dabei kann er provokativ, bissig, polemisch, scharfzüngig, emotional und noch so manches andere werden, damit er seine Sicht der Dinge durchsetzen kann. Daher ist er bei den einen sehr beliebt bei den anderen hingegen gar nicht – aber es gibt nur wenige, denen er einfach egal ist.

i) Verwendung

Der Skorpion verwendet das Denken, um etwas zu erreichen. Denken, Reden und Schreiben sind – wie bereits gesagt – nur Mittel zum Zweck. Er sucht durchaus auch nach der Wahrheit bzw. nach den tiefsten Wurzeln und Motivationen, aber im Alltag strebt er dann danach, seine Sicht und sein Streben gegen alle Widerstände durchzusetzen. Dabei ist er bisweilen sehr heftig und impulsiv, weil seine Motivationen so tief sitzen und er gar keine andere Möglichkeit sieht und hat, als eben genau diesen Motivationen mit all seiner Kraft zu folgen. Das kann ihn auch zu einem guten politischen Redner, der alle aus ihrem gemütlichen Schlaf reißt, oder zu einem Demagogen machen, der seinen Zuhörern gar keine Möglichkeit lässt, eine andere Meinung als er selber zu haben.

j) Niedriges Niveau

Die klassische Art von Irrtümern der Skorpion sind Emotionalität, Kurzsichtigkeit, Bissigkeit und das unverarbeitete Befolgen des Lustprinzips – im ärgeren Falle auch Rücksichtslosigkeit, Gewaltbereitschaft und Sadismus sowohl im Reden als auch im Handeln. Dann wird jede andere Meinung rigoros als falsch abgetan und mit allen Mitteln bekämpft – auch mit rücksichtslosen verbalen Schlägen unter die Gürtellinie. Dann werden die Schwachpunkte der anderen erforscht und anschließend genüsslich ausgenutzt.

k) Hohes Niveau

Überdurchschnittlich begabte Skorpione erkennt man daran, dass sie bereit sind, der Wahrheit ins Auge zu blicken und die Konsequenzen aus dem zu ziehen, was sie sehen. Sie sind bereit, das Alte hinter sich zu lassen, wenn sie erkennen, dass es noch tiefere Wurzeln und grundlegendere Motivationen gibt, die eine andere Weltsicht und eine anderes Reden und Handeln erfordern.

l) Bild

Der Skorpion denkt mit Schärfe und Tiefgang und mit schonungsloser Offenheit. Er ist jederzeit bereit, alles in Frage zu stellen und ist daher auch stets bereit, die Evolution voranzutreiben bzw. noch eher eine Revolution anzuzetteln. Er analysiert und prüft, er arbeitet das Wesentliche heraus und kritisiert und setzt seine Meinung durch. Er ist ein Stratege auf dem Feldherrn-Hügel und ein Politiker vor einer großen Menschenmenge, er ist der Erfinder, der durch seinen Scharfsinn die Urkräfte entfesselt, und er ist der Arzt, der Risiken eingeht, um ein Leben zu retten, er ist der Direktor, der in heftigen Diskussionen unliebsame Lohnkürzungen durchsetzt, um Arbeitsplätze zu sichern, und er ist der Detektiv, der mit seinem Spürsinn auch die geschicktesten Verbrechen aufdeckt, er ist der Forscher, der alte Sprachen entschlüsselt, und er ist der Konstrukteur, der einen unfehlbaren Lügendetektor entwickelt hat.

9. zielstrebig

Die Schütze-Art des Denkens ist auf ein Ziel und auf den Weg zu diesem Ziel ausgerichtet – dieses Denken und das sich daraus ergebende Reden sind einsgerichtet. Der Schütze ist optisch orientiert, d.h. er sieht etwas, und das, was er sieht, drängt ihn zum Handeln. Er sieht Möglichkeiten zur Verbesserung und strebt sie auch an und kann dabei andere durch seine feurigen Reden und Schriften zur Mitarbeit begeistern. Er steht alleine vor großen Menschenmengen und spricht zu ihr, wenn ihm ein Ziel wirklich wichtig ist – wie der Schütze Friedrich Engels, der Karl Marx durch seine Reden und Schriften half, seine Ideen bekannt zu machen. Der Schütze ist unabhängig und eigenständig und lebt, denkt, spricht und schreibt aus seinen Idealen heraus. Er sieht die Missstände und will sie ändern – er sieht das Potential und will es verwirklichen. Er macht das in einzelnen, konkreten Fällen. Ihn überzeugt nur das Tun und er überzeugt auch andere durch das, was er tut. Dabei genügt die eine Tat, um ihn zu überzeugen, und ebenso reicht seine eine Tat, um andere zu überzeugen. Als Optimist, der stets auf den Idealzustand aller Menschen, Lebewesen und Dinge ausgerichtet ist, sieht er stets die „halbvolle" Flasche – die er natürlich sofort wieder füllen und so den Idealzustand wieder herstellen will.

a) Motivation

Der Schütze will den aktuellen Status stets in den optimalen Status verwandeln. Er lebt auf das Ziel hin, denkt auf das Ziel und redet und schreibt auf das Ziel hin. Die Menschen, Dinge und Unternehmungen sind das, was sie werden könnten. Der Schütze-Denken-Typ will Dinge weiterentwickeln, will das tun, was gerade notwendig ist – er ist der Erste-Hilfe-Arzt und der Feuerwehrmann und er ist auch der Projektleiter und der Unternehmensberater. Er bringt Schwung in das, was stagniert, er richtet das neu aus, was veraltet ist, und er bringt frischen Wind in das, was zu verstauben droht. Er sieht das Potential und will es befreien und entfalten.

b) Zufriedenheit

Der Schütze ist mit seinem Denken zufrieden, wenn er mithilfe seiner Gedanken, Worte und Schriften sein Ziel erreicht hat. Er will das Optimum erreichen – und noch besser das Ideal – also nicht nur das Mögliche, sondern die vollständige Verwirklichung dessen, was in einem Menschen oder einer Sache angelegt ist. Er ist zufrieden, wenn sich etwas entfaltet hat – und wenn es soweit ist, genießt er diesen Idealzustand, doch schon bald sucht er nach einem noch größeren Ziel oder nach einem neuen Projekt. Es gibt ihm mehr Befriedigung, etwas wachsen zu sehen, als das Ziel zu erreichen. Daher ist er ständig unterwegs und kommt letztlich nie an ein Ende der Entwicklung.

c) Beweglichkeit

Der Schütze kann sofort etwas ergreifen, wenn er etwas sieht, wo etwas getan werden muss – ein Kaltstart macht ihm keinerlei Mühe. Er ist stets bereit, jeden Tag eine gute Tat zu vollbringen. Er ist dabei jedoch eher der Sprinter und Jäger als der Marathonläufer, obwohl er auch das notfalls in Angriff nehmen würde. Er ist ein dynamischer, beweglicher „Schütze" und kein statischer, ausdauernder „Belagerer". Sein Denken ist ausgesprochen Handlungs-orientiert, d.h. das Denken schaut danach, wo der beste Weg zum Ziel ist – Theorien, Gefühle und Kosten sind dabei zweitrangig: Das Ziel muss erreicht werden! Dieses Denken hat es eilig und kann keinerlei Umwege und Verzögerungen oder Aufenthalte leiden.

d) Einheiten

Die Grundeinheiten, in denen der Schütze denkt, sind Potentiale. Er sieht die Dinge und ihr Potential, die die eigentlichen Einheiten seines Denkens sind: der Flug des Pfeils, den der Schütze abschießt. Diese Potentiale und der Weg zu ihnen werden von ihm halb-intuitiv aus einem Gespür für mögliche und erfolgreiche Handlungen heraus erfasst. Die möglichen Wege und Schritte zu diesem Ziel sind die Untereinheiten, in denen er denkt. Außerdem auch noch die Hindernisse auf dem Weg dorthin und wie sie umgangen bzw. aufgelöst werden können. Weiterhin spielen natürlich auch noch die Menschen, die bei seinem Projekt mithelfen sollen, eine Rolle.

e)   Verknüpfungen

Der Schütze verbindet zwei Informationen miteinander, indem er prüft, inwiefern die eine Information die andere fördern kann, also in welcher Weise eine neue Information ein bereits bestehendes Projekt unterstützen kann oder ein neues Projekt notwendig macht. Verknüpfungen sind daher gegenseitige Hilfen und Unterstützungen. Solche Verbindungen setzten nicht nur zwei Informationen miteinander in Bezug, sondern sie richten sie immer auch auf ein Ideal aus. Informations-Kombinationen erschaffen Solidaritäts-Chancen und die Möglichkeit, den Bogen stärker zu spannen und den Pfeil weiter fliegen zu lassen.

Qualitäten

Die Qualitäten, an denen sich der Schütze beim Denken orientiert, sind zum einen die Idealzustände, also die Ziele, und zum anderen die Handlungsfähigkeit und somit die Erreichbarkeit des Zieles. Die Orientierung des Schützen besteht aus Standpunkt, Weg und Ziel – das ist das, was er zu erfassen strebt, damit er sein Denken und seine Kraft möglichst effektiv einsetzen kann. Er sucht nach der „negativen" Spannung, die das Erreichen des Zieles notwendig macht, und nach der „positiven" Spannung, die das Erreichen des Zieles möglich macht. Das Denken ist daher stets „auf dem Sprung" und bereit, einen Weg zu finden, ein Ziel zu formulieren und ein Projekt zu starten.

f)   Weltbild

Der Schütze sieht die Welt als etwas, das sich entfaltet, als etwas, das auf dem Weg zu einem idealen Zustand ist. Auf diesem Weg der Evolution, Reformation oder Revolution ist er der Scout, der Entwicklungshelfer, der Projektleiter. Er zeigt, was notwendig ist, was getan werden muss und wo es lang geht. Sein Weltbild ist daher nicht statisch, sondern dynamisch und eine ständige Weiterentwicklung. Da steht der derzeitige Zustand, aber in der Ferne steht das leuchtende Ideal auf einem Berg und lockt – und zwischen beidem ist der Weg, der vom der grauen Gegenwart zu der goldenen Zukunft führt.

g) Gemeinschaft

In einer Gemeinschaft hat der Schütze durch seine Art des Denkens die Aufgabe, den anderen zu zeigen, wie man es besser machen könnte. Er öffnet neue Tore für die Gemeinschaft und führt sie zu neuen Möglichkeiten und zu ungeahntem Wachstum. Er ist der, der ein Ziel hat, der eine Rede hält, der eine Möglichkeit darlegt, der inspiriert und der begeistert. Ohne ihn würde alles stagnieren und es käme keine Entwicklung in Gang. Er kann die anderen aus ihrer Lethargie aufwecken und sie mitreißen. Er sieht auch in jedem einzelnen dessen Potential und es lässt ihm keine Ruhe, wenn er sieht, dass jemand sein eigenes Potential nicht erkennt und ausschöpft und verwirklicht. Er erschafft die kreative Unruhe.

h) Verwendung

Der Schütze verwendet das Denken, um Ziele klar zu formulieren, die Notwendigkeit dieser Ziele anderen klar zu machen, den Weg zu diesem Ziel zu erforschen und alle dazu aufzurufen, mit ihm zusammen dieses Ziel anzustreben und zu erreichen. Das Denken ist für ihn ganz klar ein Werkzeug und kein Selbstzweck – mithilfe des Denkens kann man die eigene Kraft und die der anderen auf ein Ziel hin bündeln. Das Bild des Bogenschützen beschreibt auch diesen Stil des Denkens, das immer auf ein Ziel ausgerichtet ist, in zutreffender Weise. Diese Haltung im Denken wird effektiv, wenn das Ziel lohnend und erreichbar ist und wenn man auch selber die Initiative ergreift und meistens auch das Projekt selber leitet.

i) Niedriges Niveau

Die klassische Art von Irrtümern der Schütze sind die ständige Unruhe und Unzufriedenheit und der ständige Drang, weitergehen zu müssen. Wenn das der Fall sein sollte, fehlt es ihm an der Fähigkeit, die erreichten Ziele auch zu genießen. Ein anderer Fehler besteht darin, zu viele Ziele gleichzeitig anzustreben, wodurch die eigenen Kräfte zerstreut werden und die Effektivität stark eingeschränkt wird. Es ist auch denkbar, dass unerreichbare Ziele angestrebt werden, wodurch dann nur Frustration und Energieverschwendung entstehen. Es kommt auch vor, dass er die anderen antreibt, den Idealzustand zu erreichen, aber selber nichts tut.

j) Hohes Niveau

Überdurchschnittlich begabte Schützen erkennt man daran, dass sie die wesentlichen Ziele für eine größere Anzahl von Menschen erkennen und formulieren können und die Betroffenen auch davon begeistern können. Sie wollen hoch hinaus wie Alexandre Eiffel mit dem nach ihm benannten Turm; sie wollen die Welt verbessern wie Friedrich Engels; sie sind schnell wie Bruce Lee; sie sind zielgerichtet wie Magnus Carlsen im Schach; sie sind idealistisch wie Willy Brandt in der Politik; sie sind emotional heftig wie Ludwig van Beethoven; sie verwandeln die Spiritualität wie Baghwan … sie alle sind Schützen und sie haben ihr Denken und ihr Reden zum Erreichen ihrer Ziele eingesetzt.

k) Bild

Der Schütze denkt zielstrebig – wenn er kein Ziel hat, hat er auch keinen Grund zu denken. Oder andersherum gesagt: Wenn er zu denken beginnt, sucht er nach dem besseren Zustand von dem, worüber er gerade nachdenkt. Er ist der Kaufmann, der nach neuen Absatzmärkten sucht, der seine Schiffe auf Große Fahrt sendet, der reichlich Gewinne macht, der sich einen Palast erbauen lässt, der seinen Wohlstand zusammen mit Freunden genießt, der der Mäzen von begabten Künstlern ist, der den Armen reichlich Almosen gibt und dessen guter Ruf ihm die Türen auch zu den Reichsten und Mächtigsten im Land öffnet. Er ist vorausschauend und plant und handelt auf lange Sicht, um all das zu erreichen.

10. sachlich

♑

Die Steinbock-Art des Denkens ist konkret und sachlich und auf vollkommen sichere Informationen ausgerichtet. Sie glauben, was sie vor sich sehen und anfassen oder besitzen können – sie suchen stets erst einmal nach der größtmöglichen Autorität zu einem Thema und nach dem sichersten Beweis für eine Behauptung, ehe sie sie als Gewissheit in ihr Weltbild einbauen. Sie vermeiden Probleme und Auseinandersetzungen und reagieren eher als das sie von sich aus etwas beginnen – sie vermeiden jedes Risiko, da sie einen hohen Turm auf einem festen Felsen errichten wollen. Sie prüfen alle Menschen und Dinge, die ihnen begegnen, daraufhin, ob sie vertrauenswürdig sind oder nicht. Sie ziehen die Harmonie vor, aber sie können stur und dickköpfig sein, wenn sie etwas wollen. Sie schauen auf das Ganze und vor allem auf die Fundamente. Sie fühlen sich sicher, wenn sie etwas besitzen. Sie müssen zwar nur einmal wirklich gründlich überzeugt werden, aber sie haben nichts dagegen einzuwenden, wenn ihre Ansichten von Zeit zu Zeit bestätigt werden – und vor allem müssen sich diese Ansichten im Alltag bewähren. Sie sind Skeptiker und manchmal sogar Fundamental-Pessimisten, die stets die „halbleere" und nicht die „halbvolle" Flasche sehen.

a)

b) Motivation

Der Steinbock will hoch hinaus – und damit sein Turm nicht einstürzt, verwendet er viel Zeit auf die soliden Fundamente. Er glaubt erst mal nichts, sondern prüft alles gründlich. Da er sich dabei allerdings zum größten Teil an den zuverlässigsten Autoritäten orientiert – Mutter, Kindergärtnerin, Lehrer, Professor, Chef, Bundeskanzler – übernimmt er zunächst einmal die Prinzipien und Überzeugungen dieser Menschen. Er ist folglich ein Traditionalist, der davon ausgeht, dass das, was bisher funktioniert hat, auch weiterhin funktionieren wird. Das gibt ihm die Sicherheit, nach der er im Denken und Handeln sucht.

c) Zufriedenheit

Der Steinbock ist mit seinem Denken zufrieden, wenn er berechtigterweise darauf vertrauen kann, dass er mit seinen Ansichten und Überzeugungen nicht auf Sand gebaut hat. Er will bewahren, schützen und erhalten und sicher sein. Daher neigt er nicht dazu, seine Meinung schnell zu ändern oder in seinem Denken neue Wege auszuprobieren oder sich auf neue Argumente einzulassen. Er ist zufrieden, wenn er die solideste Grundlage für seine Meinungen gefunden hat – und hält natürlich trotzdem noch weiterhin Ausschau, ob es vielleicht Gegenargumente oder weitere Bestätigungen für die Richtigkeit seiner Sichtweise auf die Dinge finden kann. Er will Verlässlichkeit im Denken, Reden und Handeln.

d) Beweglichkeit

Der Steinbock kann im Denken durchaus die Richtung wechseln, aber tut dies nur widerwillig, wenn er erkennt, dass er sich geirrt hat. Ihm ist es lieber, wenn die Dinge so bleiben, wie sie sind oder sich dahin entwickeln, wo er hinwill, doch wenn er einen Irrtum entdeckt, hat es ja auch keinen Sinn, auf diesem Irrtum zu beharren – aber unangenehm ist solch ein Richtungswechsel in den Ansichten schon … nicht zuletzt, weil es bedeutet, dass man bisher aufgrund falscher Annahmen einen Teil seiner Energie vergeudet hat. Zudem ist es ihm deutlich lieber, recht zu haben als unrecht zu haben – schließlich orientiert er sich nicht nur an Autoritäten, sondern will auch selber eine Autorität sein und bestimmen.

e) Einheiten

Die Grundeinheiten, in denen der Steinbock denkt, sind ganz einfach Tatsachen – grundsolide und vollkommen sicher verifizierte Tatsachen. Auf sie kann man bauen. Sie sind tragfähig. Sie sind verlässlich. Natürlich gibt es neben den Felsen auch immer viel Sand, der nicht als Fundament taugt, aber da muss man eben gründlich prüfen, bevor man etwas unternimmt. Insofern ist auch die Unterscheidungskraft und die Urteilsfähigkeit ein sehr wichtiges Element in dieser Denk-Weise. Die Einheiten des Denkens sind hier auf Herz und Nieren geprüfte „Granit-Brocken".

f)   Verknüpfungen

Der Steinbock verbindet zwei Informationen miteinander, indem er schaut, ob eine der beiden Informationen bereits gesichert ist und ob sich die andere von ihr ableiten lässt oder ob beide gesichert sind und ob ihre Kombination etwas Neues ergibt. Er denkt wie ein Jurist, der von den Gesetzen ausgeht und dann Schlussfolgerungen zieht: Auf einem gesicherten Fundament wird ein Gebäude errichtet. Es geht bei den Verknüpfungen also um zuverlässige Ableitungen, die dem Handeln, das auf diesen Ableitungen beruht, einen zuverlässigen Halt geben. Auf diese Weise entwickelt er ein sehr gut begründetes Gedankengebäude.

g)   Qualitäten

Die Qualitäten, an denen sich der Steinbock beim Denken orientiert, sind – wie schon mehrfach erwähnt – die Sicherheit und Zuverlässigkeit. Er vermeidet den Wandel und jede Form von Unbeständigkeit. Sein Wert ist die Konstanz und die Treue und somit auch die Tradition. Er ist folglich langsam und gründlich im Denken, eher schweigsam, was das Reden betrifft, und sehr zurückhaltend, was das Schreiben oder gar das Unterschreiben von Verträgen angeht. Er vermeidet rasche Bewegungen aller Art – sowohl innerlich als auch äußerlich – und ist meistens zurückhaltend und unauffällig. Er zeigt nicht gerne, was er alles kann und hat, um sich zu schützen und nichts unnötig zu gefährden.

h)   Weltbild

Der Steinbock sieht die Welt als „Realität", also als Dinge, die man gar nicht oder nur mit sehr viel Aufwand ändern kann. Folglich erscheint es ihm sinnvoller, das Unvermeidbare zu akzeptieren und die Naturgesetzte und die staatlichen Gesetze, den Willen der Mächtigen und die Traditionen seiner Verwandtschaft so zu lassen, wie sie sind, und sie zu nutzen statt sie zu verändern. Er hat schnell das Gefühl, dass man etwas doch nicht ändern kann und dass man nur ein kleines Rädchen im großen Getriebe ist. Er sieht die Mächte der Natur und die Mächtigen unter den Menschen, die die Welt prägen, und beschränkt sich oftmals darauf, nicht aufzufallen. Er schaut folglich nach den Wegen in der Welt, wie sie nun einmal ist – und wählt dann den Weg aus, der ihn am sichersten zu seinem Ziel bringt. Er schafft keinen neue Wege, sondern nutzt die Wege, die es schon gibt. Auch im Denken folgt er meistens den bereits gesicherten und bewährten Pfaden,

i)   Gemeinschaft

In einer Gemeinschaft hat der Steinbock durch seine Art des Denkens die Aufgabe, das Gute zu bewahren und vor dem Schädlichen zu schützen. Auf ihn ist Verlass. Daher übernimmt er oft Aufgaben wie Kassenwart, Protokollist, Chronist und Ähnliches, bei denen es darauf ankommt, dass der Betreffende vollkommen zuverlässig ist. Er ist zwar ein bisschen langweilig, aber dafür man weiß bei ihm, woran man ist.

j)   Verwendung

Der Steinbock verwendet das Denken, um Statistiken und Protokolle anzufertigen, Gesetze und Vorschriften auszuformulieren, und um Rechtsstreitigkeiten und ungeregelte Abläufe durch Entscheidungen und Vorschriften in eine feste Form zu bringen. Er erschafft verlässliche Informationen und vollständige Listen, korrekte Formulierungen und gut abgesicherte Fünf-Jahres-Pläne. Er bevorzugt festverzinsliche Wertpapiere mit kurzer Restlaufzeit gegenüber riskanten Aktien, die einen hohen Gewinn versprechen. Die von ihnen berechneten Statiken und Statistiken sind verlässlich und sie haben stets nicht nur einen „Plan B", sondern auch noch einen „Plan C" zur Verfügung – sicher ist sicher …

k)   Niedriges Niveau

Die klassische Art von Irrtümern der Steinböcke ist eine Neigung zu einer traditionell-verknöcherten Grundhaltung und zur Prinzipienreiterei. Sie haben es dann schwer, etwas zu verändern, auch wenn es sinnvoll wäre, das zu tun – sie klammern sich an den Gewohnheiten fest, weil sie nur darin Halt finden. Sie sind schnell verwirrt, wenn sich dann doch einmal etwas ändert und haben dann keine Wurzeln mehr. Sie können auch dann noch stur und dickköpfig sein, wenn längst deutlich geworden ist, dass der bisherigen Kurs einfach falsch gewesen ist und nicht zu dem erwünschten Ziel führen kann. Sie neigen auch ein wenig zum Nörgeln.

l) Hohes Niveau

Überdurchschnittlich begabte Steinböcke erkennt man daran, dass sie zwar traditionell-bewahrend sind, aber sich dabei genau bewusst darüber sind, welchen Nutzen diese konservative Haltung hat und wann dieser Nutzen aus irgendeinem Grund nicht mehr vorahnden ist. Dann ändern sie ihren Kurs. Sie sind auf eine wohltuende Art sachlich und lassen sich nicht von den Fakten abbringen und weigern sich, ihre Augen vor den Tatsachen zu verschließen. Sie sind dann unerbittliche Mahner, die die Krisen und Gefahren kommen sehen und die sich und die anderen vor diesem Unheil schützen wollen. Sie planen langfristig, nachhaltig und sorgen dafür, dass ihre Taten auch noch ihren Urururenkeln keinen Schaden zufügen werden.

m) Bild

Der Steinbock denkt langsam, aber gründlich. Er macht keine Sprünge, aber er ist stetig. Er ist kein Genie, aber zuverlässig. Er konstruiert keine Heißluftballons, aber solide Fundamente. Er wartet und hört erst einmal zu, bevor er selber etwas sagt – und das, was er sagt, hat er lange Zeit bedacht und von allen Seiten her betrachtet, weshalb es empfehlenswert ist, ihm gut zuzuhören und sich seine Argumente genau anzusehen. Er ist der Berater und Bewahrer, der Prüfer und Erhalter, und er kann schweigsam sein und Geheimnisse für sich zu behalten. Er kann der „alte Weise" werden, der weiß wie das Leben ist.

11. verändernd

Die Wassermann-Art des Denkens ist der Aufbruch zu neuen Ufern. Er will seine Utopie verwirklichen und setzt dafür alle seine Kräfte ein. Er hört gerne zu und redet selber noch lieber. Er will verstehen und lernen und Schlussfolgerungen ziehen und seinen Entwurf des „Goldenen Zeitalters" neben die „Graue Gegenwart" stellen. Er sieht die Missstände und will sie ändern – da kann er ruhelos und unermüdlich sein. Er will das ganz Neue und holt sich dafür Inspiration bei dem Uralten; er will das vollkommen Ungewohnte und holt sich dafür Anregungen in fremden Kulturen und in Science-Fiktion. Er will den großen Sprung machen, er will weit gelangen, er will das Unmögliche möglich machen. Er schaut nicht nur über den Zaun, sondern er will auf die andere Seite des Gebirges. Dafür erschafft er völlig neue Theorien, die oftmals zunächst nichts anderes als grobe Skizzierungen des Ziels sind und nicht so sehr realistische Fundamente und zuverlässige Wege zu dem Ziel. Er will das Ganze verändern – und zwar gründlich. Er ist ein unabhängiger Denker, aber er wird von dem Neuen und Ungewohnten magisch angezogen. Er hält alles für möglich, aber braucht viele Beispiele, um sich sicher zu sein. Er sieht die „halbvolle" Flasche und wird dafür sorgen, dass sie wieder ganz voll wird.

a)   Motivation

Der Wassermann will Dinge verknüpfen, verändern, verbessern. Er sucht die Weltformel und will mit dieser Weltformel die Welt von allem Leid erlösen. Er will nicht den kleinen Hüpfer, sondern den großen Sprung. Sein Blick richtet sich in die weite Ferne. Er denkt so groß wie möglich und schreckt vor keiner Verwandlung zurück – sei es nun eine Evolution oder eine Revolution. Er will sozusagen Gottes Plan vollenden, den die Menschen in ihrer geistigen Beschränktheit bisher nicht erkannt haben. Im Extremfall sieht er sich selber als eine Art Erlöser für die Menschheit an.

b) Zufriedenheit

Der Wassermann ist mit seinem Denken zufrieden, wenn er erkennt, dass er die bestmögliche Utopie erkannt und formuliert hat – und wenn er beginnt, andere davon zu überzeugen und sie in sein eigenes Boot zu holen, sodass sie nun alle gemeinsam zu dem fernen Ufer rudern, an dem das Leben so sehr viel besser sein wird. Ihm ist wichtig, seine Ziele klar zu formulieren – oder zumindest so, dass sie überzeugen und andere zur Mitarbeit an der Verwirklichung seiner Utopie bringen. Er will andere durch seine Gedanken, seine Reden und Schriften dazu bringen, dass sie sehen, dass das alles doch auch noch sehr viel besser, schneller und einfacher und vor allem lebenswerter sein könnte. Wenn seine Utopie Gestalt anzunehmen beginnt und genügend Menschen mitmachen, beginnt er zufrieden zu sein.

c) Beweglichkeit

Der Wassermann kann das völlig Neue denken. Er hat Einfälle und Ideen, die sehr weit reichen und fast alles verändern würden, wenn sie umgesetzt werden. Er will die grundlegende Veränderung und ist dafür bereit, alles Alte loszulassen. Er denkt stets im sehr großen Rahmen – er ist ein Weltenbürger, ein Globalist, ein Generalist, ein Theoretiker, ein Erfinder. Die einzige Aufgabe, die er in Grenzen sieht, ist, dass man sie öffnen oder überspringen kann. Die große Beweglichkeit – vor allem die geistige Beweglichkeit – ist geradezu sein Lebenselixier. Er ist erst einmal für jede neue Theorie offen – und mag sie noch so ungewöhnlich erscheinen. Das Ausmaß ihrer Ungewöhnlichkeit ist sogar geradezu das Maß dafür, in dem ihn diese Theorie anzieht.

d) Einheiten

Die Grundeinheiten, in denen der Wassermann denkt, sind Verallgemeinerungen, Allgemeingültigkeiten und grundlegende Veränderungen. Er braucht irgendeine Art von Weltformel, von der er dann ausgeht und mit deren Hilfe er dann sein „Neues Jerusalem" entwirft und den Weg dorthin zumindest grob skizziert. Alle kleineren Einheiten werden immer als individuelle Ausformungen der alles prägenden Grund-regel, also der Weltformel angesehen. Diese kleineren Einheiten werden daher stets der Weltformel untergeordnet.

e) Verknüpfungen

Der Wassermann verbindet zwei Informationen miteinander, indem er sie gleichzeitig betrachtet und schaut, welchen Eindruck sie gemeinsam machen. Der genaue Zusammenhang ist zunächst einmal nicht so wichtig, sondern die möglichen Kombinationen. Von diesen Kombinationsmöglichkeiten ist wiederum die am spannendsten, die die am weitesten führende Schlussfolgerung erlaubt – schließlich ist stets der größte und weiteste Sprung das, was zu dem Neuesten und zu dem Grundlegendsten führen und folglich sowohl die Weltformel als auch die Utopie deutlich werden lassen könnte.

f) Qualitäten

Die Qualitäten, an denen sich der Wassermann beim Denken orientiert, sind das Neue, das Allgemeingültige, das Abstrahierte und die Theorie sowie der bestmögliche Zustand. Er strebt nach der Weitung, der Verbindung und dem gemeinsamen Erreichen von Zielen, die zunächst unerreichbar zu sein scheinen. Die Größe und Neuheit dieser Ziele spornt den Wassermann erst recht zu neuen Gedanken, Theoriebildungen, Reden und Schriften an. Das Wort ist seine Waffe – noch genauer gesagt, ist seine Waffe die beflügelnde neue Idee, durch die das Unmögliche auf einmal möglich erscheint. Diese Art des Denkens will das Tor zur Zukunft öffnen – weit öffnen – für alle weit öffnen.

g) Weltbild

Der Wassermann sieht die Welt als die Konkretisierung eines einzigen Grundgedankens an. In einem religiösen Zusammenhang ist dies Gottes Schöpfungsimpuls, in einem philosophischen Zusammenhang die Grundwahrheit und in einem physikalischen Zusammenhang die Weltformel. Die konkrete Ausformulierung dieses Grundgedankens kann sehr verschieden sein: der Wandel von Yin und Yang, Mutation und Selektion, der Kampf zwischen Arm und Reich, der Streit zwischen Gut und Böse, der Zwist zwischen Gott und Teufel und dergleichen mehr. Es ist oft eine Dynamik vorhanden, bei der man die richtige Seite wählen muss.

h) Gemeinschaft

In einer Gemeinschaft hat der Wassermann durch seine Art des Denkens die Aufgabe, die Gemeinschaft auf die Utopie auszurichten, die diese Gemeinschaft erreichen will. Daher bildet er Zusammenschlüsse von Gleichgesinnten, Vereine und Bündnisse, die bis hin zu Geheimbünden reichen, die sich miteinander verschworen haben, um bestimmte Ziele zu erreichen. Von diesen Geheimbünden – die von den Freimaurern über Mysterien-Bünde bis hin zu der italienischen P2-Loge reichen können – ist er ganz besonders fasziniert. Solche Bünde finden sich aber auch ganz öffentlich wie z.B. der Aufruf „Proletarier aller Länger – vereinigt euch!" von Karl Marx zeigt (der einen Wassermann-Aszendenten hatte).

i) Verwendung

Der Wassermann verwendet das Denken, um die Lage der Welt zu erkennen. Dabei neigt er dazu, diesen Zustand von „Bruderschaften" her zu denken: das gute, meist öffentliche eigene Bündnis und das böse, geheime Bündnis, das die Weltherrschaft erlangen will oder sie bereits besitzt. Das Denken soll diese Macht-Strukturen auf-decken und so die eigentlichen Ursachen für den Zustand der menschlichen Zivilisa-tion offenkundig machen. Je nach Ausrichtung kann sich das „Verstehen der Welt" auch in einem astronomischen, biologischen, philosophischen oder religiösen Rah-men bewegen.

j) Niedriges Niveau

Die klassische Art von Irrtümern der Wassermann sind Arroganz und fehlende Sachlichkeit. Diese beiden Qualitäten unterscheiden den Professor von dem Verschwörungstheoretiker. Diese Sachlichkeit ist dringend notwendig, da man sonst Dinge einfach deshalb glaubt, weil sie besonders exotisch sind und in den Rahmen der eigenen Ängste passen. Wie gut ist es gesichert, dass es die Geheimloge P6 gibt? Wie gut ist es gesichert, dass es UFOs gibt? Wie gesichert ist es, dass die Erde eine Hohlkugel ist? Es ist hier von grundlegender Bedeutung, gesicherte Fakten von Hypothesen zu unterscheiden. Man braucht Hypothesen, um forschen zu können, aber man braucht auch sichere Beweise, um nicht den Realitätskontakt zu verlieren.

k) Hohes Niveau

Überdurchschnittlich begabte Wassermänner erkennt man daran, dass sie Weitblick und eine große Kreativität im Denken haben, dass sie sich jede Möglichkeit und Theorie genau betrachten, ihre Wahrscheinlichkeit einschätzen, die Möglichkeiten eines Beweises oder einer Widerlegung einschätzen und zudem die Wichtigkeit des Ergebnisses prüfen – und sich dann mit dem Thema näher befassen oder auch nicht. Sie blicken weit und erkennen die vielen Möglichkeiten und das Entwicklungspotential. Sie werden oft zu Lehren und Professoren und zu berühmten Erfindern und Entdeckern.

l) Bild

Der Wassermann denkt stets hoch und weit – und wenn es eine Möglichkeit gibt, das Ergebnis auf eine leicht absurd erscheinende Weise darzustellen, werden sie diese Möglichkeit nicht ungenutzt lassen. Sie genießen den Gag und fliegen dabei manchmal in solch einer Höhe, dass ihnen nur wenige folgen können. Der „zerstreute Professor", der „verrückte Erfinder" und der „die Welt verbessernde Revolutionär" sind vermutlich die drei bekanntesten Urbilder dieses Denk-Stiles. Sie finden das Neue – das mal sehr hilfreich und mal zerstörerisch sein kann. Sie sind von dem Großen fasziniert – wie in „Harry Potter" der Zauberstab-Hersteller Mr. Ollivander, der von Voldemorts magischen Leistung fasziniert ist.

12. teilnehmend

H

Die Fische-Art des Denkens schaut auf den Gesamteindruck, den etwas macht. Dieses Denken ist emotional und beeindruckbar. Meistens reagiert es eher als das es von sich aus eine Sache erforscht. Es vermeidet Konflikte und Widersprüche und sucht stattdessen nach dem Weg des geringsten Widerstandes und geht den Hindernissen aus dem Weg. Dieses Denken schaut auf die Welt – nicht nur auf die Menschen in der näheren Umgebung, sondern auf alle Menschen und auch auf die Tiere, Pflanzen und Steine, auf den Wind, die Wolken, die Sonne und die Sterne. Er betrachtet ausgiebig die Formen in den Wolken, in dem Sand am Flussufer, in den Adern in den Steinen und im Flug der Vögel. Auf diese Weise erkennt er, wie sich Dinge entwickeln und formen. Dieses Vorgehen wird auch von Rudolf Steiner empfohlen, der von seinem Sternzeichen her ein Fisch gewesen ist. Das Fische-Denken strebt nach Harmonie, nach dem „leben und leben-lassen". Dieses Denken wird von Emotionen überzeugt – am meisten von denjenigen, die sich sehr oft wiederholen. Da der Fisch immer auf das Ganze schaut und sich als Teil des Ganzen erlebt, ist er sehr kooperativ. Er gehört zwar zu denen, die vertrauen, aber er ist nicht naïv und betrachtet die Flasche daher lieber als „halbleer" und nicht als „halbvoll".

a) Motivation

Der Fisch will mit dem Leben fließen. Daher strebt er danach, mit seinem Denken die Art des Fließens des Lebens zu erfassen – die Dynamiken, die Rhythmen, die Windungen, die Quellen, die Wasserfälle, die Tümpel, die Stromschnellen, die Nebel usw., die das Leben so alles bilden kann. Dabei sucht er nicht so sehr nach genauen Definitionen, sondern nach einem Erfassen der Bewegungen und wann sie auftreten, sodass er sein Boot durch die vielen verschiedenen Gewässer steuern kann.

b) Zufriedenheit

Der Fische ist mit seinem Denken zufrieden, wenn er sein Boot einigermaßen ruhig halten kann und durch eine angenehme Gegend fahren kann. Er sucht nicht nach abstrakten Erkennen von Strukturen, sondern nach einem lebensnahmen Erspüren-können von Dynamiken. Er schaut weniger nach dem, wie es gerade ist, sondern mehr nach dem, in das es sich gerade verwandeln will. Dabei sieht er sich nicht als von dem, was ihn umgibt, isoliert, sondern als einen integralen Bestandteil des Ganzen. Das Fließen ist also auch eine Bewegung, die auch in ihm selber ist. Wenn er dieses Fließen begreifen und durch kleine Bewegungen in eine für ihn gute Richtung lenken kann, ist er zufrieden. Doch er denkt nie nur an sich selber, sondern immer an alle und daran, wie es ihnen gut gehen könnte.

c) Beweglichkeit

Der Fisch kann sich auf jede Situation einstellen und sich so bewegen, dass ihm nichts zustößt. Er denkt eigentlich nicht beweglich sondern eher einfühlsam, was keine intellektuelle, sondern eine emotionale Beweglichkeit ist. Doch auf diese Weise begreift er, was vor sich geht und was er Sinnvolles tun sollte, damit er trotz der Turbulenzen an sein Ziel gelangt. Seine Begriffe sind eigentlich Bilder von Abläufen und Folgen von Zuständen und Mustern, die diese Vorgänge hinterlassen, oder Mustern, die diese Vorgänge ankündigen.

d) Einheiten

Die Grundeinheiten, in denen der Fische denkt, sind fließende Formen, also letztlich Verwandlungen. Daher ist für ihn das „I Ging", dessen Name auf Deutsch „Buch der Wandlungen" bedeutet, eine Inspiration und ein hilfreicher Begleiter. Durch diese Sichtweise ist er in der Lage, komplexe Abläufe, die sich in ihren Einzelheiten nicht wirklich präzise erfassen lass, trotzdem durch den Gesamteindruck, den sie machen, zu erfassen – wie z.B. das Wetter. Er sieht also keine Einzelheiten, sondern ein Kontinuum und dessen Bewegungen. Daher kann er auch in der Regel gar nicht sagen, warum eine Sache so und nicht anders einschätzt: „Es klingt so, es riecht danach, es sieht danach aus ..." Daher kann er seine Ansichten nur selten präzise begründen – man kann lediglich sehen, dass er die Dinge richtig einschätzt ...

e) Verknüpfungen

Der Fisch verbindet zwei Informationen miteinander, indem er sie beide vor dem Hintergrund der Gesamtsituation betrachtet. Er achtet dabei auch nicht auf Formen, sondern eher auf den Zusammenklang, auf die Bewegungen, die sie machen – und er betont, dass man die Verbindung zwischen ihnen nicht ohne die Gesamtsituation, in der die beiden Informationen stehen, verstehen und richtig beurteilen kann. Er betrachtet, wie das eine auf das andere wirkt, wie beide auf die Umgebung wirken und wie die Umgebung auf die beiden wirkt – doch auch das wird nicht einzeln, sondern als Ganzes betrachtet.

f) Qualitäten

Die Qualitäten, an denen sich der Fisch beim Denken orientiert, sind die Festigkeit und die Formbarkeit, der Aufbruch und das zur-Ruhe-kommen, die Ruhe oder das sich-Ankündigen eines Wandels, das Wachsen oder das Auflösen. Dadurch kann er Entwicklungen schon ahnen, bevor sie für die anderen sichtbar werden – er sieht die kleinen Verfärbungen, leichte Missklänge, ein Rumoren im Verborgenen, ein Eintrüben der Sichtbarkeit und ähnliches mehr. Für die Außenstehenden erscheint diese Art des Denkens oft intuitiv, doch es ist ein wachsames und zugleich leicht träumerisches Spüren – „träumerisch", weil es mit unscharfem Blick auf das Ganze schaut. Dieses Denken benutzt das Gesamtbild und das Fernrohr, um das Detail vor den eigenen Füßen richtig einschätzen zu können.

g) Weltbild

Der Fische sieht die Welt als fließende Farben, als sich mischende Töne, als sich überlagernde Düfte, als buntes Gemisch von Eindrücken. Daher kann er sein Weltbild eigentlich nicht wirklich beschreiben, sondern nur auf die Stimmung, die dieses Weltbild ausstrahlt, hinweisen – wobei sich diese Stimmung natürlich auch mal ändern kann. Sein Weltbild ist eher ein allgemeines Lebensgefühl als eine genaue Beschreibung der Welt. Solch ein Weltbild ist für eine generelle Orientierung ausgesprochen hilfreich. Dies ist der Blick des Kapitäns eines Dreimasters, der Wind, Wolken, Strömungen, Wellengang, die Färbung des Himmels, den Geruch in der Luft und noch vieles anderes wahrnimmt und daran erkennen kann, ob er die Segel ein wenig schräger stellen oder das Ruder ein wenig drehen lassen sollte.

h) Gemeinschaft

In einer Gemeinschaft hat der Fisch durch seine Art des Denkens die Aufgabe, das Ganze und seinen Zustand zu erfassen und frühzeitig zu spüren, wenn etwas nicht stimmt. Doch er kann auch jemand sein, der die vielen Einzelnen zu einer Gemeinschaft verbindet – wobei er dafür eigentlich nichts Bestimmtes tut, sondern diese Wirkung einfach dadurch hat, dass er da ist. Manchmal hat er auch das Talent, die Stimmung in der Gemeinschaft zu formen. Bei all diesen Wirkungen bleibt er in der Regel unauffällig – man merkt nicht, wenn er da ist, doch es fällt auf, wenn er fehlt.

i) Verwendung

Die Fische verwendet das Denken, um Orientierung zu erhalten, um die Qualität der Zeit zu erfassen, um die Strömungen in der Politik zu erkennen, um den Wandel der Welt zu spüren und dann sinnvolle Entscheidungen treffen zu können. Durch diese Art des Denkens haben sie manchmal etwas Schlafwandlerisches an sich und man fragt sich, wieso sie eigentlich klarkommen – das liegt eben daran, dass sie den Zustand des Ganzen sehen und sich an diesem Zustand orientieren. Man sollte Fische daher nicht unbedingt nach Details fragen, sondern lieber nach einer Einschätzung der Entwicklungstendenz.

j) Niedriges Niveau

Die klassische Art von Irrtümern der Fische sind Ungenauigkeit, Schlamperei, das Übersehen von wichtigen Details und eine gewisse Lethargie, was wichtige, aber unangenehme Entscheidungen angeht. Es kommt auch vor, dass er sich für etwas bzw. für andere aufopfert und dann in einen Burnout gerät. Sein Erspüren der Verwandlungen kann auch zu einem schwammigen Ahnen verflachen, das ihm nicht wirklich weiterhilft. Manchmal ist ihnen das Denken auch ganz einfach zu mühsam, sodass sie sich einfach treiben lassen – es wird schon gut gehen. Erstaunlicherweise geht es auch oft gut, weil ihr Gespür für die Situation sie dann doch noch im letzten Augenblick rettet.

k) Hohes Niveau

Überdurchschnittlich begabte Fische erkennt man daran, dass sie zu zwar sehr allgemeinen, aber trotzdem zutreffenden Einschätzungen in der Lage sind. Sie sind auch in der Lage, die verschiedensten Dinge gleichzeitig zu betrachten, zwischen denen andere überhaupt keinen Zusammenhang sehen, und können dadurch zu einer vollständigeren und besser abgesicherten Einschätzung einer Lage kommen – oder den Zusammenhang zwischen zwei anscheinend völlig unabhängigen Dingen erkennen. Sie sind sehr empathisch und können sich gut in andere hineinversetzen, was es ihnen leicht macht, dem anderen etwas zu erklären.

l) Bild

Der Fisch denkt meist eher sympathisch-zustimmend als antipathisch-kritisch. In seinem Sprechen achtet er auch darauf, mit wem er spricht und was er bei dem Zuhörer an Wissen und an Emotionen voraussetzen kann. Entsprechend wird er die „Farbe" wählen, in der er zu ihm spricht. Der Fisch hat ein einfühlsames Denken, eine auf den anderen zugehende Sprache und eine bildhafte Weise des Schreibens, in der er viele Adjektive und bildhafte Umschreibungen verwendet, da diese die vielen verschiedenen Stimmungen, an denen er sich orientiert, am besten wiedergeben können. Er ist freundlich und gibt viele Anregungen, von denen man erst viel später erkennt, wie wichtig sie sind.

Die 12 Arten des Lernens

Entwürfe für die Zukunft – Band 15

Inhaltsübersicht

1. schlicht

♈

Die erste Art des Lernens ist das Nachfragen nach dem, was man jetzt gerade braucht. Und die Antwort auf diese Frage sollte möglichst schlicht und klar und einfach sein – ohne irgendwelche überflüssigen Details, die ja doch nur vom Wesentlichen ablenken. Und bitte kein Kleingedrucktes! Wie die Sache genau funktioniert, findet man schon heraus, wenn man so weit ist.

Learning by doing! Alles andere ist Unsinn.

Ungefähr diesen Ansatz findet man in einigen finnischen Schulen, in denen die Schüler sich Projekte aussuchen können und dann z.B. beim Kochen oder beim Bau eines Kanus nebenher den Dreisatz lernen, weil sie ihn gerade brauchen. Dabei arbeiten auch ganz verschieden alte Schüler und Schülerinnen zusammen, sodass die Jüngeren von den Älteren lernen und nicht von dem Lehrer.

Dies entspricht dem Lernen des Kindes beim Vater und bei der Mutter, bei denen sie sieht, wie man ein bestimmtes Werkzeug anfasst oder wie man eine Schwierigkeit löst. Auch in einer Lehre wird vorwiegend nach dieser Methode gelernt – wenig Erklärung, viel Konkretes, tun, was getan werden muss und was zu einem handfesten Ergebnis führt.

Gelernt wird mit Augen und Händen im Alltag im konkreten Fall – die betreffende Sache hat man anschließend begriffen. Dann kann das nächste kommen – aber bitte mit einer Pause dazwischen! Ständig lernen ist ungesund …

Man lernt durch das Erlebnis, wenn man dabei aufmerksam und konzentriert ist – und das ist nur möglich, wenn es genügend Pausen gibt, in denen man das tun kann, wozu man gerade Lust hat.

Lernen: Das ist eine Fähigkeit, die die wirbellosen Tiere und die Fische noch überhaupt nicht haben – aber dafür ruhen sie ganz in ihren Instinkten und müssen auch nicht wie wir Lernenden schlafen, um all das Neue zu verdauen. Ansatzweise können sich Amphibien und Reptilien erinnern und daher auch in Maßen lernen – und schlafen folglich auch ein bisschen. Voll ausgeprägt ist das Erinnern und Lernen nur bei den Säugetieren und Vögeln. Sie schlafen daher auch sehr viel.

Lernen: Das ist Erinnerung, Abrufung, Wahrnehmung, Bewertung, Erfahrung, Wiedererkennen, Mustererkennung – und dann sinnvolles Handeln … Sofern dabei alles funktioniert hat …

Vergessen: Das Kurzzeitgedächtnis speichert nur in den Synapsen und bewahrt maximal sieben Informationen höchstens 30 Sekunden lang – das braucht man für die aktuelle Datenverarbeitung. Das Langzeitgedächtnis kann beliebig viele Informationen beliebig lange speichern, da sie als Proteine gespeichert werden.

Als Lehrer muss man solchen Schülern kernige, knackige Erlebnisse und Erkenntnisse bieten, die ihn einfach überzeugen, sodass er das Thema von sich aus ganz begreifen und beherrschen will – einfach deshalb, weil er erlebt hat, dass er genau dieses Wissen in seinem Leben für das, was er gerade jetzt in diesem Augenblick tun will, braucht.

Der ideale Lernort für diesen Typ ist der Alltag – also der Ort, an dem er gerade ist und an dem etwas tun will. Der Widder-Lerntyp lernt immer nur im Augenblick an dem, was ihn gerade anzieht und mit dem er etwas tun will.

Die Lernmittel, die dieser Lerntyp braucht, sind daher sehr verschieden – im Grunde ist es die Situation, die es ihm ermöglicht, das zu tun, was er gerade tun will. Sein Lieblings-Lern-Werkzeug ist daher seine Hand.

In der klassischen Kategorisierung ist der Widder ein tätiger Lerntyp.

Begeisterung

(von David Eilenstein)

Zur Begeisterung fällt mir das „Ninja-Fieber" ein – da merkt man genau, wenn das die Leute packt. Die sind immer erst mal etwas zurückhaltend – das sieht ja ganz cool

aus, was man da macht ... Dann lad ich die zum Training ein: „Kommt mal vorbei."
Manche sind dann gleich begeistert und kommen vorbei – manche kommen und man-
che nicht. Manche sind dann erst mal erstaunt, dass wir auch irgendwo trainieren ...

Eine Frau ist mal gekommen – die kenne ich seit einem Jahr – dann haben wir uns in
der Ninja-Halle getroffen und trainiert. Erst ist ja alles so groß – da war sie ein biss-
chen eingeschüchtert. Doch sie war erst fünf Minuten irgendwo langgehangelt, da
hatte sie schon dieses Grinsen im Gesicht. Da dachte ich: „Boah – die hat Spaß!"
Die hat bis zum Letzten gekämpft – und wir waren zwei Stunden da und am Ende hat-
te sie offene Blasen an den Händen, aber sie war einfach nur angepisst, weil sie nicht
mehr weitermachen konnte. Da ist dieser Begeisterungs-Funke übergesprungen und
sie hat sich mit dem Ninja-Fieber angesteckt. Das siehst Du in der Community so oft,
das passiert ständig, dass die das mal ausprobieren wollen und dann bleiben die ein-
fach dabei.

Das ist einfach typisch, dieses Grinsen – sogar in Wettkämpfen siehst Du das. Man-
che sind so ultra-angestrengt oder vollkommen fokussiert, aber den meisten wirklich
guten Ninjas siehst Du im Gesicht an, dass sie einfach Spaß haben an dem, was sie
da tun.

Zu dem Thema fällt mir noch etwas von mir persönlich ein. Es gibt verschiedene
Trainingsstile.

Es gibt Leute, die bauen sich einen Trainingsplan und arbeiten den dann ab und die
sind vollkommen cool damit und das macht denen Bock und dann werden die besser,
weil sie die Dinge systematisch tun – erst kommt die eine Übung, dann die andere
Übung, dann die dritte Übung.

Wenn ich solche Trainingspläne mache – das geht überhaupt nicht. Ich muss rumspie-
len im Training – ich hab irgendeine blöde Idee und dann probier ich die aus. Dann
kommt der nächste mit einer anderen blöden Idee und dann probieren wir die zusam-
men aus. Das ist das Training – das ist ganz oft so, wenn sich Ninjas treffen, dass es
genau so läuft. Wenn Du einen Ninja in eine Halle steckst, dann macht der sein Zeug
– aber wenn Du fünf Ninjas in eine Halle steckst, dann ist das genau das, was ich ge-
rade beschrieben habe: Der eine hat eine blöde Idee, macht das, kriegt das erst mal
nicht hin, alle anderen sagen „Was?! Das geht nicht!", irgendeiner kriegt's dann
doch hin, alle anderen sind erst mal angefixt: „Boah, das geht! O.k. – das müssen wir

jetzt auch machen!" Das ist das Coole am Ninja – dass sich das Training nicht wie Training anfühlt, sondern wie Spiel.

Was man natürlich auch viel macht im Training, sind Stages – dass man also nicht nur ein Hindernis macht und da rumspielt, sondern dass man viele aneinanderhängt – aber das ist eben mein Trainingsstil.

Es gibt drei Formen des Trainings: Das eine ist Ausdauer – Du machst etwas und übst es und perfektionierst es; Du bist bei einer Sache noch unsicher und dann machst Du es lieber so lange, bis Du Dir da sicher bist. Das nächste ist Challenges – das heißt, man hat eine blöde Idee und das klappt gar nicht und man versucht es doch irgendwie hinzukriegen. Und das dritte ist Stages – da macht man eine Reihenfolge von Hindernissen und geht die durch; man hat also z.B. fünf Hindernisse hintereinander und trainiert die am Stück. Das sind die drei Sorten von Training, die es gibt.

(Die Texte von David Eilenstein sind Auszüge aus dem Buch „Ninja und Magie" von meinem Sohn David und mir.)

2. nützlich

♉

Die zweite Art des Lernens ist die Darlegung der Nützlichkeit einer Information. Sobald man erkannt hat, dass man diese Information für etwas brauchen kann und dass sie das Leben einfacher und angenehmer macht, ist es kein Problem mehr, sich diese Information auch zu merken.

Man lernt das meiste, indem man unbewusst die Kultur der Eltern übernimmt. Dabei spielen auch Gewohnheiten, Vorurteile und ähnliches eine Rolle. Das Lernen kann auch beträchtlich durch anschauliche Beispiele unterstützt werden – die schaffen den Alltagsbezug und machen die Nützlichkeit des Lerninhaltes deutlich.

Man lernt am leichtesten durch Anwendung und Nachahmung, aber man will auch nicht zu viel auf einmal lernen.

Für diesen Lerntyp ist die Lernumgebung sehr wichtig – ideal ist ein individueller Lernplatz. Es hat sich bewährt, diesen Ort zusätzlich durch energetisches Feng Shui, Merkur-Statuen, Merkur-Meditationen u.ä. mit der Qualität des Lernens zu prägen.

Dieser Stil ist auch empfänglich für Lernen durch Belohnung. Dieses Vorgehen wird oft etwas abfällig auch „Konditionierung" genannt.

Als Lehrer muss man solch einem Schüler immer als erstes die Nützlichkeit des unterrichteten Wissens deutlich machen. Wenn man das gelehrte Wissen an ein Problem oder an einen Wunsch des Schülers anschließen kann, dann hat man als Lehrer schon so gut wie gewonnen – und der Schüler wird motiviert das betreffende Wissen erwerben wollen.

Der ideale Lernort für diesen Typ ist der Balkon oder das Gartenhäuschen, wo es gemütlich ist und wo ein Stück Pflaumenkuchen und ein Glas gekühlter Orangensaft bereitstehen. Schließlich fördert die Gemütlichkeit und das Wohlbefinden ganz beträchtlich die Konzentration und die Aufnahmefähigkeit … vor allem wenn die Lernstoffe etwas Angenehmes sind. Der Stier-Lerntyp will das Leben genießen – das ist für ihn das Wesentliche im Leben. Folglich will er sich auch das Lernen so angenehm wie möglich gestalten.

Die Lernmittel, die dieser Lerntyp braucht, sind Anschauungsmaterial wie Gesteine in der Geologie, Kräuter in der Biologie, Geräte in der Physik usw. Für diesen Lerntyp ist das Verstehen ein Erfassen – also wörtlich ein „Anfassen" und daher „Begreifen". Sein Lieblings-Lern-Werkzeug ist das Produkt oder das Ding, um das es bei dem Lernen geht – das sollte vor ihm stehen und von ihm angefasst werden können. Dann kann er es auch verstehen.

In der klassischen Kategorisierung ist der Stier ein haptischer Lerntyp.

Regeneration

(von David Eilenstein)

Regeneration ist ein großer Punkt! Natürlich ist es wichtig, seine Limits zu pushen und auch mal etwas weiter zu trainieren, auch wenn's anstrengend wird, denn dann wissen die Muskeln: „Wir müssen nachrüsten!"

Eigentlich ist es ganz simpel: Man wird nicht während des Trainings stärker, sondern zwischen den Trainings. Im Training wird den Muskeln klar: „Das können wir noch nicht." Daraufhin bauen die Muskeln nach dem Training dann neue Muskelmasse auf, wodurch der Muskel dann stärker wird. Wenn man die Pausen zwischen zwei Trainings ausläßt, kann man trainieren wie man will – man wird nicht stärker … Diese Pausen sind wirklich wichtig!

Ich habe das anfangs dieses Jahres gemerkt – da hab ich mal zwei Wochen keinen Sport gemacht – da war Trainingspause. Und ich hab danach auf einmal doppelt so viele Einarm-Klimmzüge gemacht wie vorher – vorher gingen so knapp fünf und danach war ich k.o. Nach dieser Pause waren wir bouldern – also in der Kletterhalle – und danach haben wir aus Jux mal Einarm-Klimmzüge probiert. Und ich hatte links zehn und rechts zehn. Da dachte ich: „Das kann doch nicht sein! Wo kommt das her?“

Ich hatte die Zwei-Wochen-Pause gemacht und ich war grundsätzlich sehr entspannt – und das war der Effekt davon.

Man muss sich natürlich anstrengen, damit man dem Körper ein Signal gibt, dass bestimmte Muskeln noch Verstärkung brauchen, aber danach muss man dem Körper auch Zeit geben, diesen Auftrag dann auch umzusetzen.

Auf mentaler Ebene ist das natürlich genauso. Man kann nicht die ganze Zeit trainieren und Projekte machen – man muss sich auch mal zurückziehen und Zeit für sich haben und entspannen und so …

Danach ist dann wieder die Kapazität für Action da – die Batterien sind dann wieder aufgeladen.

3. lustig

♊

Die dritte Art des Lernens wird durch die Neugier gefördert. Wenn etwas neu, unerwartet oder lustig ist, ist es keinerlei Problem, diese Sache auch zu verstehen und sie sich diese Sache auch zu merken.

Daher ist es am einfachsten, Dinge im Spiel zusammen mit anderen zu lernen – je mehr Trubel nebenher, desto besser. Schließlich hält Abwechslung wach und macht die Dinge interessant.

Es hat sich gezeigt, dass das Spiel wesentlich für das Lernen ist – man erfasst die Dinge beim Spiel auf sehr direkte Weise. Es hat sich gezeigt, dass die intelligentesten Lebewesen – das sind die Menschen, die Affen, die Delphine, die Raben, die Krähen und die Papageien – bis ins hohe Alter hinein spielen und daher auch weiterhin dazulernen.

Diese Wachheit, diese Neugier und dieses Lernen durch die Begegnung mit Neuem und Fremdem führen letztlich auch zum Forschen und zu einer ständigen Weiterentwicklung der Intelligenz. Dieser Stil, der die Methode „Versuch und Irrtum" benutzt, hat überhaupt nichts gegen Irrtümer einzuwenden, da er durch Irrtümer genauso viel lernt wie durch eine richtige Einschätzung.

Diesen Lernstil kann man durch Ausflüge, Besichtigungen, Begegnungen mit anderen Kulturen und ähnlichem anregen.

Als Lehrer ist es wichtig, dass man diesen Schülern viel Abwechslung bietet, dass man Scherze und Witze macht, unerwartete Wendungen im Verlauf einer Unterrichtsstunde einschlägt und den Schüler immer wieder durch Neues aufweckt und sein

Interesse bindet.

Dieser Typ von Schüler spielt auch gerne mit Wissen, dreht es mal um, kombiniert es mit etwas anderem, benutzt es für etwas anderes … Daher sind Anregungen zum „Spielen mit Wissen" etwas, womit man solche Schüler begeistern kann. Allerdings läuft man dabei Gefahr, dass die übrigen Schüler schon nach kurzer Zeit nicht mehr wissen, worum es in dem verbalen Ping-Pong-Spiel zwischen dem Lehrer und diesem Schüler mit dem Zwillings-Lernstil überhaupt geht …

Der ideale Lernort für diesen Typ ist überall dort, wo was los ist, wo es etwas Neues zu sehen gibt, wo es etwas Unbekanntes zu erkunden gibt. Daher wäre eine Art „Reise-Schule" für ihn optimal, die ständig woanders ist. Vielleicht mal ein Jahr auf einem Dreimaster verbringen, auf dem man lernt und ständig neue Orte sieht? Der Zwilling-Lerntyp wird die alte Tradition der Lehr- und Wanderjahre sicherlich gut finden, bei der man zwar zunächst bei einem einzigen Meister als Lehrling lernte, aber anschließend durch das Land wanderte und eine Zeitlang mal hier und mal da bei etlichen anderen Meistern lernte und viele verschiedene Orte und Menschen kennenlernte.

Die Lernmittel, die dieser Lerntyp braucht, sind vor allem die Vielfalt und die Abwechslung, die zwar möglichst angenehm sein sollte, aber die nicht unbedingt eine besondere Auswahl sein muss. Schließlich möchte dieser Typ – bildlich gesprochen – auf seinem Segelschiff in die Welt hinausfahren und das Süße und das Saure schmecken und sehen, wie Regenbogen-bunt die Welt ist. Sein Lieblings-Lern-Werkzeug ist die Begegnung mit dem Unbekannten.

In der klassischen Kategorisierung ist der Zwilling ein auditiver Lerntyp.

Freies Lernen

(von David Eilenstein)

Das ist das, was in unserem Training der Grundbaustein ist. Natürlich ist man limitiert durch die Hindernisse, die man da hat, aber man nimmt immer wieder mal was anderes dazu oder man macht mal was anderes damit. Es gibt im Prinzip eine Ba-

sis-Idee, die feststeht – das ist sozusagen die Stage – aber wenn dann einer sagt „Ich will mal da drüben was probieren.", dann macht der das. Das ist kein Thema.

Zunächst sagen wir denen „Probiert's erst mal aus.", damit die selber sehen, was das für ein Hindernis ist, damit die ein Gefühl dafür kriegen. Und wenn jemand merkt, er hat an einer Stelle ein Problem, dann schauen wir danach, oder wir geben Tipps, wenn wir sehen, dass da was komisch aussieht. Oder wenn jemand fragt „Wie soll ich das machen?", dann schauen wir zusammen mit ihm.

Im Parcour-Training ist das noch freier als im Ninja-Training. Da fragen wir am Anfang: „Worauf habt ihr Bock?" und dann bauen wir die nötigen Hindernisse dafür auf und dann machen die das.

Wir gehen immer auf die Leute ein, die trainieren. Wir machen das Training ja nicht, weil wir den Leuten etwas andrehen wollen, sondern weil die etwas lernen wollen. Wir machen das zusammen, weil wir alle besser werden wollen im Ninja-Sport. Dann schauen wir, welches Ziel gerade ansteht und was wir dafür brauchen.

Wenn das freiwillig ist und die selber die Ziele festlegen, dann haben die ihre Initiative in der Hand, die bleibt bei ihnen, und dann macht das Spaß – und mit Spaß geht alles besser.

Im Parcour-Training waren viele Jugendliche zwischen 12 und 16 – diese Altersgruppe ist ja sonst kaum für Sportvereine zu begeistern, weil die in der Pubertät eben auf Kontra gebürstet sind. Aber da sie beim Parcour selber bestimmen können, was sie lernen wollen, gibt es nichts und niemanden, wogegen sie Kontra sein könnten. Sie bleiben selbstbestimmt – und deshalb kommen die auch in unsere Vereine.

4. innig

♋

Die vierte Art des Lernens beruht auf dem bildhaften Denken, das voller Gefühls-Assoziationen ist. Daher lernt man am besten, wenn man wahre Geschichten erzählt bekommt, die man innerlich miterleben kann. Dann muss man sich nicht bemühen, sich diese Dinge zu merken, sondern man wird sich wegen den Gefühlen in ihnen stets an sie erinnern können – die Dinge sind einem durch die wahre oder selber erlebte Geschichte vertraut geworden.

Für Menschen mit dieser Veranlagung werden auch Traumreisen hilfreich sein – sowohl um Dinge zu verstehen als auch, um sich Dinge zu merken.

Für diesen Lerntyp ist die Assoziation das zentrale Ordnungsprinzip in ihrem Gedächtnis. Sie erinnern sich immer an alles, was sie schon mal mit jemandem oder mit etwas erlebt haben und erlangen dadurch ein emotionales Bild dieses Menschen oder dieser Sache.

Umgekehrt benutzen sie auch die Visualisierung – also das innere Erschaffen von Bildern – als Hilfsmittel beim Lernen. Durch diese Bilder schaffen sie Ordnung in ihrem Unterbewusstsein, also in ihren inneren Bildern. Die Elemente in ihrer Erinnerung sind daher Bilder, Symbole und Urbilder – und deutlich seltener Begriffe oder Diagramme. Sie erschaffen sich auch für das, was sie sich merken wollen, innere Bilder.

Wenn sie sich einen Traum merken wolle, ist die folgende Methode für sie gut geeignet: Man wählt für jede wichtigste Szene ein Wort aus, prägt sich die Anzahl der Worte ein, und wählt dann noch ein zentrales Wort aus, das das Ganze zusammenfaßt. Natürlich werden diese Worte auch bildhaft imaginiert. Anschließend kann man dann weiterschlafen und wird sich dann am Morgen noch an den Traum erinnern können – wobei man von dem Zentral-Wort/Bild zu der Gruppe von Worten/Bildern zu dem eigentlichen Traum zurückfindet.

Bei dem Visualisieren kann man neben konkreten Bildern und Symbolen auch Logos, Labels, Cartoons, Szenenbilder, Schemata, Piktogramme, Assoziogramme und dergleichen mehr verwenden.

Diese visualisierende Art des Lernens lässt sich auch auf physische Vorgänge anwenden wie z.B. auf das Erlernen einer Riesenfelge am Reck. Dazu setzt man sich vor das Reck, schließt die Augen und imaginiert möglichst lebhaft das, was man da jetzt tun will. Das macht man solange, bis man genau spüren kann, wie sich jede kleinste Bewegung bei dieser Riesenfelge anfühlt. Anschließend kann man diese Turnübung deutlich besser durchführen als zuvor.

Die Kombination von Bildern und Inhalten kann auch auf Übersichten, Abläufe, Gliederungen und dergleichen ausgeweitet werden, die man sich dann bildhaft merkt. Auch Eselsbrücken, Assoziationsketten, Ideen-Ketten, Ereignis-Folgen, Geschichten und auch Rollenspiele sind dabei sehr hilfreich.

Selbst Zahlen kann man sich besser merken, wenn man z.B. die Zahlen von 1 bis 100 jeweils mit einem bestimmten Bild festverknüpft, das man sich dann anstelle der Zahl einprägt – Bilder sind für diesen Lerntyp einfach greifbarer als solch abstrakte Konstrukte wie Zahlen …

Auch die Schlüsselwort-Methode funktioniert bei diesem Typ recht gut. Wenn man eine Vokabel (z.B. englisch „mood" für „Stimmung") lernen will, wählt man das Wort aus der eigenen Muttersprache aus, das diesem Wort am ähnlichsten klingt (das wäre hier „Mut") und verknüpft dieses Wort fest mit der betreffenden Vokabel (z.B. einen mutigen Ritter mit dem Wort „mood") und das aus gewählte Muttersprachen-Wort („Mut") mit der Bedeutung der Vokabel („Mut" ist eine Stimmung" = „mood"), wodurch man eine Assoziationskette geschaffen hat, die von der Vokabel aus über ein Bild und ein ähnlich klingendes Muttersprachen-Wort bis zu der Bedeutung führt. Das klingt kompliziert, ist in der Anwendung aber einfach: Mood – Mut – Ritter – Mut ist eine Stimmung – „mood" = Stimmung".

Weiterhin sind für diesen Lerntyp genügend Schlaf und eine Lerngruppe förderlich.

Er kann weiterhin mithilfe von Traumreisen – also der der Verbindung von Wachen und Träumen – bewusst in sein inneres Erinnerungs-Archiv reisen und dort nach einer Erinnerung suchen.

Als Lehrer muss man solch einem Schüler Zeit lassen, sich an den Lehrer zu gewöhnen, mit ihm vertraut zu werden, sodass der Schüler sich öffnen und evtl. auch mal eine Frage stellen kann. Zeit lassen und dezente Aufmunterungen sind hier das beste Mittel zum Anregen des Lerneifers.

Wenn man als Lehrer tatsächlich die Zeit dafür haben sollte, kann man einem solchen Schüler das Wissen auch mithilfe von Märchen, und Geschichten nahebringen. Dieses Vorgehen ist für ein bildhaftes Denken weit leichter zugänglich als eine abstrakte Herleitung.

Der ideale Lernort für diesen Typ ist das eigene Heim und die eigene Familie, also der Ort, an dem ihm alles bekannt und vertraut ist. Der Krebs-Lerntyp geht zum Lernen nicht gerne „nach draußen", sondern bleibt lieber „drinnen". Das ist sowohl im wörtlichen als auch im übertragenen Sinne gemeint: Der Krebs braucht sehr viel Zeit dafür, das Erlebte in sich selber noch einmal zu betrachten und „wiederzukäuen", um es wirklich verdauen und bewerten zu können.

Die Lernmittel, die dieser Lerntyp braucht, sind daher vor allem die Geborgenheit und die Vertrautheit mit allen Menschen, die noch dabei sind. Sein Lieblings-Lern-Werkzeug ist das Bild …

In der klassischen Kategorisierung ist der Krebs ein visueller Lerntyp.

Imagination

(von David Eilenstein)

Ich weiß nicht, ob man das visuell machen muss – ich mach das visuell, weil ich eigentlich komplett bildlich denke. Ich habe gehört, dass das manche Menschen anders tun, aber das kann ich mir natürlich nicht vorstellen, wie das aussieht, wie man das macht, aber es scheint da auch andere Möglichkeiten zu geben.

Wichtig ist, dass man das spürt oder sieht oder was auch immer, was da kommt. Ich versuche immer am Start eines Parcours das Gefühl zu haben, dass ich das nicht zum ersten Mal mache, was da vor mir liegt. Ich überlege mir vorher genau, wie das aussehen soll, was ich da mache. Das geht bis ins Detail: Wie fasse ich die Leiste an?

Was hat die für einen Grip? Was ist mit diesem Seil? Was macht die Stange? Schwingt die? Dreht die sich? Lauter solche Sachen ... Wenn ich das alles schon im Gespür habe, dann kann ich dann nachher diesen Film ablaufen lassen – was natürlich nur geht, wenn das technische Grundverständnis da ist, wenn ich schon vorher weiß, was das Hindernis mit mir macht.

Ich sehe also, welches Hindernis da ist, welchen Raum ich für Bewegungen habe, wie ich die Bewegungen zusammenbauen kann, wie ich da kreativ werden kann – und ich schreibe sozusagen das Drehbuch für den Run im Voraus. Ich habe den fertigen Film im Kopf und weiß, so und so fühlt sich das an.

Es ist wichtig, dass ich diesen Film habe, aber ich denke dann nicht an ihn – es ist natürlich nicht so, dass ich ihn vergesse – aber ich bin dann bei dem Run ganz im Augenblick, also ganz bei dem Hindernis, in dem ich gerade bin. Ich lasse mich von meinem Film leiten, aber ich konzentriere mich nicht auf den Film, sondern auf das Hindernis.

Und wenn ich dann mal merke, dass der Film nicht passt, dann ändere ich mein Verhalten, meine Bewegungen. Dann mache ich es doch anders, wenn ich merke, dass der Film an dieser Stelle Scheiße war.

Aber dieser Film muss da sein, der muss irgendwo archiviert sein – wenn ich ohne den starte ... puh! Geht auch – aber ist bei weitem nicht so effizient.

Imagination gibt es auch im Detail. Im Parcour-Training war mal jemand, der immer wieder einen bestimmten Sprung über ein Hindernis versucht hat und der ihm einfach nicht gelungen ist.

Da habe ich ihm geraten, dass er sich vor das Hindernis setzt und sich vorstellt, über das Hindernis zu springen, und dass er das so lange macht, bis er jeden Handgriff, jede Körperspannung, jede Bewegung genau spürt. Das hat der dann eine ganze Weile gemacht und ist dann gesprungen – und es klappte mühelos.

Wenn ich selber bei einem Lauf gegen Ende völlig fertig bin und noch mal an eine Querstange springen muss, dann stelle ich mir vor, statt zwei Händen zwei „Hand-Haken" zu haben – oder was auch immer meine Hände gerade für eine Form an dem Hindernis vor mir brauchen. Das geht zwar nicht endlos, aber es hilft doch sehr. Ich sag dann zu mir selber: „Lieber Körper, Du kriegst das schon gebacken! Flieg mich einfach mal dahin!"

5. ichbezogen

♌

Die fünfte Art des Lernens erfordert den Ich-Bezug. Sobald man erkennt, was das mit einem selber zu tun hat, wieso man selber davon betroffen ist, und warum man selber das will, ist das Lernen kein Problem mehr. Sobald der Lernstoff zu einem Werkzeug für den Selbstausdruck geworden ist, ist dieser Lernstoff fest in einem selber verankert.

Dieser Lernstil will eigenständig und ungestört lernen – andere sind ja doch anders und lenken nur von einem selber ab.

Er lernt alleine, ist ein Autodidakt, hat eine hohe Motivation (wenn er lernt), er lernt selbstbestimmt, wählt selber seinen Lernstoff aus, erlebt sein Lernen nicht als Lernen sondern als ein Selber-wissen-wollen.

Sein Wissen ist daher in hohem Maße selbstorganisiert und er ist in der Lage, sein Wissen zu verarbeiten und zu vertiefen.

Ihm ist seine Autonomie sehr wichtig, die er fast immer auch für die Selbsterkenntnis nutzt. Er bevorzugt sehr deutlich die Freiarbeit und das eigenständiges Lernen an einem selbstgewählten Thema.

Er braucht individuellen und Schüler-orientierten Unterricht – er muss selber beim Lernen der Mittelpunkt sein. Er kann auch durch Lehren lernen und sein Wissen dadurch, dass er Vorträge hält, festigen und vertiefen.

Hat er nicht diese große Freiheit im Lernen, wird er wahrscheinlich Widerstände gegen das Lernen entwickeln.

Als Lehrer eines solchen Schülers muss man sich immer ganz auf diesen Schüler einstellen, ihn in die Mitte stellen, ihn direkt ansprechen und ihn aufmuntern, in der Ich-Form zu sprechen. Nur diese Ich-Form gibt dem Schüler die Möglichkeit, den Lernstoff auch tatsächlich dauerhaft zu integrieren.

Eine alternative Möglichkeit des Lehrens ist bei diesen Schülern der Bezug zu Biographen von berühmten Männern und Frauen, da der Schüler anhand dieser Biographien sehen kann, wie sich andere Menschen entwickelt und entfaltet haben – und der ungehemmte Selbstausruck ist letztlich die zentrale Motivation solcher Schüler.

Man kann diesen Schülern das Lernen auch dadurch erleichtern, dass man ihnen zunächst den Kerngedanken eines Wissensbereiches erläutert und dann den ganzen Wissensbereich von diesem Kerngedanken her ableitet. Das Bild der Eiche, die sich aus einer Eichel heraus entfaltet, ist für diesen Stil etwas sehr Inspirierendes.

Dieser Ansatz entspricht dem Königtum, dem Monotheismus und der Philosophie, die alle drei von einem Grundprinzip ausgehen und aus ihm heraus das ganze organische Gebilde – Königreich, Religion, Wissen – herleiten. Daher kann manchmal auch der Bezug auf das Königtum, den Monotheismus oder die Philosophie beim Unterrichten eines solchen Schülers weiterhelfen.

Der ideale Lernort für diesen Typ ist der Platz, wo er gerade selber ist, da er selber für sein Lernen das Wichtigste ist. Der Löwe-Lerntyp wird für das Erlenen von etwas, das nicht direkt etwas mit ihm zu hat, den Ort wählen, an dem das „Herz" dieser Sache ist, da er dadurch diese Sache am schnellsten verstehen kann.

Die Lernmittel, die dieser Lerntyp braucht, sind letztlich Anregungen, die ihn sich selber deutlicher machen. Wenn er Dinge erlernen will (oder sie zu seinem Leidwesen lernen soll), dann braucht er organische Gesamtdarstellungen, durch die er das Wesen des Themas erfassen kann, über das er etwas lernen will. Sein Lieblings-Lern-Werkzeug ist die Hilfe zur Selbsterkenntnis.

In der klassischen Kategorisierung ist der Löwe ein tätiger Lerntyp.

Der eigene Stil

(von David Eilenstein)

Du erkennst schon an der Bewegung, wer da gerade in der Stage ist. Es gibt schon eine bestimmte „Handschrift" in der Bewegung, die jeder hat.

Natürlich gibt es das, dass Athleten bestimmte Stärken und Schwächen haben, dass sie manches mögen und manches nicht. Ich habe zum Beispiel überhaupt kein Problem mit Leisten, ich kann auch an einer Fingerleiste langhangeln – das ist cool, das macht Spaß, das hab ich an dem Ninja-Gerüst in meinem Wohnzimmer geübt wie blöde – und wenn in einem Wettkampf irgendwo Leisten sind, dann ist mir das egal, dann hangel ich die schnell weg. Während viele andere sagen: „Ach Gott, Leisten! Wie ätzend! Hoffentlich komm ich da durch ... "

So was prägt natürlich den Bewegungsstil. Wenn dann ein anderes Hinder-nis kommt, was ich gar nicht mag – zum Beispiel so eine Drehscheibe – dann hänge ich da ultra-vorsichtig drin und passe noch dreimal auf, dass ich ja nicht rausfalle, während ein anderer da einfach dranspringt, den Schwung noch für die Rotation nutzt, sich noch einmal dreht und dann rausspringt – da ist der schnell fertig. Das würde ich niemals machen, dafür hab ich viel zu viel Respekt vor den Dingern.

Da sieht man natürlich, was jemand draufhat – das ist völlig unterschiedlich – und andererseits siehst Du aber auch den Stil daran, wie jemand schwingt oder so. Wenn jemand an einer Stange hängt und schwingt – das machen die Leute auch schon unterschiedlich.

Ab einem gewissen Skill-Level ist es schon so, dass es ähnlicher wird – einfach, weil jeweils eine bestimmte Technik am effizientesten ist. Aber auch da gibt's manchmal mehrere Möglichkeiten – das ist dann wieder eine Stilfrage. Aber in den höheren Skill-Leveln konzentriert sich das dann aber meistens auf eine bestimmte Technik.

Es gibt bestimmte Moves, die sind typisch für bestimmte Leute. Ich habe zum Beispiel den Ruf, dass ich immer Shortcuts finde, also Abkürzungen. Wenn irgendwo eine Regellücke ist, wenn man irgendwo etwas überspringen kann, wenn man irgendwo weniger Kraft verballern kann, dann bin ich inzwischen berüchtigt dafür, dass ich das dann auch finde und mache.

Das war z.B. mit dem „UFO" so, also mit der Scheibe, die sich gedreht hat, an der ich dann statt zu springen, einfach gehangelt habe. Alle springen da, aber ich mag das nicht. Ich weiß aber, dass ich eine gute Griffkraft habe, dass ich die mit den Fingern so zusammenquetschen kann, dass mir die nicht wegrutscht, dann bin ich durchgehangelt. Dann kamen natürlich die Kommentare: „Das ist typisch David!" Die Lücken im System finden kann ich ja auch in anderen Bereichen ganz gut.

Oder beim Pegboard – dieses dicke Brett mit den Löchern, in die man die Stäbe ste-
cken muss, an denen man sich dabei festhält – das kann man ja auch auf ganz ver-
schiedene Arten machen. Du kannst das im Block machen, d.h. Du hängst mit ange-
spanntem Bizeps und krummem Arm da dran und steckst einen Stab nach dem ande-
ren weiter an dem Board, um Dich dann an diesen Stäben vorwärts hängend weiter-
bewegen zu können – das dauert ewig ... Du kannst aber auch die Fingerspitzen in
Bewegungsrichtung drehen, seitlich Schwung holen, dann – wenn Du am linken Arm
hängst – den rechten Arm unter dem linken durchziehen, gucken, dass man noch so
viele Löcher wie möglich überspringen kann und dann den Peg (Stab) da rein stecken
– dann kann man da im Prinzip am langen, gestreckten Arm hangeln. Das spart Kraft
und geht viel schneller – das muss man halt geübt haben.

Und immer, wenn in einer Competition irgendwo ein Pegboard ist, muss ich mir
Sprüche anhören, dass ich das bitte in möglichst wenigen Zügen machen soll ... Und
bei der Sicherheits-Einweisung kommt garantiert von irgendjemand die Frage:
„Muss der David da jedes Loch benutzen? "

Das wissen inzwischen alle – wenn da ein Pegboard ist, dann bin ich da – Zack! –
durch, weil das mein Ding ist. Das ist cool – und mein Wohnzimmer ist ja auch voll
von den Pegboards – das muss ja auch was bringen ... Bei den meisten anderen sind
die Pegboards nicht so beliebt ...

6. präzise

♍

Die sechste Art des Lernens ist die präzise Darlegung, die alle notwendigen Details enthält und zusätzlich noch die eine oder andere amüsante Anekdote. Alle diese Informationen müssen auf handwerklich saubere und präzise Art dargelegt werden. Und der Lehrende muss in der Lage sein, auf alle Detailfragen sicher antworten zu können. Hier ist Sachkundigkeit gefragt.

Bei diesem Lerntyp spielt das persönliche Wissensmanagement eine große Rolle. Er schätzt z.B. Merksätze wie „**E**ine **a**lte **d**umme **G**ans **h**at **E**ier.". Diese sechs Anfangsbuchstaben geben die Tonhöhe der sechs Gitarrensaiten an.

Zum Einprägen von Zahlen wird manchmal ein System benutzt, bei dem der Betreffende sich für jede Zahl 1-100 ein bestimmtes Bild eingeprägt hat: z.B. für die 1 eine Ente, für die 2 einen Zwerg, für die 3 einen Dackel, für die 4 ein Viertel-Kuchen, für die 5 ein Fohlen usw. Dabei ist es hilfreich, wenn die Anfangsbuchstaben der Zahl und des Bildes gleich sind. Durch dieses Verfahren kann man sich auch Zahlen als Bilder merken – was deutlich einfacher ist.

Dieser Lerntyp will sein Wissen kontrollieren, die Informationen korrigieren, die Details zusammenfügen und durch Einzelheiten ergänzen. Ihm ist die Ordnung der Wissensbereiche wichtig, weshalb er Übersichten, Inhaltsverzeichnisse, Übersichten, Mindmaps, systematische Darstellungen u.ä. anlegt. Oft hilft es ihm, Informationen aufzuschreiben, um sie sich einzuprägen. Er kann sich am besten logische, schlüssige Dinge merken und Dinge, die er anhand eines Experimentes ganz konkret erlebt hat.

Er lernt absichtlich, gezielt und Problem-orientiert. Er korrigiert Handlungsmuster und entwickelt sie weiter – er benutzt gerne „Kontrollschleifen". Sein Lernverfahren besteht oft aus den Schritten „Begriffsklärung – Themenfindung – Problemklärung – Brainstorming –Hypothese – Ordnen – Ziel – Forschen – Synthese – Ergebnisse."

Ein wichtiges Hilfsmittel ist das Anlegen eines Gedächtnis-Palastes. Dieses innerlich imaginierte Gebäude enthält viele systematisch angeordnete Räume, die alle ein bestimmtes Thema haben. In jedem Raum sind Regale, auf denen Pergamente, Notizblätter, Zeichnungen, Bilder, Bücher usw. liegen. Dieser Gedächtnis-Palast wird nach und nach mit allen Informationen gefüllt, die man jederzeit zugänglich haben will. Diese Erinnerungen werden in diesen inneren Räumen auf einem bestimmten Regal in einem bestimmten Raum imaginiert, wo man sie dann jederzeit wiederfinden kann.

Dieses auch als „Loci-Methode" („Orts-Methode") bezeichnete Verfahren wurde bereits um ca. 350 v.Chr. von Aristoteles beschrieben. Sie spielt auch eine große Rolle in einigen indischen Yoga-Richtungen und vor allem im tibetischen Buddhismus, in dem nach diesem Verfahren riesige Mengen an Wissen auswendig gelernt werden. Die Yogis in Indien und die Lamas in Tibet legen sich auf diese Weise ganze innere „Präsenz-Bibliotheken" an.

Dabei benutzen die Yogis und Lamas manchmal auch Mandalas als Ordnungssystem in dieser inneren Bibliothek. Das Ordnungsprinzip solch einer Mandala-Bibliothek können die fünf Dhyani-Buddhas sein, aber man kann dafür auch die fünf Elemente plus die Quintessenz, den Tierkreis, den kabbalistischen Lebensbaum, das chinesische Ba Gua, das indische Vastu Purusha und ähnliche Strukturen, die die Welt systematisch in verschiedene Bereichen einteilen, benutzen.

Ein spezieller Gedächtnis-Palast ist die zeitlich geordnete innere Bibliothek. Dabei gibt es für jedes Jahr ein Gebäude, das zwölf Räume für jeden Monat enthält, in dem wiederum bis zu 31 Plätze für jeden Tag sind.

Wenn die Methode des Gedächtnis-Palastes mit der Schlüsselwort-Methode kombiniert wird, ermöglicht das das Auswendiglernen ganzer Wörterbücher mit über 60.000 Einträgen.

In der „Sherlock Holmes"-Fernsehserie mit Benedikt Cumberbatch und Martin Freeman benutzt Sherlock Holmes mehrmals solch einen Gedächtnis-Palast. Cumberbatch benutzt diese Methode auch in dem MCU-Film „Dr. Strange".

Als Lehrer sollte man bei einem solchen Schüler stets klar und präzise sein und den zweiten Schritt immer erst dann gehen, wenn der Schüler den ersten Schritt verstanden hat. Dieser Lerntyp beginnt bei einem Detail und geht dann zum nächsten Detail über und erwirbt sich so allmählich einen wachsenden Überblick. Auf diese Lern-methode sollte auch der Lehrer bei der Wissensvermittlung eingehen.

Der ideale Lernort für diesen Typ ist die Werkstatt, in der das hergestellt wird, über das er etwas lernen will – oder der Ort, an dem das geschieht, was er verstehen will. Der Jungfrau-Lerntyp braucht einen Praktikums-Ort – am besten einen Praktikums-Ort für jede Sache, die er erlernen will.

Die Lernmittel, die dieser Lerntyp braucht, sind im Grunde gar keine Lernmittel, son-dern die praktische Erfahrung mit dem, was er erlernen will. Man braucht so einem Schüler also nichts Besonderes zu geben, sondern ihn nur dorthin zu bringen, wo das geschieht, was er lernen will – und ihn dann dort selber mal probieren zu lassen. Sein Lieblings-Werkzeug ist das Mikroskop.

In der klassischen Kategorisierung ist die Jungfrau ein haptischer Lerntyp.

Verstehen

(von David Eilenstein)

Da gibt es zwei Perspektiven: zum einen, die Perspektive dessen, der das Hindernis baut, und zum anderen die Perspektiven dessen, der das Hindernis benutzt.

Für den Hersteller gibt es viele Aspekte: Wie man es baut, welche Materialien man benutzt, in welchem Winkel man die Fingerleiste anschraubt, welcher Lack abplatzt, welcher nicht, welcher andere Schäden bekommt, welcher Lack rutschfest bleibt, wel-che Schrauben man benutzt, welche Sicherheits-Schraubenmuttern, welche Unterleg-scheiben, welche Lager man benutzt, welche Achsen, welchen Wellendurchmesser usw. Da könnte ich jetzt stundenlang erzählen, aber darum geht's hier ja nicht – aber diese technischen Details muss man alle berücksichtigen. Man muss dabei überlegen: „Was will man damit tun und was muss das Ding aushalten?"

Was es aushalten muss, ist relativ einfach. Wenn man sich das überlegt, dann gibt es da den Athleten, der hat bis zu 100kg Gewicht; dann gibt es da viele Schwünge, Fliehkräfte und ähnliches, d.h. ein Hindernis muss einen Zug von 300kg aushalten – und dazu dann noch ein bisschen Sicherheits-Spielraum.

Dann muss man schauen, was es tun soll – z.B. in Ruhelage so und so liegen. Wenn man dranschwingt, soll es das und das tun. Die meisten Hindernisse haben ja beweglíche Teile – da gibt es dann verschiedene Sachen, die interessant sind. Soll es sich leicht drehen oder schwer? Wo sitzt die Achse? Wo der Griff? Was soll passieren, wenn man an dem Griff hängt? Manche Hindernisse haben auch zwei verschiedene Schwerpunkte, wenn sich an ihnen ein Gewicht befindet, das verrutschen kann – die haben dann nicht nur ein stabiles Equilibrium, sondern zwei.

Wenn Du nun an ein Hindernis springst und die Griffe packst, dann tut das Hindernis irgendwas. Angenommen, man hat ein Rad, an dem die Griffe im Ruhezustand seitlich an dem Rad sind, also nicht unter der Achse, sondern seitlich daneben. Wenn man dann an die Griffe springt und an ihnen hängt, dreht sich das Rad so, dass die Griffe unten, also unter der Achse sind. Der Schwerpunkt von dem leeren Rad verschiebt sich, wenn der Athlet an den Griffen hängt, und das Rad dreht sich, bis der Athlet, der der neue Schwerpunkt ist, unter der Achse hängt.

Wenn man an solch ein Hindernis springt, sollte man schon vorher verstanden haben, was dann passieren wird. Wenn man das Drehen des Rades und den Ruck, der dabei entsteht, nicht erwartet, rutscht man ab und liegt unten im Wasser. Wenn man den Ruck jedoch erwartet, kann man sich selber in die passende Körperlage bringen und den Ruck nutzen um Schwung zu bekommen. Man sieht bei den Shows sehr gut, wer dieses technische Verständnis hat und wer nicht – da wundern sich dann manche, was da passiert und rutschen ab – plopp ... Die machen dann nichts mit dem Hindernis, sondern das Hindernis macht was mit denen.

Wenn da z.B. mehrere Stangen hintereinander hängen und ich springe an die erste, hänge dann da, mache einen Zwischenschwung, springe an die nächste, hänge dann da usw. – dann brauche ich sehr viel Zeit und sehr viel Kraft. Wenn ich jedoch auf die richtige Weise schwinge, die Füße hinter mich werfe und jederzeit weiß, wo mein eigener Schwerpunkt ist, dann kann ich von einer Stange fließend zur anderen schwingen ohne dazwischen innezuhalten. Wenn man das nicht so fließend macht, braucht man länger, es zieht viel mehr in den Händen, man hängt mit dem Schwerpunkt weiter unten und man ist am Ende k.o.

Dann gibt es noch die Eigenfrequenz – die ist noch interessant. Alle Dinge haben eine Eigenfrequenz, die man nicht ändern kann – außer man verändert die Dinge selber und macht sie länger o.ä. Das gilt natürlich auch für die Athleten selber: lange Athleten haben eine langsamere Frequenz, d.h. sie brauchen länger, um von vorne nach hinten zu schwingen, als kurze Athleten. Ich muss also meine Eigenfrequenz kennen und genau in der schwingen, denn wenn ich eine andere Frequenz versuche, vergeude ich nur meine Kraft und erreiche nichts. Wenn man versucht, ein Kind auf der Schaukel plötzlich 50% schneller zu schaukeln, dann geht das nicht – das ruckelt wie blöd und das Kind fällt runter.

Diese Frequenz des Athleten hängt auch davon ab, wie lang das Hindernis ist. Wenn man z.B. an einem langen Seil hängt, wird die Frequenz kleiner – man schwingt langsamer; und wenn das Seil kurz ist, wird die Frequenz größer – man schwingt schneller.

Daher ist es ganz wichtig, dass man ein Gespür dafür entwickelt, wie die Eigenfrequenz eines Hindernisses ist, wenn man selber an ihm hängt, und dass man nicht versucht, dem Hindernis irgendeine Frequenz aufzuzwingen, sondern so schnell wie möglich spürt, was die Eigenfrequenz eines Hindernisses ist, und genau da mitgeht und genau die sozusagen supportet. Man greift die Eigenfrequenz des Hindernisses auf und führt dieser Frequenz Energie zu – das ist am energiesparendsten. Wenn man jedoch eine andere Frequenz zu erreichen versucht, vergeudet man nur seine Energie – und das Hindernis macht störrische und bockende Bewegungen und wirft einen dann manchmal ab.

Du hast ja Energie in verschiedenen Energieformen vorliegen – die beiden wichtigsten sind kinetische und potentielle Energie. Da haben wir mal ein Hindernis aufgebaut, da haben die im Training regelmäßig Augen gemacht, warum das denn bloß funktioniert. Das war ein Slider, also eine 5m lange, leicht schräg liegende Stange, an der ein Ring hing, an dem man sich festhalten kann. Normalerweise startest Du dann am oberen Ende, das ca. 1m höher liegt, und rutschst mit dem Ring nach unten. Dabei wird dann die potentielle Energie von dem 1m Höhenunterschied in kinetische Energie, also in Bewegungsenergie umgesetzt – das Rutschen wird dadurch immer schneller. Unter schlägst Du dann an und es macht „Dong" und die kinetische Energie kann nicht weiter und löst sich in Erschütterungen, Klang und Wärme auf.

Man kann jedoch auch von unten nach oben gleiten. Wenn Du von hinten oben nach unten und nach vorne schwingst, kommt der Schwerpunkt nach unten, d.h. Du verwandelst Deine potentielle Energie in Schwung, d.h. in kinetische Energie um: Der Schwerpunkt Deines Körpers geht nach unten, was zu kinetischer Energie, die nach vorne oben gerichtet ist, wird. Zugleich sorgt auch noch die Impulserhaltung dafür, dass Du Dich nach vorne und nach oben bewegst. Das sieht dann ziemlich unmöglich *aus, aber ist physikalisch vollkommen normal – nur eben ungewohnt. So etwas gelingt am ehesten, wenn man die Physik hinter den Bewegungen versteht. Da haben die Leute im Training dann manchmal schon gedacht, ich könnte zaubern – aber das war einfach nur verstandene und angewandte Physik.*

Beim Abwärts-Rutschen verwandelt man potentielle Energie in kinetische Energie; beim Aufwärts-Rutschen verwandelt man die kinetische Energie des Schwunges in potentielle Energie.

Sowas versteht bei den Ninjas kaum einer – aber das spart Arbeit und ist daher sehr nützlich.

Alexander Hille hat mal gesagt: „Ninja ist kein Glück." Alles, was geschieht (nicht nur im Ninja), geschieht nur deshalb, weil man bestimmte Dinge tut, die funktionieren – oder eben auch mal nicht funktionieren. Man ist für alles, was geschieht, selber verantwortlich.

7. schön

♎

Die siebte Art des Lernens beruht auf der Schönheit der inneren Zusammenhänge des Wissens, auf dem Gleichmaß der Erkenntnisse, auf den Analogien in allen Dingen, auf der Harmonie der grundlegenden Prinzipien.

Das Wissen sollte wie in einem ästhetischen Glasperlenspiel wie in Hermann Hesses gleichnamigem Roman vorgetragen werden. Dabei können als Vergleichs-Raster die Astrologie, der Tierkreis (wie in dieser Buch-Reihe), der kabbalistische Lebensbaum, das chinesische Ba Gua, das indische Vastu Purusha, das indianische Medizinrad oder noch etwas anderes verwendet werden.

Hier werden diese allgemeinen Ordnungssysteme nicht dafür benutzt, um Wissen sinnvoll zu ordnen (also anders als nur rein alphabetisch), sondern um alle Einzelheiten als organische Teile eines großen Ganzen darstellen zu können – es geht um die „Lyrik der Erkenntnisse" und um die „Ästhetik des Wissens". In Hesses „Glasperlenspiel" benutzt der „Magister Ludi" (Spielmeister) in einem Fall das chinesische Ba Gua.

Dieser Lerntyp benutzt generell gerne Vergleiche und Analogien – auch zur Informatik – um Dinge zu verstehen und sie sich merken zu können.

Mithilfe solcher Analogien kann er auch Erkenntnisse in einem Bereich auf andere Bereiche übertragen. Dieser Wissenstransfer wird natürlich sehr stark erleichtert, wenn der Betreffende sein Wissens bereits mithilfe des Lebensbaums, des Tierkreises, des Ba Gua oder eines anderen Prinzips geordnet hat, denn dann weiß er einfach schon dadurch, dass er sieht, in welchen der elf Kreise des Lebensbaumes, zu welchem der zwölf Zeichen des Tierkreises oder zu welchem der neun Quadrate des Ba Guas usw. eine Sache gehört, welchen generellen Charakter diese Sache hat.

Diese Methode hilft auch, Lücken zu sehen: Habe ich alle zwölf Tierkreis-Stile berücksichtigt? Habe ich alle neun Dynamiken des Ba Gua erkannt? Habe ich alle elf

Strukturen des Lebensbaumes gefunden? Diese Methode fördert das vollständige Erfassen eines Themas.

Wenn man diese Ordnung des eigenen Wissens systematisch benutzt, ist man in der Lage, auch komplexe Themen sehr schnell zu erfassen. Diese Ordnungssysteme lassen sich zudem auch dafür benutzen, Wissensbereiche anschaulich darzustellen. Während der vorige Lernstil (Jungfrau) dabei vor allem die Ordnung wertschätzt, kommt es diesem Lernstil dabei auf die Übersichtlichkeit, die Vollständigkeit, die Harmonie und die Schönheit des Wissens an. Aufgrund dieser Neigung schätzt dieser Lernstil auch die Vermittlung der Kernsätze von Wissen in der Form von Reimen oder kurzen Gedichten.

Dieser Lerntyp ist generell bestrebt, Wissen in eine harmonische, schlüssige, anschauliche und verständliche Form bringen – dann kann er sich das Wissen deutlich besser merken. Solche anschaulichen Darstellungen werden durchaus auch in den Naturwissenschaften sehr geschätzt – das bekannteste Beispiel sind wahrscheinlich die Feynman-Diagramme, mit denen die Vorgänge im Bereich der Elementarteilchen dargestellt werden können.

Diesem Typ ist es am liebsten, zusammen mit einem Freund zu lernen. Er kommt am leichtesten – wie Sokrates, der Begründer der Philosophie – im Gespräch zu Erkenntnissen.

Es gibt noch eine ganz spezielle Form des Lernens: die direkte Übertragung von Wissen oder von Fähigkeiten. Dieses Verfahren wird in Indien „Darshan" genannt. Dabei geht der Lehrer innerlich in den gewünschten Bewusstseinszustand und nimmt dann den Schüler mit in diesen Zustand. Auf diese Weise kann der Schüler z.B. die innere Stille erlernen, bei der im Bewusstsein keine Bilder, Gedanken oder Gefühle mehr sind, sondern nur noch Bewusstsein, das sich seiner selbst bewusst ist. In Hesses „Glasperlenspiel" benutzt der Musikmeister manchmal diese Methode. In der Bibel verwendet der Prophet Elias dieses Guru-Verfahren, um seine magischen Fähigkeiten seinem Schüler Elisa zu übertragen.

Als Lehrer sollte man solche Schüler zum Lernen einladen, man sollte sie direkt ansprechen und eine Verbindung zu ihnen herstellen. Des Weiteren sollte man reichlich Gebrauch von Vergleichen, Analogien und kurzen Zitaten aus Gedichten machen.

Möglicherweise sind für solche Schüler auch Hinweise auf die Tierkreiszeichen und die Astrologie hilfreich, weil dies ein harmonisches Ordnungssystem ist, das den meisten zumindest in groben Ansätzen bekannt ist.

Der ideale Lernort für diesen Typ ist das Wohnzimmer, in dem er mit seinem besten Freund oder mit seiner besten Freundin sitzt und sich konzentriert, aber zugleich offen und entspannt unterhält. Er kann sich auch auf andere Orte einlassen, aber das Wohnzimmer ist der natürliche Lernort für ihn. Der Waage-Lerntyp kann sich natürlich mit seinem Freud oder seiner Freundin auch an den Lieblingsorten dieser beiden treffen oder sich mit ihnen auf einem gemeinsamen Spaziergang oder einer Wanderung auf den Lieblingswegen der beiden unterhalten.

Die Lernmittel, die dieser Lerntyp braucht, sind nicht materiell: Sie sind das vertraute Gespräch mit Freunden … Sein Lieblings-Lern-Werkzeug ist ganz schlicht das aufmerksame Gespräch.

In der klassischen Kategorisierung ist die Waage ein auditiver Lerntyp.

Freundschaften und Gemeinschaften

(von David Eilenstein)

Da gibt es dieses Schlagwort von der „Ninja-Family". Das habe ich erst für ein Werbe-Gelaber von RTL gehalten – aber dieses Gemeinschaftsgefühl ist einfach überall da, wo sich Ninjas treffen.

Da war z.B. ein Athlet, der hat den Lauf fast geschafft und ist bis zur letzten Stage gekommen und war dann einfach völlig geschafft und konnte nicht mehr. Da hat die ganze Halle getobt und ist ausgerastet „Ja! Du schaffst das schon! Mach weiter!" Die haben ihn alle supportet – egal, wen der gerade hätte vom Siegertreppchen schmei-ßen können oder nicht. Das ist völlig egal – der hängt da und der kämpft und alle wollen, dass er es schafft!

Natürlich will auch jeder gewinnen, da hat jeder auch Ehrgeiz, aber eigentlich ist das Ganze ein großes Miteinander – und das ist im Gegensatz dazu in anderen Arten des Leistungssport, die ich jetzt hier nicht namentlich nennen will, völlig undenkbar.

Das spüren auch die Zuschauer – und die feuern nicht nur ihre Favoriten an, sondern alle.

Oder, wenn wir in der Halle eine Stage aufgebaut haben – bei den Wettkämpfen, die ich organisiert habe – da muss man immer wieder mal ein paar Matten rumschieben und so, wenn man von der einen auf die andere Stage umbaut. Ich habe, glaube ich, nur eine einzige Matte selber geschoben. Ansonsten habe ich durch's Mikro angesagt: „Wer Lust hat zu helfen von den Athleten oder den Zuschauern, der soll mal herkommen." Da kamen sofort fünf, sechs Leute und ich habe dann nur noch gesagt: „Die Matte muss dahin, die dahin, da muss das gemacht werden ..." usw. Ich habe nur dirigiert und Zack!, Bumm!, war alles umgebaut! Wir haben keine zehn Minuten gebraucht, um die Stage umzubauen und es hat alles geklappt. Das ist bei den Ninjas einfach selbstverständlich, dass jeder mit anpackt.

Ich baue die Stages natürlich auch so, dass möglichst wenig zu resetten ist, aber ein bisschen gibt es doch immer zu tun. Bei einem Hindernis rutscht man z.B. mit einer Stange ein Stück weiter und diese Stange muss dann für den nächsten Athleten wieder zurechtgelegt werden. Da hat sich dann ein Mann an dieses Hindernis gestellt, hat seinen zehnjährigen Sohn auf die Schultern genommen, der dann oben an die Stange kam und die beiden haben die Stange dann nach jedem Lauf wieder in die Ausgangsposition gelegt.

Da kann man sich drauf verlassen, dass die Ninjas wie eine große Familie sind, dass die das zusammen, gemeinsam machen.

8. intensiv

♏

Die achte Art des Lernens ist nur motiviert, wenn sie mit heftigen Gefühlen verbunden ist, wenn sie sich also auf Kampf, Krankheit, Heilung, Sexualität, Spionage, Verbrechen u.ä. bezieht. Dann sind die Ohren auf einmal lang und offen.

Das Lernen muss bei diesem Typ mit Emotionen verknüpft sein: Er kann sich Dinge einfach besser merken, wenn sie mit Lachen, Humor, Schmerz, Erotik und dergleichen verknüpft sind. Er mag auch Diskussionsrunden, in denen es heiß her geht. Weiterhin kann er auch gut aus eigenen Fehlern lernen.

Er prüft auch stets sehr genau, ob das Wissen, das ihm vermittelt wird, wirklich wirksam und alltagstauglich ist.

Ein wirksamer Auslöser für sein Lernen ist oft auch Betroffenheit oder Problemdruck – eben eine Emotion. Er will die Kontrolle der Ereignisse haben und seine Lernmotivation ist zu einem guten Teil Machtstreben und die Vermeidung von befürchteten Gefahrensituationen. Er braucht stets die Einsicht in die Lernnotwendigkeit als Motivation.

Er benutzt auch die Konzentration, die Fixierung, die Einsgerichtetheit beim Lernen – generell strebt dieser Typ stets nach maximaler Intensität – auch beim Lernen.

Eine interessante Lernmethode, die sehr viel Zeit einspart und vor allem zum Auswendiglernen angewendet werden kann, erfordert ein wenig Übung in der Meditation. Bei dieser Methode geht man zunächst innerlich in die Stille, d.h. alle Gedanken, Gefühle, Bilder usw. schweigen und es ist nur noch das Bewusstsein übrig, das sich seiner selber bewusst ist. Dann bleibt man eine kurze Weile in dieser Stille. Auf diese Weise schafft man sozusagen innerlich einen weißen Bogen Papier. Nun schaut man auf den Text, den man lernen will, und prägt ihn sich stückweise ein. Man schreibt sozusagen diesen Text auf den inneren weißen Bogen Papier. Mit etwas Übung kann man auf diese Weise in zwei Minuten zwei Seiten Vokabeln lernen.

Dieses Prinzip wird auch bei Lernverfahren benutzt, die sich auf Hypnose, Selbsthypnose oder andere Trance-Verfahren stützen wie z.B. das Superlearning. Den Schamanen bei den Naturvölkern wurde oft das wesentlichste Wissen dadurch eingeprägt, dass sie gleichzeitig mit diesem Lernen etwas Extremes tun mussten oder erlebten. Das ist wieder das Verfahren der Verknüpfung des Wissens mit einer intensiven Emotion.

Dieses Verfahren ist ja aus dem Alten Preußen noch gut als „Zuckerbrot und Peitsche" bekannt. Das ist wieder die Konditionierung mithilfe von Belohnung (Stier) und Bestrafung (Skorpion).

Ein wichtiges Thema ist auch das Umlernen eines alten Verhaltensmusters. Das kann sich auf Trauma und Traumauflösung beziehen, aber auch ganz schlicht auf die die Einsicht, dass Strafen für das Verlernen von Sozialverhalten unwirksam sind, da sie das Verhalten nur emotional weiter aufladen, oder auf die Einsicht, dass Erlerntes am besten dadurch aktiv von außen her gelöscht werden kann, das man dieses Verhalten einfach nicht beachtet – was natürlich nicht bei allen Verhaltensweisen möglich ist.

Die alte Redewendung „sich etwas hinter die Ohren schreiben" geht darauf zurück, dass man früher Zeugen einmal kräftig an den Ohren zog, damit sie sich das Gehörte besser einprägten – der Schmerz intensiviert und stabilisiert die Erinnerung.

Als Lehrer solcher Schüler darf man durchaus auch schon mal ein wenig sticheln oder die Schüler ein wenig provozieren, denn das wird ihre Aufmerksamkeit und somit auch ihre Diskussions- und Lernbereitschaft deutlich erhöhen. Auch dezente erotische Anspielungen oder ein kurzes Erschrecken können diese Funktion erfüllen.

Weiterhin spricht dieser Lerntyp gut auf kernige Sinnsprüche, Slogans, Mottos von Initiativen und dergleichen an. Diese Sprüche sollten schlicht, eingängig und leicht erfassbar sein. Wenn der Lehrer dann noch eine zweite, genauso eingängige und überzeugende Maxime mit einer ganz anderen Aussage neben die erste Aussage stellen kann und dadurch den Schüler in einen Widerspruch verstrickt, wird der Schüler ganz bei der Sache sein, um diesen Widerspruch für sich zu auflösen und dadurch wieder zu einer eindeutigen Einstellung zu gelangen.

Möglicherweise wird dieser Ansatz jedoch bei den anderen Schülern, die weniger forschend-kriegerisch eingestellt sind, für Verwirrung, Unruhe und ein wenig

Haltlosigkeit sorgen.

Doch das ist ja ein generelles Problem beim Lehren: Wie soll man zwölf Lerntypen gleichzeitig unterrichten? Und diese zwölf Lerntypen sind ja auch erst nur eine grobe Unterteilung …

Der ideale Lernort für diesen Typ ist der Diskussions-Kreis und die Selbsterforschung durch Experimente, zu denen durchaus auch Therapien, Meditationen, Magie und Drogen gehören können. Dieser Lerntyp glaubt etwas erst dann, wenn er es bis ans äußerste Extrem ergründet und erforscht hat. Der Skorpion-Lerntyp braucht das Streitgespräch, die Auseinandersetzung, die Gerichtsverhandlung, die detektivische Ergründung einer Situation, die strategische Planung, die taktische Ausrichtung, die Forschung und dergleichen mehr. Das ist der Bereich, in dem er am besten lernen kann.

Die Lernmittel, die dieser Lerntyp braucht, sind eher abstrakter Art: Motivationen, Widersprüche, Konflikte, Kriegsursachen und dergleichen. Er kann das Wesentliche oft vor allem an den hellsten und an den dunkelsten Seiten der Menschheit – und sich selber erkennen. Sein Lieblings-Lern-Werkzeug ist die bissig-ätzende Analyse.

In der klassischen Kategorisierung ist der Skorpion ein visueller Lerntyp.

Effektivität

(von David Eilenstein)

Wie schon gesagt: Die Bewegung ist dann effizient, wenn sie passend zur Eigenfrequenz ist. Und sie ist dann effizient, wenn man den passenden Schwung nimmt – also möglichst nur einen und dabei auch nur so viel Kraft wie nötig aufwendet.

Anfänger schwingen einmal, um an dem Gerät anzukommen. Dann schauen sie, wie sie hängen: „Ich hänge sicher – sehr gut!" Dann schwingen sie ein zweites Mal vorsichtig, um zu gucken, was da möglich ist. Dann schwingen sie ein drittes Mal, um die Richtung vorzugeben. Dann ein viertes Mal, um Power aufzubauen. Dann ein fünftes Mal, um zu gucken, ob die Power reicht. Und beim sechsten Mal lassen sie dann los und fliegen. Dabei sind dann locker 10, 15 Sekunden ins Land gegangen und man hat nichts getan und nichts erreicht.

Wenn man Übung hat, springt man einmal an das Hindernis, schwingt und schaut, ob das schon reicht, dann schwingt man noch einmal und zieht evtl. beim Hochschwingen die Knie an und streckt die Beine dann, wenn man hinten oben angekommen ist, aus, um noch mehr Schwung holen zu können und lässt dann los. Wenn man das dann noch mit der Eigenfrequenz macht, spart man sich sehr viel Zeit und Energie.

Tatsächlich wird die Effizienz schließlich das Wichtigste überhaupt, würde ich sagen. Ich sag den Leuten immer sehr früh, dass sie versuchen sollen, die Hindernisse zu connecten oder einen Schwung zu sparen. Die Leute glauben immer, dass sie auf Nummer Sicher gehen, wenn sie mehr Schwünge machen, aber das ist Bullshit! Sie denken, sie müssen mehrmals und schneller schwingen, dabei ist es viel schwerer, aber auch effektiver, einmal ein Schwingen wegzulassen.

Wenn ich wegen dem häufigen Schwingen für das Hindernis doppelt so lange brauche, dann kommt mir der Parcour als Athlet doppelt so lange vor, weil ich doppelt so lange brauche wie jemand, der zügig ohne Zusatzschwünge durchgeht. Wenn ich weniger Schwünge brauche, brauche ich weniger Zeit und weniger Kraft und bin dann gegen Ende des Parcours sowohl schneller als auch fitter.

Das muss man aber erst mal verstehen. Man muss schauen, was will der Parcour von mir? Was muss ich machen? Dann muss man das auch durchführen und nicht zwischendurch den Kopf einschalten und doch noch zur Sicherheit noch zweimal mehr schwingen. Man muss das auf die effektive Weise machen und durchziehen – damit man das „sendet", wie man im Ninja-Slang sagt.

Wir waren mal in einem Parcour-Park und da gab's so komische Hindernisse, die waren an Ringen aufgehängt und die hingen auch noch so überkreuz – da musstest Du schon genau hinsehen um zu verstehen, was da wie schwingt. Einer von uns hat das nicht hingekriegt – der ist da so'n bisschen rumgeeiert.

Ich habe mir das nur von außen her genau angesehen, ich selber hatte es noch nicht ausprobiert. Da hab ich gesehen, dass man sich so und so bewegen muss, denn dann zieht es einen da rüber, und dann hat man einen Schwung und dann muss man das und das machen, um den Schwung zu nutzen, und dann komm man um die Kurve. Dann hab ich ihm das so Kochrezept-mäßig erklärt: „Das und das musst Du machen." Dann bin ich dahin und hab's gemacht und genau so hat's funktioniert.

Da hat der Augen gemacht – ich hab's ja vorher noch nicht gemacht, ich hab's mir nur genau angesehen und ihm dann gesagt, was man da machen muss. Und dann hab ich's zum ersten mal gemacht – und es hat funktioniert. Der konnte das nicht fassen: „Was geht ab, eh? Du hast das genau erklärt, aber noch nie vorher gemacht!"

9. idealistisch

♐

Die neunte Art des Lernens braucht ein Ziel, ein Ideal, etwas, das mit dem Erlernten besser als ohne dieses Wissen erreicht werden kann. Das Lernen sollte also stets projektbezogen sein.

Dieser Schüler sieht stets eine Situation und sieht zugleich auch, wie diese Situation idealerweise aussehen sollte – und jegliches Wissen ist für ihn nur ein Werkzeug, um den „Ist-Zustand" in den „Soll-Zustand" verwanden zu können.

Das Lernen muss daher letztlich immer der Weltverbesserung dienen. Dieser Typ lernt stets proaktiv: Er erforscht die Zukunft und beugt möglichen Gefahren vor. Daher liegt ihm das Projekt-orientierte Lernen am meisten. Dabei entwirft er gerne Ziele, Leitgedanken und Richtlinien und ab und zu auch schon mal so etwas wie eine Beschreibung einer „corporate identity".

Als Lehrer muss man solche Schüler begeistern können. Dazu ist es natürlich notwendig, die Ideale dieser Schüler zu erkennen und sie zu wecken und dann dem Schüler zu zeigen, wie er diese Ideale mithilfe seines Lernens ganz konkret in seinem Leben verwirklichen kann.

Wenn das irgendwie möglich ist, sollte der Lehrer solch einem Schüler Gelegenheiten geben, sein Wissen anzuwenden und zu Erfolgserlebnissen zu kommen. Das ist letztlich die einzige wirkliche Motivationsquelle für diesen Lerntyp: Das, was mir hilft, dahin zu kommen, wo ich hin will, werde ich mit aller Kraft erlenen und zur Perfektion bringen – alles andere interessiert mich einfach nicht.

Auch hier helfen Beispiele von Menschen, die etwas Großes in Gang gebracht haben, die ihren Idealen treu gebelieben sind und dadurch etwas erreicht haben.

Der ideale Lernort für diesen Typ ist daher der Ort, an dem diese Art von Schüler etwas verändern will. Das kann daher im Grunde jeder Ort sein – eben genau der Ort, an dem etwas ist, was dieser Lerntyp anders haben will. Er lernt nur ganz konkret „vor Ort" und nicht theoretisch „in der Schule".

Der Schütze-Lerntyp braucht daher Praktika, Unterstützung bei seinen eigenen Projekten und Ambitionen. Er kennt schon die Orte, an denen er etwas ändern will – und das sind auch die Orte, an denen er wirklich etwas lernen kann.

Die Lernmittel, die dieser Lerntyp braucht, sind daher die Dinge, die er braucht, um einen ganz konkreten Zustand durch sein eigenes Eingreifen zu verbessern. Es gibt daher keine bestimmten Lernmittel, sondern nur die in der jeweiligen Situation benötigten Hilfsmittel.

Allerdings gibt es eine Kategorie von „erlernten Fähigkeiten", die er auf jeden Fall braucht: alles, was zur Rhetorik gehört. Das liegt darin begründet, dass es nur wenig gibt, was ein Einzelner erreichen kann. Folglich ist es im Leben dieses Lerntyps ständig notwendig, auch andere für die eigenen Ideale zu begeistern und sie – aus der Sicht dieses Lerntyps – aus ihrer Lethargie zu reißen und zum Handeln, zur Mitwirkung zu bewegen.

Daher sind die Rhetorik und ein möglichst gutes Verständnis für die Wirkung von Worten eines der wichtigsten Unterrichtsfächer für diesen Lerntyp – wenn dieses Fach denn dort, wo er lernt, überhaupt angeboten wird … Sein Lieblings-Lern-Werkzeug ist die anfeuernde Rede.

In der klassischen Kategorisierung ist der Schütze ein tätiger Lerntyp.

Wachstum

(von David Eilenstein)

Also – Ninja macht mit einem sowohl sportlich als auch persönlich ziemlich viel.

Ich erzähl zuerst mal was über das Physische – das ist offensichtlicher. Am Anfang geht man her und merkt: „Das ist aber schwer!" Dann lässt man es oder man ist angefixt und sagt: „Nächstes Mal mach ich's besser!" Am Anfang baue ich für die Leute auch einfachere Hindernisse auf, damit sie es auch schaffen – denn das macht Spaß und gibt ein Erfolgserlebnis.

Oft denken sie auch, das können sie nicht. Gestern beim Training hatten wir ein kleines Trampolin und dadrüber hing ein Ring, den man nach einem Sprung greifen sollte. Das hat einer probiert und probiert und es klappte einfach nicht. Dann hast Du auf einmal einen Freundenschrei durch die ganze Halle gehört. Da dachte ich: „Was ist denn jetzt passiert?!" Der hat sich so mega gefreut, dass er's geschafft hat! Natürlich macht das dann Bock, wenn so was immer wieder mal passiert!

Physisch ist das vom Trainingsverlauf her so, dass Du erst anfängst, an einzelnen Hindernissen zu üben.

Irgendwann fängst Du an Dinge zu übertragen: „Hier hab ich was gelernt – kann ich das da drüben auch benutzen?" Da machst Du dann diese Transfer-Leistung und stellst fest: „Oh, das sind ja dieselben Grundfähigkeiten, die ich hier überall brauche!"

Dann versucht man seine Ausdauer zu steigern und mehrere Hindernisse hintereinander am Stück, also einen kurzen Lauf, zu trainieren.

Dann kommt das Spielerische hinzu – dass das erst dann wirklich funktioniert, wenn man das richtige Mind-Set hat. Dann hat man kreative Ideen dazu.

Natürlich boostert das auch das Selbstvertrauen: „Ich kann was, was ich vorher nicht konnte!" Das heißt auch: „Ich kann etwas lernen, was ich vorher nicht konnte!" Das gibt dann auch Zukunftsvertrauen – und das ist cool!

Mental passiert natürlich auch viel, weil das ein Sport ist ... Also, Du kannst physisch noch so stark sein – aber wenn Dein Kopf nicht klar ist, dann geht das nicht bzw. dann ist es schwer. Also: Wenn Du locker von dem Trampolin an die Stange springen könntest, heißt das noch lange nicht, dass Du Dich das auch traust. Das musst Du erst mal klar kriegen – da musst Du erst mal rüberspringen – das kann am Anfang gruselig sein!

Über eine größere Distanz zu springen ist für jeden gruselig – klar. Aber es ist eben ein Parcour, ein Hindernislauf.

Da springt man dann und es hat nicht geklappt und beim nächsten Mal auch nicht. Aber irgendwann kommt dann der Punkt, da schafft man es. Manchmal dauert das eine ganze Weile und oft ist man am Anfang auch super-vorsichtig, aber nach den ersten Erfolgen kennt man die eigenen Fähigkeiten besser und hat mehr Selbstvertrauen und wird daher auch mutiger – und die Hindernisse werden plötzlich einfacher.

Das vorsichtig-Sein habe ich am Anfang auch gehabt – das habe ich beim Turnverein eingebläut bekommen damals ... Irgendwann habe ich mich gefragt, was denn passiert, wenn ich das direkt mache – und zu meiner Überraschung ging das viel besser.

Diesen Schritt habe ich schon bei einigen gesehen – dass sie auf einmal das nutzen, was sie können. Das heißt nicht unvorsichtig sein, sondern sich das Hindernis anschauen, die eigenen Fähigkeiten kennen und sie dann anwenden. Das ist immer ein Riesenschritt in der Persönlichkeitsentwicklung. Das ist typisch für den Ninja-Sport – und das hat eine Riesen-Auswirkung, weil man das dann ja auch in anderen Bereichen macht. Man wird mutiger, das, was man kann, überall in seinem Leben auch einzusetzen.

Das ist etwas, was der Ninja-Sport einem zwingend beibringt – da führt kein Weg drumherum – da lernt man sich selber kennen und Hindernisse genau anzusehen und mutig zu sein und nach dem Weg durch ein Hindernis zu suchen und mit allem klar zu kommen.

Also am Anfang war der Sprung vom Trampolin an die Stange etwas Gruseliges und jetzt macht es Bock, wenn man da ein Stück weit fliegt! Diese Air-Time ist einfach geil – diese Zeit, in der man sich frei in der Luft befindet. Das ist am Anfang grausam, man fühlt sich hilflos und verloren – aber irgendwann macht es einfach nur Bock, wenn man da durch die Luft fliegt.

10. verlässlich

VS

Die zehnte Art des Lernens benötigt als erstes eine sichere Autorität, deren Worten man trauen kann und deren Aussagen Verlass ist. Wenn das abgesichert ist und zudem der Nutzen des vermittelten Wissens klar ist – und sei es nur das Erlangen eines guten Zeugnisses – dann kann auch effektiv gelernt werden.

Dieser Typ braucht das formale und planmäßige Lernen z.B. in der Schule oder an der Universität. Ein institutioneller Kontext – Schule, Uni, Arbeitsplatz u.ä. – macht ihm das Lernen deutlich einfacher. Er schätzt die Einbettung in Lehrgänge und die Kommentare und den Rückhalt eines erfahrenen Lehrers. Er lernt durch das ihn überzeugende Vorbild. Da er sich an der führenden Autorität in dem jeweiligen Wissensgebiet orientiert, sind für ihn der Frontalunterricht, das Lehren, der Vortrag und die Vorlesung sehr willkommen. Er sucht auch Hilfe durch Nachhilfe und Lerncoaching und oft lernt er am besten unter äußerem Druck.

Sein Lernen baut auf dem bereits Erfahrenen und Gelernten auf, in das er das Neue einordnet. Er lernt auch gerne durch „Gewöhnung – Anwendung – Routine" Durch die Wiederholung festigt er sein Wissen: „repetito est mater studiorum" (Die Wiederholung ist die Mutter der Gelehrsamkeit.).

Er schätzt das Auswendiglernen, den systematischen, programmierten Unterricht, Lernkarteien, Lernaufgaben, Lernen nach Schema, das Üben und allmähliches Steigern des Lernpensums und andere solcherart stabile, regelmäßige und zuverlässige Methoden.

Ihm ist auch die in der Jungsteinzeit übliche Lehr- und Lern-Weise sympathisch, bei der der Alte dem Jungen eine Frage stellte und der Junge diese Frage beantworten musste. Diese Fragen und Antworten waren in Gedichtform verfasst und wurden über Generationen hin weitergegeben. Sie bezogen sich vor allem auf den Jenseitsweg und die Mythologie. Aus dieser Frage/Antwort-Lernmethode haben sich die Rätsel und auch ein Teil der religiösen Geheimlehren entwickelt.

Manche Menschen mit diesem Lernstil haben auch das absolute – meist photographische – Gedächtnis.

Möglicherweise ist für diesen Lernstil der Blockunterricht gut geeignet.

Als Lehrer muss man für einen solchen Schüler eine wirkliche Autorität sein, man muss auch Unwissen eingestehen können und niemals Autorität und Sachkenntnis nur vortäuschen – denn sonst wird man von diesem Schüler nicht mehr ernst genommen und kann ihn auch nichts mehr lehren.

Der historische Ansatz ist ebenfalls oft hilfreich – man zeigt als Lehrer dem Schüler, wie sich eine Form, ein Prinzip, eine Vorgehen usw. im Laufe der Zeit entwickelt hat. Dabei ist es auch förderlich, dem Schüler die Autoritäten aus den jeweiligen früheren Epochen nahezubringen. Evtl. kann es auch hilfreich sein, dem Schüler die Vorläufigkeit jeder Erkenntnis und jeder wissenschaftlichen und gesellschaftlichen Form deutlich zu machen.

Doch dabei sollte man dem Schüler auch deutlich machen, dass fast jedes Wissen durch den Fortschritt nicht wiederlegt, sondern nur in einen größeren Rahmen eingefügt wird. So ist die klassische Mechanik ein Sonderfall in der Relativitätstheorie und die klassische Theorie der elektromagnetischen Kraft ist ein Sonderfall in der Quantenmechanik – und sowohl die Relativitätstheorie als auch die Quantenmechanik werden wahrscheinlich bald als Sonderfälle der Superstring-Theorie deutlich werden.

Es ist bei diesen Schülern wichtig, dass man ihnen Halt gibt, auch wenn man ihnen die Relativität des Wissens deutlich macht.

Außerdem sollte man sie dazu anregen, dass sie sich ihr eigenes Fundament aus Werten und Grundsätzen erschaffen, das für sie selber eine weitgehend absolute Bedeutung hat.

Der ideale Lernort für diesen Typ ist der Ort, an dem er der Autorität in dem Bereich, in dem er etwas lernen will, zuhören und ihrem Beispiel folgen kann. Das kann die Schule sein, eine Universität, ein Ashram, die Volkshochschule, der örtliche LARP-

Verein, der Schach-Klub – was auch immer … Der Steinbock-Lerntyp orientiert sich an dem, was am sichersten ist und geht dann eben an den Ort, wo er das finden kann.

Die Lernmittel, die dieser Lerntyp braucht, sind vor allem Bücher, die von Autoritäten geschrieben wurden und auf deren Inhalt er sich verlassen kann. Oft sind das auch die gesammelten Werke des Gründers einer „Bewegung" wie der Talmud, die Bibel, der Koran, der „Yoga" des Patanjali, das Tao-Tê-King des Lao-tse, die Sutras von Buddha, das „Kapital" von Karl Marx, die „GA" von Rudolf Steiner, die Werke von Bagwan, das BGB usw. Sein Lieblings-Lern-Werkzeug ist Grundlagen-Buch.

In der klassischen Kategorisierung ist der Steinbock ein haptischer Lerntyp.

Übung

(von David Eilenstein)

Erfahrung und Übung machen mega-viel aus. Es macht viel aus, ob man eine Bewegung mal gemacht hat und es so gerade funktioniert hat, oder ob man das schon im Blut hat und genau weiß, dass geht so und so und fühlt sich so und so an. Das macht einen Unterschied, wenn ich genau weiß, wie sich das in der Hand anfühlt, und wenn ich genau weiß, welchen Unterschied es macht, wie ich die Finger setze oder ob ich den Daumen gegenüber den Finger oder neben sie setze, wenn ich genau weiß, was macht welchen Unterschied. So was kommt nur durch Übung.

Wenn man das viel übt, dann erweitert sich zum einen dieses Grund-Set an Fähigkeiten, man wird zudem selbstsicherer, dadurch vertraut man diesen Fähigkeiten mehr – und dann kann man auch besser kreativ werden. Wenn ein Hindernis Kreativität erfordert, weil man das noch nie gemacht hat, dann muss man sich überlegen, was man da macht. Man traut sich mehr, sich auf die Techniken zu verlassen, die man schon sicher kann, als auf die, die man irgendwann mal ausprobiert hat.

Es ist wichtig, dass man viele Bewegungen in den aktiven Bewegungsschatz reinbekommt und nicht nur in den passiven, dass man die Bewegungen also nicht nur mal gemacht hat, sondern dass man sie kennt. Dann weiß man, wie man ein neues Hindernis sicher angehen kann.

11. weitsichtig

≈

Die elfte Art des Lernens braucht Gesamtdarstellungen, den theoretischen Überbau, die klare weltanschauliche Ausrichtung, die Abstrahierung zu einem allgemeinen Prinzip und vor allem die Utopie, die sich aus all dem ergibt. Das konkrete Lernen führt bei diesem Typ schließlich immer zu einer Abstraktion und Verallgemeinerung des Wissens.

Dieser Typ bevorzugt das multimediale Lernen mit PC und Internet und auch den Fernunterricht. Allerdings blüht er auch beim Gruppenlernen in der Schule, an der Universität und im Unternehmen auf. Er erforscht und fördert auch die Lernfähigkeit von Organisation und schätzt das interdisziplinäre Lernen.

Das Lernen als Gemeinschaft wird auch gerne in Filmen wie z.B. im „Herr der Ringe" oder in „Avengers" dargestellt, da sich dabei eine vielfältige Dynamik entwickelt.

Dieser Lerntyp denkt auch über das Denken selber nach, um das Denken besser zu verstehen und so auch neue Lernmethoden zu entdecken.

Er ist auch technischen Lernmethoden nicht abgeneigt. Die älteste Vision eines solchen „technischen Lernens" ist der berühmte „Nürnberger Trichter", durch den das Wissen einfach in den Kopf hineingeschüttet werden sollte. Eine neuere Version diese alten Vision ist die von Elon Musk entwickelte Gehirn/Computer-Schnittstelle, durch die bisher allerdings noch keine besonders differenzierten Informationen zwischen Gehirn und Computer übertragen werden können. In Sciencefiction-Filmen ist dieses Verfahren schon deutlich weiter entwickelt …

Ein anderes Verfahren zur technischen Wissens-Übertragung ist in der 1974 und 1976 ausgestrahlten fünfteiligen Fernsehserie „Das baue Palais" gezeigt worden: Ein Maler, der sein Leben lag nur den heiligen japanischen Berg Fujiyama gemalt hat, wurde getötet und aus einem Gehirn Proteine extrahiert und einem andern Mann injiziert, der daraufhin ebenfalls wie der getötete Maler den Mount Fuji malen konnte.

Dieses Verfahren ist nicht so weit hergeholt, wie man auf den ersten Blick vielleicht meinen könnte – immerhin gibt es reichlich Berichte von Menschen, in die ein Organ von einem anderen Menschen verpflanzt worden ist und die dann anschließend teilweise auch Eigenschaften entwickelt haben, die der Organspender gehabt hat. Doch das könnte allerdings auch daran liegen, dass der Lebende nun zusätzlich zu seinem eigenen Horoskop eine Leber oder ein Herz hatte, das von einem Menschen mit einem ganz anderen Horoskop stammte – der Lebende hatte nun eine Horoskop-Mischung …

Als Lehrer sollte man einen solchen Schüler zu inspirieren versuchen, ihn zum Weiterdenken anregen, ihm die möglichen Perspektiven und Entwicklungsmöglich-keiten aufzeigen.

Wenn solch ein Schüler z.B. im Physik-Unterricht bei der Berechnung der Wellen auf die Idee kommt, die Veränderung einer Welle, die sich auf den Beobachter zubewegt, mit der Veränderung der Welle, wenn sich der Beobachter bewegt, miteinander zu kombinieren, um eine vollständige Beschreibung dieser Veränderungen zu erhalten – und dann auf einmal auf ein c^2 stößt, dann sollte der Lehrer den Schüler darauf hinweisen, dass er gerade das c^2 aus Einsteins berühmter Formel „$E=mc^2$" gefunden hat. Das wird den Schüler, der auf diese Weise lernt, mit Sicherheit dazu anspornen, noch weiter zu forschen.

Dasselbe gilt natürlich auch für andere Wissensbereiche: Der Lehrer sollte solchen Schülern – wann immer das möglich ist – Tore zu neuem Wissen öffnen, denn diese Schüler brauchen die Weite und das Neue.

Der ideale Lernort für diesen Typ ist die Versammlung der Gleichgesinnten, mit denen er reden und debattieren und sich austauschen kann und wo er alle Informati-onen und Utopien-Schmiede findet, die er braucht, um wirklich gut lernen zu können. Der Wassermann-Lerntyp geht zum Lernen gerne an den Stammtisch in seinem Vereinslokal, in den örtlichen Zweig der Anthroposophen, in die nächstgelegen Loge der Freimaurer, in das Büro der Grünen in der Nachbarstadt usw. Er lernt eben am besten unter Gleichgesinnten …

Die Lernmittel, die dieser Lerntyp braucht, sind vor allem das Internet und das Gespräch mit Gleichgesinnten. Auf diese Weise kommt er zu allen Informationen, die er braucht und kann sie auch gleich noch weiterverarbeiten. Sein Lieblings-Lern-Werkzeug ist die Beschreibung der Utopie.

In der klassischen Kategorisierung ist der Wassermann ein auditiver Lerntyp.

Positives Denken

(von David Eilenstein)

Das „Positive Denken" nennt man im Ninja „Commitment". Das ist die Überzeugung, dass man das kann und dass man das jetzt macht. Das ist sauwichtig.

Wenn ich vor einem Hindernis stehe und denke: „Ach Du Scheiße! ... Na gut, das wird schiefgehen ...", dann wird das fast immer schiefgehen. Ich hab aber tatsächlich auch schon Hindernisse geschafft, in die ich mit dieser Einstellung rein bin, aber man fühlt sich dabei wahnsinnig unwohl – und das funktioniert nicht gut. Ich halt's für sinnvoller, von einem Hindernis erstmal einen Plan zu haben und erst mal davon auszugehen, dass man das schafft.

Ich habe auch schon mal gedacht, dass ich bei einem Parcour bis zu einem bestimmten Hindernis komme und habe das dann auch bis da durchgezogen. Ich dachte, wenn ich bis da komme, dann passt das schon ... Und dann stand ich vor dem letzten Hindernis und hatte keinen Plan und wusste nicht, was ich machen soll ... Und dann da stehen und nachzudenken, das bringt's nicht – da ist es besser, einen Plan für die ganze Hindernis-Folge zu haben.

Ich hab bei einem Lauf immer vorher einen Film im Kopf: So und so soll das aussehen. Und dann läuft man los und spult den Film ab.

12. träumerisch

♓

Die zwölfte Art des Lernens ist das Nebenbei-Lernen, das sich nicht sonderlich anstrengt, sondern die Dinge hört – und das eine oder andre bleibt dann schon hängen. Dabei kann man auch Musik hören oder bei einem Latte macchiato auf dem Marktplatz sitzen. Dieser Typ lernt am besten, wenn er dabei völlig entspannt ist.

Eine sehr alte und halb vergessene, aber trotzdem wirksame Methode, die zu diesem Lernstil paßt, ist das Legen des Buches, dessen Inhalt man lernen will, unter das Kopfkissen, wenn man Abends zu Bett geht.

Das Lernen dieses Typs ist weitgehend kontextgebunden – die soziale Situation beim Lernen, das soziale Eingebundenheit und die soziale Interaktion beim Lernen sind für ihn ausgesprochen wichtig. Seine Lernmotivation hängt auch von der von ihm erwarteten sozialen Reaktionen auf sein Lernen ab.

Er schätzt beim Lernen die Simulation, das Rollenspiel und die Fantasie zur Belebung des Wissens. Auf diese Weise kann er sich alles besser merken.

Dieser Typ hat ein diffuses Lernen – er lernt mal hier was, mal da was – und er ist an allem ein wenig interessiert. Er hat ein „globales Lernen". Er ist auch der Meinung, dass Bildung eigentlich das ist, was übrigbleibt, wenn man das Erlernte wieder vergessen hat.

Die Kehrseite des Erlernens ist das Vergessen. Die Vergessenskurve ist – wie alle natürlichen Entwicklungen – eine e-Funktion. Es ist auffällig, dass Prinzipien und Gesetzmäßigkeiten nach 5 Tagen nur zu 1% vergessen werden und auch 30 Tagen nur zu 5%. Es empfiehlt sich also ganz allgemein, sich beim Lernen vor allem die Grundprinzipien einzuprägen. Bei Gedichten sind nach 5 Tagen 25% und nach 30 Tagen 50% vergessen – bei Prosa hingegen nach 5 Tagen bereits 53% und nach 30 Tagen 60%.

Die jungsteinzeitliche Methode, Wissen in Versen aufzubewahren und diese Verse mit wesentlichen Aussagen zu füllen, war also sehr sinnvoll. Von den sinnlosen Silben, die man an nichts bereits im Gedächtnis Vorhandenes anknüpfen konnte, wurden nach 5 Tagen bereits 78% vergessen, woran sich auch nach 30 Tagen nicht viel änderte, nach denen 80% vergessen worden waren.

Als Lehrer sollte man diesen Schülern zunächst den Überblick vermitteln und dann allmählich zu den Details übergehen. Hier ist der Fische-Lerntyp dem Jungfrau-Lerntyp genau entgegengesetzt.

Praktisch bedeutet das, dass man solchen Schülern im Geographie-Unterricht erst einmal einen Globus zeigt, den sie sich lange genug ansehen können. Dann zeigt man ihnen Europa, dann Deutschland, dann ihr eigenes Bundesland, dann die Heimatgemeinde, die Heimatstadt, die Straße, in der sie wohnen usw. Das kann man natürlich auch mit Google-Earth durchführen – wobei ein großer Globus für den ersten Eindruck und für das Begreifen der Kugelgestalt der Erde natürlich wesentlich besser ist.

Man kann diesen Lerntyp auch durch Bilder und Geschichten aus fremdartigen Kulturen anregen – denn bei ihm läuft vieles über die Phantasie und das Tagträumen.

Wenn man solch einem Schüler z.B. die Evolution erklären will, kann man mit ihm die Pflanzen und Tiere auf der Erde betrachten und anschließend die Pflanzen und Tiere auf dem Mond „Pandora" in dem Film „Avatar", in dem sich die Tiere und Pflanzen wie auf der Erde erkennbar aus einem einheitlichen Grundprinzip (Urpflanze, Urtier) heraus entwickelt haben. Ein solches Vorgehen wird für diesen Lerntyp sehr anschaulich sein – man kann ihn evtl. auch anregen, einmal selber Pflanzen und Tiere zu zeichnen, wie sie auf einem anderen Planeten mit noch anderen Grundformen des Lebens aussehen könnten.

Überhaupt sind für diesen Lerntyp die Kunst, das Sozialengagement, die Religion, die Ökologie und ähnliche alles umfassende Themen der beste Zugang zum Erwecken der eigenen Lernmotivation.

Der ideale Lernort für diesen Typ ist im Grunde überall – am besten dort, wo viele Menschen sind und „wo das Leben fließt". Der Fische-Lerntyp braucht keinen besonderen Lernort, sondern steht am liebsten „mitten im Leben". Er lernt durch das, was er sieht, erlebt und spürt – und das ist an einem speziellen Lernort ja eben stark eingeschränkt. Auch Orte, an denen man besonders entspannt ist wie die Badewanne und die Hängematte können für diesen Lerntyp gut geeignete Orte zum Forschen, Lernen, Daten-Verarbeiten und Entwerfen von Vorgehensweisen sein.

Die Lernmittel, die dieser Lerntyp braucht, sind vor allem lockere, frei fließende Gespräche, die die Phantasie und das Vorstellungsvermögen anregen. Wenn das dann noch durch einige persönliche Erlebnisse und Geschichten von Bekannten sowie durch ein paar unterhaltsame Anekdoten ergänzt wird, ist alles da, was dieser Typ zum Lernen braucht. Dabei sollte das alles eher locker vonstattengehen, sodass man sozusagen nebenher lernt ohne sich wirklich groß gezielt anzustrengen. Sein Lieblings-Lern-Werkzeug ist das Fernrohr.

In der klassischen Kategorisierung ist der Fisch ein visueller Lerntyp.

Meister Yoda

(von David Eilenstein)

Ich sag mal so: Mindestens 50% bei uns im Training geht es nicht darum, dass ich denen erkläre, wie sie das technisch auf die Reihe kriegen – ja, jedenfalls ein sehr großer Anteil – sondern wie sie das mit dem Kopf hinkriegen, wie sie sich das vorstellen können, wie sie sich das visualisieren können, wie sie das Vertrauen finden können, dass das klappt, wie sie sich ein Backup konstruieren können, wenn was schiefgeht, was sie tun können, wenn sie etwas Neues versuchen und Schiss haben, wie man sich schrittweise an was Schwieriges rantasten kann – nicht weil das physisch notwendig wäre, sondern weil sonst der Kopf nicht mitspielen würde ... vor allem, wie man das visualisiert, wie man sich das vorstellt und das dann bei dem Lauf abspult. Das sind alles Sachen, die spielen sich im Kopf ab.

Die Leute erkennen diese Zusammenhänge nach einer Weile. Da war z.B. mal eine Frau im Parcour-Training, die wollte einen Salto machen, und sie wusste genau, sie kann es. Dann hab ich ihr ein paar Sachen dazu gesagt und auf einmal war sie richtig genervt und ich dachte „Was ist los?!" Doch die war nicht davon genervt, wie ich es ihr erklärt habe, sondern davon, dass sie genau wusste, dass sie es kann – und dass ich genau wusste, dass sie es kann, hat's auch nicht einfacher gemacht. „Du musst es nur tun – der Rest ist Kopf." Ich hab sie dann direkt damit konfrontiert –

und ich meine, sie hätte den Salto dann auch gemacht, aber ich bin mir nicht mehr ganz sicher.

Auch wenn die Leute Schmerzen haben – Zahnschmerzen z.B. oder wenn ihnen schlecht ist – habe ich ihnen manchmal einfache Meditationen gezeigt. In der Regel waren das Visualisierungen – die haben dann auch geholfen und die Leute waren dann immer ganz verblüfft.

Mein Vater macht sowas eher mit Fußreflexzonenmassagen, aber diese Fußpunkte kenne ich selber nicht.

Dann gibt es da ja noch diese ganzen nicht-wissenschaftlichen Erlebnisse. So ganz hundertprozentig in mein Weltbild integriert hab ich die noch nicht ...

Aber klar, Telepathie und sowas gibt's – da bin ich auf jeden Fall dabei. Das hab ich ja gründlich kennengelernt – vor allem mit meinem Vater. Das ist einfach viel zu viel für Zufall gewesen.

Ich habe auch eine Zeitlang meditiert, das hat mir sehr geholfen – aber bei der Meditation verschwimmt die Grenze: Was ist jetzt magisch und was ist „die Psyche im Griff haben“ und sich selber gut kennen?

Telekinese gibt's auch. Das ist absurd, aber die gibt's. Da weiß ich zumindest auch im ganz Kleinen, wie ich die produzieren kann, aber eben nur mit so einem Papierrädchen auf einer Nadelspitze – aber auf mehr hab ich's auch noch nicht angelegt.

Also, mir genügt es auch zu wissen, dass es das gibt. Denn wenn es das gibt, gibt es auch noch andere Sachen – das ist ja völlig unrealistisch, dass das das einzige Phänomen sein könnte. Ja, und zu wissen, dass Gedanken so etwas bewegen können, ist ganz geil. Wenn die ein Stück Papier bewegen können, dann können die, was innere Prozesse angeht, noch viel mehr ausrichten. Eigentlich genügt es mir zu wissen, dass die Gedanken sauviel Kraft haben.

Das kann nicht Wärme sein, was das Rädchen bewegt – das kann ich durch viel Ausprobieren ausschließen. Dafür dürfte das Rädchen auch nicht symmetrisch sein, sondern müsste eine Propellerform haben, die es aber nicht hat. Ich hab das Rädchen ja auch schon mal unter einer Glasglocke drehen können, als ich lange geübt habe – das war zwar nur eine Achtel-Rotation, die ich geschafft habe, aber es hat sich gedreht. Wieviel es sich gedreht hat, ist ja völlig egal – es hat sich gedreht. Es geht auch unter Glas und da kommt keine Wärme von den Händen hin und auch kein Luftstrom. Es gibt da auf jeden Fall irgendwas.

Wenn es da irgendeine komische Wechselwirkung gäbe, die da auf irgendeine komische Art getriggert wird, dann wirkt da ja ein ganz fragiles System sehr stark auf das Papierrädchen. Und Nervenbahnen, wo die ganzen Gedanken ja biologisch angesiedelt sind – das ist ja deutlich fragiler als ein Stück Papier auf einer Nadel. Das passt als Ursache und Wirkung nicht zusammen: schwache Ursache – starke Wirkung. Das geht nicht.

Und wenn ich das akzeptiere, dass es die Telekinese gibt, dann akzeptiere ich ja gleich auch, dass es Ausstrahlung und so was gibt – das ist ja durchaus etwas, was man beobachten und spüren kann, auch wenn man das vielleicht nicht so leicht fassen kann.

An der Astrologie ist auf jeden Fall auch was dran – wenn man das mal statistisch sieht. Mein Horoskop beschreibt mich einfach viel zu gut, als dass das Zufall sein könnte. Auch bei anderen hab ich das schon erlebt, die ich nicht gut kannte – wenn ich denen das Horoskop ausgerechnet und gedeutet habe und das dann echt präzise gepasst hat. Man könnte die Horoskope ja auch einfach mal vertauschen – aber dann passt es nicht mehr. Es scheint also zu funktionieren.

Ich hab's aber noch nicht so ganz akzeptiert, weil das für mich keinen Sinn macht. Also, dass Horoskope funktionieren, nervt mich so'n bisschen, aber ich kann's als Werkzeug benutzen, wenn ich sie brauche.

Bei Telepathie kann ich das irgendwie annehmen – dass Menschen noch auf einer anderen Ebene kommunizieren, ist noch greifbarer als dass irgendwelche Planeten mit irgendwelchen Analogien den Charakter beeinflussen ... das klingt für mich total bescheuert! Aber ich kann das auch nicht leugnen, denn wenn man's richtig macht, funktioniert's halt leider – laut Statistik, Bobachtung und so – das funktioniert eben.

Die 12 Seiten einer umfassenden Bildung

Entwürfe für die Zukunft – Band 16

Inhaltsübersicht

Psyche

Neugier

Nutzen

Ich

Jetzt

Handwerk

Lernen
auf menschliche
Weise

Phantasie

Analogie

Utopie

Macht

Ideal

Realismus

1. Jetzt

♈

Wenn der „Denk-Planet" Merkur im eigenen Horoskop im Widder steht, lernt man dann am besten, wenn man dieses Wissen gerade in genau diesem Augenblick braucht: „Learning by doing."

Dieses Zwölftel der Menschen (es gibt zwölf Tierkreiszeichen, in denen der Merkur stehen kann) braucht Schulen, die wie ein Teil der Schulen in Finnland auf Eigeninitiative bauen. Dort gibt es keine festen Unterrichtsfächer – die Schüler lernen alles im Zusammenhang mit den Projekten, die sie sich gerade selber ausgewählt haben.

Die zentralen Themen und daher auch Unterrichtsfächer für diese Schüler werden folglich nicht geplant, sondern ergeben sich aus dem, was die Schüler gerade selber tun wollen – und was sie dabei nebenher lernen. Dies kann zum Beispiel beim Kuchenbacken das Multiplizieren sein, wenn die Zutaten nur für einen Kuchen angegeben sind, aber fünf Kuchen gebacken werden sollen. In diesen Schulen lernen oft auch verschiedenaltrige Schüler gemeinsam und lernen dabei voneinander und nicht nur von dem Lehrer. In vielen Fällen gibt es bei den Widdern auch einen großen Bewegungsdrang, also eine Vorliebe für Sport und evtl. auch Tanz.

Hier kämen in Zukunft keine bestimmten neuen Fächer zu den bereits existierenden Lehrplänen hinzu, da sich der jeweilige Lehrstoff aus der augenblicklichen Situation der Schüler und ihren Projekten ergibt. Das kann aber durchaus auch beinhalten, dass der Lehrer zwei Schülern, die dauernd Streit miteinander haben, ihnen ihre beiden Horoskope und den Vergleich ihrer beiden Horoskope erläutert – wobei vermutlich einige andere Schüler ebenfalls zuhören wollen würden.

Da der „Denkplanet" von der Erde aus gesehen maximal 27° von der Sonne entfernt stehen kann, ergibt sich daraus, dass der Merkur in ungefähr der Hälfte der Fälle in demselben Sternzeichen wie die Sonne steht und in je einem Viertel der Fälle in dem vorausgehenden oder nachfolgenden Sternzeichen. Wenn der Lehrer das Sternzeichen des Schülers kennt, kann er also ungefähr einschätzen, wie der Schüler denken wird.

Wenn der Lehrer den Geburtstag des Schülers kennt, kann er das Sternzeichen, in dem der Merkur des Schülers steht, noch ein wenig genauer einschätzen – er könnte die Stellung des Merkurs natürlich auch anhand des Geburtsdatums in den entsprechenden Planetenstands-Tabellen nachschauen.

Es wäre hilfreich, wenn der Lehrer die Möglichkeit hätte, spontan auf die Schüler eingehen zu können und sich auch einmal etwas mehr Zeit für die Fragen oder die Schwierigkeiten eines Schülers nehmen zu können. Dafür wären jedoch kleinere Klassen und weniger Zeitdruck notwendig. Die Lehrer stehen jedoch schon heute unter einem sehr großen Leistungsdruck und die meisten von ihnen machen viele Überstunden.

Der Spruch „Lehrer haben morgens recht und nachmittags frei" trifft die Lage nicht so ganz.

Daher wäre es sehr sinnvoll, wenn das Schulsystem so eingerichtet wäre, dass die Schüler wie in dem finnischen Schulmodell dann lernen, wenn sie es gerade brauchen – das gibt auch dem Lehrer etwas mehr Freiraum, da die Schüler ja auch voneinander und nicht nur von dem Lehrer lernen.

Nach der Schule findet sich diese Art des Lernens in jedem Beruf, aber besonders im Sport und im Tanz. Doch auch in allen Bereichen, in denen es notwendig ist, aus dem Augenblick heraus zu entscheiden, was man machen will wie z.B. in Therapien und anderen Arten der Beratung, ist diese Fähigkeit, ganz bei dem zu sein, was man gerade macht, wesentlich.

Es wäre daher förderlich, wenn an den Schulen auch die Fähigkeit gelehrt werden könnte, ganz in der Gegenwart präsent zu sein, die Welt wie zum ersten Mal zu sehen, wieder ganz wie ein kleines, staunendes Kind zu werden. Das wäre eine sehr wertvolle, grundlegende Fähigkeit, die das Leben wesentlich lebendiger machen würde.

Ich bin jetzt hier.

2. Nutzen

♉

Wenn der „Denk-Planet" Merkur im eigenen Horoskop im Stier steht, lernt man dann am besten, wenn man sieht, wozu dieses Wissen nützlich ist.

Dieses Zwölftel der Menschen braucht Schulen, die in den Alltag integriert sind und die das Wissen immer in den Zusammenhang mit dem Nutzen dieses Wissens stellen: „Die Aufmerksamkeit ist da, wo man einen Nutzen sieht."

Die zentralen Themen und daher auch Unterrichtsfächer für diese Schüler sind folglich die Dinge, die ein bestimmter Schüler unbedingt haben bzw. vermeiden will. Die möglichen Unterrichtsfächer Hausbau, Gesundheit, Kochen, Ernährung, Nähen und – falls es das geben sollte – auch Schminken könnten zu den Lieblingsfächern dieser Schüler mit einem Stier-Merkur gehören. Bei ihnen besteht auch eine Neigung zu Praktika.

Hier könnten Ernährung, Körperpflege, Innenarchitektur, Architektur, Städtebau und Finanzen als neue Fächer hinzukommen. Generell gibt es bei diesen Schülern eine deutliche Betonung des im Alltag nützlichen Wissens. Vermutlich passt auch die Psychologie im Stil von Sigmund Freud zu diesen Schülern – Freud war von seinem Tierkreiszeichen her ein Stier, weshalb sich bei ihm viel um die Stier-Themen Genuss, Besitz, Neid u.ä. dreht.

Es wäre hilfreich, wenn die Lehrer allgemein bei jedem Lehrstoff zeigen würden, wo dieses Wissen im Leben überall nützlich sein kann.

Letztlich wäre es natürlich erstrebenswert, wenn die Lehrer alle zwölf Arten des Lernens miteinander verbinden würden. Doch das ist eine sehr anspruchsvolle Aufgabe – zumal ja auch noch jeder Lehrer aufgrund seines eigenen Horoskops auch noch seine eigene Art des Denkens und Sprechens hat.

Das Eingehen auf die Lernweise eines Schülers kann einen sehr großen Einfluss auf einen Schüler haben. Wenn ein neuer Lehrer einem Stier-Schüler, der bisher in Mathematik eine „5" hatte, zum Beispiel die Harmonie und Schönheit der Zahlen, des Rechnens und der Geometrie deutlich machen kann, kann es sein, dass dieser Schüler nach kurzer Zeit eine „2" in Mathematik hat. Das ist keine theoretische Überlegung – diese Fälle gibt es wirklich. Und sie sind nicht selten.

Diese allgemeinen Betrachtungen zur Rolle des Lehrers zeigen, dass der Anspruch an die Lehrer im Grunde noch größer ist als er jetzt schon ist. Sie müssen letztlich Menschenfreunde und Weise sein.

Die Entscheidung, was von dem, was man tun könnte, gerade am nützlichsten ist, stellt sich das gesamte Leben über. Die Fähigkeit, das realistisch einschätzen zu können, entscheidet letztlich über das Gedeihen dessen, was man tut.

Es wäre förderlich, wenn an den Schulen auch noch das Genießen gelehrt werden könnte. Damit ist nicht das Essen von möglichst viel Sahnetorte oder das Trinken von möglichst viel Bier gemeint, sondern die Fähigkeit, wirklich zu erkennen, was man jetzt gerade am meisten genießen könnte, was man wirklich von Herzen genießen könnte. …

Das erfordert eine große Aufrichtigkeit und den Blick hinter die ganzen Ersatzhandlungen, die das eigentliche, was man wirklich will, verbergen.

Das ist nicht ganz einfach, aber wenn man das frühzeitig lernt, kann man sich in seinem späteren Leben viele Umwege und viel überflüssige Arbeit ersparen. Das würde wahrscheinlich auch viele Süchte vermeiden helfen – Alkohol, Zigaretten, aber auch härtere Drogen, die in vielen Fällen lediglich Ersatzbefriedigungen und nicht wirkliche Bedürfnisse sind …

Der große Genuss zeigt, dass etwas wahr und richtig und passend ist.

---

3. Neugier

⠿

Wenn der „Denk-Planet" Merkur im eigenen Horoskop im Zwilling steht, lernt man dann am besten, wenn man neugierig auf dieses Wissen geworden ist.

Dieses Zwölftel der Menschen braucht Schulen, die auf eine sehr bunte und abwechslungsreiche Art lehren und wie die Montessori-Schulen die Entdeckerfreude und die Intelligenz fördern.

Die zentralen Themen und daher auch Unterrichtsfächer für diese Schüler sind somit letztlich die große Vielfalt des Wissens sowie die Sprachen.

Je mehr neue Fächer für diesen Typ Schüler neu hinzukommen, desto besser – schließlich wird er durch die Neugier auf das Unbekannte angezogen. Es wird also ein großer Abwechslungsreichtum gebraucht.

Um eine möglichst große Vielfalt an Fächern anbieten zu können und dadurch auf die Fähigkeiten und Neigungen der Schüler besser einzugehen zu können, sind schon vor langer Zeit an den Gymnasien die Wahl eines Faches aus einer Gruppe von Fächer (Biologie oder lieber Chemie? Französisch oder doch lieber Spanisch?) eingeführt worden sowie an den Schulen allgemein die große Anzahl von weniger wichtigen Fächern (Kochen, Chorgesang, Gärtnern u.ä.), aus denen man sich ein Fach aussuchen kann.

Das ist schon ein guter Ansatz, auch wenn noch immer ein großer Anteil der Unterrichtsfächer Pflichtfächer sind.

Menschen, die diese Art des Lernens bevorzugen, werden wahrscheinlich später entweder Berufe wählen, in denen ständig etwas anders gefordert ist, oder sie werden in ihrem Leben mehrere verschiedene Berufe ausüben – die sie alle auch recht schnell erlernen können.

Es wäre förderlich, wenn an den Schulen generell die Entdeckerfreude und die Experimentierfreude stärker angeregt werden könnte. Dadurch würden die Schüler entdecken, wie vielfältig die Welt ist, wie verschieden die Menschen und Kulturen sind, was es alles zu entdecken gibt, was man alles ausprobieren kann …

Diese Neugier ist eine der grundlegenden Fähigkeiten, die man sowohl braucht, um Neues zu entdecken als auch dafür, ein erfülltes Leben zu führen. Es macht die Wahl des eigenen Weges deutlich einfacher, wenn man die Vielfalt der möglichen Wege kennt.

Wie bunt ist die Welt?

4. Psyche

♋

Wenn der „Denk-Planet" Merkur im eigenen Horoskop im Krebs steht, lernt man dann am besten, wenn man das Wissen auf eine lebendige und bildhafte Weise erklärt bekommt.

Dieses Zwölftel der Menschen braucht Schulen, die eher behütend sind und in der die Lehrer wie „gute Eltern" auf die Kinder eingehen und ihnen alles anhand von Beispielen und Geschichten erläutern.

Das zentrale und interessante Thema ist für diese Schüler die Lebendigkeit; folglich ist für sie die Biologie und evtl. noch das Gärtnern das interessanteste Unterrichtsfach.

Als neues Fach könnten hier jedoch auch noch Psychologie, Familie, Erziehung, Medizin und Yoga hinzukommen. Auch das Lehren von Methoden wie Traumreisen oder Familienaufstellungen würden diese Schüler spannend finden. Bei ihnen würde sich auch der Blockunterricht, also nicht die gleichmäßige Verteilung der Fächer auf das Jahr, sondern das Legen des Unterrichts-Schwerpunktes auf ein bestimmtes Fach in einem bestimmten Monat, förderlich sein.

Vermutlich passt auch die Psychologie im Stil von Wilhelm Reich zu ihnen, da die Lebenskraft – die er „Orgon" nannte – der zentrale Begriff in seinem System ist.

Das Vertrauensverhältnis des einzelnen Schülers zu dem Lehrer bzw. des einzelnen Schülers zu einer Gruppe von Schülern, ist eine zentrale Frage für den Krebs – auch beim Lernen. Solch ein Vertrauensverhältnis zu erschaffen, ist jedoch für den Lehrer alles andere als eine einfache Aufgabe. Es gibt allerdings bereits Lehrer, die darauf achten, ob sie ein entspanntes oder ein eher ziemlich angespanntes Verhältnis zu einem Schüler haben und dann bei Bedarf dann daheim für sich mithilfe einer Familienaufstellung, einer Traumreise oder einer ähnlichen Methode diese Spannung auflösen.

Um das tun zu können, muss der Lehrer natürlich auch erst einmal eine solche Methode erlernt haben. Es wäre daher sinnvoll, wenn in dem Lehrerstudium zum besseren Verstehen der Schüler auch Astrologie gelehrt werden würde, und zum Auflösen von Spannungen auch Traumreisen, Familienaufstellungen und ähnliche Methoden.

Schließlich zeigt es sich immer wieder, dass Schüler in den Fächern besonders gut sind, in denen sie ein harmonisches, anregendes und vertrauensvolles Verhältnis zu ihrem Lehrer haben. Natürlich ist auch die Begabung des Schülers wichtig, aber das Verhältnis zu dem Lehrer bestimmt, wie viel sich von dieser Begabung dann auch tatsächlich entfalten kann.

Viele, die zu dieser Art des Lernens neigen, werden Kindergärtnerinnen, Hebammen, Gärtnerinnen, Pfleger, Psychologen und ähnliches. Doch es sind z.B. auch Malerei, Beratung und Gruppenleitung möglich.

Es wäre förderlich, wenn an den Schulen auch noch die Fähigkeit gelehrt werden könnte, in sich selber zu gehen, Traumreisen zu machen, sich selber aufrichtig anzusehen und auch die Stille-Meditation zu erlernen. Nur wer in der Lage ist, alles in dem eigenen Inneren aufrichtig und weitgehend furchtlos anzusehen, kann sein Leben auf eine Weise gestalten, die wirklich zu einem selber passt.

Dabei wären auch die Traumdeutungsmethoden, die von Sigmund Freud begründet wurden, und die Symbolentwicklung („Amplifikation"), die von Carl Gustav Jung entwickelt wurde, hilfreich, denn die innere Bilderwelt ist der eigentliche Schatz der stark durch den Krebs geprägten Menschen.

Alles Wertvolle beginnt im Innen und wächst von innen heraus.

---

5. Ich

♌

Wenn der „Denk-Planet" Merkur im eigenen Horoskop im Löwen steht, lernt man dann am besten, wenn man gezeigt bekommt, wie dieses Wissen hilft, den eigenen Willen zu verwirklichen.

Dieses Zwölftel der Menschen braucht Schulen, in denen die Lehrer sozusagen Förderer der Selbstfindung und der Selbstverwirklichung der Schüler sind.

Die zentralen Themen und daher auch Unterrichtsfächer für diese Schüler sind folglich Sport, teilweise auch Biologie und Psychologie, sowie das Lesen und Besprechen von Biographien.

Als neues Fach könnten hier Selbsterkenntnis, Psychologie im Stil von C.G. Jung und auch Astrologie hinzukommen.

Es wäre natürlich hilfreich, wenn jeder Lehrer eine gute Menschenkenntnis haben würde und deshalb das Wesen eines jeden Schülers schnell erkennen könnte. Manche Menschen haben diese Gabe, andere brauchen dafür recht lange und wieder andere benutzen möglicherweise die Astrologie oder Orakel wie das Tarot oder das I Ging, um das Wesen eines Schülers besser erfassen zu können.

In einem System wie der Walldorf-Schule, in der die Schüler die gesamte Schulzeit über denselben Klassenlehrer behalten, ist es für den Lehrer deutlich einfacher, die einzelnen Schüler wirklich gut kennenzulernen. Andererseits wird es für einen Schüler natürlich auch zu einem Problem, wenn er in diesem System mit seinem Klassenlehrer nicht zurechtkommt. Sofern die Schule mehrzügig sein sollte, also mehrere Parallelklassen hat, könnte er in einem solchen Fall natürlich in eine andere Klasse wechseln.

Für diese Art von Menschen sind in ihrem Beruf der Selbstausdruck, die große Bühne und die Selbstbestimmung wichtig. Sie sind oft auch Unternehmer, Selbständige und Freiberufler – evtl. auch Lehrer. Hier finden sich oft der Autodidakt, der Selfmademan, der Abenteurer, der Showmaster und der Lebenskünstler.

Es wäre förderlich, wenn an den Schulen auch einige Arten der Selbstfindung gelehrt werden könnten. Das könnten sowohl Betrachtungen, Therapien und ähnliches wie Horoskope, Traumreisen und dergleichen sein. Die Selbsterkenntnis ist die Grundlage dafür, dass man ein erfülltes Leben leben kann.

Man könnte auch die verschiedenen Weisheitslehren lesen – aber nur als Ergänzung, denn die eigenen Erlebnisse sind wichtiger als angelesenes Wissen. Eine weitere Möglichkeit sind auch Retreats, eine Woche in der Wildnis und ähnliche Unternehmungen, die für die meisten Schüler ungewohnt sein werden und ihnen daher helfen, sich selber besser kennenzulernen.

Ich gehe meinen Weg.

6. Handwerk

♍

Wenn der „Denk-Planet" Merkur im eigenen Horoskop in der Jungfrau steht, lernt man dann am besten, wenn man dieses Wissen präzise und im Detail erklärt bekommt.

Dieses Zwölftel der Menschen braucht Schulen, in denen das Wissen über die Welt wie ein Handwerk erklärt wird und in denen den Schülern gezeigt wird, was man womit machen kann.

Die zentralen Themen und daher auch Unterrichtsfächer für diese Schüler sind folglich Mathematik, Physik und alle Arten des Werkens. Es besteht auch eine Neigung zu Praktika.

Als neues Fach könnten evtl. die Heilkunst, die Ernährungslehren, die Therapieformen, Computer-Technologie, die Astrologie und die Kunst des geschickten Reparierens aller Dinge hinzukommen.

Die Vielfalt an handwerklichen Angeboten erfordert die Anstellung von Lehrern mit einer vielfältigen Ausbildung oder eben die stundenweise Anstellung von Handwerkern. Durch Gärtner, Goldschmiede, Maurer, Programmierer und ähnliche können bei den Schülern viele Interessen und Begabungen geweckt werden.

Es wäre wünschenswert, wenn die Lehrer in den Bereichen, in denen sie unterrichten, wirkliche Fachleute sind. Das wird man jedoch nur dann vorfinden, wenn das betreffende Handwerk eine frühere Ausbildung oder ein langjähriges Hobby dieses Lehrers ist.

In Privatschulen hat man hingegen eine größere Chance, mit wirklichen Fachleuten zu tun zu haben, da dort viele Lehrer keine ausgebildeten Lehrer sind, sondern das Lehren nur nebenberuflich durchführen und im Hauptberuf z.B im Max-Planck-Institut für Physik arbeiten. Doch auch da muss der Schüler natürlich das Glück haben, dass er ausgerechnet in dem Fach, für das er eine Begabung hat, auch einen solchen hochqualifizierten Fachmann als Lehrer hat.

Die beliebtesten Berufe sind hier der Handwerker, der Heiler, der Pfleger, der Therapeut, der Unternehmensberater oder eine Arbeit beim Reparatur-Schnelldienst oder beim Schlüssel-Service, sowie alle ähnlichen Berufe, die eine Sache wieder in die richtige Ordnung bringen. Hier wird nach Sachkenntnis, Erfahrung und Geschick gestrebt.

Es wäre förderlich, wenn an den Schulen auch noch das Urteilsvermögen gelehrt werden könnte, denn eine Situation oder einen Menschen einigermaßen sicher einschätzen zu können, ist ausgesprochen hilfreich und kann viele Fehlschläge vermeiden.

Es gibt viel Möglichkeiten, dieses Urteilsvermögen zu üben: mit einem Blick die Zahl der Pferde auf einer Weide schätzen, die Geschwindigkeit des Fluges eines Vogels schätzen, sich zu fragen, warum Efeu dunkle Blätter hat, schauen, ob ein Mensch lügt oder nicht … Man auch aus Intelligenztests viele Anregungen zur Schulung des Urteilsvermögens erhalten.

Wie funktioniert das?

7. Analogie

♎︎

Wenn der „Denk-Planet" Merkur im eigenen Horoskop in der Waage steht, lernt man dann am besten, wenn man die großen Zusammenhänge dieses Wissens mit vielen anderen Dingen und Wissensbereichen erklärt bekommt.

Dieses Zwölftel der Menschen braucht Schulen, die stets die Zusammenhänge, die Harmonie und die Schönheit in dem Wissen über die Welt in den Vordergrund stellen.

Die zentralen Themen und daher auch Unterrichtsfächer für diese Schüler sind folglich die Mathematik und in geringerem Maße auch noch die Physik und die Chemie, sowie aus dem Streben nach Schönheit auch noch die Musik und die Kunst allgemein und weiterhin aus dem Streben nach Gerechtigkeit auch noch die Ethik.

Als neue Fächer können bei ihnen noch die Diplomatie, die Philosophie, die Malerei und die Bildhauerei bei verschiedenen Völkern und in verschiedenen Epochen, die Dichtkunst bei verschiedenen Völkern und in verschiedenen Sprachen, das Deuten von Omen und das Deuten von Orakeln (Tarot, I Ging u.a.) sowie die Kenntnis und das Nutzen von Analogie-Systemen (Astrologie, kabbalistischer Lebensbaum, Ba Gua, Vastu Purusha u.ä.) hinzukommen.

Ein Lehrer kann natürlich nur verschiedene Ansichten unterscheiden und miteinander vergleichen, wenn ihm auch selber diese Art des Denkens liegt. Ihm sollte jedoch zumindest klar sein, dass jeder Schüler auf eine andere Weise denkt und bei seinen Erklärungen ein Stück weit auf diese verschiedenen Denkweisen eingehen können. Dafür sollte der Lehrer wenigstens einen groben Überblick über die verschiedenen Sichtweisen, Weltanschauungen, Tierkreiszeichen usw. haben und sie in ihren Grundzügen auch darstellen können.

Es wären natürlich auch längere Einzelgespräche mit einem Schüler sinnvoll, wenn dieser ein Problem hat, an einer Stelle nicht weiterweiß oder einen Widerspruch sieht. Doch das ist etwas, was für einen Lehrer in den heutigen Schulen kaum durchführbar ist. Bei einer Klasse von 30 Schülern und vier solcher Gespräche im Jahr mit jedem

Schüler wären das bereits zwei solcher Gespräche pro Woche. Das erscheint zwar zunächst nicht viel, aber wenn man bedenkt, wie viel Arbeit die Lehrer bereits heute haben – vor allem vor und nach dem Unterricht – dann ist das doch eine deutliche Mehrbelastung.

Als Beruf sind hier die Kontaktfreudigen, die Vermittler und die Ästheten zu finden: Verkäufer, Vertreter, Diplomaten, Künstler, Redner, Astrologen usw. Zu diesen Berufen zählen aber auch noch die Rechtsanwälte und die Richter, die zu dem Gerechtigkeitssinn der Waagen passen. Es besteht auch eine Neigung, Dinge zu vergleichen, was schließlich bis hin zu Glasperlenspielen führen kann, wie sie Hermann Hesse in seinem gleichnamigen Roman beschrieben hat. Diese Glasperlenspiele sind die Darstellungen von Zusammenhängen, Entwicklungen und Analogien, wodurch umfassende und das Thema sehr deutlich vertiefende Gesamtübersichten entstehen.

Es wäre förderlich, wenn an den Schulen auch noch die Deeskalation und die Streitschlichtung gelehrt und geübt und dann von den meisten auch noch angewandt werden könnten. Der Nutzen dieser Fähigkeit ist offensichtlich, wenn man schaut, was auf den Schulhöfen so alles geschieht.

Auch das Verstehen der Kooperation und ihrer Vorteile kann sehr hilfreich sein – wobei man gleichzeitig auch die eigene Standfestigkeit üben muss, damit man nicht sich selber nicht vor lauter Friedlichkeit ständig anpasst.

Hier könnten Menschen wie Nelson Mandela, Mahatma Gandhi oder Martin Luther King Inspirationen sein.

Schönheit ist das Maß aller Dinge.

8. Macht

♏

Wenn der „Denk-Planet" Merkur im eigenen Horoskop im Skorpion steht, lernt man dann am besten, wenn man sehen kann, wie man sich mithilfe dieses Wissens besser gegen andere und gegen alle Widerstände durchsetzen kann.

Dieses Zwölftel der Menschen braucht Schulen, die alles Wissen als Mittel zum Zweck vermitteln, wobei im Mittelpunkt der Darstellung stehen muss, wie man ein Ziel durch dieses Wissen auf taktisch geschickte Weise erreichen kann.

Die zentralen Themen und daher auch Unterrichtsfächer für diese Schüler sind folglich diejenigen, die mit heftigen Gefühlen zu tun haben – das sind daher vor allem Politik und Sexualkunde.

Als neue Fächer können bei ihnen noch die Psychologie, die Meditation, die Rhetorik, die Selbstverteidigung, der Kampfsport, die Kunst des strategischen Vorgehens und schließlich noch das Wissen über den Umgang mit Drogen und die Magie hinzukommen. Bei der Psychologie wird möglicherweise der Stil von Alfred Adler bevorzugt, bei dem die Entwicklung der eigenen Persönlichkeit, das Durchsetzen des eigenen Willens und das Erleben von Konkurrenz zwischen Geschwistern eine wichtige Rolle spielt.

Ein Lehrer ist auch immer wieder mit Machtkämpfen konfrontiert: zwischen den Schülern, zwischen sich und einem Schüler, zwischen sich und anderen Lehrern, zwischen sich und der Schulleitung … Als Lehrer braucht man eine solide Standfestigkeit und ein gutes strategisches und taktisches Geschick, um den eigenen Unterricht so lenken zu können, wie man das für richtig hält.

Es ist auch ausgesprochen förderlich, wenn der Lehrer in der Lage ist, seinen Unterricht an die Dinge anzuschließen, die die Schüler wirklich bewegen – sei das nun Sexualität, Beziehungen, Flüchtlinge, Kriege, Energiekrisen, Drogen, Fußball-Weltmeisterschaften, Prügeleien, Forschungen, neue PC-Spiele oder was auch immer.

Wenn der Lehrer in der Lage ist, das, was er lehren will (oder soll), an die Themen anzuschließen, zu denen die Schüler durch ihre eigene Motivation hingezogen werden, dann hat der Lehrer keine Mühe damit, die Aufmerksamkeit der Schüler zu erlangen – dann ist er nicht mehr der, der Wissen vermitteln will, sondern die Schüler sind die, die Wissen erlangen wollen.

Hier finden sich die Taktiker, die Strategen, die Kritiker, die Forscher, die Entdecker, die Detektive, die Spione, die Saboteure, die Staatsanwälte, die Soldaten, die Heerführer, die Mystiker, die Magier, die Illusions-Zauberer und alle anderen, die entweder einen Schleier vor die Dinge legen oder die hinter die Schleier schauen – und die allesamt nach Macht streben.

Es wäre förderlich, wenn an den Schulen auch noch die physisch-spirituellen Arten des Kampfsports gelehrt werden könnten (Aikido, Karate, Kung-Fu, Shaolin u.ä.).

Das widerspricht keineswegs dem Erlernen der Deeskalation, die eben bei der Waage angeregt worden ist. Man braucht eine grundlegende Verteidigungsfähigkeit, um nicht unterdrückt zu werden. Dabei ist es wichtig, auch die Grundlagen der magischen Aspekte des Kampfes zu erlernen, da durch ihre Kenntnis auch die Schwachen standhaft und aufrichtig werden können.

- - -

Die hier beschriebene kritische-analytische Denkweise wäre nicht notwendig, wenn es nicht neben dem wissenschaftlichen Denken der Jungfrau, das die Dinge und ihre Folgen möglichst klar darstellen will, nicht auch das strategische Denken des Skorpions gäbe, das den eigenen Willen durchsetzen und die Wirkungen verschleiern will. Daher sollte man sich in der Kritik-Fähigkeit des Skorpions üben – die das Heilmittel für das Manipulations-Bestreben des Skorpions ist.

Die alltägliche Werbung bietet dafür ein reiches Übungsfeld:

1. „Imkerhonig": Diese Aussage besagt überhaupt nichts, da Honig immer von Imkern stammt.

2. „kaltgeschleuderter Honig": Honig wird immer kalt geschleudert, da sonst die Waben schmelzen und sich der Bienenwachs mit dem Honig vermischen würde. Das, worauf es ankommt, ist, ob der Honig kalt abgefüllt wird oder nicht, da der Honig oft erhitzt wird, damit er dünnflüssiger wird und leichter abgefüllt werden kann.

3. Es wird oft mit „kontrollierter Anbau" und ähnlichen Formulierungen, die überhaupt nichts bedeuten, geworben, weil diese Ausdrücke leicht mit „kontrolliert biologischer Anbau" verwechselt werden können, die ein Gütesiegel des Bio-Anbaus sind. Der Lebensmittel-Einzelhandelsverband empfiehlt seinen Mitgliedern ausdrücklich, mit einem „grünen Begriffen" zu werben, da dadurch der Umsatz erhöht werden kann.

4. „Milch von Kühen, die gesundes Futter erhalten": Was hier „gesundes Futter" ist, wird nirgendwo näher erläutert.

5. „Milch von glücklichen Kühen": Muß man dazu noch etwas sagen?

6. „gratis geliefert": Das bedeutet nur, daß die Lieferkosten bereits in die Produktkosten eingerechnet worden sind und in der Rechnung nicht gesondert ausgewiesen werden …

7. „frisch geröstete Haselnüsse": Wie lange es her ist, daß diese Haselnüsse geröstet worden sind bevor sie in die Schokolade kamen, steht nirgendwo – zudem ist der Begriff „frisch" sehr dehnbar. Aber warum sollte ein Schokoladenhersteller die Haselnüsse auch lange lagern, bevor er sie in die Schokolade mischt? Abgesehen davon sind Haselnüsse sehr lange gut haltbar. Diese Werbung sagt also überhaupt nichts aus – sie soll das Produkt lediglich wertvoller erscheinen lassen.

8. „Erdnußbutter": Die Erdnuß ist keine Nuß, sondern eine geröstete Bohne – und die „Erdnußbutter" enthält auch keinerlei Butter. Doch der korrekte Name „Bohnenmus" klingt nun mal bei weitem nicht so wertvoll wie „Erdnußbutter".

9. „zum Abo ohne Fremdwerbung": Der Internet-Anbieter will hier suggerieren, daß er mit der Werbung auf seiner Seite überhaupt nichts zu tun hat – daß das „Fremde" sind, die sich da leider, leider immer wieder einmischen. Das suggeriert weiterhin, daß der Anbieter im Interesse des Nutzers die Werbung

von dieser Internetseite – die angeblich von „Fremden" dort platziert wird – vertreibt. Dabei ist es der Anbieter, der diese Werbung auf seiner Webseite unterbringt, um damit Geld zu verdienen. Er bietet also erst die bei ihm werbende Firma zur Kasse und dann auch noch den Nutzer, damit er die Werbung nicht zu sehen braucht. Er verdient doppelt und stellt das als „Schutz des Kunden vor Fremdwerbung" dar … Viel dreister geht's nicht mehr …

10. „My XXX": Die Firmen („XXX") benennen den Teil ihrer Webseite, an der der Kunde seine eigenen Daten findet, gerne als „My XXX". Dieses „my" („meine") soll den Nutzern zum einen mit der Webseite identifizieren und ihm zum anderen suggerieren, daß dieser Teil der Webseite sein eigener Besitz ist. Dabei geht bei all dem nur um eine gut versteckte Erhöhung der Kundenbindung.

11. „Einfacher können Sie kein Geld sparen!" Dieser Hinweis auf den Schwarz-fahrverbots-Tafeln soll suggerieren, daß man dadurch, daß man die meist extrem teuren Fahrkarten im Regionalverkehr kauft, Geld spart – statt ziemlich viel auszugeben. Der öffentliche Personennahverkehr hat diese täuschende Werbung auch bitter nötig: 1965 kostete eine Erwachsenen-Fahrkarte z.B. innerhalb von Bonn 20 Pfennig (= 10 Cent), doch heute sind das 3,70 Euro. Das ist eine Steigerung um 3600% in 60 Jahren, also um jährlich um 60%. Diese Inflationsrate gibt es ansonsten in der BRD nirgendwo auch nur annähernd.

12. „Arbeit muß sich wieder lohnen!" Wer würde dem nicht zustimmen wollen? Diesen Spruch, der sich auf die Steuern bezieht, die vom Lohn abgezogen werden, sollte man jedoch einmal genauer anschauen. Die Steuern gehen an den Staat und der Staat unterstützt damit u.a. die Bürger der Unteren und mittleren Schichten, die in Not sind. Die Reduzierung der steuern läuft immer darauf hinaus, daß jeder für sich selber sorgen muß und das „soziale Gewissen" schrittweise abgeschafft wird. Die Reduzierung oder Aufhebung der Steuern dient nur den Reichen …

13. „Freie Fahrt für freie Bürger!" Zweimal „Freiheit" und dazu ein dreifacher Stabreim (drei Worte beginnen mit „f") – das überzeugt! Allerdings soll dieser Spruch nur verschleiern, daß es auf Grund des Klimawandels dringend notwendig ist, die Autoabgase zu reduzieren, die bei hohen Geschwindig-

keiten für eine Strecke von 100km deutlich größer sind als bei einer langsameren Geschwindigkeit für dieselben 100km.

14. „ökologischer Fußabdruck": Dieser Begriff ist eine geschickte Erfindung von BP, die das ökologische Engagement der Menschen fort von den Konzernen und hin auf die Verbraucher abzulenken soll: Jeder soll darauf achten, daß er nicht der Umwelt schadet … und dabei nur noch auf sich selber schaut und nicht mehr auf die Konzerne, die die eigentlichen Umweltverschmutzer sind …

15. Diese irreführende Methoden werden auch in der Politik sehr gerne angewendet. So argumentieren manche Politiker z.B., daß jährlich 100.000 Vögel an Windrädern sterben, weshalb alle Windräder wieder abgerissen werden müssen – und verschweigen dabei natürlich, daß in einem Jahr 130.000.000 Vögel an den Glasfassaden von Bürohochhäusern sterben … also 1300-mal so viele wie an den Windrädern. Man sollte also zuerst die Bürohochhäuser abbauen …

16. Politiker sagen auch stets „Wir sind bereit, Verantwortung zu übernehmen." statt des sehr viel ehrlicheren „Wir wollen die ganze Macht!"

Dieses kritische Denken kann man jeden Tag üben … Es lohnt sich!

Wie setze ich mich durch?

9. Ideal

♐

Wenn der „Denk-Planet" Merkur im eigenen Horoskop im Schützen steht, lernt man dann am besten, wenn dieses Wissen Begeisterung für ein Ziel hervorruft.

Dieses Zwölftel der Menschen braucht Schulen, die stets zunächst in einem ersten Schritt kurz die Missstände im Leben und in der Welt schildern und dann im zweiten Schritt ausführlich zeigen, wie ein bestimmtes Wissen helfen kann, diese Missstände zu beheben – und auch gleich Möglichkeiten anbieten, was die Schüler jetzt sofort dazu beitragen können. Bei ihnen müssen die Lehrer in der Lage sein, die Schüler für etwas zu begeistern.

Die zentralen Themen und daher auch Unterrichtsfächer für diese Schüler sind folglich Ethik und Politik sowie evtl. noch Sport und Philosophie.

Als neue Fächer kommen bei ihnen Rhetorik und das neue Fach „Idealisten und ihre Vorgehensweisen" in Frage – und Beispiele für Projekte, die erfolgreich die Welt verbessert haben.

Der Lehrer steht oft vor der Frage, wie er die Schüler für etwas begeistern kann. Das kann natürlich nur dann funktionieren, wenn der Lehrer selber von etwas begeistert ist und bei allem sieht, wie es noch besser sein könnte. Er sollte aber den Schülern keinen Druck machen und auch nicht ständig immer noch höhere Anforderungen an sie stellen, sondern ihnen Dinge schildern, die die Schüler aus sich heraus zu einem Engagement für Veränderungen motivieren und dadurch auch ihren Lerneifer anspornen.

Menschen, die sich zu dieser Art des Lernen hingezogen fühlen, werden oft Fernfahrer, Krankenwagenfahrer, Feuerwehrmänner, Redner, Projektleiter, Anführer oder üben ähnliche Berufe aus, bei denen in irgendeiner Weise weite Entfernungen zurückgelegt oder große Entwicklungen bewältigt werden.

Es wäre förderlich, wenn an den Schulen auch noch der Weitblick gelehrt werden könnte: Ohne Weitblick keine Effektivität.

Man muss den ganzen Weg zu seinem Ziel erkennen können – und man muss zuvor genau geprüft haben, was wirklich das eigene Ziel ist, wie das einzelne Ziel mit allen anderen Zielen zusammenhängt, und welche Folgen das Erreichen dieses Zieles haben könnte und welche Folgen das Vorgehen dabei haben könnte. Nur so kann man schließlich wirklich eine bessere Lage erschaffen als die, in der man vorher gewesen ist.

Los! Lasst uns endlich anfangen!

10. Realismus

♑

Wenn der „Denk-Planet" Merkur im eigenen Horoskop im Steinbock steht, lernt man dann am besten, wenn man klar sehen kann, dass dieses Wissen wirklich die Realität beschreibt.

Dieses Zwölftel der Menschen braucht Schulen, die zeigen, „wie die Welt ist", und die auf überzeugende Weise demonstrieren, dass dieses vermittelte Wissen verlässlich ist und dass es deshalb auch die Hindernisse im eigenen Leben aus dem Weg räumen kann.

Die zentralen Themen und daher auch Unterrichtsfächer für diese Schüler sind folglich alle Arten von Sachkunde sowie Geschichte. Es besteht auch eine Neigung zu Praktika.

Als neue Fächer kommen bei ihnen das Studium der Biographien erfolgreicher Männer und Frauen sowie das Studium verschiedener Weisheitslehren hinzu. Vermutlich haben diese Schüler auch eine Neigung zur Verhaltenspsychologie.

Der Berufsbezug des Lernens ist ein Aspekt, der die Lernbereitschaft dieser Schüler fördern kann. Die Frage nach dem Lebensziel der Schüler kann ihnen deutlich machen, wo sie hinwollen, wie sie leben wollen – und was sie dafür brauchen. Dadurch können sie ihr Lernen als einen Schritt auf dem Weg zu der Lebensweise, die sie erreichen wollen, sehen.

Sie werden zu den Bewahrern in der Gemeinschaft: Statiker, Buchhalter, Statistiker, Wärter, Wächter, Aufseher, Lehrer, Archäologe, Chronisten usw.

Es wäre förderlich, wenn an den Schulen auch noch die Fähigkeit gelehrt werden könnte, auch in Situationen, in denen alle anderen von heftigen Gefühlen angetrieben werden, sachlich bleiben zu können, um die Lage und die möglichen Weiterentwicklungen sehen können und auf dieser Grundlage dann sinnvolle Entscheidungen treffen zu können. Das braucht jedes Kind, jeder Schüler, jeder Erwachsene …

und auch Politikern würden diese Fähigkeit und die Bereitschaft, sie auch zu nutzen und anderen zu vermitteln, gut tun …

> *Ein hoher Turm, der die Zeiten überdauern soll,*
> *muss auf einem festen Felsen errichtet werden.*

11. Utopie

≈

Wenn der „Denk-Planet" Merkur im eigenen Horoskop im Wassermann steht, lernt man dann am besten, wenn man sehen kann, wie dieses Wissen die Welt verbessern kann.

Dieses Zwölftel der Menschen braucht Schulen, die zeigen, wie man mit Wissen leichter eine bessere Welt erschaffen kann. Generell sind diese Schüler Weltenbürger.

Die zentralen Themen und daher auch Unterrichtsfächer für diese Schüler sind folglich die Ethik und die Philosophie.

Als neue Fächer kommen noch das „Entstehen von Erfindungen" sowie die Betrachtung von Weltanschauungen und die „Dynamik von Revolutionen" hinzu.

Auch die Grundlagenforschung und die Suche nach dem, „was die Welt im Innersten zusammenhält", ist ein Teil von dem, was diese Schüler brauchen, um von ihrem Lehrer inspiriert zu werden.

Das beginnt damit, dass den Schülern der Zusammenhang zwischen ihren Unterrichtsfächern deutlich ist. So ist zum Beispiel die Mathematik die Grundlage der Physik, diese ist die Grundlage der Chemie, auf der wiederum die Biologie beruht, auf diese stützt sich die Medizin, auf diese die Psychologie, auf diese die Soziologie, auf diese die Politik, auf diese die Ökologie … Ähnliche Darstellungen der Zusammenhänge kann man den Schülern auch bei den Sprachen, bei Geschichte, Religion, Ethik und Philosophie usw. anbieten.

Weiterhin führt auch der Vergleich von Weltbildern und Lebensweisen zu einem größeren Interesse an der Entwicklung eines umfassenden Idealbildes der Welt, also einer Utopie.

Sie sind die Schiffskapitäne und noch mehr die Flugkapitäne und die Raumfahrer, sie sind die Entdecker, die Genies, die Wissenschaftler, die Professoren, die Revolutionäre und vor allem sind sie die Weltbürger.

Es wäre förderlich, wenn den Lehrern auch noch die Fähigkeit, Gesamtbetrachtungen anzuregen und auch selber durchzuführen, gelehrt werden könnte. Nur wer das Ganze sieht, wird auch die Zusammenhänge und die inneren Strukturen und Dynamiken sehen können – und nur dann kann man auch erkennen, welcher Weg zu einer besseren Situation führen könnte.

Der Blick auf das Ganze schafft Orientierung. Wenn man am Detail oder an einer einzelnen Möglichkeit „festklebt", wird man nur sehr selten und eher aus Zufall den sinnvollsten Weg wählen.

Nur die Weltformel kann alle Probleme lösen.

12. Phantasie

♓

Wenn der „Denk-Planet" Merkur im eigenen Horoskop in den Fischen steht, lernt man dann am besten, wenn man an dem dargestellten Wissen Anteil nimmt.

Dieses Zwölftel der Menschen braucht Schulen, die wie die Waldorf-Schulen die Phantasie der Schüler ansprechen und ihre Kreativität fördern.

Die zentralen Themen und daher auch Unterrichtsfächer für diese Schüler sind folglich Kunst und Religion.

Als neue Fächer können noch die Meditation sowie die Betrachtung oder besser noch das Erleben von verschiedenen Weltanschauungen und Lebensweisen hinzukommen.

Als Letztes kommen dann auch noch die religiösen, spirituellen, magischen und astrologischen Fragen hinzu, die zu einem ganzheitlichen Weltbild führen können.

Derzeit werden in diesem Bereich für die meisten Schüler (und Lehrer) noch Experimente notwendig sein, da diese Bereiche noch nicht fest als allgemeine bekannte Erlebnisse in das derzeitige Weltbild integriert worden sind. Zum Glück kann man mit ein wenig eigener Erfahrung fast alle dieser Experimente ohne große Mühe durchführen – insbesondere Telepathie, Telekinese, Astrologie und evtl. auch den Feuerlauf.

Dieser Bereich der Bildung, der bisher lediglich an den Waldorf-Schulen in nennenswertem Maße vorhanden ist, wird sehr wahrscheinlich eine große Eigendynamik entwickeln, da Schüler sofort alles, was wirklich funktioniert, auch für ihre eigenen Zwecke verwenden.

Diese Schüler werden später oft Händler und Künstler werden; zu ihnen zählen auch die Hilfsbereiten, die Lebensberater, die Drogenberater, die Priester, die Seher, die Ökologen und sie haben noch viele andere Berufe mehr, die meistens die Verbesserung des Gesamtwohls zum Ziel haben.

Es wäre förderlich, wenn an den Schulen auch noch die Meditation gelehrt werden könnte, da sie hilft, Gelassenheit, Klarheit, Selbstkenntnis, Standhaftigkeit und auch noch einige andere Fähigkeiten mehr zu erwerben. Die Meditation ist kein Allheilmittel, aber sie ist ein Werkzeug, das in keinem Werkzeugkasten fehlen sollte – sie ist so ähnlich grundlegend wie ein Hammer.

Wenn an den Schulen die Grundlagen der Meditation gelehrt werden könnten, würden die Schüler zumindest wissen, wozu man Meditation – und evtl. auch Magie – alles nutzen kann. Das würde das Leben einfacher machen, denn die Chance, den eigenen Weg zu sehen und ihn auch gehen zu können, wird durch diese Fähigkeiten deutlich größer.

Wissen ist die Fähigkeit, Antworten zu geben,
Weisheit ist die Kunst Fragen zu stellen.

Die 12 Ansätze zu effektivem Handeln

Entwürfe für die Zukunft – Band 17

Inhaltsübersicht

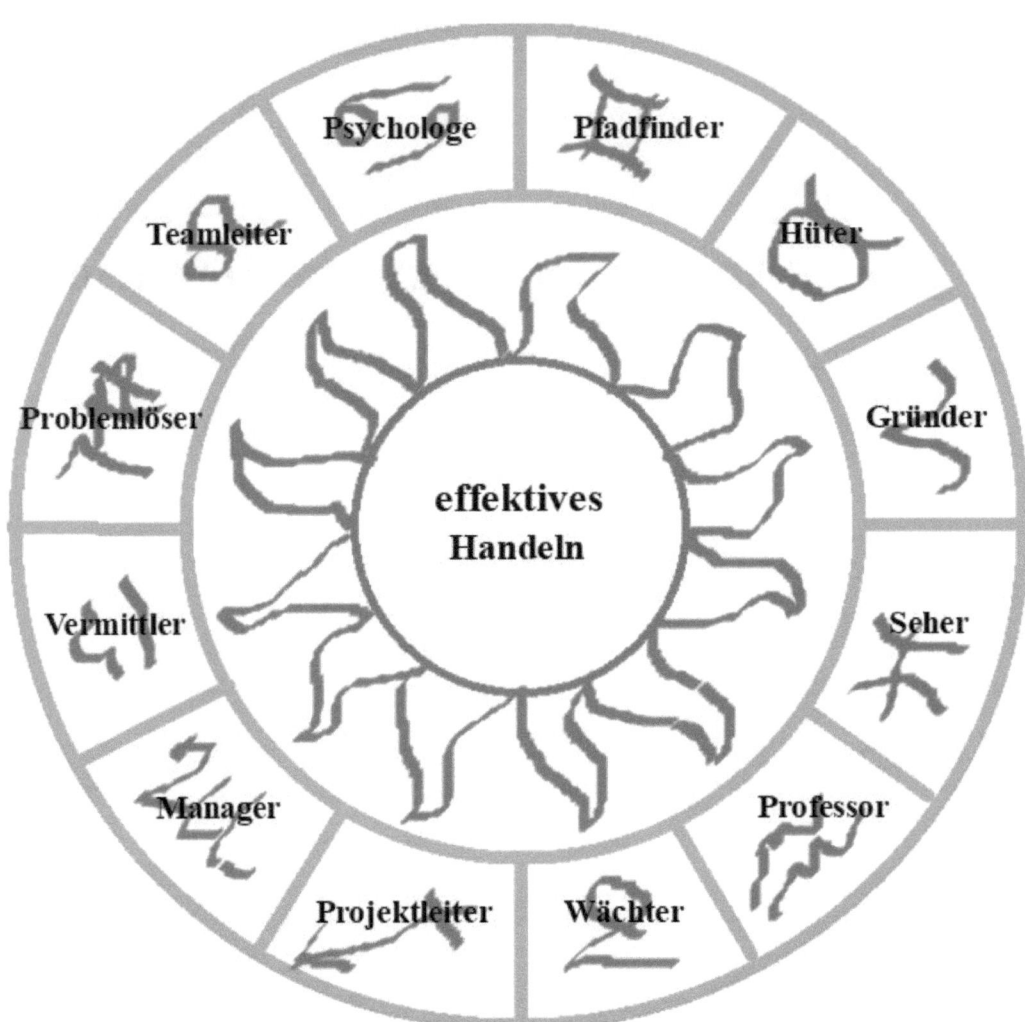

1. Gründer

♈

Etwas Neues entsteht nur, wenn jemand den Mut zu etwas Neuem hat – und zuvor natürlich auch die Idee, das Bild und den Impuls zu diesem Neuen gehabt hat. Dabei geht es oft auch darum, die Situation und ihre Möglichkeiten zu erkennen und eine Gelegenheit beim Schopf zu packen.

Wie Gorbatschow einst zu Honecker sagte: „Wer zu spät kommt, den bestraft das Leben."

Individuum

Auch der Einzelne braucht diesen Pioniergeist, um eine Gelegenheit zu ergreifen und das in ihr liegende Potential zu entfalten. Das gilt für einen Umzug und einen neuen Arbeitsplatz genauso wie für eine neue Beziehung … oder für eine Affäre.

Ohne den Mut und den Gründergeist kommt nichts in Gang. Dabei hat es der Einzelne am einfachsten, da er niemand anderen von seinem Vorhaben überzeugen muß und er gleich anfangen kann und alle Fäden in seiner Hand hält.

Gemeinschaft

Das ist auch in einer Gemeinschaft wie z.B. in einer Beziehung, einer GbR, einem Konzern, einem Staat, einer NGO oder der Uno nicht anders. Wenn man nichts Neues wagt, bleibt alles beim Alten. Manchmal strebt man dabei auch Dinge an, die unmöglich erscheinen. Manche von ihnen werden erreicht – andere nicht.

Wenn jedoch nie etwas Neues versucht wird, wird auch nie etwas Neues erreicht – außer auf die schmerzhafte Weise, wenn das Bestehende so sehr veraltet ist, daß es einfach deshalb zugrunde geht, weil es nicht mehr den aktuellen Anforderungen entspricht.

Da man nicht vorhersehen kann, wohin die neue Richtung führt, die man einschlagen will, ist es unter Umständen sinnvoll, erst einmal Experimente in einem kleineren Rahmen durchzuführen, um etwas mehr Sachkenntnis zu erwerben.

Man sollte jedoch auch darauf achten, daß man nicht durch zu viel Zögerlichkeit den günstigen Zeitpunkt verpaßt und dann deshalb mit einem eigentlich guten Vorhaben scheitert.

Bei neuen Impulsen in einer Gemeinschaft kommt jedoch auch fast immer eine gewissen Trägheit zum Tragen, die dadurch entsteht, daß Dinge besprochen, abgestimmt, entschieden und organisiert werden müssen. Daher ist es in der Praxis oft so, daß Neues von einem Einzelnen oder von zwei Freunden geschaffen oder zumindest angestoßen und erst später zu einer Gemeinschaft ausgebaut oder in eine schon bestehende Gemeinschaft integriert wird. Gemeinschaften sind schwerfälliger als Einzelne, was Neuerungen betrifft. Das ist jedoch nicht nur ein Nachteil, sondern schützt auch davor, daß das Ganze durch übereilte und riskante Aktionen in Gefahr gebracht wird.

Erde

Wie entsteht auf der Erde als Ganzes etwas Neues? Zunächst einmal durch Mutation und Selektion – zumindest gilt das für das Tierreich und das Pflanzenreich und ebenso für die leibliche Entwicklung des Menschen.

Innerhalb der Menschheit – also im weltanschaulichen, gesellschaftlichen, politischen und ökonomischen Bereich entsteht Neues meistens durch den Impuls eines Einzelnen, der dann zu einer „Bewegung" anwächst. Beispiele dafür sind:

- die Grundprinzipien „Gleichheit, Freiheit, Brüderlichkeit" – also die Menschenrechte – sind von Rousseau und Locke formuliert worden und sind dann durch die amerikanische Unabhängigkeitserklärung und die Französische Revolution weltweit bekannt und anerkannt worden;

- die Initiativen von Lassalle, Bebel und Liebknecht, die zu der Gründung der Partei geführt hat, die heute als „SPD" bekannt ist;

- die Schriften von Marx und Engels, die zum Marxismus/Kommunismus geführt haben;

- die Notwendigkeit einer ökologischen Handlungsweise auch in der Wirtschaft sind 1972 durch das Buch „Grenzen des Wachstums", das der „Club of Rome" verfaßt hat, bekannt geworden und mittlerweile weitestgehend anerkannt – jedoch leider noch nicht auch in demselben Ausmaß befolgt worden;

- die Schulstreiks von Greta Thunberg vor dem schwedischen Parlament, die zu „Fridays for Future" geführt haben.

In den meisten Fällen gehen solche Veränderungen auch zwischen Staaten von einzelnen Staaten aus – so ist zum Beispiel die Gründung des Völkerbundes 1920 vor allem von dem US-Präsidenten Woodrow Wilson vorangetrieben worden. Die Umwandlung des Völkerbundes zur UNO 1942 war insbesondere dem US-Präsidenten Roosevelt und dem britischen Premierminister Churchill ein Anliegen.

Zusammenhänge

Für ein effektives Handeln ist jedoch nicht nur der Gründungs- und Handlungsimpuls selber von zentraler Wichtigkeit – er muß mit jedem anderen der zwölf Prinzipien des effektiven Handelns in Bezug gesetzt werden. Erst dadurch erhält der Gründungsimpuls seine effektive Größe, Struktur, Ausrichtung und Dynamik.

Die zwölf Aspekte, die bei dem Handlungsimpuls beachtet werden sollten, sind:

- Ohne den Handlungsimpuls selber geschieht gar nichts. Er muß klar genug und auch groß genug sein, um eine Wirkung haben zu können. Er entspricht dem Widder. Er ist die Grundlage und immer der erste Schritt dieses Handlungs-Stils. (Dieser Aspekt des effektiven Handelns wird in diesem 1. Kapitel dieses Buches dargestellt.)

  Am Anfang war die Tat. (Goethe)

- Der Handlungsimpuls muß auch die voraussichtliche zukünftige Situation beachten, um dem Neuen die Chance auf ein gutes Gedeihen zu sichern. Dieses Einfügen in die „Umstände" und in die Biographie bzw. Geschichte ist stets der notwendige zweite Schritt bei dieser impulsiven Handlungsweise. Dieses Einfügen entsteht durch die Verbindung zum Stier. (Dieser Aspekt des effektiven Handelns wird im 2. Kapitel dieses Buches dargestellt.)

  Das Erschaffene muß auch geschützt werden.

- Der Handlungsimpuls kann dadurch gefördert werden, daß man die Vielfalt der Vorgehensmöglichkeiten untersucht und dann den effektivsten Weg auswählt, statt nur geradeaus und mit dem Kopf durch die Wand zu rennen. Diese Suche nach dem effektivsten Vorgehen integriert die einzelne Handlung in den Umraum. Dieses Streben nach Effektivität entsteht durch die Verbindung zum Zwilling (siehe das 3. Kapitel dieses Buches).

  Geschick spart Kraft.

- Der Handlungsimpuls muß den Charakter der bestehenden Gemeinschaften berücksichtigen und miteinbeziehen, damit der innere Zusammenhalt nicht zerstört wird. Diese Rücksichtnahme schützt das Innere und die Gemeinschaft, zu der man gehört. Sie entsteht durch die Verbindung zum Krebs (siehe das 4. Kapitel dieses Buches).

  Taten sollten erschaffen und nicht zerstören.

- Der Handlungsimpuls muß dadurch gestärkt werden, daß er mit dem eigenen Wesen bzw. dem Wesen der Gemeinschaft oder der Menschheit als Ganzes übereinstimmt. Ein wesensfremder Impuls kann niemals solch eine große Kraft und Wirkung entfalten wie ein wesenseigener Impuls. Diese Stärkung durch die Übereinstimmung mit dem eigenen Wesenskern erschafft eine lenkende Mitte. Dieser Wesenskern entsteht durch den Bezug zum Löwen (siehe das 5. Kapitel).

Einzelhandlungen werden erst durch einen Gesamtentwurf effektiv – also erst dann, wenn sie zu einer „Herzens-Angelegenheit" werden.

- Der Handlungsimpuls muß auch auf die Details achten, damit der große Plan nicht an Kleinigkeiten scheitert. Die dafür notwendige Sorgfalt und Bedächtigkeit schützen das System. Diese beiden Fähigkeiten entstehen durch die Verbindung zur Jungfrau (siehe das 6. Kapitel).

Vorsicht vor Maulwurfshügeln! Stolpergefahr!

- Der Handlungsimpuls kann dadurch effektiver werden, daß man darauf achtet, daß man das Vorhaben allen Beteiligten erklärt und verständlich macht und sie einlädt, an dem Vorhaben mitzuwirken. Dieses Kommunizieren ist der Gegenpol zu der Gründung, bei der man ganz auf sich selber ist – diese Gespräche wenden sich an die anderen. Dieses Mitteilen verhindert die Einseitigkeit und die Begrenztheit des endlosen „Solos". Diese Kommunikation entsteht durch die Verbindung zur Waage (7.Kapitel).

Gemeinsam geht es schneller und leichter.

- Der Handlungsimpuls muß auch darauf achten, daß das Wesentliche stets im Vordergrund bleibt und auch darauf, daß die Spannung nicht erlahmt, aber auch nicht überstrapaziert wird und deshalb zusammenbricht. Die dafür notwendige Kritikfähigkeit und Verwandlungsbereitschaft ermöglichen die Weiterentwicklung. Diese beiden Fähigkeiten entstehen durch die Verbindung zum Skorpion (8. Kapitel).

Es hat keinen Sinn, ein als falsch erkanntes Ziel weiterhin mit aller Kraft anzustreben.

- Der Handlungsimpuls muß auch dadurch gestärkt werden, daß er mit den generellen Zielen übereinstimmt, da es sonst zu Zielkonflikten und manchmal auch zu Rollenkonflikten kommen könnte. Diese Stärkung durch klare Ziele ermöglicht eine klare Ausrichtung. Diese Zielstrebigkeit entsteht durch den Bezug zum Schützen (9. Kapitel).

Förderlich ist es, mit Überblick zu handeln.

- Der Handlungsimpuls muß auch das Bewahren der Grundlagen des Ganzen berücksichtigen und miteinbeziehen, da sonst zwar das Neue erschaffen, aber das Alte beschädigt oder gar zerstört wird. Dieser Realitätssinn erschafft Sicherheit. Diese Festigkeit entsteht durch die Verbindung zum Steinbock (10. Kapitel).

Es ist wenig sinnvoll, mit dem Kopf gegen die Wand zu rennen, wenn es in der Wand auch eine Tür gibt.

- Der Handlungsimpuls kann auch dadurch gefördert werden, daß man die Kenntnis des gesamten Bereiches erwirbt, um den es geht – also dadurch, daß man die theoretischen Grundlagen dessen versteht, was man vorhat. Diese Kenntnisse helfen auch dabei, Teil einer „Bewegung" zu werden und die eigenen Ziele gemeinsam mit anderen, die dieselben Ziele haben, zu erreichen. Dieses Allgemeinwissen entsteht durch die Verbindung zum Wassermann (11. Kapitel).

Förderlich ist es, vor dem Loslaufen mal auf eine Landkarte zu schauen.

- Der Handlungsimpuls muß auch den Rückhalt in der Vorgeschichte und in den allgemeinen Strömungen beachten, um das Neue in die Gesamtentwicklung und in das Große Ganze einzufügen. Dieses Einfügen in das Große Ganze erschafft einen Rückhalt in der Welt, was bedeutet, daß man die allgemeinen Strömungen für die eigenen Zwecke nutzen kann. Diese Teilhabe an dem Ganzen entsteht durch die Verbindung zu den Fischen (12. Kapitel).

Warum rudern, wenn auch Segeln möglich ist?

Zusammenfassung

Ohne Mut und Tatkraft entsteht nichts Neues – doch dieser Impuls muß auch gut geerdet sein und das gesamte Umfeld im Blick haben, um Wirklichkeit werden zu können. Man sollte sich allerdings auch nicht durch widrige Umstände einschüchtern lassen.

Dies ist der erste der drei Stile, die auf das Tun ausgerichtet sind (astrologische Feuerzeichen).

2. Hüter

♉

Auf den Gründer folgt notwendigerweise der Erhalter, denn wenn die Ernte nicht gut gelagert wird, verdirbt sie und die ganze Arbeit war umsonst. Das Erschaffene muß geschützt werden, damit es nicht fault, damit es nicht gestohlen werden kann und damit es nicht von einem anderen beansprucht und durch juristische Tricks entwendet werden kann. Schließlich muß das Erschaffene auch noch genutzt und genossen werden können, da es sonst ebenfalls wertlos wird.

Zu der Tätigkeit des „Hüters" gehört die Abgrenzung des „Eigenen" gegen das „Fremde", durch die eigene Eigenart geschützt wird. Das ist keine Isolation, sondern eine „semipermeable Membran", wie man dies in der Biologie nennt: Es wird geprüft, was an die Haustüre klopft, und anschließend an diese Prüfung wird das Angenehme eingelassen und das Schädlich abgewiesen.

Diese Wichtigkeit des Schutzes des „Innen" gegen das „Außen" führt zunächst einmal dazu, daß man nach jemandem sucht, dem man vertraut und der einem Rückhalt gibt – am Anfang des Lebens ist dies die eigene Mutter, später können dies andere Menschen sein. Natürlich kann man auch selber anderen dieses Vertrauen, diesen Schutz und diesen Rückhalt geben.

Individuum

Es wird also ein Lagerverwalter, ein Koch und ein Mundschenk gebraucht, die wissen, wovon wieviel vorhanden ist, was voraussichtlich wann gebraucht wird und wie die Vorräte daher eingeteilt werden müssen. Diese Vorräte können sowohl konkrete Dinge wie der Weizen im Silo, aber auch abstrakte Dinge das Geld auf dem Konto sein.

Es sollten daher Vorräte für Notzeiten gebildet und Rücklagen angelegt werden, damit man auch auf Unvorhergesehenes vorbereitet ist. Dazu muß man natürlich auch den eigenen Bedarf kennen.

Weiterhin sollte es Schutzmauern, eine Firewall, die passenden „Truhen" zur Aufbewahrung und eine Notfall-Vorsorge geben und man sollte Kenntnisse in Erster Hilfe besitzen.

Es sollten auch die Pausen zur Regeneration und auch das Genießen des Erworbenen nicht vergessen werden.

Gemeinschaft

In der Gemeinschaft sind diese Vorgänge etwas komplizierter, da es hier u.a. auch um die „Verteilung des Kuchens" geht – angefangen von dem ganz konkreten Kuchen in der WG über die Budgetierung der verfügbaren Geldmittel in einem Unternehmen bis hin zur Festlegung der Steuereinnahmen in einem Staat – das bietet reichlich Potential zum Streiten …

Für eine sinnvolle Verteilung der vorhandenen Mittel muß daher der eigene Bedarf und der Bedarf der Gemeinschaft bekannt sein – und einheitlich (also nicht nach unterschiedlichen Bewertungsmaßstäben) eingeschätzt werden. Das ist bei der Grundversorgung noch recht einfach, doch bei dem, was darüber hinausgeht, und ebenso bei Gemeinschaftsprojekten („Was ist am wichtigsten?") und neuen Unternehmungen ist das nicht immer so eindeutig, daß es alle sofort einsehen und einer Meinung sind.

Außerdem gibt es in fast jeder Gemeinschaft auch Menschen, die von Gier, Machtstreben und Geltungssucht geprägt sind – und es ist nicht immer einfach, diese Menschen rechtzeitig zu erkennen, bevor sie in der Gemeinschaft festen Fuß gefaßt und sich eine Machtposition erarbeitet haben.

Auch die prinzipiellen Ansichten über die gerechte Verteilung des Gewinns – worin auch immer der bestehen mag – gehen manchmal weit auseinander. An dem einen Ende steht der extrem liberale und den Egoismus betonende Standpunkt – an dem anderen Ende der extrem soziale und den Altruismus betonende Standpunkt.

Erde

Noch schwieriger wird die Angelegenheit, wenn man Vorgänge in der gesamten Menschheit koordinieren und lenken soll – zumal keine Regierung und auch nicht die UNO Zugriff auf alles hat … und außerdem in der Regel diejenigen, die am heftigsten nach Macht streben, auch an der Macht sind – und die sorgen vor allem für sich selber und nicht für die Gemeinschaft oder gar für die gesamte Menschheit.

Der Platz auf der Erde ist begrenzt, die Energieträger (Kohle, Erdöl, Erdgas, Uran) sind begrenzt, die Rohstoffe (Kupfer, Halbleiter, viele Metalle) sind ebenfalls begrenzt, die noch gerade unschädliche Klimaerwärmung ist begrenzt, die noch gerade verträgliche Abholzung der Wälder (die den Sauerstoff zum Atmen produzieren) ist begrenzt … Diese Liste ließe sich noch sehr lange fortführen. Die Verteilung des Platzes und der Rohstoffe ist also auch ein kollektives Problem.

Eine wesentliche Aufgabe dieses zweiten Aspektes des effektiven Handelns ist das Bewahren der Erde als eines bewohnbaren Ortes, der nicht durch uns selber zerstört wird: durch Überschwemmungen (die Klimaerwärmung kann den Meeresspiegel um 67m steigen lassen), durch Rohstoffausbeutung, durch Überbevölkerung, durch

Atombomben (mit den Atombomben, die derzeit existieren, läßt sich die ganze Erd-oberfläche in Glas verwanden), giftige Chemikalien, Biokampfstoffe usw.

In dieser Hinsicht verhalten wir Menschen uns derzeit alles andere als erwachsen. Kollektiv gesehen geben wir derzeit noch immer weit mehr Geld für Rüstung und Kriege aus als für die Erhaltung der Erde, die doch unsere einzige Lebensgrundlage ist.

Zusammenhänge

Für ein effektives Handeln ist jedoch nicht nur die Erhaltung und Bewahrung wichtig – sie müssen mit jedem anderen der zwölf Prinzipien des effektiven Handelns in Bezug gesetzt werden. Erst dadurch erhalten die Bewahrung und der Schutz ihre effektive Größe, Struktur, Ausrichtung und Dynamik.

Die zwölf Aspekte, die bei der Erhaltung und Bewahrung beachtet werden sollten, sind:

- Ohne das Bewahren vergeht das Neuerschaffene sofort wieder und ist somit nutzlos und kann nicht genossen werden. Das Neuerschaffene muß zudem sinnvoll aufgeteilt werden – sowohl zwischen den Menschen als auch zwischen verschiedenen Bereichen und außerdem auch noch zeitlich gesehen (Bis wann muß der Vorrat reichen?). Dieses schützende, hütende, pflegende und das Gedeihen fördernde Bewahren entspricht dem Stier (2. Kapitel). Es ist die Grundlage und immer der erste Schritt dieses Handlungs-Stils.
Es bleibt nur, was sich selber erhalten kann.

- Das Bewahren muß auch die voraussichtliche zukünftige Situation beachten, um erkennen zu können, was gebraucht werden wird, was durch anderes ersetzt werden kann, wo dringend neue Ideen benötigt werden und welche Alternativen es alles gibt – mitsamt ihren Vor- und Nachteilen. Diese Beschaffungsplanungs-Abteilung sollte möglichst kreativ und beweglich sein, um schnell auf alle Krisen im Bestand reagieren zu können. Das Erwerben dieser Wachheit bezüglich der zu erwartenden kurz- und mittelfristigen Entwicklung sowie die frühzeitige Reaktion auf diese erwartbaren Situationen ist stets der notwendige zweite Schritt bei dieser Genuß-orientierten Handlungsweise. Diese Wachheit für Veränderungen und Chancen entsteht durch die Verbindung zum Zwilling (3. Kapitel).

Das Schützen ist einfacher, wen man sieht, was kommt.

- Das Bewahren kann dadurch gefördert werden, daß man die Gemeinschaft in die Planung miteinbezieht und sich genaue Kenntnisse über die aktuellen und die zukünftigen Bedürfnisse verschafft. Dadurch wird vermieden, daß man an dem, was tatsächlich am dringendsten benötigt wird, vorbeiplant und vorbeiproduziert. Diese Orientierung auch an der Gemeinschaft integriert den eigenen Bereich in den sozialen Umraum. Diese Kontaktbereitschaft entsteht durch die Verbindung zum Krebs (4. Kapitel).

Das Rudel wehrt sich gemeinsam, wenn es angegriffen wird.

- Das Bewahren muß den Charakter des Individuums bzw. der Gemeinschaft berücksichtigen und miteinbeziehen, damit auch tatsächlich das gesammelt und bewahrt wird, was dann von dem Einzelnen gebraucht wird – und auch zu diesem Einzelnen gelangt. Zudem ist der Einzelne bzw. die Gruppe auch der Verbraucher von dem, was bewahrt worden ist. Diese stets sinnvolle Verwendung, die ja auch zur einer Reduzierung der Vorräte führt, schützt das Innere. Dieses bewußte Vorgehen entsteht durch die Verbindung zum Löwen (5. Haus).

Das Bewahren des Bestandes ist einfacher, wenn man das Ganze sehen kann.

- Das Bewahren muß dadurch gestärkt werden, daß es mit einer ausreichend großen und tiefen Sachkenntnis und den darauf beruhenden handwerklichen Fähigkeiten verknüpft wird. Ein kleiner Fehler im Umgang mit verderblichen oder schwer zu beschaffenden Waren oder im Umgang mit dem zur Verfügung stehenden Geld kann einen sehr großen Schaden hervorrufen. So haben Fehlplanungen im Nahrungsmittelanbau kurz nach der Revolution in China in den Jahren 1959-1961 ca. 40 Millionen Menschen das Leben gekostet. Diese Stärkung des Schutzes des Bestehenden durch eine solide Sachkenntnis erschafft eine lenkende und beschützende Mitte. Diese Vorsicht entsteht durch den Bezug zur Jungfrau (6. Kapitel).

Sachkenntnis schützt.

- Das Bewahren muß auch auf die anderen achten, die nicht direkt zur eigenen Gruppe gehören, aber die sich im Umfeld der eigenen Gruppe befinden. Durch Almosen, Spenden, Unterstützungen und Förderungen erschafft man sich ein wohlgesonnenes Umfeld, das wiederum die eigenen Vorhaben unterstützt. Die dafür notwendige Offenheit und Anteilnahme schützen das System. Diese beiden Fähigkeiten entstehen durch die Verbindung zur Waage (7. Kapitel).

Frieden schaffen erspart Verteidigung.

- Das Bewahren kann auch dadurch effektiver werden, daß man darauf achtet, daß man nicht einfach alles hortet, was man in die Finger bekommen kann, sondern daß man auch prüft, was wie wichtig ist, zwischen welchen Dingen Zusammenhänge bestehen, und dadurch, daß man auch darauf achtet, daß die Lager auch nicht übervoll sind und die Dinge deshalb verderben oder auf eine andere Weise an Wert verlieren. Zu dem Ansammeln gehört als Gegenpol auch das Benutzen und Fortgeben – die Nahrungsaufnahme ohne die Nahrungsausscheidung würde zu schweren Krankheiten führen. Dieses Wiederauflösen des Angesammelten verhindert die Einseitigkeit. Diese Wandlungsbereitschaft entsteht durch die Verbindung zum Skorpion (8.Kapitel).

Aufnehmen ohne abzugeben ist ungesund.

- Das Bewahren muß auch auf das achten, was über die Gegenwart hinausgeht, denn die Vorräte sollten nicht nur für ein „weiter so" geeignet sein, sondern auch den Zielen in der nahen, mittleren und fernen Zukunft angemessen sein. Die dafür notwendige Weitsicht und Zielgerichtetheit im „Vorratslager" ermöglichen die Weiterentwicklung. Sie entstehen durch die Verbindung zum Schützen (9. Kapitel).

Zielstrebigkeit fördert den Genuß.

- Das Bewahren muß auch dadurch gestärkt werden, daß es mit den allgemeinen Gesetzmäßigkeiten in Einklang steht, und dadurch, daß es die derzeitigen Machtverhältnisse berücksichtigt, um sinnvoll agieren zu können. Dafür sind unter anderem auch genaue Kenntnisse über die Menge und die Art dessen, was bewahrt, beschützt und evtl. auch vermehrt werden soll, nötig – es wird also eine solide Buchführung benötigt, um eine gut fundierte Planung zu ermöglichen. Diese Planungssicherheit – die auch die politische Lage und ihre voraussichtliche Weiterentwicklung umfaßt – wird oft in ökonomischen Überlegungen als wesentliches Kriterium für Investitionen angeführt. Diese Planungssicherheit ermöglicht eine klare und sichere Ausrichtung. Diese Sicherheit entsteht durch den Bezug zum Steinbock (10. Kapitel).

Sachlichkeit schafft Sicherheit.

- Das Bewahren muß auch die voraussichtliche Entwicklung der Weltlage, neue Erfindungen, die Größe des eigenen Wachstums und generell die wünschenswerte Zukunft miteinbeziehen, damit man die Dinge einlagert, die auch wirklich gebraucht werden, bzw. damit man sich zunächst ein ausreichend großes finanzielles Polster aufbaut. Dieser Blick von oben auf das Ganze und das theoretische Verständnis der gesamten komplexen Hintergründe,

Zusammenhänge, Strukturen und Dynamiken erschafft Sicherheit. Dieser „globale Blick" entsteht durch die Verbindung zum Wassermann (11. Kapitel).

Wissen erspart Mühe.

- Das Bewahren kann auch dadurch gefördert werden, daß man weiterhin offen für alle anderen bleibt und auf die aktuell günstigen Gelegenheiten und Angebote eingeht, um Hilfe bittet und sie auch annehmen kann – und natürlich genauso auch andere, die in Notlagen geraten sind, unterstützt. Das gesamte Sozialsystem (Steuern, Krankenversicherung, Rente usw.) ist auf dieser Einsicht aufgebaut. Diese gegenseitige Unterstützung hilft Teil einer „Bewegung" zu werden, in der man nicht alleine ist. Diese „soziale Ader" entsteht durch die Verbindung zu den Fischen (12. Kapitel).

Wer sieht, was kommt, ist schon halb geschützt.

- Das Bewahren muß auch den Rückhalt in der Vorgeschichte beachten, um klar sehen zu können, welche Vorräte auf welche Weise, wie schnell und mit welchem Aufwand bzw. mit welchen Schwierigkeiten wieder beschafft werden können. Diese Beschaffungs-Abteilung ermöglicht dem Lagerverwalter, der Leitung deutlich zu sagen, wann sie mit was für ihre Projekte rechnen kann und wo Engpässe bzw. extrem hohe Kosten zu erwarten sind. Diese Kenntnis der Beschaffungsmöglichkeiten erschafft einen Rückhalt in der Welt. Dieses Wissen um die Handlungsmöglichkeiten entsteht durch die Verbindung zum Widder (1. Kapitel).

Das Tore der Stadt und die Zinnen der Mauern sollten nicht unbewacht sein.

Zusammenfassung

Es werden Vorräte an Dingen und an Geld benötigt, um die eigenen Projekte umsetzen zu können. Dafür sind Umsichtigkeit, Schutz des Bestandes und auch Streben nach Wachstum und Gedeihen notwendig sowie auch die Fähigkeit, den eigenen Besitz zu genießen. Schließlich geht es nicht darum, viel zu besitzen, sondern ein genußreiches Leben zu führen. Daher ist es auch notwendig zu erkennen, daß „Fülle" nicht bedeutet, daß man „viel" hat, sondern man gerade „die richtige Menge" von „den richtigen Dingen" hat. Dann kann ein sinnvolles und genußreiches Verhältnis zwischen Anschaffung und Verbrauch entstehen.

Dies ist der erste der drei Stile, die auf das sachliche Begreifen und Argumentieren ausgerichtet sind (astrologische Erdzeichen).

3. Pfadfinder

Ⅱ

Die Beschaffung, Verarbeitung und Weitergabe von Informationen ist der dritte Aspekt, der für das effektive Handeln relevant ist. Nur wer das nötige Wissen hat, kann sinnvoll agieren, Abkürzungen erkennen, Unterstützungen finden, Koalitionen schmieden, neue Vorschläge machen, sich eine gut gefüllte Trickkiste zulegen … Um diese Fähigkeit entfalten zu können, ist eine gute Portion Neugier und die Neigung, hinter die Fassade und auch um die nächste Ecke zu schauen, dringend notwendig.

Individuum

Als Einzelner braucht man für diese Grundlage des effektiven Handelns neben der Neugier auch noch die Beweglichkeit. Ein beliebtes Sprichwort dazu lautet „Der Kopf ist rund, damit das Denken die Richtung wechseln kann." Mit dieser geistigen Beweglichkeit ist hier jedoch mehr das Entdecken als die Forschung gemeint.

Man stellt sich die Frage, welche Möglichkeiten es sonst noch so gibt. Man spielt mit den Dingen, um herauszufinden, was man alles mit ihnen machen kann.

Ein wichtiger Aspekt ist auch die Freude am Lernen und die Bereitschaft, den anderen recht zu geben, wenn sie das bessere Argument haben.

Gemeinschaft

Man könnte denjenigen, der diesen Aspekt in einer Gemeinschaft verkörpert, nicht nur „Pfadfinder", sondern auch „Spieler", „Sucher", „Späher", „Programmierer" und „Vertreter" nennen. Oftmals verbreitet er durch seine große Beweglichkeit und seine ständig neuen Einfälle ein wenig Unruhe und Chaos, aber er findet auch viele nützliche Möglichkeiten und ist daher letztlich unverzichtbar für die Weiterentwicklung der Gemeinschaft. Eine treffende Karikatur dieses Typus ist der Bürobote Gaston in den nach ihm benannten Comics von Franquin.

In einer Gemeinschaft ist zur Entfaltung dieser Qualität notwendig, daß eine offene Atmosphäre herrscht, in der jeder ungestraft sagen kann, was er denkt – nur so kommt eine Meinungsvielfalt zustande und nur so ist ein gemeinschaftlicher „Brainstorm" möglich.

Abgesehen von dieser ganz konkreten Nützlichkeit ist die Aufrichtigkeit und die Einladung, kein Blatt vor den Mund zu nehmen, auch für den Austausch untereinander ausgesprochen hilfreich – und dieser Austausch ist wiederum dafür förderlich, daß die Fähigkeiten der Einzelnen zu einer Gesamtfähigkeit zusammenwachsen können, die deutlich effektiver sein wird als die Summe der Fähigkeiten der Einzelnen.

Zu diesem Aspekt der Förderung des effektiven Handelns gehören auch die Gespräche z.B. in den Pausen der Konferenzen. In diesen Zeiten, in denen die Gespräche der Teilnehmer miteinander durch keinerlei Regeln und Themen vorgegeben sind, entwickeln sich oft die kreativsten Ideen – ganz einfach deshalb, weil die Ideen zu diesen Zeiten genügend Raum haben, um sich zeigen zu können und durch andere ergänzt und weiterentwickelt werden zu können.

Daher sollte man in einer Gemeinschaft dafür sorgen, daß es genügend Pausen oder Arbeiten zu zweit oder in kleinen Gruppen gibt, in denen sich die Beteiligten frei unterhalten können. Den Wert des dadurch entstehenden informellen Informationsflusses sollte man nicht unterschätzen.

Erde

Es gibt neben der Konkurrenz zwischen den einzelnen Staaten und Staatenbünden auch Einrichtungen, die den Austausch und die gegenseitige Anregung sowie die Zusammenarbeit fördern.

Dazu gehören der Studentenaustausch, die früher üblichen „Lehr- und Wanderjahre", die Forschungsinstitute, Beratungen, Konferenzen, die Verleihung des Nobelpreis, Einrichtungen wie das Goethe-Institut, die spezielle Fähigkeiten fördern, teilweise auch die UNO und so weiter.

Dieser Austausch funktioniert recht gut zwischen Wissenschaftlern aller Bereiche, jedoch deutlich weniger gut zwischen Politikern und Militärs, die sehr stark auf Konkurrenz statt auf Austausch ausgerichtet sind.

Ein wichtiger Aspekt dieses Informationsaustausches ist auch das Internet, das jedoch auch seine Schattenseiten hat wie z.B. die massenhafte Verbreitung von Fake News, die mittlerweile zudem noch von Texten und Bildern unterstützt werden, die von Künstlicher Intelligenz generiert werden. Trotzdem ist das Internet mittlerweile zu der wichtigsten Informationsquelle der Menschen geworden.

Zusammenhänge

Für ein effektives Handeln ist jedoch nicht nur die Informationsbeschaffung selber von zentraler Wichtigkeit – sie muß mit jedem anderen der zwölf Prinzipien des effektiven Handelns in Bezug gesetzt werden. Erst dadurch erhält der Informationsfluß seine effektive Größe, Struktur, Ausrichtung und Dynamik.

Die zwölf Aspekte, die bei der Informationsbeschaffung beachtet werden sollten, sind:

- Ohne die Informationsbeschaffung tappt man im Dunklen und handelt „auf gut Glück". Man braucht ein vielfältiges Wissen, um eine Lage sicher einschätzen zu können – und man muß viel fragen und lesen und vor allem neugierig sein und auch das Unbekannte erforschen und erproben. Das ist oft ein wenig wie ein Spiel, bei dem man schaut, was man noch so alles mit den Dingen machen kann und welche Möglichkeiten es sonst noch so alles gibt – das ist auch die Freude an dem Neuen, durch das sich das Alte weiterentwickeln kann. Diese Beweglich im Wahrnehmen, im Erkennen, im Wissen und im Anwenden entspricht dem Zwilling (3. Kapitel). Sie ist die Grundlage und immer der erste Schritt dieses Handlungs-Stils.

Die Welt ist bunt.

- Die Informationsbeschaffung muß die vielen neuen Daten auch verarbeiten und zu einem Bild zusammensetzen, das man intuitiv begreifen kann. Dieses Bild, das man aus den Informationen erschaffen kann, zeigt dann auch, welche Informationen noch fehlen, um das Bild „rund" werden zu lassen. Dieses Zusammenfügen der Informationen zu einem greifbaren Bild ist stets der notwendige zweite Schritt bei dieser sehr beweglichen Handlungsweise. Diese Integration der Informationen zu einem anschaulichen Bild entsteht durch die Verbindung zum Krebs (4. Kapitel).

Ein Bild sagt mehr als viele Worte.

- Die Informationsbeschaffung braucht auch ein „Herz", d.h. eine Ausrichtung, eine Aufgabe und vor allem eine zentrale Verarbeitung. Es ist notwendig, daß es einen Menschen oder besser noch mehrere Menschen gibt, die alle Informationen kennen und verarbeiten und dann das Gesamtsystem auch lenken können, aus dem all diese Informationen stammen. Es ist dafür auch notwendig, das „Samenkorn" zu erfassen, aus dem heraus dieses System entstanden ist – erst dann kann man auch das System selber verstehen und all die Informationen über dieses System richtig einordnen und deuten. Dieses Begreifen des ganzen Systems integriert die Einzelinformation in ihren Umraum, erschafft ein Gesamtbild und ermöglicht dadurch sinnvolle Entscheidungen. Dieses Erfassen der Mitte des ganzen Systems entsteht durch die Verbindung zum Löwen (5. Kapitel).

Die Informationsflut verbirgt – das gezielte Hinschauen klärt.

- Die Informationsbeschaffung muß auch sorgfältig sein, denn was nützen viele Informationen, wenn sie in wesentlichen Punkten unvollständig sind oder wenn 10% von ihnen falsch oder so ungenau sind, daß sie das Gesamtbild zu sehr

216

verfälschen. Man sollte aber auch darauf achten, daß man nicht versucht, die Informationen mit sehr viel Aufwand immer noch ein bißchen genauer zu erhalten – sie müssen nur so genau sein, wie ihre Kenntnis anschließend einen Unterschied im Handeln bewirken kann. Diese Sorgfalt schützt das Innere, daß nicht nur durch Falschinformationen behindert, sondern auch durch Überanstrengung bei der Informationsbeschaffung belastet werden kann. Diese Sorgfalt entsteht durch die Verbindung zur Jungfrau (6. Kapitel).

Fake-News?

- Die Informationsbeschaffung muß am Ende ein schlüssiges Bild ergeben. Solange es noch Widersprüche oder Lücken und auch nur Ungereimtheiten in den Informationen gibt, können diese Informationen auch nicht vollständig und richtig sein, was bedeutet, daß man sich aufgrund dieser Informationen noch immer ein falsches Bild von der Situation macht. Erst wenn alle Informationen harmonisch miteinander klingen, könnten sie ein wirklichkeitsgetreues oder zumindest wirklichkeitsnahes Bild von der untersuchten Situation darstellen. Diese Harmonie, die man auch „Schönheit" nennen könnte, ist ein recht sicherer Hinweis auf die Richtigkeit. Diese Schlüssigkeit des Gesamtbildes ermöglicht und erschafft eine lenkende Mitte, da auf diese Weise realitätsnahe Vorstellungen entstehen. Diese Schlüssigkeit entsteht durch die Verbindung zur Waage (7. Kapitel).

Achte auf alles – die Realität ist immer in sich schlüssig.

- Die Informationsbeschaffung sollte auch forschend und prüfend sein. Wenn man etwas verstehen will, schadet es nicht, wenn man auch mal die Haltung eines Forschers, eines Heerführers oder eines Detektivs einnimmt und alle Informationen hinterfragt und schaut, welchen Informationen man vertrauen kann und welche man mit Vorsicht genießen sollte – und welche vielleicht sogar „Fake News" sind. Diese kriminalistisch-prüfende Untersuchung schützt das System. Sie entsteht durch die Verbindung zum Skorpion (8. Kapitel).

Traue dem, was Du siehst – nicht dem, was Du hörst.

- Die Informationsbeschaffung sollte des Weiteren auch zielgerichtet sein. Es hat wenig Sinn, einen Berg von Informationen zu haben, wenn nur 5% dieser Informationen für das anstehende Projekt relevant sind. Man sollte also niemals das Ziel aus den Augen verlieren, wegen dem man sich die Informationen beschafft hat und nun über sie nachdenkt. Diese klare Ausrichtung verhindert die verwirrende Vielfalt, die durch Einseitigkeit des „alles sehen" entstehen kann. Sie entsteht durch die Verbindung zum Schützen (9. Kapitel).

Gezielte Suche findet das Wesentliche.

- Die Informationsbeschaffung sollte sich weiterhin auf verläßliche Daten ausrichten. Dabei kann es förderlich sein, Spezialisten zu Rate zu ziehen, Autoritäten auf dem betreffenden Gebiet zu konsultieren und sich den Verlauf und die Geschichte vergleichbarer früherer Unternehmungen anzusehen. Das ermöglicht, aus den Erfolgen und Fehlern von allen, die früher etwas Ähnliches durchgeführt haben, zu lernen. Dieses historische Wissen ermöglicht die Weiterentwicklung und die Vorhersage von zukünftigen Entwicklungen. Dieses Wissen entsteht durch die Verbindung zum Steinbock (10. Kapitel).

Wer die Vergangenheit verstanden hat, kann auch die wahrscheinliche Zukunft sehen.

- Die Informationsbeschaffung sollte auch das übergeordnete Wissen hinzuziehen. Das können allgemeine Theorien sein, Hintergrundwissen, Grundlagen, allgemeine Dynamiken, verschiedene Lehrmeinungen zu einem Thema und dergleichen mehr. Durch das dadurch entstehende umfassendere Bild kann man den großen Zusammenhang erkennen und dadurch Möglichkeiten nutzen, die man sonst übersehen hätte, und auch Gefahren vermeiden, die man sonst gar nicht erkannt hätte. Diese Übersicht ermöglicht eine klare Ausrichtung aus die Informationen, die tatsächlich relevant sind. Dieser „Blick von oben" entsteht durch die Verbindung zum Wassermann (11. Kapitel).

Frage vom Ganzen her – antworte vom Einzelnen her.

- Die Informationsbeschaffung sollte sich auch nicht nur auf die Informationen verlassen, sondern man sollte auch auf Stimmungen, Gesten, Mimik, den Klang der Stimme, den Zeitgeist und ähnliche Dinge achten, die zwar nicht so recht greifbar sind, aber oft zeigen, „wo der Hase langläuft". Dieses intuitive Verstehen einer Situation erschafft Sicherheit. Diese Intuition entsteht durch die Verbindung zu den Fischen (12. Kapitel).

Der Verstand sieht nicht alles – die Intuition schon.

- Die Informationsbeschaffung sollte auch niemals die einzige Grundlage für eine Entscheidung sein. So können z.B. Mut und Entschlossenheit durchaus unvollständige oder teilweise falsche Informationen ausgleichen. Diese Tatkraft, die auch mit minderwertigen Informationen zurechtkommt, hilft Teil einer „Bewegung" zu werden, durch die man in seinen Handlungen gestärkt wird.

Diese Handlungsbereitschaft entsteht durch die Verbindung zum Widder (1. Kapitel).

Wenn Du es erkannt hast, dann tu es auch.

- Die Informationsbeschaffung sollte schließlich auch immer den Nutzen der Informationen im Blick behalten. Welche Informationen werden wirklich gebraucht? Welche sind wesentlich? Welche sind unwesentlich? Mit welchem Aufwand kann die jeweilige Information beschafft werden? Und lohnt sich das überhaupt? Diese Effektivität in der Informationsbeschaffung erschafft einen Rückhalt in der Welt, weil man dann das weiß, was tatsächlich nützlich ist. Sie entsteht durch die Verbindung zum Stier (2. Kapitel).

Was muß ich wissen? Und was nicht?

Zusammenfassung

Es werden Informationen gebraucht, um ein Projekt sinnvoll und effektiv durchführen zu können. Aber die Informationen sind kein Selbstzweck und sie müssen auch auf sinnvolle Weise ausgewählt und verarbeitet werden. Es sollte daher bei der Informationsbeschaffung eine ganze Schar von verschiedenen Kriterien berücksichtigt werden, damit man am Ende auch wirklich das weiß, was man am Anfang wissen wollte und was auch wirklich nützlich ist.

Dies ist der erste der drei Stile, die auf das Vergleichen und Abstrahieren ausgerichtet sind (astrologische Luftzeichen).

4. Psychologe

♋

Die Berücksichtigung der Psyche und des bildhaften Erfassens einer Situation ist die vierte Grundlage, auf der ein effektives Handeln beruht. Die meisten Menschen und Dinge treten als Gruppen auf, sind mit anderen Menschen und Dingen verbunden und können daher besser als Bilder und Symbole als durch Begriffe und Zahlen erfaßt werden.

Individuum

Diese vierte Grundlage des effektiven Handelns sind die Bilder und Symbole, für die naturgemäß die bildschaffenden Methoden ein wesentliches Element sind. Das können allgemeine Betrachtungen sein, aber auch traditionelle Formen wie das Benutzen des Tarots, des Ba Gua, der Astrologie, des I Ging oder anderer Orakelmethoden. Auch die Familienaufstellungen können in kreativer Weise auf alle möglichen Situationen und nicht nur auf Familiensituationen angewendet werden. Auch Meditationen und Traumreisen können dabei sehr nützlich sein. Das, was durch diese Vorgehensweisen erreicht wird, ist ein Gesamtbild der Situation, das auf eine direktere Weise als es Informationen können, die in der betrachteten Situation wirkenden Kräfte und vorhandenen Strukturen deutlich macht.

Es gibt nun nicht nur die Wahrnehmung dieser Dynamiken und Strukturen als Bild, sondern es gibt auch die Beeinflussung dieser Dynamiken und Strukturen durch Bilder. Das sind zunächst einmal Logos, die „corporate identity", Symbole und dergleichen mehr, aber auch die inneren Bilder, die man in sich selber erschafft und die dann auch eine Wirkung auf das Außen haben. Das kann man z.B. bei den Familienaufstellungen erleben, aber dieses Vorgehen – also innere Bilder erschaffen, die dann auf das Außen wirken – ist auch die Grundlage der Magie, der Gebete, der Mantren und vieler ähnlicher Methoden.

Diese Imagination des gewünschten Zustandes als inneres Bild lenkt den Zufall, sodaß er zu einem „sinnvollen Zufall" wird. Das kann zu einer sehr großen Unterstützung der eigenen konkreten Handlungen werden, durch die man zu seinem Ziel strebt. Die innere Imagination des bereits erreichten Zieles räumt den Weg, den man gehen will, weitgehend von Hindernissen frei.

Das ist natürlich ein Effekt, den man erleben muß, um ihn glauben und einschätzen zu können. Dieses Vorgehen hat viele Namen: Magie, kreative Imagination,

Energiearbeit und dergleichen mehr. Die in diesem Zusammenhang auftretenden Phänomene werden fast immer mithilfe der Lebenskraft beschrieben.

Gemeinschaft

Gemeinschaften bilden sich entweder durch die Geburt (Familie) oder durch die Wahl von Gefährten, die dasselbe Ziel anstreben. Innerhalb der Gruppe besteht ein Mindestmaß an Zusammenhalt und Anteilnahme – ohne sie kann eine Gruppe nicht weiterbestehen oder gar gedeihen.

Eine Gruppe strebt das gemeinsame Ziel an, wegen dem die einzelnen Mitglieder eben auch in dieser Gruppe sind. Dieses Handeln als Gruppe ist meistens wirkungsvoller als das Handeln eines Einzelnen, weil es zum einen einfach mehr Menschen sind, die gemeinsam etwas anstreben, und weil zum anderen in dieser Gruppe Menschen mit sehr unterschiedlichen Begabungen zusammenarbeiten.

Die größte Gruppe an Menschen, die es gibt, ist die Auffassung der Menschheit als „globales Dorf", in dem alle von allen anderen abhängen und folglich jeder schon aus purem Egoismus mit allen anderen zusammenarbeiten muß.

Erde

Gemeinschaften verändern sich und Veränderungen laufen in Zyklen ab. Es gibt also nicht „die eine Situation" und „das eine Bild", sondern Situationen und Bilder, die sich ständig weiterentwickeln: Eiszeiten und Warmzeiten, die Epoche der Saurier und die Epoche der Säugetiere, der Aufstieg und der Fall von Königreichen, das Entstehen und Auflösen von Beziehungen …

Das derzeit wichtigste Bild ist das Begreifen des Lebens auf der Erde als einer großen Familie, in der alle von allen anderen abhängen. Diese „alle" sind nicht nur die Menschen, sondern auch die Tiere und Pflanzen, das Klima und der Meeresspiegel, die Ozonschicht und die Gletscher. Man kommt der Struktur und der Dynamik, die die Oberfläche der Erde prägt, am nächsten, wenn man alles, was auf der Oberfläche der Erde geschieht, wie ein großes Lebewesen betrachtet: „Gaia".

Zusammenhänge

Für ein effektives Handeln ist jedoch nicht nur das bildhafte Erfassen und das bildhafte Beeinflussen von Situationen notwendig und förderlich – sie müssen auch mit jedem anderen der zwölf Prinzipien des effektiven Handelns in Bezug gesetzt werden. Erst dadurch erhält dieses bildhafte Erfassen (Intuition) und dieses bildhafte Wirken („Magie") seine effektive Größe, Struktur, Ausrichtung und Dynamik.

Die zwölf Aspekte, die bei dem bildhaften Erfassen und Wirken beachtet werden sollten, sind:

- Ohne die Gemeinschaft und ohne das bildhafte Erkennen und das bildhafte Bewirken fehlt ein wesentliches Element des effektiven Handelns. Dieser Aspekt der sinnvollen Vorgehensweise läßt das Erkennen klarer und intuitiver werden und er läßt das Bestreben auf zweifache Weise (gemeinsames Handeln und „ma-gische" Imagination) wirksamer werden. Dieses bildhafte Vorgehen entspricht dem Krebs (4. Kapitel). Es ist die Grundlage und immer der erste Schritt dieses Handlungs-Stils.
  Niemand ist eine Insel.

- Die Gemeinschaft braucht ein „Herz", also ein gemeinsames Ziel, wegen dem alle Mitglieder in dieser Gemeinschaft sind. Nur wenn solch ein „Herz" vorhanden ist, ziehen alle am selben Strang und gehen alle in dieselbe Richtung. Nur dann sind die Einzelnen in der Gemeinschaft erfolgreicher als einzeln. Wenn der Einzelne erkennt, daß die Gemeinschaft eine andere Qualität hat als er selber, sollte er in eine passendere Gemeinschaft wechseln. Dieses Erkennen oder Erschaffen des „Herzens" ist stets der notwendige zweite Schritt bei dieser sehr sensiblen Handlungsweise. Dieses „Herz" entsteht durch die Verbindung zum Löwen (5. Kapitel).
  Jede Gemeinschaft braucht etwas in ihrer Mitte, das sie zusammenhält.

- Die Gemeinschaft benötigt neben dem bildhaften Erfassen und dem bildhaften Lenken der Situation auch noch ein Mindestmaß an handwerklichem Geschick, um klar zu erkennen, welche Handlung in einer Situation am förderlichsten ist. Ohne diese Fähigkeit stolpert man über den nächstbesten Maulwurfshügel und kann auch nicht die sich bietenden Gelegenheiten nutzen. Dieses handwerkliche Geschick integriert die Gemeinschaft in ihren Umraum. Diese Fähigkeit entsteht durch die Verbindung zur Jungfrau (6. Kapitel).
  Keine Gemeinschaft ist vom Rest der Welt getrennt – daher ist es förderlich, die Welt zu verstehen.

- Die Gemeinschaft braucht weiterhin die Fähigkeit zur Kooperation – sowohl im Innen zwischen den verschiedenen Mitgliedern als auch im Außen in der Verbindung mit anderen Gruppen. Ohne diese Fähigkeit zur Kooperation kommt es zu einem hohen Maß an Energievergeudung. Diese Fähigkeit zur Kooperation schützt das Innere vor unnötiger Erschöpfung. Diese Kooperation entsteht durch die Verbindung zur Waage (7. Kapitel).

Das Innen braucht auch den Austausch mit dem Außen.

- Die Gemeinschaft wird nicht dauerhaft gleich bleiben – entweder, weil die Mitglieder wechseln, weil sich die Situationen verändern oder weil neue Ziele angestrebt werden. Jede Gemeinschaft braucht daher auch die Fähigkeit, sich zu verwandeln und aus dem Alten, das nicht mehr so ganz paßt, etwas Neues zu machen, das wieder für alle förderlich ist. Diese Verwandlungen erschaffen eine lenkende, entwicklungsfähige Mitte. Diese Veränderungsbereitschaft entsteht durch die Verbindung zum Skorpion (8. Kapitel).

Keine Gemeinschaft bleibt ewig, wie sie bisher war.

- Die Gemeinschaft wird erst dann zu einer Bereicherung, wenn alle – oder zumindest fast alle – dasselbe Ziel verfolgen. Dasselbe gilt auch für das bildhafte Erfassen einer Situation, das nur dann wirkungsvoll ist, wenn alle wissen, was sie sich eigentlich anschauen sollen. Und drittens ist solch ein klares Ziel auch notwendig, um das bildhafte Wirken durch die Imagination des Erreichens des angestrebten Zieles („Magie") wirklich wirksam werden zu lassen: Nur ein klares, eindeutiges Ziel, das man wirklich sehnsüchtig erreichen will, kann die „Lebenskraft" in Gang setzen und dadurch dann „den Zufall lenken". Diese Zielgerichtetheit schützt das System vor Irrwegen. Diese klare Ausrichtung entsteht durch die Verbindung zum Schützen (9. Kapitel).

Wissen wir, wohin wir wollen?

- Die Gemeinschaft braucht auch die Sachlichkeit, die Kenntnis der Naturgesetze und der Gesetze in dem Staat, in dem sich die Gemeinschaft befindet. Wenn diese Sachlichkeit nicht vorhanden ist, wird der Erfolg des eigenen Handelns gefährdet und es wird sehr unwahrscheinlich, daß der Erfolg dieser Gruppe und auch das Weiterbestehen der Gruppe selber von Dauer sein werden. Diese Sachlichkeit verhindert selbstschädigende falsche Vorstellungen. Sie entsteht durch die Verbindung zum Steinbock (10. Kapitel).

Die Wirklichkeit ist stärker als falsche Vorstellungen über sie.

- Die Gemeinschaft benötigt weiterhin einen Überblick und ein Gesamtkonzept, denn sonst werden die einzelnen Aktionen der Gemeinschaft im Widerspruch zueinander stehen und sich gegenseitig schwächen anstatt sich gegenseitig zu unterstützen und zu stärken. Dieses Gesamtkonzept ermöglicht die Weiterentwicklung. Dieser Gesamtblick entsteht durch die Verbindung zum Wassermann (11. Kapitel).

Die Gemeinschaft zu verstehen erleichtert es, die Gemeinschaft zu erhalten.

- Die Gemeinschaft braucht auch die Wahrnehmung des Ganzen, das Spüren der „Zeitströmungen", das Ahnen von dem, was als nächstes kommen wird. Nur durch diese Form der Intuition kann man Gefahren vermeiden und sein Schiff rechtzeitig in die richtige Richtung lenken. Dieses Ahnen und Spüren und diese schlafwandlerische Sicherheit beim Wandern durch einen Wald voller Hindernisse ermöglicht eine klare Ausrichtung. Dieses Gespür entsteht durch die Verbindung zu den Fischen (12. Kapitel).

  Förderlich ist es, Ahnungen ernst zu nehmen.

- Die Gemeinschaft kann auch nicht ohne Initiative auskommen. Sie muß auch mal anfangen etwas zu tun, sie muß auch mal etwas wagen. Nur so wird aus den inneren Bildern eine äußere Realität. Dieser Mut und diese Tatkraft erschaffen Sicherheit. Sie entstehen durch die Verbindung zum Widder (1. Kapitel).

  Auch wer sich im Innen am wohlsten fühlt, muß im Außen handeln können.

- Die Gemeinschaft gedeiht besser, wenn alle in ihr – oder zumindest die meisten – erkennen können, welche Menschen, Dinge und Situationen für die Gemeinschaft förderlich sind und welche schädlich sind. Durch diese Fähigkeit wird die Gemeinschaft geschützt und am Leben erhalten. Dieses Gespür für das, was gut tut, und für das, was übel ist, hilft Teil einer „Bewegung" zu werden – zu einem Teil der zu einem selber passenden „Bewegung". Dieses Achten auf das Gedeihen entsteht durch die Verbindung zum Stier (2. Kapitel).

  Eine gemeinsame Hülle schützt die, die beisammen sein wollen.

- Die Gemeinschaft braucht als letztes auch noch Beweglichkeit, Neugier und Informationen. Diese sind nötig, um das Bild, das die Gruppe von sich selber hat, und auch das Bild, das sie von der Welt hat, immer weiter zu entwickeln, deutlicher zu machen und realitätsnäher werden zu lassen. Dann kann die Gruppe erkennen, was sie am sinnvollsten als nächstes tun sollte – oder vielleicht auch lieber lassen sollte. Diese Informiertheit erschafft einen Rückhalt in der Welt. Dieses stets aktuelle Wissen entsteht durch die Verbindung zum Zwilling (3. Kapitel).

  Förderlich ist Wissen über die anderen im Innen – und auch über das, was draußen ist.

Zusammenfassung

Eine Gruppe erlebt sich in erster Linie gefühlsmäßig als ein „Wir", in dem man gegen das „nicht-Wir" geschützt ist. Die Bilder, mit denen eine Gruppe eine Situation erfassen kann, sind ein intuitiver Zugang zu der vorliegenden Situation. Die Bilder, die die Gruppe gemeinsam erschafft, lenken die Lebenskraft und führen somit zu sinnvollen, förderlichen „Zufällen".

Dies ist der erste der drei Stile, die auf das bildhafte Veranschaulichen ausgerichtet sind (astrologische Wasserzeichen).

5. Teamleiter

♌

Der Egoismus ist die fünfte Grundlage, auf der ein effektives Handeln beruht. Mit „Egoismus" ist hier ein etwas komplexeres Konzept als meistens gemeint: Selbsterkenntnis, Selbstliebe, Selbstvertrauen und Selbsttreue.

Das bezieht sich auch nicht nur auf einen Einzelnen, sondern auf jedes Lebewesen, jede Gruppe und jede Art von Organisation: Es ist notwendig, daß es eine lenkende Mitte gibt, die Überblick und Weitblick hat und die das Ganze organisiert. Das kann ein „Teamleader" sein, ein „Kapitän", ein Unternehmer und noch vieles andere mehr.

Alle Teile des Ganzen müssen klaren Werten folgen und das Wesentliche erkennen können – dann können sie auch schnelle und gute Entscheidungen treffen. Diese Mitte organisiert das Ganze.

Individuum

Auch für den Einzelnen ist die Selbsterkenntnis wichtig, um ein erfülltes Leben führen zu können. Die beiden Inschriften am Eingang des altgriechischen Orakels von Delphi sind dabei ein guter Leitfaden: „Erkenne Dich selbst." und „Nichts im Übermaß."

Man sollte sich an das Wesentliche halten und Verlockungen zurückweisen – sofern sie nicht als „Nachtisch" auf dem eigenen Weg liegen. Nur so kann man dem eigenen Weg treu bleiben – wie auch immer der aussehen mag.

Was ist das Wesentliche? … Ich habe schließlich nur dieses eine Leben …

Gemeinschaft

Auch ein Unternehmen und jegliche Art von Gemeinschaft braucht einen klares Ziel, einen Kerngedanken, ein Motto („corporate identity"), auf das sich alle jederzeit beziehen können und das alle Abläufe in der Gemeinschaft bestimmt. Nur wenn es solch einen allen bewußten Grundimpuls gibt, also eine klare Richtung, können sich auch alle gegenseitig durch ihr Tun unterstützen.

Man sollte sich nicht über die anderen stellen, auch wenn man weisungsbefugt ist. Man steht mit allen auf derselben Höhe, auch wenn man andere Befugnisse hat und andere Entscheidungen trifft. Man sollte die Initiative und die Sachkenntnis der anderen nutzen und fördern und auch die Leistungen der anderen sehen und anerkennen – auch die des Wächters des Parkhauses. Weiterhin sollte man auch nur die Entscheidungen treffen, bei denen man sachkundig ist.

Als letztes sollte stets angestrebt werden, daß in dem Ganzen möglichst viele ganz konkret tätig sind und möglichst wenige damit beschäftigt sind, die Tätigkeiten der anderen zu organisieren („slim management").

Erde

Der Kerngedanke bezüglich der Erde oder genauer gesagt bezüglich der Menschheit auf der Erde ist zunächst einmal das Überleben der Menschheit und als zweites das lebenswerte Überleben der Menschheit und als drittes dann auch noch das Vermeiden von allzu großen Unterschieden in der Lebensqualität der Menschen auf der Erde.

Das Überleben ist derzeit „nur" durch die Atombomben gefährdet. Das lebenswerte Überleben gefährden wir derzeit allerdings vor allem durch den Klimawandel, das Artensterben, die Überbevölkerung und die hemmungslose Weiterentwicklung der Künstlichen Intelligenz.

Es gibt viel, wo wir kollektiv effektiver handeln könnten als wir es derzeit tun …

Zusammenhänge

Für ein effektives Handeln ist jedoch nicht nur diese lebendige Mitte selber, die das Ganze lenkt, von zentraler Wichtigkeit – sie muß mit jedem anderen der zwölf Prinzipien des effektiven Handelns in Bezug gesetzt werden. Erst dadurch erhält diese lebendige Mitte ihre effektive Größe, Struktur, Ausrichtung und Dynamik.

Die zwölf Aspekte, die bei dem Handeln aus der Mitte heraus beachtet werden sollten, sind:

- Ohne das „Herz" kann das Ganze nicht funktionieren, weil das „Herz" das Ganze organisiert und lenkt und dadurch die einzelnen Aktionen zu einer sinnvollen und wirksamen Gesamthandlung koordiniert. Dieses „Herz" entspricht dem Löwen (5. Kapitel). Es ist die Grundlage und immer der erste Schritt dieses Handlungs-Stils.
  Handle stets aus Deiner Mitte heraus.

- Das „Herz" alleine ist jedoch nicht lebensfähig. Es wird auch die sachkundige Umsetzung der „Herz-Impulse" benötigt, bei der alle Details berücksichtigt werden. Wenn diese Qualität fehlt, kommt es zu Verschwendung von Arbeit, Energie, Geld und Zeit. Das Erwerben dieser Sachkundigkeit ist stets der notwendige zweite Schritt bei dieser egozentrischen Handlungsweise. Das Erlernen dieses notwendigen und förderlichen Wissens entsteht durch die Verbindung zur Jungfrau (6. Kapitel).

Du kannst nur das effektiv tun, was Du zuvor verstanden hast.

- Das „Herz" braucht auch die Kooperation mit anderen Lebewesen und Organisationen. Es ist so gut wie niemals das Effektivste, wenn man alles alleine macht und wenn man sich nicht gegenseitig unterstützt. Diese Kooperation integriert den Einzelnen in seinen Umraum. Sie entsteht durch die Verbindung zur Waage (7. Kapitel).

Es gibt nur Weniges, was man nicht auf irgendeine Weise mit einem anderen tut.

- Das „Herz" benötigt auch die gelegentlichen Verwandlungen, wenn die bisherige Form nicht sinnvoll und effektiv ist. Das bedeutet nicht, daß man sich selber untreu wird, sondern nur, daß man eine neue Form für das Anstreben derselben Grundqualitäten braucht – eine Metamorphose. Diese Verwandlungen schützen das Innere. Sie entstehen durch die Verbindung zum Skorpion (8. Kapitel).

Die Raupe wird zum Schmetterling, aber bleibt doch dasselbe Wesen und ist sich in der Verwandlung vollkommen treu.

- Das „Herz" braucht weiterhin nicht nur die Selbsterkenntnis allgemein, sondern auch speziell das Auswählen des Aspektes des eigenen Wesens, den man als nächstes bevorzugt umsetzen will – also ein Ziel. Ohne Ziel gibt es keine klare Richtung, in der man seine Kräfte bündelt – und folglich auch kein Erreichen von Zielen und keinen erfüllenden Selbstausdruck. Diese Ziele erschaffen eine lenkende und ihr Leben lebende Mitte. Diese klare Ausrichtung entsteht durch die Verbindung zum Schützen (9. Kapitel).

Ohne Ziel geschieht nichts.

- Das „Herz" ist auch auf Sachlichkeit angewiesen. Man muß, wenn man etwas will, schauen, welche Qualitäten und Gesetzmäßigkeiten das hat, mit dem man etwas machen will oder das man dem eigenen Willen gemäß prägen will. Ohne diese Kenntnis und diese Berücksichtigung der festen Fundamente und der unabänderbaren oder der nur mit extremem Aufwand veränderbaren Regeln wird man mit dem Selbstausdruck nicht weit kommen. Diese Sachlichkeit schützt das System. Sie entsteht durch die Verbindung zum Steinbock (10. Kapitel).

Auch Du selber bist ein Teil der Welt und aus ihren Gesetzen heraus entstanden.

- Das „Herz" benötigt weiterhin ein Verständnis des Ganzen, also eine theoretische Grundlage, die es ermöglichst, die Wirkungen der eigenen möglichen Handlungen zutreffend vorhersagen zu können. Weiterhin wird auch eine Utopie gebraucht, also das große, ferne Gesamtziel, dem die ganzen kleinen Ziele, also die einzelnen Schritte, untergeordnet sind. Dieses Theorie-Fundament verhindert die Einseitigkeit und die Isolation in vermeintlicher Einzigartigkeit. Dieses umfassende Wissen entsteht durch die Verbindung zum Wassermann (11. Kapitel).

Das Individuum ist ein Sonderfall des Allgemeingültigen – und das Allgemeingültige ist das Gemeinsame der Individuen.

- Das „Herz" kann auch dadurch gefördert werden, daß man eine Aufmerksamkeit für Stimmungen, Tendenzen, Trends und allgemeine Umschwünge entwickelt, die einen dazu befähigt, Entwicklungen vorherzusehen und sich rechtzeitig auf diese Veränderungen einzustellen. Dieses Gespür ermöglichen die Weiterentwicklung und eine Individualität als Teil des Ganzen. Dieses Ahnen und Vorhersehen entsteht durch die Verbindung zu den Fischen (12. Kapitel).

Du atmest ein und atmest aus; Du trinkst und pinkelst, Du ißt und scheißt – die „Nicht-Ich"-Welt wird ständig Teil von Dir, und Du wirst ständig wieder Teil der „Nicht-Ich"-Welt: Du bist die Welt, die Welt ist Du.

- Das „Herz" braucht natürlich auch den Mut zur Tat. Nur zu wollen führt nirgendwo hin – man muß auch beginnen, handeln, etwas tun. Diese Tatkraft ermöglicht eine klare Ausrichtung. Sie entsteht durch die Verbindung zum Widder (1. Kapitel).

Völlige Selbstgewißheit kennt keine Furcht, die vor dem eigenen Weg zurückschreckt.

- Das „Herz" muß weiterhin das, was es erreicht hat, schützen und bewahren können – es hat wenig Sinn, Wasser vom Brunnen zu holen und es dann in ein Sieb zu gießen. Weiterhin wird ein klares Gespür dafür gebraucht, was für einen selber förderlich und was hinderlich ist. Dieser Sinn für das Bekömmliche erschafft Sicherheit und Gedeihen. Diese Unterscheidungsfähigkeit zwischen „angenehm" und „unangenehm" entsteht durch die Verbindung zum Stier (2. Kapitel).

Selbsterkenntnis vermeidet, daß man Schädliches aufnimmt.

229

- Das „Herz" sollte sich auch eine ausreichend große Beweglichkeit bewahren oder erwerben, um sich alle notwendigen Informationen beschaffen zu können, neue Möglichkeiten zu entdecken und auch das Unverhoffte nutzen zu können. Diese Beweglichkeit hilft Teil einer „Bewegung" von Gleichgesinnten zu werden. Sie entsteht durch die Verbindung zum Zwilling (3. Kapitel).

Gleiches zieht Gleiches an – und bereichert einander.

- Das „Herz" braucht schließlich auch noch das wache, anteilnehmende Gespür sowohl für sich selber und sein eigenes Innenleben als auch für das Wesen und die Absichten der anderen, mit denen man zu tun hat. Nur auf diese Weise können die eigenen Ziele wirklich ganz in der eigenen inneren Tiefe verwurzelt sein und nur auf diese Weise kann man die anderen, mit denen man sich möglicherweise zu einer Gruppe zusammentut, richtig einschätzen. Diese Wachheit für das Innere erschafft einen Rückhalt in der Welt. Diese meist vor allem bildhafte Wahrnehmung entsteht durch die Verbindung zum Krebs (4. Kapitel).

Jeder hat ein Innen und ein Außen, die beiden Wärme und Geborgenheit brauchen.

Zusammenfassung

Die hier „Herz" genannte Mitte, die das Gesamtsystem organisiert, ist ein wesentliches Element in jedem Lebewesen und auch in jeder Gruppe. Es bestimmt die Grundwerte, den Rhythmus des Handelns und es hält die Identität intakt.

Dies ist der zweite der drei Stile, die auf das mutige Tun ausgerichtet sind (astrologische Feuerzeichen).

Während der in Kapitel 1 beschriebene Stil (Widder) etwas neu erschafft, ordnet der hier in Kapitel 5 beschriebene Stil (Löwe) die Dinge um eine Mitte herum an und läßt sie zu einem organischen Ganzen zusammenwachsen.

6. Problemlöser

♍

Die handwerkliche Sachkenntnis ist die sechste Grundlage, auf der ein effektives Handeln beruht. Dieses Wissen und diese Erfahrung ermöglichen eine zeitliche, finanzielle, personelle usw. Planung, die anschließend auch funktioniert. Dazu ist eine detaillierte Übersicht über die Strukturen und Dynamiken in dem betreffenden Bereich notwendig – also die Kenntnis der Ordnung, mit der man zu tun hat.

Dazu muß das System einheitlich, sinnvoll und übersichtlich geordnet werden – sonst findet man nicht das, was man braucht, und man könnte auch wesentliche Dinge übersehen. Es wäre sonst auch schwierig, die Grenzen des Systems klar zu erkennen.

Generell ermöglicht die gründliche Sachkenntnis, ein System zu nutzen statt ihm ausgeliefert zu sein.

Individuum

Der Handwerker und Problemlöser darf in keiner Gemeinschaft fehlen – früher oder später wird er gebraucht. Er kennt seinen Sachbereich in allen Details und weiß, wie man was wieder in Bewegung oder auch zum Halten und Rückgängigmachen bringen kann. Das effektive Handeln findet hier zwar im Kleinen statt, aber diese kleinen effektiven Handlungen können trotzdem große Auswirkungen haben.

Er kennt seine eigenen Grenzen und sieht, was er noch von anderen zu dem, was er selber machen kann, als Ergänzung braucht. Ihm ist die Wichtigkeit der Weiterbildung und des Schaffens von erweiterten Grundlagen sehr genau bewußt und möglicherweise verfaßt er auch einmal einen Management-Ratgeber.

Gemeinschaft

In der Gemeinschaft sorgt er für eine sinnvolle Aufgabenteilung, für detaillierte Zeitpläne und für nützliche Listen, Tabellen und Übersichten aller Art. Jeder hat seine klare Aufgabe und das Ganze wirkt zusammmen wie ein großes Uhrwerk.

Erde

In Bezug auf die Erde führt diese Handwerker-Fähigkeit zu Sachkenntnis und zum Verstehen aller Arten von Zusammenhängen, Rückkopplungen, Fließgleichgewichten,

Kipppunkten, Verstärkungsmechanismen, gegenseitigen Abhängigkeiten, Krisenpotentialen, Grenzwerten, Landzeitwirkungen und noch vieles mehr in dieser Art. Dort, wo ein systematischer Überblick und genaue Detailkenntnisse gebraucht werden oder wo ein Schaden repariert werden muß, ist die Sachkenntnis des Handwerkers unentbehrlich. Er entfernt das Sandkorn aus dem Getriebe und kennt den Ort in dem Uhrwerk, das jetzt gerade einen Tropfen Öl braucht.

Zusammenhänge

Für ein effektives Handeln ist jedoch nicht nur diese handwerkliche Sachkenntnis selber von zentraler Wichtigkeit – sie muß mit jedem anderen der zwölf Prinzipien des effektiven Handelns in Bezug gesetzt werden. Erst dadurch erhält der Gründungsimpuls seine effektive Größe, Struktur, Ausrichtung und Dynamik.

Die zwölf Aspekte, die bei dem Ordnung-schaffenden Handeln beachtet werden sollten, sind:

- Ohne die Ordnung und die handwerkliche Sachkenntnis ist kaum etwas zur eigenen Zufriedenheit durchführbar, weil man ständig durch vermeidbare Irrtümer und Fehler behindert wird. Diese Sachkenntnis entspricht der Jungfrau (6. Kapitel). Sie ist die Grundlage und immer der erste Schritt dieses Handlungs-Stils.
  Der Teufel steckt im Detail.

- Die Ordnung und die handwerkliche Sachkenntnis sollten durch Kooperation ergänzt werden, damit jeder an der Stelle, zu der seine Kenntnisse und Fähigkeiten passen, tätig sein kann. Für den Einsatz der Sachkenntnis sind auch Absprachen untereinander notwendig. Diese Kooperation ist stets der notwendige zweite Schritt bei dieser Detail-bezogenen Handlungsweise. Sie entsteht durch die Verbindung zur Waage (7. Kapitel).
  Man Muß die Details im Gesamtzusammenhang sehen, um sie ganz verstehen zu können.

- Die Ordnung und die handwerkliche Sachkenntnis werden deutlich effektiver, wenn sie sich nicht einfach mit dem nächstliegenden Problem beschäftigen, sondern erkennen können, was wie wichtig ist. Der Handwerker braucht eine Prioritätenliste, die ihn dazu anleitet, die Dinge in der richtigen Reihenfolge durchzuführen. Dieses Erkennen der Wichtigkeiten integriert das Detail in den Umraum, d.h. es sieht das Detail vor dem Hintergrund der Prioritätenliste. Diese Fähigkeit entsteht durch die Verbindung zum Skorpion (8. Kapitel).

Dringlichkeit klärt die Fülle an Kleinkram.

- Die Ordnung und die handwerkliche Sachkenntnis brauchen auch eine Zielgerichtetheit. Auch wenn nicht klar ist, wohin die Reise eigentlich gehen soll, findet man ja immer viel, was man in Ordnung bringen kann, aber das sind dann nicht unbedingt die Dinge, die auch tatsächlich nützlich sind. Diese Zielgerichtetheit schützt das Innere z.B. vor Erschöpfung. Sie entsteht durch die Verbindung zum Schützen (9. Kapitel).

Die Teile passen nur zusammen, wenn man weiß, zu was sie werden sollen.

- Die Ordnung und die handwerkliche Sachkenntnis benötigt auch noch die Kenntnis der naturgesetzlichen, gesetzlichen und konstruktionsbedingten Grundlagen, damit das, was erschaffen wird, auch auf einem soliden Fundament errichtet wird und Bestand haben kann. Diese Beständigkeit der Handwerks-Ergebnisse benötigt und erschafft eine lenkende Mitte. Diese Beständigkeit entsteht durch die Verbindung zum Steinbock (10. Kapitel).

Sachlichkeit fördert Sachkenntnis.

- Die Ordnung und die handwerkliche Sachkenntnis sollten weiterhin auch mit einer tragfähigen theoretischen Grundlage kombiniert werden, damit man erkennt, an welcher Stelle in dem Ganzen man gerade arbeitet, und damit man erkennt, was von dem, was man entscheidet und tut, vielleicht auch noch für andere von Bedeutung sein könnte. Dieser theoretische Überblick schützt das System vor Fehleinschätzungen und den daraus resultierenden Pannen. Er entsteht durch die Verbindung zum Wassermann (11. Kapitel).

Theorie ist ausgesprochen praktisch.

- Die Ordnung und die handwerkliche Sachkenntnis brauchen auch noch das Gespür dafür, ob sich etwas richtig oder irgendwie komisch anfühlt, denn viele Fehler oder Fehlkonstruktionen erkennt man nicht als erstes mit dem Verstand, sondern mit dem diffusen Eindruck, „daß da irgendwas nicht stimmt". Dieses Gespür verhindert die schädliche Einseitigkeit des Blickes, der nur das Einzelne sieht. Dieses Gespür entsteht durch die Verbindung zu den Fischen (12. Kapitel).

Benutze Fernrohr und Mikroskop – dann erst siehst Du die ganze Welt.

- Die Ordnung und die handwerkliche Sachkenntnis benötigen auch die Tatkraft und gelegentlich auch den Mut zum Wagnis, dessen Risiken natürlich vorher genau eingeschätzt werden sollten. Wenn dieser Mut zur Tat fehlt, wird trotz aller Sachkenntnis niemals etwas wirklich in Gang kommen. Diese mutige Tatkraft ermöglicht die Weiterentwicklung. Sie entsteht durch die Verbindung zum Widder (1. Kapitel).

Sei vorsichtig, aber nicht zaghaft.

- Die Ordnung und die handwerkliche Sachkenntnis brauchen auch das Bewahren des Erschaffenen, damit man es nicht gleich wieder verliert bzw. damit die Ordnung nicht gleich wieder verlorengeht. Dieses Bewahren und Schützen ermöglicht eine klare Ausrichtung. Sie entstehen durch die Verbindung zum Stier (2. Kapitel).

Das Handwerk sollte Nützliches erschaffen.

- Die Ordnung und die handwerkliche Sachkenntnis kann weiterhin durch eine Fülle an Informationen gefördert werden – wobei diese Informationen alle etwas mit der vorliegenden Arbeit zu tun haben sollten oder sich zumindest auf das Umfeld dieser Arbeit beziehen sollten. Dadurch können Erleichterungen gefunden, unnötige Arbeiten vermieden und evtl. auch mögliche Fehler und unangenehme Spätfolgen rechtzeitig bemerkt werden. Dieser Informationsfluß erschafft Sicherheit. Er entsteht durch die Verbindung zum Zwilling (3. Kapitel).

Manches wird einfacher, wenn man gut informiert ist.

- Die Ordnung und die handwerkliche Sachkenntnis sollten auch Teil eines Gesamtbildes werden, damit man erkennt, wo in dem Ganzen man gerade tätig ist und was das für das Ganze bedeutet. Durch dieses Einordnen in ein Bild kann man auch schneller erkennen, wem man vielleicht etwas mitteilen sollte oder wen man um Unterstützung bitten könnte. Dieses Bild hilft Teil einer „Bewegung" zu werden, in der alle dieselbe förderliche Ordnung anstreben. Es entsteht durch die Verbindung zum Krebs (4. Kapitel).

Das Gesamtbild lenkt die Einzelhandlung.

- Die Ordnung und die handwerkliche Sachkenntnis brauchen schließlich auch ein „Herz", also eine Mitte, von der aus die gesamten Einzeltätigkeiten gelenkt und aufeinander abgestimmt werden, sodaß sie sich gegenseitig ergänzen und fördern. Dieses „Herz" erschafft einen Rückhalt in der Welt. Es entsteht durch die Verbindung zum Löwen (5. Kapitel).

Man sollte wissen, was man will, wenn man den Hammer in die Hand nimmt.

Zusammenfassung

Die handwerkliche Sachkenntnis, die die Ordnung und allgemein den „richtigen Zustand" herstellen oder wiederherstellen kann, ist ein wesentlicher Aspekt fast jeder Arbeit. Ohne diese handwerkliche Sachkenntnis kann kaum eine Arbeit wirklich auf gutem Niveau durchgeführt werden.

Dies ist der zweite der drei Stile, die auf das sachliche Begreifen und Argumentieren ausgerichtet sind (astrologische Erdzeichen).

Während der in Kapitel 2 beschriebene Stil (Stier) etwas genußvoll ausgestaltet, kümmert sich der hier in Kapitel 6 beschriebene Stil (Jungfrau) sich um die ganzen kleinen Details.

7. Vermittler

♎

Die Schönheit ist die siebte Grundlage, auf der ein effektives Handeln beruht. Mit „Schönheit" ist hier eine breite Palette von Strukturen, Dynamiken, Fähigkeiten, Vorgehensweisen und dergleichen mehr gemeint.

Das beginnt mit der Harmonie im eigenen Bereich. Dafür braucht man ein klares Ziel und ein insgesamt schlüssiges Vorgehen. Das bedeutet, daß im Innen alle einander wahrnehmen, daß alle wissen, wen man wobei um Hilfe bitten kann, und daß jeder weiß, an welcher Stelle des Ganzen man steht und welche Aufgabe man dort hat.

Das nächste ist die Harmonie mit dem Bereich ringsum. Dabei geht es um die Wahrnehmung dessen, was die anderen tun. Tun sie etwas Ähnliches? Könnte man sich zusammentun und sich so die Arbeit erleichtern? Tun sie etwas, was dem, was man selber vorhat, im Weg steht? Könnte man sich da vielleicht absprechen und den Konflikt auflösen? Ist vielleicht sogar eine weitergehende Kooperation möglich?

Das dritte ist der Blick auf das Ganze. Ein lebendiges Ganzes ist stets „aus einem Guß" entstanden, was bedeutet, daß alle Teile dieses Ganzen von dem Gründungsimpuls geprägt sind. Dadurch stehen alle Teile in Analogie miteinander und haben daher eine Selbstähnlichkeit. Dieses Prinzip ist vor allem aus der Fraktal-Geometrie und aus der alternativen Medizin sowie aus Magie und Spiritualität bekannt. In Fraktalen wiederholen sich Formen, die im Großen auftreten, anschließend auch im Kleinen. Die alternative Medizin benutzt die Fußreflexzonen, die Iris-Diagnose, die Ohr-Diagnose, die Puls-Diagnose, die Handlinien und das Horoskop, um den Gesamtzustand des Körpers zu erkennen – wobei alle diese Methoden stets dieselbe Diagnose liefern. In der Magie und der Spiritualität werden verschiedene Omen- und Orakel-Systeme wie die Astrologie, das Tarot, das I Ging und ähnliches verwendet – meistens um die aktuelle Zeitqualität oder um den Zustand einer Person zu erkennen.

Eine solches „lebendiges, durch Selbstähnlichkeit geprägtes System" kann auch durch den Menschen erschaffen werden. So überzeugt z.B. ein Kunstwerk dann, wenn alle seine Teile dieselbe Grundprägung haben, also in Analogie zueinander stehen und daher selbstähnlich sind. Das ist natürlich nicht nur bei Kunstwerken möglich, sondern auch bei der Gründung eines Unternehmens oder einer Organisation, bei dem Entwurf für ein neues Auto oder bei dem Zusammenstellen eines fünf-Gänge-Menüs. Dabei geht es nicht nur um innere Widerspruchsfreiheit, sondern um die Gestaltung des Ganzen aus einem einheitlichen Impuls heraus.

Individuum

Für einen einzelnen Menschen bedeutet dieses Prinzip, daß er alle seine Teile heilt, sodaß sie wieder ihren ursprünglichen „Klang", „Duft" und „Farbe" haben und daher ein harmonisches Ganzes bilden, in dem alle Teile zusammen schwingen. Dieses gemeinsame Schwingen ist auch der Ansatz der Frequenzmedizin.

Nach außen hin besteht diese Fähigkeit bei einem Menschen darin, daß der Betreffende zuhören und Gespräche leiten kann. Er sollte auch nicht nur jedem die Gelegenheit zum Sprechen geben, sondern auch aktiv zuhören können, d.h. Fragen stellen, die es seinem Gegenüber erleichtern, seine Meinung entspannt und klar darzulegen.

Aufgrund dieser Bewußtheit und inneren Klarheit und Harmonie ist es einem solchen Menschen auch möglich, improvisierte Reden zu halten. Solch ein „Kommunikator" ist in aller Regel auch jemand mit einer großen Kooperationsfähigkeit, wodurch er auch die Aufgaben des Vermittlers, des Diplomaten und des Streitschlichters übernehmen kann.

Ein Kommunikator ist jemand, der etwas dadurch erreicht und erschafft, daß er das bereits Vorhandene zusammenfügt und daraus etwas Größeres macht als es zuvor die Summe dieser Teile gewesen sind. Er bringt „joint ventures" in Gang, führt zu Vereinigungen und Zusammenschlüssen und zu vielen Arten von Kooperation.

Gemeinschaft

Offensichtlich braucht eine Gemeinschaft, um effektiv funktionieren zu können, solche Menschen, da sie die Einzelnen überhaupt erst zu einer Gemeinschaft zusammenfügen. Sie sind auch diejenigen, die Mißverständnisse klären, bei Zwistigkeiten vermitteln, Kooperations-Potentiale deutlich machen und die immer ein offenes Ohr für alle anderen haben.

Erde

Auch auf der Erde als Ganzes wird diese Fähigkeit dringend gebraucht, denn wie sollten wir sonst die Klimaerwärmung aufhalten können, das Artensterben beenden, das Abholzen der Wälder stoppen und vor allem endlich die Kriege beenden können? Auch das Verhungern von täglich 24.000 Menschen wird kaum ohne eine globale Kooperation gestoppt werden können.

Allerdings ist derzeit das Konkurrenz-Prinzip wieder einmal sehr deutlich auf dem Vormarsch und behindert massiv die Kooperation. Wenn sich Menschen bedroht fühlen, neigen sie zum Egoismus, um erst einmal sich selber zu retten. Doch die derzeitigen Probleme lassen sich nicht durch den kurzsichtigen Egoismus und durch das Konkurrenzdenken lösen, durch sie schließlich überhaupt erst entstanden sind.

Wir brauchen jetzt weitsichtiges Handeln statt kurzsichtiges Handeln, da die Probleme sonst nur noch größer werden. Der Egoismus kann das Erwünschte nur erreichen, wenn er aufhört, kurzsichtig-egoistisch zu sein, und stattdessen weitsichtig-egoistisch wird und daher mit allen anderen zusammenarbeitet.

Wir brauchen Frieden statt Krieg, weil wir sonst die Menschenleben, die ganze Arbeit, das Geld und die Zeit, die für den Schutz der ganzen Erde gebraucht werden, in Kriegen sinnlos zerstören.

Wir sollten die Hand ausstrecken statt mit dem Ellenbogen zustoßen, da wir, um die globalen Probleme, die uns schließlich alle betreffen, nur bewältigen können, wenn wir alle an einem Strang ziehen.

Wir brauchen die weitsichtig-altruistische Einsicht, daß „wir alle in einem Boot sitzen" statt der kurzsichtig-egoistischen Haltung „Ich zuerst!", da keiner alleine die Klimaerwärmung oder die Kriege beenden kann. Und niemand will schließlich auf einem überschwemmten Planeten, dessen Länder durch Kriege zerstört worden sind, leben.

Wir brauchen Kooperation statt Konkurrenz. Doch das wird nur möglich sein, wenn genügend Menschen einsehen, daß wir die globalen Probleme, die immer dringender werden, auch nur global lösen können.

Zusammenhänge

Für ein effektives Handeln ist jedoch nicht nur die Kooperation selber von zentraler Wichtigkeit – sie muß mit jedem anderen der zwölf Prinzipien des effektiven Handelns in Bezug gesetzt werden. Erst dadurch erhält die Kooperation ihre effektive Größe, Struktur, Ausrichtung und Dynamik.

Die zwölf Aspekte, die bei der Kooperation beachtet werden sollten, sind:

- Ohne die Kooperation gibt es keine Bündelung der Fähigkeiten und Kräfte und somit auch kein gemeinsames und effektives Handeln. Diese Kooperation entspricht der Waage (7. Kapitel). Sie ist die Grundlage und immer der erste Schritt dieses Handlungs-Stils. Gemeinsam ist alles leichter.

- Die Kooperation benötigt jedoch auch einen oder mehrere krisenfeste Manager, die das Wesentliche erkennen können, auf das alles ausgerichtet werden sollte, und die auch klar sehen, wie Probleme gelöst werden können. Dieses effektive

Management ist stets der notwendige zweite Schritt bei dieser nach Harmonie strebenden Handlungsweise. Dieses vor Krisen-Schäden schützende Management entsteht durch die Verbindung zum Skorpion (8. Kapitel).

Die Friedfertigkeit sollte nicht den Selbstschutz verhindern.

- Die Kooperation braucht auch die Orientierung an einem klaren Ziel, wenn sie nicht zu einem gemütlichen Kaffeekränzchen werden soll. Leider besteht an solchen Zielen ja fast niemals Mangel. Es muß daher auch das wesentliche Ziel erkannt werden, d.h. es muß eine Prioritätenliste erstellt werden. Diese klare Zielorientierung integriert das Zusammenwirken in den Umraum des angestrebten Ideals. Sie entsteht durch die Verbindung zum Schützen (9. Kapitel).

Klare Ziele erleichtern die Wahl der Kontakte.

- Die Kooperation ist auch auf eine solide Sachkenntnis angewiesen, also auf das Wissen um die Naturgesetze, die Konstruktionsmöglichkeiten, die Gesetze des Staates, die Kontakte zu den jeweiligen Autoritäten und Koryphäen und dergleichen mehr. Dieses Wissen um das Fundament und um die Rahmenbedingungen schützt das Innere. Dieses Wissen entsteht durch die Verbindung zum Steinbock (10. Kapitel).

Sachlichkeit schützt bei Kontaktfreudigkeit.

- Die Kooperation wird wesentlich gefördert, wenn sie sich mit den Theoretikern, die das gesamte System kennen, zusammentut. Die Kooperation benötigt auch die Kenntnis der Utopie, die alle oder wenigstens die meisten überzeugt, also die Kenntnis des Gesamtzustandes, der am Ende schließlich erreicht werden soll. Diese Kenntnis von Theorie und Utopie erschafft eine lenkende Mitte. Dieses Wissen entsteht durch die Verbindung zum Wassermann (11. Kapitel).

Begegnungen sind am bereicherndsten, wenn sie zu einer Gemeinschaft von Gleichgesinnten führen.

- Die Kooperation braucht schließlich auch noch die Fähigkeit, bei aller Planung, Kooperation und Koordination auch die jeweilige Lage – die sich ja ständig verändert – zu erkennen und zu nutzen und das Vorgehen entsprechend den aktuellen Strömungen und Vorkommnissen anzupassen. Diese Fähigkeit, den augenblicklichen Stand der Dinge zu nutzen, schützt das System. Diese Fähigkeit entsteht durch die Verbindung zu den Fischen (12. Kapitel).

Kontaktbereitschaft erfordert ein feines Gespür für die, die einem begegnen.

- Die Kooperation geht auf die anderen zu, aber es wird natürlich auch der Mut zur eigenen Tat, die neue Tatsachen schafft, benötigt. Man muß ab und zu auch mal einen Schritt tun, der vielleicht nicht mit allen abgesprochen worden ist, aber der sinnvoll und notwendig ist. Diese Tatkraft verhindert die Einseitigkeit der bloßen Du-Orientierung. Dieser Mut zur Handlung entsteht durch die Verbindung zum Widder (1. Kapitel).

Anderen zuhören und selber sprechen.

- Die Kooperation kann auch einen „Hausmeister" und einen „Lagerverwalter" gut gebrauchen, um die erreichten Dinge zu bewahren, zu schützen, zu nutzen und zu genießen. Dieses Bewahren ermöglicht die Weiterentwicklung. Es entsteht durch die Verbindung zum Stier (2. Kapitel).

Prüfe, was Dir gut bekömmlich ist.

- Die Kooperation benötigt auch die gut informierte Findigkeit des Kundschafters, damit man alle Möglichkeiten, die das Vorgehen insgesamt vereinfachen würden, erkennen und auch nutzen kann. Diese Informiertheit ermöglicht eine klare Ausrichtung auf die beste Möglichkeit. Diese Informiertheit entsteht durch die Verbindung zum Zwilling (3. Kapitel).

Viel sehen ermöglicht eine gute Wahl.

- Die Kooperation sollte auch in der Lage sein, Situationen und Zustände sowohl in der Gemeinschaft als auch im Außen bildhaft und daher anschaulich darzustellen. Weiterhin sollte sie ebenfalls in der Lage sein, auch das bildhafte Erschaffen („Magie") zur Förderung des Projektes einzusetzen. Dieser bildhafte Ansatz erschafft Sicherheit. Er entsteht durch die Verbindung zum Krebs (4. Kapitel).

Prüfe, wen Du in Deine Familie läßt.

- Die Kooperation braucht auch einen Kerngedanken, einen Schöpfungsimpuls, eine Identität, um sich selber effektiv organisieren zu können und auch um überzeugend nach außen hin auftreten zu können. Dieses „strahlende Herz" hilft Teil einer „Bewegung" zu werden. Es entsteht durch die Verbindung zum Löwen (5. Kapitel).

Wer weiß, was er will, hat es leicht, zu anderen „Ja" und „Nein" zu sagen.

- Die Kooperation benötigt schließlich noch die handwerklich geschickte Umsetzung und dafür eine ausreichend genaue Detailkenntnis aller Menschen und Dinge, die für das vorliegende Projekt von Bedeutung sind. Dieses handwerkliche Geschick erschafft einen Rückhalt in der Welt. Es entsteht durch die Verbindung zur Jungfrau (6. Kapitel).

Der Wille braucht das Handwerk um Realität zu werden.

Zusammenfassung

Die Kooperation fügt die Einzelnen zu einer Gemeinschaft zusammen, die effektiver handeln kann als es die Einzelnen mit einem „Solo" könnten. Weiterhin ist die Kooperation, die ja auf dem Blick auf das Ganze beruht, auch eine der Grundlagen, durch die man den kurzsichtigen Egoismus, der den kleinen, kurzfristigen Nutzen sucht, aber dazu dann später auch noch den großen, langfristigen Schaden erhält, zu einem weitsichtigen Egoismus umwanden kann, der eine kleine, kurzfristige Mühe auf sich nimmt, um dann den großen, langfristigen Nutzen zu erhalten.

Dies ist der zweite der drei Stile, die auf das Vergleichen und Abstrahieren ausgerichtet sind (astrologische Luftzeichen).

Während der hier in Kapitel 7 beschriebene Stil (Waage) vergleicht und das Verständnis durch Analogien vertieft, kümmert sich der in Kapitel 3 beschriebene Stil (Zwillinge) um die elegante Wendung an einem einzelnen Punkt des Ganzen.

8. Manager

♏

Das Krisenmanagement ist die achte Grundlage, auf der ein effektives Handeln beruht. Das Krisenmanagement, aber auch der effektive „Normalbetrieb" beruht auf der klaren Bewußtheit darüber, welche Dinge wirklich wichtig sind und deshalb auch als erstes angestrebt und erreicht werden müssen.

Auch wenn generell die Kooperation anstelle der Konkurrenz angestrebt werden sollte, müssen die einzelnen Lebewesen, Organisationen und Gemeinschaften trotzdem noch immer existenzfähig bleiben, d.h. es gibt weiterhin einen Evolutionsdruck, bei dem sich der bessere Entwurf letztlich durchsetzt.

Daher wird es bei jedem Einzelnen und auch bei jeder Organisation oder Gemeinschaft auch immer wieder zu Verwandlungen kommen, durch die es ermöglicht wird, daß das Leben in einer neuen Form weitergeht. Wenn keine Bereitschaft zur Verwandlung vorhanden ist, kann es sein, daß das Leben endet, weil es sich nicht mehr den Umständen angepaßt hat. Dabei geht es natürlich nicht um Anpassung im Sinne einer Unterordnung, sondern um die Veränderung der Vorgehensweise und evtl. auch um eine Kurskorrektur oder eine Abwandlung der bisherigen Ziele ohne dabei die Grundwerte aufzugeben. Im I Ging heißt es zu solchen Situationen: „Förderlich ist es, das Große Wasser zu durchqueren."

Um die ganz großen, unerwarteten und schwierigen Verwandlungen zu vermeiden, sind regelmäßige Kursüberprüfungen und gegebenenfalls Kurskorrekturen sinnvoll – also wieder die Weitsicht.

Außerdem sollte man berücksichtigen, daß jede Entwicklung und auch jede Verwandlung nicht geradlinig, sondern in einem Hin und Her zwischen zwei Polen verläuft. Das kann man recht anschaulich bei der Französischen Revolution sehen, die mehrmals zwischen verschiedenen Varianten des Königtums und der Republik hin- und hergewechselt ist. Man sollte also keine gradlinigen Entwicklungen bei Verwandlungen erwarten.

Auch wenn das Schwanken zwischen zwei Polen bei Verwandlungen weit verbreitet ist, sollte man trotzdem darauf achten, daß es zu keiner extremen Polarisierung kommt, die alles zerstören könnte, sondern daß man die Entwicklung stattdessen möglichst bald wieder in ein ruhiges, mittleres Fahrwasser zurückführt. Dazu heißt über dem Tor des Orakels von Delphi: „Nichts im Übermaß."

Aus dem Anstreben des Wesentlichen ergibt sich die Notwendigkeit einer Prioritätenliste. Das wird auch in vielen Manager-Handbüchern betont: Man braucht eine klare Motivationen und sollte das Wichtigste zuerst in seinen Kalender eintragen, also das Essen zusammen mit seiner Frau am Hochzeitstag, die Geburtstagsfeiern der Kinder, den Urlaub … und dann als zweites auch die Fortbildungen, die langfristig gesehen die eigene Position in dem Unternehmen absichern können. um diese Termine herum findet dann die aktuelle Arbeit statt.

Individuum

Die eben genannten Dinge gelten alle auch für einen einzelnen Menschen. Man sollte immer wieder nach dem „Warum?" und nach dem „Wohin?" fragen – und man sollte seine eigenen Motivation wirklich gründlich prüfen, damit man auch tatsächlich das eigentlich Wichtige erkennt und anstrebt.

Wenn man ein Stück Torte essen will, könnte es sein, daß dahinter Frust steckt – und hinter dem Frust Beziehungsschwierigkeiten – und dahinter ein verschwiegenes Fremdgehen – und dahinter ein Jugend-Trauma … und dahinter …

Man sollte bis zur Wurzel der Probleme und Motivationen zurückkehren, da man nur dort ganz unten an der Wurzel wirklich etwas verändern und sein Leben auf eine sinnvolle Weise neu ausrichten kann.

Für den Einzelnen ist es auch wichtig, die hier beschriebene Qualität des „Existentiellen" auch in Gesprächen zu erkennen. Es gibt die sachliche Argumentation der Wissenschaftler, die auf eine Erkenntnis aus ist, und es gibt die zielgerichtete Agitation des Politikers, der auf das sich-selber-Durchsetzen aus ist. Das sollte man sehr genau unterscheiden können.

Der Krisenmanager sollte also eine gute Kenntnis sowohl in der „weißen Rede", die klären soll, und in der „schwarzen Rede", die manipulieren soll, haben – nicht um andere manipulieren zu können, sondern um Klarheit schaffen zu können und nicht selber manipuliert zu werden.

Menschen mit diesen Fähigkeiten und einem Faible für Verwandlungen können gute Krisenmanager, Detektive, Anführer und Revolutionäre werden.

Gemeinschaft

Auch in der Gemeinschaft gibt es Konkurrenz, Entwicklung und Verwandlung, doch sollte diese Konkurrenz nicht in einen Kampf ausarten und dadurch destruktiv werden. Wir haben allerdings noch kein Wirtschafts- und Politiksystem, daß diese Anforderung an ein sinnvolles Handeln fördern würde. Derjenige, der ein solches System erfinden würde, hätte den Nobelpreis verdient!

Es ist z.B. nicht sinnvoll, wenn acht Autofirmen alle verschiedene Elektromotoren entwickeln anstatt sich zusammen zu tun und gemeinsam einen wirklich guten Elektromotor zu bauen, den dann alle nutzen. Der Aufwand könnte deutlich kleiner sein als er bei acht Entwicklungen von acht verschiedenen Motoren ist.

Ebenso ist es wenig sinnvoll, wenn sich in einer Fußgängerzone acht Bäckereien nebeneinander befinden oder dort auch noch sechs Döner-Stände eingerichtet werden. Es werden nach drei Monaten nur noch drei Bäckereien und zwei Döner-Stände übrig sein. Ist das nicht eine große Verschwendung von Geld, Zeit und Arbeit, wenn fünf Bäckereien und vier Döner-Stände eingerichtet werden und anschließend wieder schließen müssen?

Die kriegerische Seite, die der in diesem Kapitel beschriebene Stil ja durchaus hat, kann auch dafür genutzt werden, zukünftige Entwicklungen vorherzusehen und sich rechtzeitig auf sie vorzubereiten, oder auch um das eigene Unternehmen oder den eigenen Staat gegen Spionage und gegen IT-Angriffe abzusichern.

Erde

Auch auf der Erde hat es viele Verwandlungen gegeben – z.B. die Artensterben aufgrund von großen Vulkanausbrüchen, von Meteoriten-Einschlägen oder von langen und besonders kalten Eiszeiten.

Da jedes dieser Ereignisse zu grundlegenden Veränderungen des Lebens auf der Erde geführt hat und jeweils die Tiere an der Spitze der Nahrungskette als erste ausgestorben sind, sollten sich die Menschen überlegen, ob sie selber z.B. durch die Klimaerwärmung eine solche Verwandlung bewirken wollen … Schließlich stehen die Menschen derzeit an der Spitze der Nahrungskette auf der Erde, weshalb ihre Weiterexistenz bei einer größeren Veränderung auf der Erde am stärksten gefährdet sein würde.

Zusammenhänge

Für ein effektives Handeln ist jedoch nicht nur die Ausrichtung auf das Wesentliche und die Bereitschaft zur Verwandlung von zentraler Wichtigkeit – diese beiden Aspekte, die zusammen das Wesentliche eines guten Managements sind, müssen mit jedem anderen der zwölf Prinzipien des effektiven Handelns in Bezug gesetzt werden. Erst dadurch erhält dieses Management seine effektive Größe, Struktur, Ausrichtung und Dynamik.

Die zwölf Aspekte, die beim Management beachtet werden sollten, sind:

- Ohne das gute Management kann keine Krise überstanden werden und keine Verwandlung erfolgreich durchgeführt werden. Dieses Management entspricht dem Skorpion (8. Kapitel). Es ist die Grundlage und immer der erste Schritt dieses Handlungs-Stils.

Nach dem Intensivsten streben und sich dabei verwandeln – das ist mein Weg.

- Das gute Management ist auf ein klares Ziel ausgerichtet, denn ohne ein klares Ziel verlaufen alle Verwandlungen zufällig und folgen nur der eigenen inneren Dynamik. Diese Zielgerichtetheit ist stets der notwendige zweite Schritt bei dieser sich an der Intensität orientierenden Handlungsweise. Diese Zielstrebigkeit entsteht durch die Verbindung zum Schützen (9. Kapitel).

Verwandlung macht nur Sinn, wenn es ein klares Ziel gibt.

- Das gute Management braucht eine solide Sachlichkeit, denn die Realität ist unerbittlich, wenn man etwas falsch gemacht hat: Die Folgen werden nicht ausbleiben. Diese Sachlichkeit integriert das Angestrebte in den Umraum des Möglichen. Sie entsteht durch die Verbindung zum Steinbock (10. Kapitel).

Vorher prüfen hat noch nie geschadet.

- Das gute Management benötigt auch ein theoretisches Verständnis in dem Bereich, in dem es tätig ist. Ohne diese Kenntnis der Strukturen, der Dynamiken, der Abläufe, der wesentlichen Einflüsse usw. ist es kaum möglich, die Wirkungen der eigenen Handlungsoptionen korrekt einzuschätzen. Diese theoretische Grundlage schützt das Innere. Sie entsteht durch die Verbindung zum Wassermann (11. Kapitel).

Wissen ist Macht.

- Das gute Management wird deutlich effektiver, wenn es nicht nur Konzepte hat, denen es folgt, sondern wenn es auch spüren kann, ob „etwas im Busch" ist und sich darauf einstellen kann. Dieses Gespür für sich anbahnende Entwicklungen ermöglicht und erschafft eine lenkende Mitte. Sie entsteht durch die Verbindung zu den Fischen (12. Kapitel).

Wenn der Himmel sich dunkel bewölkt, suche einen Schutz vor Regen.

- Das gute Management braucht Mut und Tatkraft, da es die Kurskorrekturen und die Verwandlungen auch durchsetzen muß. Eine tiefe Einsicht und ein guter Plan helfen nicht viel, wen sie nicht auch umgesetzt werden. Diese Tatkraft schützt das System. Sie entsteht durch die Verbindung zum Widder (1. Kapitel)

- Das gute Management darf sich nicht ganz auf Krisen und Verwandlungen fixieren, sondern muß sich auch um das Bewahren des Guten, das Schützen des Bestandes und das Nutzen des bereits Erworbenen kümmern. Neben den aufreibenden Phasen der Verwandlung werden auch die Phasen der Erholung und des ruhigen Wachstums benötigt. Wenn etwas gedeiht, sollte man es nicht durch Veränderungen stören. Diese Gärtner-Haltung verhindert die Einseitigkeit der endlosen Veränderung. Sie entsteht durch die Verbindung zum Stier (2. Kapitel).

Auch der stärkste Krieger muß mal sich mal ausruhen.

- Das gute Management muß gut informiert sein, es muß wissen, was im eigenen Unternehmen vor sich geht, was die anderen Unternehmen vorhaben und welche neuen Erfindungen und Entwicklungen vor der Türe stehen. Diese Informiertheit ermöglicht die Weiterentwicklung. Sie entsteht durch die Verbindung zum Zwilling (3. Kapitel).

Wo die Kraft scheitert, hilft oft die List.

- Das gute Management sollte weiterhin in der Lage sein, nicht nur die Brennpunkte zu sehen, sondern auch ein Gesamtbild der eigenen Organisation zu entwickeln. Nur durch dieses Bild entsteht ein tieferes Verständnis und ein lebendiger Zugriff auf die Stimmungen in der Organisation, ihre Stärken und Schwachstellen und ihre Entwicklungstendenzen. Gut entworfene Bilder sind auch die Grundlage jeglicher Werbung. Dieses bildhafte Erfassen ermöglicht eine klare Ausrichtung auf die eigentlichen Bedürfnisse – aber auch die Manipulation der Bedürfnisse durch Bilder. Diese Bedarfs-Bilder entstehen durch die Verbindung zum Krebs (4. Kapitel).

Bilder-Denken ist schneller und wirksamer als Worte-Denken.

- Das gute Management braucht weiterhin die Möglichkeit, Änderungen zu beschließen und durchzusetzen – also ein zentrales Forum, das über diese Macht verfügt. Diese Forum – wie auch immer es gestaltet sein mag – muß die Identität der eigenen Organisation wahren und Beschlüsse fassen und umsetzen, die aus dieser Identität heraus entstehen und die diese Identität weiter entfalten und wachsen und gedeihen lassen. Dieses zentrale Forum erschafft Sicherheit und Beständigkeit. Es entsteht durch die Verbindung zum Löwen (5. Kapitel).

Die gezielte zentrale Lenkung vergrößert die Effektivität.

- Das gute Management benötigt wie alle anderen Teile einer Organisation auch eine gute Detailkenntnis und ein großes handwerkliches Geschick. Diese Handwerker-Haltung hilft andere zu überzeugen und dadurch Teil einer „Bewegung" zu werden. Diese Sorgfalt entsteht durch die Verbindung zur Jungfrau (6. Kapitel).

Achte im Kampf auch auf die Kleinigkeiten.

- Das gute Management muß schließlich auch in der Lage sein, Konflikte aufzulösen, Streits zu schlichten, Kompromisse zwischen verschiedenen Strömungen zu finden und alle Beteiligten zu einer gut koordinierten Kooperation zu bringen. Ohne diese Fähigkeit kann keine Organisation gedeihen. Diese Kooperationsfähigkeit erschafft durch ihre grundlegende Friedlichkeit einen Rückhalt in der Welt. Diese Kooperation entsteht durch die Verbindung zur Waage (7. Kapitel).

Kein einzelner Krieger ist so stark wie ein Bündnis aus einem Dutzend Männer.

Zusammenfassung

Es wird ein gutes Management gebraucht, um eine Organisation – das eigene Leben, eine Familie, ein Unternehmen, ein Staat, die Menschheit – gedeihen zu lassen. Es ist notwendig, das Wesentliche und seine Entwicklungstendenzen so klar wie nur irgend möglich zu erfassen, und dann anschließend auch entsprechend zu handeln und auch Kurskorrekturen und Verwandlungen in Kauf zu nehmen, wenn der bisherige Weg absehbar zu einem Scheitern führen würde.

Dies ist der zweite der drei Stile, die auf das bildhafte Veranschaulichen ausgerichtet sind (astrologische Wasserzeichen).

Während der in Kapitel 4 beschriebene Stil (Krebs) sich die Dinge auf der Zunge zergehen läßt und dadurch mit ihnen emotional vertraut wird, bündelt der hier in Kapitel 8 beschriebene Stil (Skorpion) alle Gefühle einsgerichtet auf ein einziges Thema hin.

9. Projektleiter

♐

Die Zielgerichtetheit ist die neunte Grundlage, auf der ein effektives Handeln beruht. Das Handeln kann nur dann effektiv werden, wenn ein klares Ziel angestrebt wird, durch das die Kräfte und Bemühungen gebündelt werden.

Um ein Ziel erreichen zu können, muß gründlich vorausgeplant werden und auch ein Plan B und ein Plan C entworfen werden, damit man nicht dann, wenn der eigentliche Plan fehlschlägt, handlungsunfähig wird und große Verluste hinnehmen muß.

Dieser Handlungsstil sieht stets, was und wie es gerade ist, und gleichzeitig sieht er aber auch das, was und wie es sein könnte. Daraus ergibt sich die kreative Unruhe, mit dem man den Bogen der Unzufriedenheit spannen kann, um den Pfeil des Engagements auf das Ziel der Verbesserung zu schießen. Dieser Stil will stets weitergehen, zu dem Besseren gelangen, Fortschritte machen, ein neues Ziel erreichen. Sein Ankerpunkt ist die bessere Zukunft.

Individuum

Auch der Einzelne braucht diese Zielstrebigkeit, wenn er etwas erreichen will. Ohne die Bündelung der eigenen Fähigkeiten und Kräfte und Anstrengungen auf ein Ziel hin wird man nicht weit kommen.

Der Einzelne kann zudem als Vorbild handeln und dadurch andere inspirieren und bisweilen sogar eine große Wirkungs-Reichweite erlangen.

Gemeinschaft

Die Grundlage der Ziele in einer Gemeinschaft ist das Motto der Gemeinschaft, die lebendige „corporate identity".

Die einzelnen Schritte, die dieses übergeordnete Ziel verwirklichen helfen, werden durch einen Manager bzw. Projektleiter definiert und angeleitet.

Erde

In Bezug auf die gesamte Erde können die generellen Ziele erst dann angestrebt werden, wenn die langfristigen Folgen aller möglichen Verhaltensweisen in ausreichendem Maße erforscht worden sind. Auf diese Weise können zum einen Schäden vermieden und zum anderen nach und nach die verschiedenen Etappenziele erreicht werden. Allerdings ist es dafür notwendig, daß genügend Menschen die Notwendigkeit eines Zieles erkannt haben und auch wirklich hinter den Bemühungen, dieses Ziel zu erreichen, stehen.

Zusammenhänge

Für ein effektives Handeln ist jedoch nicht nur die Zielstrebigkeit selber von zentraler Wichtigkeit – sie muß mit jedem anderen der zwölf Prinzipien des effektiven Handelns in Bezug gesetzt werden. Erst dadurch erhält die Zielstrebigkeit ihre effektive Größe, Struktur, Ausrichtung und Dynamik.

Die zwölf Aspekte, die bei der Zielstrebigkeit beachtet werden sollten, sind:

- Ohne die Zielstrebigkeit wird nichts besser werden, aber ab und zu etwas schlechter werden. Dieses Streben nach dem besseren Zustand entspricht dem Schützen (9. Kapitel). Es ist die Grundlage und immer der erste Schritt dieses Handlungs-Stils.

  Erst das Ziel gibt der Bewegung ihren Sinn.

- Die Zielstrebigkeit braucht die sachliche, nüchterne Prüfung, bevor man mit dem Projekt beginnt, denn sonst ist die Gefahr einer Fehlplanung zu groß. Diese Sachlichkeit ist stets der notwendige zweite Schritt bei dieser auf das Ideal ausgerichteten Handlungsweise. Diese nüchterne Betrachtung der Tatsachen entsteht durch die Verbindung zum Steinbock (10. Kapitel).

  Wer den Weg kennt, ist schnell am Ziel.

- Die Zielstrebigkeit wird deutlich effektiver, wenn sie eine solide Kenntnis der theoretischen Grundlage des Bereichs hat, in dem man etwas unternehmen will. Dieses Wissen ermöglicht eine deutlich sicherere und verläßlichere Planung und Durchführung. Diese Theorien ermöglichen es auch, das angestrebte Ziel als Teil der Utopie des bestmöglichen Zustands zu erkennen und zu verstehen – was die Möglichkeiten zur Zusammenarbeit mit anderen deutlich vergrößert. Dieses Wissen um die theoretischen Grundlagen integriert das einzelne Ziel in den Umraum des Gesamt-Ideals. Diese Kenntnisse entstehen durch die Verbindung zum Wassermann (11. Kapitel).

  Die Etappenziele erlangen ihre Bedeutung durch das Endziel.

- Die Zielstrebigkeit muß auch – selbst dann, wenn die Umsetzung des Projekts bereits begonnen hat – auf die aktuelle Situation und die allgemeinen Tendenzen schauen, um nicht in ungünstigen Winden in Schwierigkeiten zu kommen. Das eigene Vorgehen muß also immer wieder einmal den Umständen angepaßt werden. Dieses Gespür dafür, „von woher der Wind weht" schützt das Innere. Es entsteht durch die Verbindung zu den Fischen (12. Kapitel).

  Man kommt schneller ans Ziel, wenn man nutzt, was einem unterwegs begegnet.

- Die Zielstrebigkeit braucht auch den Mut zur Tat. Das Ziel verwirklicht sich nicht von alleine – man muß die Dinge auch anpacken und bewegen. Diese Tatkraft ermöglicht und erschafft eine lenkende Mitte. Diese ständige Handlungsbereitschaft entsteht durch die Verbindung zum Widder (1. Kapitel).

  Ohne Kraft keine erfolgreiche Reise.

- Die Zielstrebigkeit darf auch nicht zu einem Streben um des Strebens willen werden, sondern sie muß das Erreichte auch bewahren, schützen und genießen. Auf die Aktivität der Zielstrebigkeit muß jedesmal die Ruhe der Konsolidierung folgen. Diese Konsolidierung schützt das System. Sie entsteht durch die Verbindung zum Stier (2. Kapitel).

  Setz Dich, atme durch und iß und trinke wenn Du erschöpft bist.

- Die Zielstrebigkeit braucht nicht nur die ihr eigene Ausrichtung auf ein Ziel, sondern zuvor auch einen klaren Blick auf die Vielfalt der Möglichkeiten und Wege, denn sonst stellt man nach einer Weile vielleicht fest, daß man ein minderwertiges Ziel angestrebt hat und das eigentlich wertvolle Ziel, das in greifbarer Nähe gelegen hat, übersehen hat. Oder man ist voller Elan links herum gelaufen ohne zu sehen, daß der Weg rechts herum viele einfacher und kürzer gewesen wäre. Also erst schauen, dann schießen. Dieser Überblick verhindert die Einseitigkeit des Blicks auf ein einzelnes Ziel. Der so dringend benötigte Überblick entsteht durch die Verbindung zum Zwilling (3. Kapitel).

  Nur wer die Vielfalt kennt, kann das lohnendste Ziel auswählen.

- Die Zielstrebigkeit benötigt auch ein klares und ebenso emotionales Bild des Zieles, da nur solch ein Ziel die bewußten Kräfte und in einem noch viel größeren Maße auch die unbewußten Kräfte bündeln kann. Das gilt sowohl für den Einzelnen als auch für eine Gemeinschaft und ebenso für die Menschheit als Ganzes. Durch solche Bilder, die durch einen Sachkundigen magisch „aufgeladen" worden sind, werden bisweilen auch neu auf dem Markt lancierte

Produkte gezielt gefördert. Diese Art von Bildern ermöglicht die Weiterentwicklung. Sie entstehen durch die Verbindung zum Krebs (4. Kapitel).

Wecke die Kraft in Dir bevor Du den Bogen spannst.

- Die Zielstrebigkeit benötigt auch eine koordinierende und lenkende Mitte, denn es reicht nicht, das Ziel klar vor Augen zu haben – auch die verschiedenen Phasen des Weges zu diesem Ziel müssen in der richtigen Reihenfolge in Gang gebracht werden. Diese lenkende Mitte ermöglicht eine klare Ausrichtung auf die gerade wichtigsten Projekte. Diese Mitte entsteht durch die Verbindung zum Löwen (5. Kapitel).

Wer auf zwei Hasen zugleich schießt, trifft keinen einzigen.

- Die Zielstrebigkeit kommt auch nicht ohne das handwerkliche Geschick aus, das es erst ermöglicht, Ordnung und Überblick zu behalten und jeden einzelnen kleinen Schritt auf dem Weg zu dem Ziel in einer möglichst effektiven Weise zu gehen und dabei keine Kleinigkeiten zu übersehen die letztlich zu dem Scheitern des Ganzen führen könnten. Dieses handwerkliche Geschick erschafft Sicherheit. Es entsteht durch die Verbindung zur Jungfrau (6. Kapitel).

Wenn Du weit reiten willst, kümmere Dich gut um Dein Roß.

- Die Zielstrebigkeit wird nur dann wirklich wirksam werden, wenn sie mit den anderen eigenen Zielen in Einklang steht, und in vielen Fällen wird sie auch erst dann wirksam, wenn man Verbündete auf dem Weg zu diesem Ziel finden kann. Dafür sind viele Gespräche notwendig, bei denen man den Wert des Zieles anschaulich und für alle gut verständlich darstellt. Diese Kooperation mit Gleichgesinnten hilft Teil einer „Bewegung" zu werden, die gemeinsam auch Ziele erreichen kann, die Dir alleine unerreichbar bleiben würden. Diese Zusammenarbeit entsteht durch die Verbindung zur Waage (7. Kapitel).

Gemeinsam ist jede Arbeit leichter.

- Die Zielstrebigkeit wird nur in seltenen Fällen einfach geradeaus auf dem Geplanten Weg das Ziel erreichen. In den meisten Fällen wird es unerwartete Hindernisse, Ausfälle, Zusatzarbeiten und dergleichen geben, die ein Umdenken, Kurskorrekturen und einen manchmal sogar eine vollständige Verwandlung des Projektes erfordern. Diese Verwandlungen erschaffen einen Rückhalt in der Welt, da diese Neuorientierungen sich an dem, was man will, und an dem, was vor einem liegt, orientieren. Diese Kurskorrekturen und Verwandlungen entstehen durch die Verbindung zum Skorpion (8. Kapitel).

Prüfe gründlich, was Du wirklich willst, bevor Du losrennst.

Zusammenfassung

Die Zielstrebigkeit ermöglicht es, ein Ziel zu erreichen. Dazu muß man sehen können, wie die Dinge von dem ausgehend, wie sie gerade sind, besser werden könnte. Wenn dann der Aufwand und der mögliche Ertrag in einem günstigen Verhältnis stehen, wird man mit dem betreffenden Projekt beginnen.

Dies ist der dritte der drei Stile, die auf das mutige Tun ausgerichtet sind (astrologische Feuerzeichen).

Während der in Kapitel 1 beschrieben Stil (Widder) etwas neu erschafft und der in Kapitel 5 beschriebene Stil (Löwe) die Dinge um eine Mitte herum anordnet und sie zu einem organischen Ganzen zusammenwachsen läßt, richtet der hier beschriebene Stil (Schütze) alle Kraft auf ein einzelnes Ziel aus.

Der Widder ist ein Gründer, der Löwe ein Gestalter und der Schütze ein Anwender.

10. Wächter

♑

Die nüchterne Sachlichkeit ist die zehnte Grundlage, auf der ein effektives Handeln beruht. Hier wird stets auf die staatlichen Gesetze und auf die Naturgesetze aufgebaut, das Erreichte gesichert und das Zukünftige geplant. Es werden alle Risiken vermieden und jeder erdenkliche Halt wird als Teil des Fundaments integriert.

Daher ist diese Vorgehensweise anfangs langsam und mühsam, doch da die Fundament durch das viele Lernen und Üben sehr tragfähig sind, kommt man mit dieser Vorgehensweise auch sehr weit und kann auf diesen Fundamenten einen hohen Turm bauen und erreicht meist erst im Alter das Maximum.

Wie ein Wächter sichert man alles ab; es wird für alles die Grundlage erschaffen; und man prüft, prüft und prüft noch einmal, um auch ja keine Fehler zu begehen und auch keine übereilten Entschlüsse zu fassen. Es wird niemals auf Kosten der Grundlagen gespart oder rationalisiert.

Man geht in jedem Bereich so gründlich vor wie ein Flugzeug-Konstrukteur: Nur wenn das Flugzeug fliegt – sicher und risikofrei fliegt – ist man zufrieden und hat seine Ruhe und seinen Frieden mit dem, was man tut.

Individuum

Die Vorgehensweise ist gründlich und daher in aller Regel auch langsam. Daraus ergeben sich sowohl Gelassenheit als auch Ausdauer. Es wird an einem Tag nicht viel geschafft, aber das, was geschafft wurde, ist dafür aber auch sicher, verläßlich und tragfähig. Man geht zwar langsam, aber man geht noch immer weiter, wenn andere schon längst Pause machen oder mit dem Erreichten schon zufrieden sind.

Im I Ging heißt es dazu „förderlich ist Beharrlichkeit".

Gemeinschaft

Gemeinschaften, die auf diesem Prinzip aufbauen, sind eher traditionell und im guten Sinne wertkonservativ, d.h. sie bewahren das Gute, das bereits erschaffen wurde. Man findet hier also eher Museen als Ideenschmiede, aber auch Naturschützer und Diplomaten, die danach streben, den Frieden zu erhalten.

Weiterhin gehört die ganze Jurisdiktion hierhin, also Richter, Notare und die gesamte Verwaltung, die sich ja alle an festgelegten Regeln orientieren. Sie bauen auf dem allgemeinen Konsens auf und halten schädliche Auswirkungen durch die Abweichung von der Norm von der Gemeinschaft fern.

Erde

Die Erde braucht diese Qualität derzeit in hohem Maße – genauer gesagt die Menschheit auf der Erde braucht diese konservative, bewahrende Haltung. Ohne sie ist die Lebensgrundlage für die Menschen in Gefahr: Klimaerwärmung, Artensterben, Rohstoffausbeutung, Mikroplastik-Verbreitung – es gibt eine lange Liste von „schleichenden Schädigungen" unserer Lebensgrundlage durch uns selber.

In diesen Bereichen wird diese langsame, prüfende, einsichtige und in Bezug auf das Handeln konsequente Haltung dringend gebraucht. Diese Vorgehensweise ist auf den ersten Blick unangenehm und begrenzend, aber dafür hat sie den Vorteil, daß sie langfristig das Überleben der Menschen absichert.

Man sollte nicht die Mühe in der Gegenwart scheuen, wenn man dadurch Gefahren in der Zukunft abwehren kann.

Zusammenhänge

Für ein effektives Handeln ist jedoch nicht nur die Sachlichkeit selber von zentraler Wichtigkeit – sie muß mit jedem anderen der zwölf Prinzipien des effektiven Handelns in Bezug gesetzt werden. Erst dadurch erhält die Sachlichkeit ihre effektive Größe, Struktur, Ausrichtung und Dynamik.

Die zwölf Aspekte, die bei der Sachlichkeit beachtet werden sollten, sind:

- Ohne die Sachlichkeit kann nichts Stabiles und Tragfähiges erschaffen werden. Nur wenn man zunächst einmal nach den festen Felsen sucht, kann man auf ihnen ein Haus bauen, das die Zeiten und Stürme überstehen kann, weil es fest verankert ist. Diese Sachlichkeit entspricht dem Steinbock (10. Kapitel). Sie ist die Grundlage und immer der erste Schritt dieses Handlungs-Stils.

  Beständiges Streben ist das Geheimnis des großen Erfolgs.

- Die Sachlichkeit kann jedoch nicht isoliert wirklich fruchtbar werden. Sie benötigt auch eine klare Vorstellung von dem, was mit so viel Mühe erbaut werden soll. Dazu ist wiederum eine Vorstellung von dem Bestmöglichen – also eine Utopie – notwendig, die ihrerseits wieder die gründliche Kenntnis aller theoretischen Grundlagen erfordert. Diese Utopie ist stets der notwendige

254

zweite Schritt bei dieser sachlichen Handlungsweise. Sie entsteht durch die Verbindung zum Wassermann (11. Kapitel).

Das Verstehen der Theorie erleichtert das Bauen.

- Die Sachlichkeit braucht weiterhin die Fähigkeit, ihre Gründlichkeit und Fundament-Orientierung auf alles anwenden zu können, was einem so alles im Laufe des Tages begegnet. Man muß die eigenen soliden Grundlagen also dafür nutzen können, durch jede erdenkliche Situation unbeschadet und wenn möglich sogar mit einem Vorteil hindurch zu kommen. Man braucht also ein stoßfestes Fundament, auf dem man all das aufbauen kann, was in einer bestimmten Situation gebraucht wird. Das, was auf dem festen Fundament aufgebaut wird, sollte also auch flexibel sein und sich jeden äußeren Umständen anpassen können. Diese Flexibilität integriert das Erschaffene in den Umraum der gesamten Welt. Diese Anpassungsfähigkeit entsteht durch die Verbindung zu den Fischen (12. Kapitel).

Alles nutzen, aber stets an demselben weiterbauen.

- Die Sachlichkeit darf nicht zu Passivität werden. Das, was wie eine generelle Anpassung aussehen mag, ist in Wirklichkeit das Nutzen der Gegebenheiten zum eigenen Vorteil: Man versucht nicht, die Felsen zu sprengen, sondern man akzeptiert sie und klettert auf ihnen höher hinauf. Wenn zu der Sachlichkeit die Tatkraft hinzukommt, kann man aus den Steinen, die einem in den Weg gelegt werden, auch ein Haus bauen. Dieses Handeln ist bedächtig und gut begründet und richtet sich immer auf den leichtesten Weg zu dem eigenen Vorteil. Diese Tatkraft schützt das Innere. Sie entsteht durch die Verbindung zum Widder (1. Kapitel).

Nur wer handeln kann, kommt voran.

- Die Sachlichkeit ist auch bewahrend, da es ja nicht nur darum geht, etwas zu erreichen, sondern auch darum, das Erreichte zu schützen und abzusichern. Das Genießen des Erreichten, daß ja auch noch dazu gehört, findet bei diesem Stil oft erst in späteren Jahren statt, wenn alles Wesentliche aufgebaut und abgesichert worden ist. Dieses Bewahren ermöglicht und erschafft eine lenkende Mitte. Dieses Schützen und Bewahren entsteht durch die Verbindung zum Stier (2. Kapitel).

Förderlich ist es, das Erschaffene zu beschützen.

- Die Sachlichkeit sollte niemals in bloße Sturheit absinken, bei der man einfach bei dem Alten bleibt, sondern man sollte stets auch alle neuen Entwicklungen und sich bietenden Möglichkeiten sehen und nutzen. Schließlich ist es nicht das Ziel, möglichst immer gleich zu bleiben und gleich zu handeln, sondern es ist das Ziel, einen möglichst stabilen Fortschritt zu machen – und dafür kann man auch alles Neue verwenden. Natürlich verwendet man das Neue erst dann, wenn die Richtigkeit und Verläßlichkeit des Neuen gründlich geprüft worden ist. Diese Offenheit für neue Informationen schützt das System vor unnötiger Kraftverschwendung. Diese Offenheit entsteht durch die Verbindung zum Zwilling (3. Kapitel).

Findigkeit erspart Mühe.

- Die Sachlichkeit könnte ein wenig trocken und isoliert machen, wenn sie nicht durch ein Bild von der eigenen Situation und durch die Verbindung zu anderen Menschen ergänzt wird. Es wird hier natürlich nach beständigen und verläßlichen Verbindungen, Freundschaften und Beziehungen gesucht. Es soll ja nicht nur ein festes Haus auf festen Felsen erbaut werden, sondern in diesem Haus soll ja auch ein bereicherndes Leben stattfinden und Geborgenheit gedeihen können. Diese Behaglichkeit verhindert die Einseitigkeit der Außen-Orientierung. Diese behagliche Innen-Orientierung entsteht durch die Verbindung zum Krebs (4. Kapitel).

Auch wenn Du ständig im Außen handelst, hast Du doch auch ein Innen.

- Die Sachlichkeit braucht auch eine innere Stärke, um den eigenen Vorteil behaupten zu können. Diese Sachlichkeit ist also keine kraftlose Anpassung, sondern ein kraftvolles Nutzen der Gesetze und Regeln. Dazu muß man natürlich wissen, wer man ist und was man will. Diese lenkende und gestaltende Mitte ermöglicht die Weiterentwicklung. Sie entsteht durch die Verbindung zum Löwen (5. Kapitel).

Nur der große Wille errichtet den hohen Turm.

- Die Sachlichkeit muß weiterhin durch die Sorgfalt und das Beachten aller Details ergänzt werden, da sonst kleine Fehler auftreten können, die das große Ganze ins Wanken bringen könnten. Diese Sorgfalt ermöglicht eine klare Ausrichtung auf das Verläßliche. Sie entsteht durch die Verbindung zur Jungfrau (6. Kapitel).

Nur präzise Sachkenntnis ermöglicht Beständigkeit.

- Die Sachlichkeit kann zwar allein für sich voran streben, aber der Weg wird einfacher, wenn man sichere Verbündete findet, mit denen man den Weg gemeinsam gehen kann. Diese Weggefährten erschaffen Sicherheit. Sie entstehen durch die Verbindung zur Waage (7. Kapitel).

Kein Palast wurde jemals nur von zwei Händen erbaut.

- Die Sachlichkeit benötigt auch die Bereitschaft zum Wandel. Das ist diesem stetigen und durch Absicherung geprägten Vorgehen zwar zuwider, aber wenn es im Außen die Notwendigkeit gibt, den eigenen Kurs zu korrigieren, weil z.B. die Regeln geändert worden sind, dann führt diese Sachlichkeit dazu, daß man einer der ersten ist, die sich auf die neuen Gegebenheiten einstellen – alles andere wäre schließlich Selbstschädigung. Diese Verwandlungsfähigkeit bei der Veränderung der Rahmenbedingungen hilft Teil einer „Bewegung" mit gleichen Zielen zu werden. Diese Verwandlungsfähigkeit entsteht durch die Verbindung zum Skorpion (8. Kapitel).

Beständigkeit erreichst Du nur durch stetigen Wandel.

- Die Sachlichkeit braucht schließlich auch noch ein Ziel, das sie anstreben kann, denn sonst gibt es ja nichts, was man auf seinem festen Fundament aufbauen wollen könnte. Diese Zielstrebigkeit erschafft einen Sinn und einen Rückhalt in der Welt. Sie entsteht durch die Verbindung zum Schützen (9. Kapitel).

Das Ziel ist das Fundament der Arbeit.

Zusammenfassung

Die sachliche, nüchterne und die Beständigkeit anstrebende Vorgehensweise bildet sozusagen die „Knochen" eines jeden Systems, durch das ein innerer Halt entsteht. Diese Handlungs-Stil ermöglicht eine langfristige Effektivität und ein zwar langsames, aber dafür auch dauerhaftes und gut abgesichertes Erreichen der eigenen Ziele.

Dies ist der dritte der drei Stile, die auf das sachliche Begreifen und Argumentieren ausgerichtet sind (astrologische Erdzeichen).

Während der hier in Kapitel 10 beschriebene Stil die Tatsachen der Welt erkennt und sich an ihnen orientiert und sie nutzt, gestaltet der in Kapitel 2 beschriebene Stil (Stier) etwas genußvoll aus, und der in Kapitel 6 beschriebene Stil (Jungfrau) kümmert sich um die ganzen kleinen Details.

Der Steinbock ist ein Gründer, der Stier ein Gestalter und die Jungfrau ein Anwender.

11. Professor

≈

Die Utopie ist die elfte Grundlage, auf der ein effektives Handeln beruht. Die Grundlage für die Utopie ist wiederum die Forschung, die Wissenschaft und die Theoriebildung sowie die Fähigkeit, sich das, was da ist, anzuschauen, und einen Entwurf dafür, wie es insgesamt sein sollte, zu erschaffen. Die Theoriebildung ist also ein Werkzeug, um den umfassenden Idealzustand und ebenso den Weg dorthin erkennen und beschreiben zu können.

Aus der Utopie ergibt sich das Handeln im ganz großen Stil – das Handeln, das auf die Allgemeinheit wirkt. Dieses Handeln erschafft völlig neue Dinge, erfindet das, was gebraucht wird, und es öffnet das Tor zur Zukunft.

Hier wird mit Weitblick, Gesamtschau und Vision eine Utopie für sich selber, für die Gemeinschaft und für die Menschheit entwickelt, und es werden neue Erfindungen und Entwicklungen integriert. Aufgrund dieser umfassenden Absicht und dieser angestrebten umfassenden Wirkung wird dieses Handeln stets sehr schnell auch politisch relevant – schließlich lenkt auch die Politik die Öffentlichkeit … und die ist ja das, was durch die Verwirklichung der Utopie verändern werden soll.

Individuum

Jemand, der auf diese Weise handelt, wird oft zu einem Erfinder, einem Forscher, einem Konstrukteur, einem Professor, einem Utopisten oder zu einem Politiker. Ein solcher Mensch lebt aus seiner Utopie heraus, aus ihr zieht er seine Kraft, für sie lebt er und nach ihr strebt er.

Gemeinschaft

In einer Gemeinschaft – egal wie groß sie ist – führt diese Art des Handelns entweder zur Evolution oder zur Revolution, aber auf jeden Fall zu einer raschen Weiterentwicklung.

Die Qualität und das Niveau dieser Veränderungen hängen davon ab, wie gründlich diejenigen, die diese Bewegung in Gang gesetzt haben, die zu verändernde Situation untersucht haben und wie tragfähig die von ihnen entworfene Utopie ist.

Erde

Die Erde bzw. die Menschheit kann gerade sehr gut die Utopie eines verantwortungsvollen und vertrauensvollen Handelns der Menschheit brauchen, um die anstehenden Probleme zu lösen und die ganzen Krisen abzuwenden. Diese Utopie, die im Wesentlichen ein Erwachsenwerden der Menschheit sein wird, muß so klar wie möglich formuliert und in einzelne Schritte gegliedert werden, damit sie die Menschen dazu bewegen kann, diesen Entwicklungsschritt auch anzugehen.

Dabei gibt es zum einen die Ebene der „Graswurzel-Revolution", auf der ganz viele „Kleine" viele kleine Schritte in die richtige Richtung machen; und es gibt zum anderen die „Großen", die viel Einfluß haben, weil sie reich oder mächtig sind, und die ebenfalls in die richtige Richtung gehen müssen.

Es steht zu hoffen, daß es bald genügend Einsicht in die Dringlichkeit der Probleme wie der Überbevölkerung, dem Klimawandel, dem Artensterben und dem Hunger gibt, daß eine solche Bewegung mit dem Ziel eines erwachsenen Verhaltens der Menschheit in Gang kommt.

Das ist nicht völlig aussichtslos, aber es ist auch nicht sicher, wann diese Entwicklung endlich genügend Schwung bekommen wird.

Zusammenhänge

Für ein effektives Handeln ist jedoch nicht nur die Utopie selber von zentraler Wichtigkeit – sie muß mit jedem anderen der zwölf Prinzipien des effektiven Handelns in Bezug gesetzt werden. Erst dadurch erhält die Utopie ihre effektive Größe, Struktur, Ausrichtung und Dynamik.

Die zwölf Aspekte, die bei der Utopie beachtet werden sollten, sind:

- Ohne die Utopie fehlt der Weg, den man gemeinsam gehen könnte. Man den Weg nicht beschreiben, wenn es keine verläßliche Theoriebildung gibt. Man kann keine funktionierende Theorie entwerfen, wenn es keine Forschung gibt. Es kann keine Forschung geben, wenn es keine solide geprüfte Wissenschaft gibt. Diese letztlich auf der Wissenschaft beruhende Utopie entspricht dem Wassermann (11. Kapitel). Sie ist die Grundlage und immer der erste Schritt dieses Handlungs-Stils.
  Verstehen weitet die Lebensmöglichkeiten.

- Die Utopie entsteht aus dem abstrakten Überblick über die Gesamtsituation. Diese Utopie muß jedoch aus den Gelehrtenstübchen ins Volk gebracht werden, wenn sie wirksam werden soll. Diese allgemeine Bekanntmachung ist stets der notwendige zweite Schritt bei dieser sich an der Utopie orientierenden Handlungsweise. Dieses „Verkünden" entsteht durch die Verbindung zu den Fischen (12. Kapitel).

Wenn alle die Utopie kennen, verändert sich die Welt.

- Die Utopie ist der vorgeschlagene Weg – doch man muß auch losgehen, wenn man auf diesem Weg zum Ziel gelangen will. Dafür wird mutige Tatkraft und unverzagte Entschlossenheit gebraucht. Diese Tatkraft integriert die noch abstrakte Utopie in den Umraum der Handlungsmöglichkeiten. Sie entsteht durch die Verbindung zum Widder (1. Kapitel).

Was, wenn nicht das Beste? Wann, wenn nicht jetzt?

- Die Utopie muß ein angenehmeres und genußvolleres Leben versprechen und sie muß auch mit den vorhandenen Mitteln erreichbar sein. Eine Utopie, von der niemand glaubt, daß man sie verwirklichen kann, wird auch nie verwirklicht werden – ganz einfach, weil niemand damit beginnen wird. Es muß also verläßlich dargestellt werden, daß man alle Kräfte, Fähigkeiten, Vorräte und sonstigen Mittel hat, um die Utopie zu verwirklichen. Weiterhin muß deutlich sein, daß diese Utopie schließlich auch ein stabiler Zustand werden kann, der sich selber erhält und trägt. Dieses Erkennen der Machbarkeit schützt das Innere und erhält die Utopie lebendig. Dieses Schützen entsteht durch die Verbindung zum Stier (2. Kapitel).

Das, was im Kopf entsteht, muß anschließend geerdet werden.

- Die Utopie braucht weiterhin Informationen. Es müssen alle Möglichkeiten ausgeschöpft werden, um die Verwirklichung der Utopie so einfach wie möglich zu machen und den Aufwand so gering wie möglich zu halten. Diese Informiertheit erschafft eine lenkende und gestaltende Mitte, die das Vorankommen leitet. Sie entsteht durch die Verbindung zum Zwilling (3. Kapitel).

Viel Wissen – viel Weitblick.

- Die Utopie braucht auch ein einfaches Bild oder Symbol, also etwas, worüber man nicht nachdenken muß, sondern das schon auf den ersten Blick eingänglich und verständlich ist. Etwas, das man nur mit dem Verstand begreifen kann, wird niemals große Menschenmassen begeistern und zum Handeln bewegen. Dieses Bild schützt und belebt das System. Es entsteht durch die Verbindung zum Krebs (4. Kapitel).

Bilder begeistern die Massen.

- Die Utopie braucht auch ein „Herz", also jemanden der die „Bewegung" lenkt, der die Utopie verwirklichen will – eine Vordenker, einen Vorreiter, also einen, der alle Menschen oder zumindest viele Menschen mit seiner Haltung, seinen Reden und Taten begeistern und überzeugen kann. Dieses „Herz" verhindert die Einseitigkeit der allgemeingültigen Theorie und ergänzt sie durch das individuelle Vorbild. Dieses „Herz" entsteht durch die Verbindung zum Löwen (5. Kapitel).

Jede Utopie hat einen lebendigen Kern.

- Die Utopie benötigt weiterhin wie alle Dinge im Leben auch die Sachkenntnis und das handwerkliche Geschick, damit alles auch so ablaufen kann wie es beabsichtigt und geplant worden ist. Diese Sachkenntnis und dieses Geschick ermöglichen die Weiterentwicklung. Sie entstehen durch die Verbindung zur Jungfrau (6. Kapitel).

Sachwissen ist die Amme der neugeborenen Utopie.

- Die Utopie ist schließlich auch auf eine gute Kommunikation angewiesen, da die Utopie ja andere Menschen überzeugen und zum Handeln bringen muß. Es wird auch die Fähigkeit gebraucht, die Talente und Möglichkeiten der einzelnen Menschen so miteinander zu kombinieren, daß sich daraus eine effektive Kooperation von ganz verschiedenen Individuen ergibt. Diese harmonische Koordination und Kooperation ermöglichen eine klare Ausrichtung von allen Beteiligten auf die gemeinsame Utopie. Diese Zusammenarbeit entsteht durch die Verbindung zur Waage (7. Kapitel).

Keine Utopie wird von einem Einzelnen verwirklicht.

- Die Utopie muß wandlungsfähig sein – nicht im Wesenskern, aber doch in den Einzelheiten, denn niemand sieht schon am Anfang den gesamten Weg. Daher müssen im Verlauf der Verwirklichung der Utopie immer wieder Änderungen an dem eingeschlagenen Weg und an den angestrebten Strukturen vorgenommen werden. Diese Verwandlungsfähigkeit erschafft die Sicherheit, letztlich erfolgreich zu sein. Sie entsteht durch die Verbindung zum Skorpion (8. Kapitel).

Auch wenn die Utopie vorzüglich ist, braucht es auch noch den Strategen, der sie Wirklichkeit werden läßt.

- Die Utopie kann nur dann verwirklicht werden, wenn sie in überschaubare Etappenziele gegliedert wird und wenn jedem dieser Etappenziele bestimmte Menschen zugeordnet werden, die diese Aufgaben übernehmen. Diese Zielgerichtetheit hilft und ermöglicht es, ein aktiver Teil einer „Bewegung" zu werden. Diese Ausrichtung auf ein Etappenziel entsteht durch die Verbindung zum Schützen (9. Kapitel).

  Zerlege Deine Utopie in einzelne Ziele, die in einer Folge von Schritten erreicht werden können – dann werden Dir andere folgen.

- Die Utopie sollte natürlich auch so sachlich wie möglich sein, damit man ihr keine Illusionen hinzufügt, die dann dazu führen könnten, daß die Verwirklichung der Utopie scheitert. Diese Sachlichkeit ist kein zaghaftes Festklammern an Paragraphen und Verfahrensvorschriften, sondern das Erkennen der Strukturen und Dynamiken in der Welt. Diese Sachlichkeit erschafft einen Rückhalt in der Welt. Sie entsteht durch die Verbindung zum Steinbock (10. Kapitel).

  Du willst die Realität ändern? Dann verstehe zuerst die Realität.

Zusammenfassung

Das in diesem Kapitel beschriebene Handeln ist auf das Große Ganze ausgerichtet, das in einen besseren Zustand versetzt werden soll. Daher ist hier die Wissenschaft, die Forschung, die Theorie und die Utopie die Grundlage – und die Politik der Bereich, in dem diese Dinge umgesetzt werden.

Dies ist der dritte der drei Stile, die auf das Vergleichen und Abstrahieren ausgerichtet sind (astrologische Luftzeichen).

Während der in Kapitel 7 beschriebene Stil (Waage) vergleicht und das Verständnis durch Analogien vertieft, schaut der hier in Kapitel 11 beschrieben Stil auf die Gesamtzusammenhängen und die allgemeine Theorie, und der in Kapitel 3 beschriebene Stil (Zwillinge) kümmert sich um die elegante Wendung an einem einzelnen Punkt des Ganzen.

Die Waage ist ein Gründer, der Wassermann ein Gestalter und der Zwilling ein Anwender.

12. Seher

H

Das Gespür für den „Zeitgeist" ist die zwölfte Grundlage, auf der ein effektives Handeln beruht. Dieser Ansatz ist derjenige der zwölf Vorgehensweisen, der am wenigsten von allen auffällt. Er besteht zu wesentlichen Teilen daraus, daß man spürt, „woher der Wind weht" und daß man diesen Wind dann nutzt. Das bedeutet, daß man ein gutes Gespür hat, daß man wie ein Seher Dinge vorausahnt und sich rechtzeitig dagegen wappnet und daß man durch kreative Imagination, also durch innere Bilder „den Zufall lenkt". Dieses Vorgehen ist also zu einem guten Teil der spirituell-magische Ansatz, der den Zufall, die Lebenskraft, die Energie – oder wie auch immer man das nennen möchte – lenkt.

Daher ist dieser Seher-Ansatz sehr unauffällig – er wirkt im Hintergrund wie der Magier hinter dem Thron des Königs.

Zu diesem Ansatz gehört auch, daß man aufmerksam alles verfolgt, was für das, was man selber erreichen will, von Bedeutung sein könnte – und diese Entwicklungen dann bereits nutzt bevor die anderen diese Entwicklungen und Strömungen überhaupt bemerkt haben. Daher besteht diese Ansatz zu einem großen Teil aus kleinen Handlungen wie die des Kapitäns eines Segelschiffes, das ja nicht mit viel Kraft gerudert wird, sondern bei dem lediglich im rechten Augenblick im rechten Maße Segel gehißt, Segel ein wenig mehr quergestellt und das Steuerruder ein paar Grad zur Seite gedreht werden.

Mit diesen kleinen Bewegungen an der richtigen Stelle lenkt man das Ganze mit geringem Kraftaufwand in die erwünschte Richtung.

Individuum

Auch für den Einzelnen ist diese Achtsamkeit auf alles, was in einem selber und rings um einen her vorgeht, von größter Bedeutung. Durch diese Wahrnehmung, die oft geradezu telepathisch wird (und es manchmal auch ist), werden dann durch kleine Handlungen Wirkungen erzeugt, die manchmal geradezu telekinetisch erscheinen (und es manchmal ja auch sind).

Der Einzelne hat die Welt als Ganzes im Blick (Politik, Ökologie u.ä.), erkennt die Situation, in denen er sich befindet, und stellt sich in größere Zusammenhänge (Gemeinschaften, UNO, NGOs u.ä.). Er erlebt sich zwar auch als Individuum, aber sieht sich dennoch auch als Teil eines größeren Ganzen. Er handelt als Teil des

Ganzen aus dem Ganzen heraus für das Ganze. Durch diese Anbindung an das Ganze – in der Regel die Erde oder Gott – erhalten seine Taten auch diese auffällige Wirkung, die gemessen am sichtbaren Aufwand erstaunlich groß ist. Aber da der Einzelne sich mit dem Ganzen verbindet, handelt auch das Ganze durch ihn und hilft ihm dadurch …

Diese Haltung kann man letztlich nur „spirituell" nennen und für die Beschreibung der durch diese Haltung entstehenden Wirkung paßt das Wort „magisch" am besten. Doch das ist nichts, was nur „Alternative" anwenden – auch Börsenspekulanten brauchen diese intuitiven Fähigkeiten in hohem Maße.

Gemeinschaft

Auch Gemeinschaften und Unternehmungen binden sich gerne an größere Einheiten an – das geschieht in der Regel dadurch, daß sich die Unternehmen nach einer Gottheit benennen.

Es gibt vor allem griechische Firmennamen: Demeter-Bio, Nike-Schuhe, Hephaistos-Werkzeuge, Diogenes-Bücher, Selene-Dessous, Aphrodite-Dessous, Äskulap-Apotheken, Zeus-Oliven, Zeus-Grill, Poseidon-Angelsport, Dionysos-Parfum, Hermes-Versand, Apollo-Optik, Aurora-Mehl, Thalia-Buchhandlung, Zerberus-Brandmeldeanlagen, Ajax-Reiniger usw.

Auch die römischen Gottheiten sind häufig vertreten: Terra-Hardware, Luna-Schmuck, Merkur-Bank, Merkur-Auto (Ford-Marke), Venus-Kosmetik, Sol-Onlineshop, Mars-Energieriegel, Ceres-Heilmittel, Jupiter-Küchenmaschinen, Saturn-Elektronik, Uranus-Hörgeräte, Neptun-Bewässerungsanlagen, Pluto-Design, Juno-Haushaltsgeräte usw.

Es gibt auch einige ägyptische Götternamen: Osiris-Bio, Osiris-Aromastoffe, Isis-Bio, Isis-Parfum, Apis-Kosmetik, Ra-Re-Mode, Sobek-Luftschrauben usw.

Weiterhin gibt es auch ein paar germanische Götternamen: Odin-Bio, Freya-Dessous, Thor-Bekleidung, Ullr-Textilien usw.

Persische Götternamen sind hingegen eher selten: Mazda-Auto.

Dasselbe gilt für japanische Gottheiten-Namen: Amaterasu-Anime-Merchandise.

Neben diesen Bitten um göttlichen Beistand (sofern es sich nicht einfach um Prahlerei mit der „göttlichen" Qualität der eigenen Produkte handelt) gibt es in Unternehmen hin und wieder auch die Inanspruchnahme von fähigen Magiern, um ein Produkt auf dem Markt durchzusetzen. Auch unter den Managern selber gibt es Magier und ähnliche „spirituelle Nebenberufe". So hat z.B. ein Manager von BASF lange Zeit den höchsten Dan (Rang) in Deutschland sowohl im Aikido (Kampfsportart) als auch im Kendo (Schwertkampf) innegehabt.

Zu dem in diesem Kapitel beschrieben Stil des Handelns gehört es auch, eine Unternehmung auch verwandeln oder wieder loslassen zu können, wenn es die Lage erfordert und langfristig sinnvoll ist. Daher finden sich hier auch Unternehmensberater und Insolvenzverwalter.

Die Menschen, die diesem Stil des Handelns folgen, erkennen die Stimmung in sich selber, in der Gemeinschaft und in der Welt und können sie für die von ihnen angestrebten Ziele nutzen. Dazu verwandeln sie das Bestehende mit einem möglichst geringen Aufwand.

Erde

Auch die Erde als Ganzes, d.h. vor allem das Leben auf ihr ist ein System, in dem alles mit allem verbunden ist und in dem alles auf alles andere wirkt. Im Bereich der menschlichen Tätigkeiten wird dies „Globalisierung" genannt, aber die menschlichen Tätigkeiten wirken auch auf die Tier- und Pflanzenwelt und sogar auf die Temperaturen, die Gletscher, die Höhe des Meeresspiegels, die Auflösung der Permafrostböden, die Häufigkeit und Größe von Waldbränden, die Ausweitung der Wüsten, den Grundwasserstand usw.

Die Erde ist ein Gesamtsystem, in dem alles auf alles andere wirkt – und diese Wirkungen sind nicht nur geringfügige Variationen, sondern z.B. durch den Klimawandel, das Ansteigen des Meeresspiegels und das Artensterben grundlegende Veränderungen.

Dabei führen oft kleine Veränderungen zu großen Auswirkungen. So haben z.B. die inzwischen verbotenen FCKW-Treibgase in Spraydosen den Abbau der schützenden Ozonschicht in der Atmosphäre bewirkt, was damals zu einer deutlichen Erhöhung der UV-Strahlung geführt hat, die wiederum das Risiko, an Hautkrebs zu erkranken, deutlich vergrößert hat.

Zusammenhänge

Für ein effektives Handeln ist jedoch nicht nur diese Achtsamkeit selber von zentraler Wichtigkeit – sie muß mit jedem anderen der zwölf Prinzipien des effektiven Handelns in Bezug gesetzt werden. Erst dadurch erhält die Achtsamkeit ihre effektive Größe, Struktur, Ausrichtung und Dynamik.

Die zwölf Aspekte, die bei der Achtsamkeit beachtet werden sollten, sind:

- Ohne die Achtsamkeit nimmt man schlimmstenfalls nicht rechtzeitig wahr, daß die Ebbe zur Flut übergeht und ertrinkt im Meer. Diese Fähigkeit ist notwendig, um wahrzunehmen, was rings um einen her geschieht, und diese Vorgänge –

dann anstatt dadurch geschädigt zu werden – für die eigenen Zwecke nutzt. Diese Achtsamkeit entspricht den Fischen (12. Kapitel). Sie ist die Grundlage und immer der erste Schritt dieses Handlungs-Stils.

Reite auf dem Drachen der Lebenskraft – dann ist Dir nichts unmöglich.

- Die Achtsamkeit braucht auch das Handeln, wobei diese Taten oft relativ klein sind wie das geringfügige Wenden des Steuerruders des Schiffes, durch das das Schiff dann in die gewünschte Richtung segelt. Dieses Handeln ist stets der notwendige zweite Schritt bei dieser intuitiven Handlungsweise. Diese Tatkraft entsteht durch die Verbindung zum Widder (1. Kapitel).

Jeder Drache hat seinen eigenen Tanz.

- Die Achtsamkeit schaut auch genau darauf, wo wieviel Kraft, Geld und Zeit eingesetzt werden sollte um möglichst effektiv zu sein. Auch ein offenes System wie das, das in diesem Kapitel beschrieben wird, braucht eine Hülle, die das Innen beieinander hält und beschützt – diese Hülle ist bei der hier beschriebenen Handlungsweise allerdings deutlich überdurchschnittlich durchlässig. Diese Schutzhülle integriert das eigene Leben in den Umraum der Geborgenheit. Diese Schutzhülle entsteht durch die Verbindung zum Stier (2. Kapitel).

Jeder Drache hat seine Höhle.

- Die Achtsamkeit benötigt die wache Wahrnehmung von allem, was im Innen und im Außen vor sich geht. Nur dadurch ist sie in der Lage, stets den Weg des geringsten Widerstandes zu dem gewünschten Ziel zu erkennen und auch zu gehen. Diese Informiertheit schützt das Innere. Sie entsteht durch die Verbindung zum Zwilling (3. Kapitel).

Willst Du sehen wie Drache? Dann schaue mit Deinen inneren Augen.

- Die Achtsamkeit wird auch dadurch gefördert, daß sie ein Realitäts-Bild von dem erschafft, wie es gerade ist, und ein Wunsch-Bild von dem, wie man es gerne haben würde. Dabei hilft die Intuition bei dem Erschaffen des Bildes, wie die Lage gerade ist, und die „Magie" bei dem Verwirklichen des Bildes, wie die Lage sein sollte. Diese beiden Bilder ermöglichen und erschaffen eine kreative, lenkende Mitte. Sie entstehen durch die Verbindung zum Krebs (4. Kapitel).

Der Drache der Lebenskraft ist die Quelle der Magie.

- Die Achtsamkeit braucht wie jedes Schiff auch einen Kapitän, der den Gesamtüberblick hat und der das Schiff seinem Willen gemäß steuert: Man muß

266

wissen, was man will, denn wenn man nicht weiß, wo man hin will, braucht man sich auch nicht zu wundern, wenn man ganz woanders ankommt. Diese zentrale Lenkung schützt das System vor dem Zerfallen. Sie entsteht durch die Verbindung zum Löwen (5. Kapitel).

Das Herz des Drachen ist vollkommene Selbstgewißheit und Selbsttreue.

- Die Achtsamkeit, die diffus auf das Ganze schaut, benötigt als Ergänzung auch die gezielte Aufmerksamkeit auf das Detail. Oder anders gesagt: Der Kapitän mit dem Fernrohr braucht auch den Handwerker mit der Lupe. Diese Ausrichtung auf die Details und dieses handwerkliche Geschick verhindern die Einseitigkeit des „Blickes in die Ferne". Diese Beachtung auch der Details entsteht durch die Verbindung zur Jungfrau (6. Kapitel).

Der Drache sieht und versteht alles.

- Die Achtsamkeit wird auch dadurch gefördert, daß man andere in das eigene Handeln miteinbezieht bzw. daß man selber auch anderen hilft. Das fällt denen, die dem hier beschrieben Stil folgen, meistens leicht, da sie die Welt stets als ein Großes Ganzes erleben. Diese Kooperationsbereitschaft ermöglicht die Weiterentwicklung. Sie entsteht durch die Verbindung zur Waage (7. Kapitel).

Du dachtest, es gibt nur einzelne Drachen? Weit gefehlt! Alle Drachen kennen einander.

- Die Achtsamkeit braucht auch ein klares Gespür dafür, welche der wahrgenommenen Strömungen und Tendenzen wirklich wichtig sind, und auch, welche Dinge und Menschen und Umstände in diesem Zusammenhang wirklich wichtig sind. Diese Wahrnehmung des Wesentlichen ermöglicht eine klare Ausrichtung und eine sparsame Anwendung der eigenen Ressourcen. Diese Wahrnehmung des Wesentlichen entsteht durch die Verbindung zum Skorpion (8. Kapitel).

Drachen haben viele Gestalten …

- Die Achtsamkeit, die sich nur zu gerne in das Ganze hinein weitet, benötigt hin und wieder auch die Bündelung und Ausrichtung auf ein Ziel hin. Diese Zielgerichtetheit erschafft Sicherheit. Sie entsteht durch die Verbindung zum Schützen (9. Kapitel).

Willst Du einen Drachen verstehen, dann schaue Dir die Wunschperle an, der er mit seinen Bewegungen folgt.

- Die Achtsamkeit sollte auch erkennen, wo in dem Meer, durch das das Schiff segelt, die harten Felsen sind, die dem eigenen Kurs im Weg stehen könnten. Dieser nüchterne Realismus, der die „festen Balken" in dem sich ständig verändernden Fluß des Lebens erkennt – die Naturgesetze, staatliche Gesetze, Reiche und Mächtige – ermöglicht es denen, die nach diesem Stil leben und handeln, unbeschadet ihre Ziele zu erreichen. Diese Sachlichkeit hilft Teil einer größeren „Bewegung" zu werden. Sie entsteht durch die Verbindung zum Steinbock (10. Kapitel).

Ein Drache ist eine einzelne Welle im Fluß der Lebenskraft.

- Die Achtsamkeit kann schließlich auch noch durch ein theoretisches Verständnis für die Vorgänge in der Welt gefördert werden. Wenn man begreift, warum wann was geschieht, ist man den Ereignissen immer einen Schritt voraus und kann sich besser auf das, was kommt, einstellen. Außerdem ermöglicht dieses theoretische Verstehen, die Möglichkeiten und den optimalen Zustand richtig einzuschätzen. Diese theoretischen Kenntnisse erschaffen einen bewußten Rückhalt in der Welt. Dieses Wissen entsteht durch die Verbindung zum Wassermann (11. Kapitel).

Die Weisheit der Welt liegt im Auge des Drachen.

Zusammenfassung

Durch die Offenheit für das Große Ganze kann man zum einem die großen Strömungen wahrnehmen und zum anderen kann man sie auch nutzen. Dabei sind Ahnungen, Intuition und das „kreative Imaginieren", das bisweilen auch „Magie" genannt wird, die wichtigsten Werkzeuge.

Dies ist der dritte der drei Stile, die auf das bildhafte Veranschaulichen ausgerichtet sind (astrologische Wasserzeichen).

Während der in Kapitel 4 beschriebene Stil (Krebs) sich die Dinge auf der Zunge zergehen läßt und dadurch mit ihnen emotional vertraut wird, bündelt der in Kapitel 8 beschriebene Stil (Skorpion) alle Gefühle einsgerichtet auf ein einziges Thema hin, und der hier in Kapitel 12 beschriebene Stil der Fische hat das Gespür für das, was gerade alles ringsum mehr oder weniger deutlich wahrnehmbar ist.

Der Krebs ist ein Gründer, der Skorpion ein Gestalter und der Fisch ein Anwender.

Die 12 Konzepte der Arbeit

Entwürfe für die Zukunft – Band 18

Inhaltsübersicht

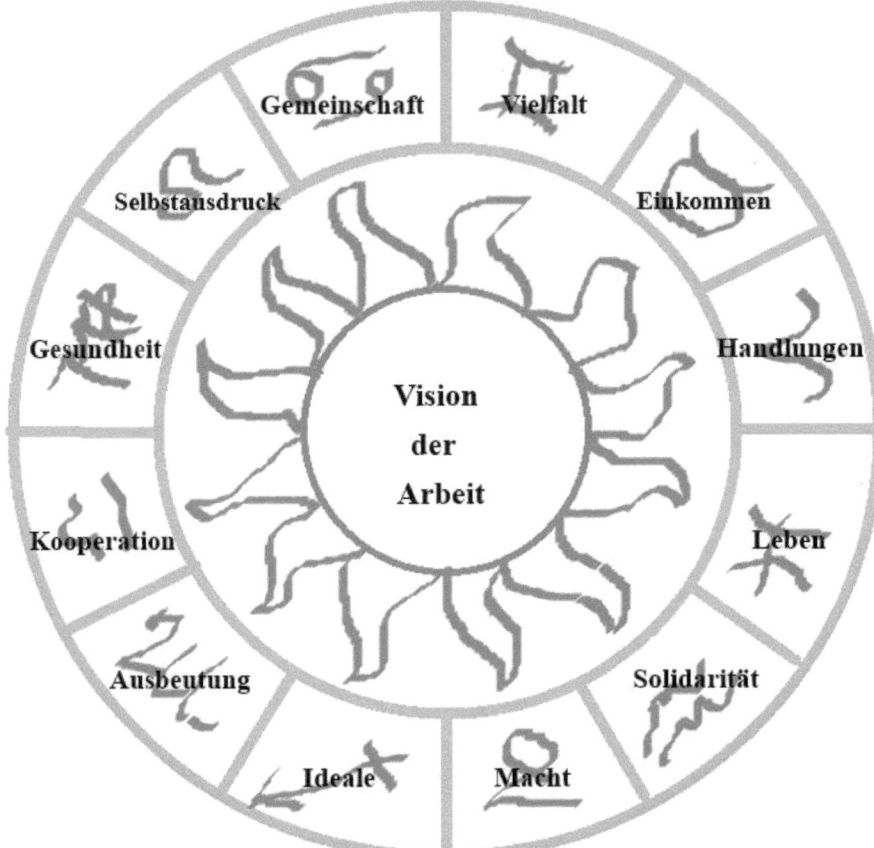

1. Handlungen

♈

Wenn man sich Arbeit einmal ganz unbefangen ansieht, dann fällt als erstes auf, dass wir fast alle Tätigkeiten ausüben, die von der Evolution unseres Körpers her gar nicht vorgesehen sind. Wir sind keine Jäger und Sammler mehr, wir leben nicht mehr in der Natur, und wir sind auch nicht mehr – wie es in der Natur üblich ist – in einem häufigen Wechsel von Anspannung und Entspannung. Das ist erst seit der Erfindung von Ackerbau und Viehzucht so, also seit 8.500 v.Chr. Das sind gerade mal 10.500 Jahre – und an den meisten anderen Orten als Mesopotamien zum Teil auch nur 8.000 Jahre oder 6.000 Jahre oder noch weniger.

In solch einer kurzen Zeit hat die Evolution unsere Leiber noch gar nicht durch Mutation und Selektion an die Arbeit eines Bauern oder gar eines Büroangestellten anpassen können. Auch von unseren Instinkten her sind wir nach wie vor besser für die Jagd und das Sammeln von wilden Möhren und Nüssen vorbereitet als für das Sortieren von Akten oder für das Zusammenschrauben von Autos. Die Arbeit, die die allermeisten Menschen heute ausüben, sind keine natürlichen Handlungen mehr, die auf dem direkten Ausdruck unserer Instinkte beruhen.

Stattdessen sind unsere heutigen Arbeiten nur durch einen komplexen kulturellen und zivilisatorischen Überbau in unserer Psyche überhaupt durchführbar. Das beinhaltet das Erlernen einer komplexen Sprache, das Schreiben, Lesen und Rechnen, das Erwerben von Wissen in vielen verschiedenen Bereichen, den Umgang mit Maschinen aller Art, mit Informatik usw.

Zudem sind unsere natürlichen „lebenserhaltende Tätigkeiten" von unseren Instinkten her auf eine kleine Sippe von maximal zwei Dutzend Personen ausgelegt, die wir alle unser Leben lang kennen. Davon sind wir mittlerweile in unseren Großstädten mehr als meilenweit entfernt.

Wir leben also auf eine Weise, die überhaupt nicht unserem Körperbau und unseren Instinkten und auch den Urbildern in unserem Unterbewusstsein – Mutter, Sippe, Großraubtier, Jagd, Blut usw. – entspricht. Wir müssen uns mit vielem Gelernten in einer unserem Wesen im Grunde fremden Welt zurechtfinden, die wir uns selber erschaffen haben.

Die Viehzucht war ihrem Schutz der Herden vor Raubtieren und Viehräubern noch eine einigermaßen natürliche Tätigkeit, der Ackerbau hingegen schon nicht mehr. Das Handwerk war noch weiter von den natürlichen Verhaltensweisen der Menschen entfernt und das Arbeiten im Auftrag des Königs und seiner Verwaltung nahm den Menschen auch noch einen Teil ihrer Eigeninitiative, die zuvor ein so wichtiges Element gewesen war. Das reine Arbeitnehmer-Verhältnis im Materialismus mit seinen Erfindungen und der Industrialisierung entfremdete den Menschen von seiner Arbeit und seinem Leben noch einmal ein gutes Stück weiter.

Im heutigen Zeitalter der Globalisierung erschafft das Internet mit seinen Fake-News schließlich zusätzlich noch ganze Informations-Welten, die überhaupt nichts mehr mit der Realität zu tun haben.

Das ist schon ganz abgesehen von der konkreten Arbeit, die jemand ausführt, eine schwierige Situation für jeden Menschen, denn wir haben noch immer die Instinkte und Reflexe eines Jägers und Sammlers in uns, der in einer kleinen Sippe in der Steppe lebt.

Es ist wirklich kein Wunder, dass ein Ausflug in die Natur für die meisten Menschen eine solch große Erholung ist – es ist eine Rückkehr in ihr „natürliches Habitat".

Was wollen wir angesichts dieser Umstände erreichen?

Der Slogan „Zurück in die Steinzeit!" wäre sicherlich nicht der beste aller Entschlüsse, denn viele der heutigen Errungenschaften machen das Leben sehr viel sicherer und angenehmer als es früher gewesen ist.

Aber vielleicht lässt sich das Leben ja wieder ein wenig natürlicher gestalten. Das erste Problem dabei ist, dass die meisten Menschen in Großstädten leben, in denen von einen „natürlichen Habitat" wirklich keine Rede sein kann. Auf der Erde leben derzeit 8 Milliarden Menschen – Tendenz steigend. Mit dieser Bevölkerungsdichte wird ein stabiles ökologisches Gleichgewicht auf der Erde ausgesprochen schwierig umzusetzen sein und auch eine natürliche Lebensumgebung ist bei dieser Bevölkerungsdichte ein im Grunde unlösbares Problem. Wenn die Bevölkerung auf der Erde wieder von 8 Milliarden auf 2 Milliarde schrumpfen würde, wären beide Probleme wesentlich einfacher zu lösen. Doch davon sind wir noch viele Krisen, Einsichten, Entschlüsse, Umsetzungen und Jahre entfernt.

Bei einer deutlich geringeren Bevölkerungsdichte wäre es durchaus denkbar, dass die Menschen zumindest schon mal wieder in einer ihnen mehr entsprechenden Umgebung leben würden. Und warum sollten sich nicht eine hochentwickelte Technik, eine geschrumpfte Bevölkerungsdichte, ein ökologisches Verhalten und ein naturnahe Wohnweise kombinieren lassen?

Damit wären wir zwar noch immer nicht bei einer Arbeit angelangt, die dem Körper und den Instinkten des Menschen entspricht, aber es wäre trotzdem schon einmal ein großer Schritt in die richtige Richtung.

Dies ist auch erst der erste Ansatzpunkt zu einer neuen Form des Arbeitens. Vielleicht lässt sich dieser Ansatz ja durch das, was sich in den nächsten elf Punkten noch zeigen wird, sinnvoll zu einer noch vielversprechenderen Utopie zusammenfügen.

2. Einkommen

♉

Man arbeitet, um Geld zu verdienen, damit man sich dafür Wohnung, Kleidung und Nahrung kaufen kann. Daher ist dieses verdiente Geld – das Einkommen – und die Ansammlung von Einkommen – das Vermögen – das, warum man arbeitet. Allerdings ist das Geld nicht der eigentliche Grund für die Arbeit, sondern nur ein Hilfsmittel, um den Tauschhandel „Arbeit gegen Ware" zu erleichtern. Doch in unserer heutigen Kultur sind aller Augen auf das Geld gerichtet, da alle Wirtschaftsvorgänge über das Geld ablaufen. Es ist daher gar nicht möglich, die Arbeit zu betrachten ohne auch das Geld zu betrachten – doch das ist in dieser Buch-Reihe schon in „Die 12 Eigenheiten des Geldes" geschehen.

Wenn man sich die Einkommen und das daraus resultierende Vermögen weltweit genauer anschaut, sieht man sofort, dass beides sehr ungleich verteilt ist:

- 1% der reichsten Menschen besitzt 40% des gesamten Vermögens

- 10% der reichsten Menschen besitzt 85% des gesamten Vermögens

- 50% der ärmsten Menschen besitzt 1% des gesamten Vermögens

Um dies anschaulicher zu machen, kann man eine durchschnittliche Gruppe von 100 Menschen betrachten:

- 1 Mensch besitzt 40% des gesamten Vermögens

- 9 Menschen besitzen 45% des gesamten Vermögens

- 40 Menschen besitzen 14% des gesamten Vermögens

- 50 Menschen besitzen 1% des gesamten Vermögens

Der weitaus größte Teil des Vermögens befindet sich in den Händen von Personen in Nordamerika, Europa, Japan, Südkorea, Taiwan, Australien und Neuseeland.

Die Bezahlung von Frauen ist weltweit bei gleicher Leistung schlechter als die von

Männern. Außerdem ist die Kinderarbeit noch immer weit verbreitet.

Die extreme Ungleichheit beim Einkommen zeigt sich auf krasse Weise an den 24.000 Menschen pro Tag, die an Unterernährung oder Mangelernährung sterben. Die noch größere Ungleichheit beim Vermögen zeigt sich in den Luxusjachten einerseits und den Slums andererseits.

Arbeit dient primär der eigenen Ernährung – doch 800 Millionen Menschen leiden an Hunger – das sind 10% der Weltbevölkerung. Andererseits sind 2 Milliarden Menschen fettleibig und übergewichtig – das sind 25% der Weltbevölkerung.

Der Hunger trifft auch Männer und Frauen keineswegs gleich: 60% der Hungernden sind Frauen und Mädchen.

Das Problem des Hungers ist durchaus schon lange bekannt und es ist auch schon versucht worden, etwas daran zu ändern:

- 1950: Durch Landreformen im globalen Süden erhielten die Kleinbauern Land, das vorher nur wenigen Großgrundbesitzern gehörte.

- 1960-1970: Die „Grüne Revolution" wird von dem reichen Norden propagiert: neue Sorten, Dünger, Pestizide, Maschinen. Dieser Ansatz wurde vor allem in Asien aufgegriffen.

- 1970-1975: Es gab wegen schlechtem Wetter weltweite Missernten, die zu Hungersnöten führten.

- 1974: Die erste Welternährungskonferenz der UNO findet statt, auf der beschlossen wurde, die Grüne Revolution zu fördern.

- 1975-1979: Die Erträge steigen, was jedoch nur zu einem geringen Teil an der Grünen Revolution lag, sondern vor allem wegen der vielen neuen Rohrbrunnen. Trotzdem gab es kaum weniger Hungernde und Verhungernde.

- 1979: Es gab zunehmende Kritik an der Grünen Revolution und der Lebensmittelimport-Abhängigkeit der Entwicklungsländer. Die UNO beschließt zwar eine stärkere Förderung der ländlichen Entwicklung, doch diese wurde nur unzureichend umgesetzt. Die Zahl der Hungernden stieg weiter an.

- 1980-1995: Im Zuge des Neoliberalismus zwangen der Internationale Währungsfonds und die Weltbank die Entwicklungsländer, ihre Zölle und ihre staatliche Agrarförderung abzubauen und billige Lebensmittel vom Weltmarkt zu importieren. Sie mussten nun statt Nahrungsmitteln Exportprodukte anbauen. Dadurch stieg die Abhängigkeit der armen Länder von den reichen Ländern.

- 1996: Auf dem Welternährungsgipfel wurde beschlossen, die Zahl der Hungernden innerhalb von 15 Jahren zu halbieren. Sie ist in den darauf folgenden Jahren auch leicht gesunken, doch seit 2024 steigt sie wieder. Die Entwicklungsländer stellten das Konzept der Ernährungssouveränität vor und forderten das Recht aller Länder auf Selbstbestimmung ihrer Agrar- und Ernährungspolitik – doch dieser Vorschlag wurde abgelehnt.

- 2007: Die steigenden Ölpreise und die Spekulationen ließen die Nahrungsmittelpreise extrem steigen. Die Spekulanten kauften riesige Flächen Ackerland in den armen Ländern, wodurch wieder Verhältnisse wie in der Feudalzeit entstanden – wie vor der Landreform von 1950.

- 2009: Die Weltbank forderte ein radikales Umdenken, doch von Geldgeberstaaten wird eine weitere Förderung der Grünen Revolution beschlossen, da die „grüne Gentechnik" fast nur den großen Unternehmen, die die patentierbaren Produkte besitzen, Vorteile gebracht hat.

- 2014: Die Ernährungs- und Landwirtschaftsorganisation der UN (FAO) verstärkte die Erforschung der Agar-Souveränität der Staaten.

- 2015: Die Forderungen nach einer Agar-Souveränität der Staaten wird immer stärker.

- 2018: Auf mehreren internationalen Symposien zur Agrarökologie werden u.a. biologische Vielfalt, partizipative Ökologie, Kreislauf-Ökologie, Solidar-Ökologie, ökologische Bewässerungsarten, Lagermöglichkeiten für Lebensmittel, sowie das Einhalten von menschlichen und sozialen Werten wie der Menschenwürde und der Gerechtigkeit gefordert. Weiterhin werden die Förderung bäuerlicher Strukturen gefordert, da diese Strategie am effektivsten ist; außerdem die Reduktion des Futtermittelanbaus, da die Fleischproduktion sehr landintensiv ist; schließlich auch noch das Verwenden von Ackerbauflächen für biologischen Treibstoffanbau. Auch die Entschuldung der armen Länder, die ein Drittel ihres Haushalts für Schuldentilgung ausgeben, und die Stärkung der Rechte von Frauen sind zwei wichtige Punkte.

Einer Oxfam-Analyse zufolge wären 33 Milliarden Euro jährlich nötig, um den Hunger zu beenden. Das wären 2,9% der jährlichen Militärausgaben nur der G7-Länder. Der deutsche Bundesentwicklungsminister geht von 14 Milliarden pro Jahr bis 2030 aus, um den Hunger weltweit endgültig zu beenden.

Um diese Zahlen einmal in Relation zu setzen, kann man sie mit den Vermögen der zehn reichsten Menschen (es sind alles Männer) der Welt vergleichen:

Elon Musk	245 Milliarden,
Jeff Bezos	196 Milliarden,
Mark Zuckerberg	185 Milliarden,
Bernard Arnault	184 Milliarden,
Larry Ellison	170 Milliarden,
Warren Buffet	140 Milliarden,
Larry Page	136 Milliarden,
Bill Gates	132 Milliarden,
Sergej Brin	130 Milliarden,
Steve Ballmer	124 Milliarden.

Das sind zusammen 1.642 Milliarden Euro, also so viel, wie nach den pessimistischsten Schätzungen für die Behebung des Hungers in den nächsten 50 Jahren nötig wäre. Und diese Rechnung berücksichtigt noch nicht den Effekt, den es haben wird, wenn diese Summen vor allem in den Aufbau einer Selbstversorgung investiert werden würde, wodurch die Zahl der Hungernden sinken würde.

Allerdings führt die Klimaerwärmung aufgrund der Hitze zu einer Versteppung von Ackerland bzw. durch den steigenden Meeresspiegel zu einer Überflutung von Ackerland, was die Probleme noch einmal verschärfen wird.

Auch Kriege binden extrem viel Arbeit, Kapital und Produktivität – abgesehen von den vielen „staatlich legalisierten Morden", die im Krieg stattfinden. Ein Beispiel:

Im Ukraine-Krieg sind bisher 190.000 Soldaten und 10.000 Zivilisten getötet worden.

Rußland: Rüstungskosten:	195 Mrd.
Ukraine: Rüstungskosten:	40 Mrd.
weltweite Hilfe an Ukraine:	250 Mrd.
direkter Schaden:	142 Mrd.
Wiederaufbau:	486 Mrd.
Rußland: geringeres BSP:	1.300 Mrd.
Ukraine: geringeres BSP:	120 Mrd.

Das ergibt eine Summe – nur in den ersten beiden Jahren dieses Krieges von 2.533 Milliarden Euro. Darin sind noch nicht die zusätzlichen Ausgaben für die generelle Aufrüstung enthalten, die in der BRD z.B. 100 Milliarden betragen. Mit den Kosten für diesen einen Krieg, der noch nicht einmal zu Ende ist, könnten alle Hungernden und Unterernährten auf der Erde 100 Jahre lang versorgt werden!

Was wollen wir angesichts dieser Umstände erreichen?

Umverteilungen von Einkommen und Vermögen sind bei denen, denen es gut geht, in den meisten Fällen ausgesprochen unbeliebt. Trotzdem wäre es denkbar, genügend Spenden für die Bekämpfung des Hungers zu sammeln, wenn nicht der extreme Neoliberalismus diese Bestrebungen dadurch behindern würde, dass die armen Länder vor allem als Absatzmärkte für die eigenen Produkte angesehen werden würden. Das zeigt sich am deutlichsten in dem Versuch, die ärmeren Länder von genveränderten Produkten und den dazugehörigen Düngern und Pestiziden abhängig zu machen.

Es ist offensichtlich, dass die individuelle und die kollektive Aggression sowie

Machtgier über die Politik, die Kriege und Wirtschaft ein zentrales Problem der Arbeit und somit auch der Ernährung sind. Arbeit kann folglich nicht unabhängig von Krieg, Politik und Wirtschaft und auch nicht unabhängig von der Verteilung des Einkommens und des Vermögens betrachtet werden.

Wie die Ausgaben für die Kriege zeigen, ist das Geld da, das für die Beendung des Hungers nötig wäre, aber es wird nicht vernünftig eingesetzt. Ein Krieg ist eine direkte Bedrohung, auf die Menschen sofort reagieren – der Hunger von anderen und die Klimaerwärmung sind als Bedrohungen in den Instinkten des Menschen nicht vorgesehen, weshalb die Menschen darauf auch nur sehr zögerlich reagieren.

Aber was wäre, wenn man die 2.500 Milliarden Euro, die der Ukraine-Krieg bisher gekostet hat, in die Bekämpfung des Hungers und den ökologischen Umbau der Weltwirtschaft gesteckt hätte? Was hätte man damit alles erreichen können?

Es stellt sich hier geradezu zwangsläufig die Frage, wie die Menschen zu einem Gesamtbewusstsein über die Erde und die Abläufe auf ihr kommen können, sodass sie anfangen, wie Erwachsene sinnvolle und weitsichtige Entscheidung zu treffen.

3. Vielfalt

♊

Es gibt eine große Vielfalt an Berufen. Man kann sie grob in vier Bereiche einteilen:

1. körperliche Arbeit: Maurer, Bäcker, Bauer usw.

2. emotionale Arbeit (sozialer Bereich): Krankenhaus, Altenheim, Kindergarten usw.

3. geistige Arbeit (Büroarbeit): Verwaltung, Buchhaltung, Management usw.

4. kämpferische Arbeit: Wächter, Polizei, Militär usw.

Wenn man die Anzahl der Beschäftigten in der üblichen Einteilung in drei Bereiche weltweit anschaut, findet man die folgende Verteilung:

Landwirtschaft:	32%	1.024 Millionen
Industrie:	24%	768 Millionen
davon Baugewerbe:	*7%*	*220 Millionen*
davon verarbeitendes Gewerbe:	*7%*	*209 Millionen*
Dienstleistung:	44%	1.408 Millionen
davon IT-Branche:	*24%*	*760 Millionen*
davon Pflegeberufe:	*1%*	*28 Millionen*
davon Militär:	*1%*	*25 Millionen*
gesamt:	100%	3.200 Millionen

Es ist in der heutigen Zeit also am wahrscheinlichsten, im Dienstleistungsbereich zu arbeiten. Das ist nicht immer so gewesen – früher war die Landwirtschaft der arbeitsintensivste Bereich. Um 1500 arbeiten noch über 80% der Menschen in der Landwirtschaft, da sie damals bei weitem noch nicht so produktiv war wie heute. Mit dem Beginn der Industrialisierung um 1800 stieg der Anteil der Beschäftigten in der Industrie; seit ca. 1990 steigt vor allem durch die Digitalisierung der Anteil der Dienstleistungen.

Neben den weitverbreiteten Berufen wie Maurer, Krankenschwester und Polizist gibt es jedoch auch eine große Anzahl seltener Berufe: Paramentik-Sticker, Bonbon-Erfinder, Schriftsteller, Bühnenbild-Maler, Glückskeks-Autor, Unterwasser-Schweißer, Golfball-Taucher, Geisterbahn-Erschrecker, Glasaugen-Macher, Pilz-Berater, Sprengmeister, Sextoy-Tester, Flechtwerk-Gestalter, lebende Schaufensterpuppe, Wasserrutschen-Tester, LEGO-Bastler, Luxusbetten-Tester, Unterwasser-Model, Beach-Inspektor, Kokosnuß-Sicherheitsbeauftragter, Geflügelgeschlechts-Finder, Schlangenmelker, Schwan-Zähler, Eisberg-Sucher, Fake-Führungskräfte, Beerdigungs-Gast, Hunde-Surflehrer, Roadkill-Entferner, Brunnenbauer, Tatort-Reiniger, Testpilot, Löwenbändiger, Bomben-Entschärfer usw.

Bei einer ausgeprägten Neigung oder einem ausgefallenen Talent besteht also auch die Möglichkeit, einen dazu passenden Beruf zu finden. Außerdem kann man, je eigenständiger man wird, sich auch umso passendere Arbeitsmarkt-Nischen selber erschaffen.

Bei den pro Jahr geleisteten Arbeitsstunden eines durchschnittlichen Arbeiters gibt es weltweit sehr große Unterschiede. In dem Land mit der höchsten Stundenzahl (Kambodscha) ist die Arbeitszeit um 81% höher als in dem Land mit der niedrigsten Stundenzahl (Deutschland). In die Umrechnung in Stunden pro Woche ist von jeweils 4 Wochen Urlaub pro Jahr ausgegangen worden, obwohl dies natürlich von Land zu Land sehr verschieden ist – aber auf diese Weise bleibt die Stundenzahl vergleichbar.

Kambodscha	2456 Std./Jahr	= 51 Std./Woche

Südafrika	2210 Std./Jahr	= 46 Std./Woche
China	2174 Std./Jahr	= 45 Std./Woche
Indien	2117 Std./Jahr	= 44 Std./Woche
Polen	2029 Std./Jahr	= 42 Std./Woche
Griechenland	2017 Std./Jahr	= 42 Std./Woche
Russland	1974 Std./Jahr	= 41 Std./Woche
Israel	1921 Std./Jahr	= 40 Std./Woche
USA	1757 Std./Jahr	= 37 Std./Woche
Japan	1738 Std./Jahr	= 36 Std./Woche
Spanien	· 1687 Std./Jahr	= 35 Std./Woche
Großbritannien	1670 Std./Jahr	= 35 Std./Woche
Schweiz	1560 Std./Jahr	= 33 Std./Woche
Frankreich	1514 Std./Jahr	= 32 Std./Woche
Dänemark	1400 Std./Jahr	= 29 Std./Woche
Deutschland	1354 Std./Jahr	= 28 Std./Woche

Obwohl Deutschland eines der reichsten Länder ist, ist die Arbeitszeit hier am niedrigsten – was vermutlich kaum einen Deutschen bewusst ist. Von einer weltweiten Gleichbehandlung der Menschen sind wir auch aus dieser Sicht sehr weit entfernt.

Um 1950 waren in Deutschland noch 6 Tage pro Woche zu je 8 Stunden üblich – also 48 Stunden pro Woche.

Während die Industrialisierung in den ersten 250 Jahren das Los der Arbeiter katastrophal verschlechtert hat, was dann zu dem Lösungsversuch des Kommunismus und des Sozialstaates geführt hat, hat die Weiterentwicklung der Technik mittlerweile dazu geführt, dass ein großer Teil der Arbeit von Maschinen übernommen worden ist, was in Deutschland und allgemein in Europa zu einer deutlichen Reduzierung der durchschnittlichen Anzahl der pro Jahr gearbeiteten Stunden geführt hat. Die Maschinen und die Automatisierung der Produktion haben zu mehr Wohlstand und zu mehr Freizeit geführt.

Was wollen wir angesichts dieser Umstände erreichen?

Wenn man schaut, was Menschen wirklich gerne tun und in welcher Umgebung sie gerne sind – Natur, Gemeinschaft, Neues erleben, offensichtlich Sinnvolles tun – dann kommen wir dem zwar teilweise langsam näher, aber es gibt noch viel zu tun. Außerdem ist diese Entwicklung zu mehr Freizeit und mehr Berufs-Vielfalt vor allem in Deutschland so und auch in den anderen reichen Industrieländern, aber nicht in allen Ländern – in den ärmsten Ländern verhungern nach wie vor jeden Tag 24.000 Menschen.

Trotzdem ist es eine erfreuliche Entwicklung, dass die Zahl der Berufe größer, die Berufssuche einfacher, die Berufswahl freier, die Arbeitszeit kürzer und ein Berufs-wechsel leichter geworden ist. Auch die Möglichkeit, nur eine halbe statt eine ganze Stelle zu suchen, macht die eigene Lebensgestaltung deutlich flexibler.

Vermutlich ist in diesem Bereich aber noch deutlich mehr Kreativität möglich.

4. Gemeinschaft

♋

Die älteste Arbeitsgemeinschaft ist die altsteinzeitliche Jäger-Sippe, auf die dann in der Jungsteinzeit die Bauernfamilie und das Bauerndorf gefolgt ist. Diese Grundeinheit hat sich bis heute als Familie erhalten. Allerdings wird die Arbeit der Frauen (meistens sind es auch heute noch Frauen) in den Familien, die sich um den Haushalt und die Kinder kümmern, nicht entlohnt und auch nicht im Bruttosozialprodukt (BSP) berücksichtigt. Dies ist der einzige Bereich, in dem die Arbeit noch natürlich vonstatten geht – also einfach aus der eingesehenen Notwendigkeit heraus und ohne Aufrechnung in Geld.

Natürlich gibt es diese natürliche Form der Arbeit auch sonst noch hier und da als Hilfe des Vaters im Haushalt und im Garten, als Nachbarschaftshilfe, als ehrenamtliche Arbeit usw. – doch der größte Teil der Arbeit ist „abstrakt" geworden und geschieht nicht aus der direkten Einsicht in die Notwendigkeit – so wie das z.B. beim Stillen des Säuglings der Fall ist – sondern über die Verrechnung einer Tätigkeit in Geld, mit dem man dann das kauft, was man eigentlich braucht. Man stellt das, was man braucht, in den meisten Fällen nicht mehr selber her – zumindest, was die Tätigkeiten im Beruf angeht. Im Beruf leben wir indirekt, Bedürfnis und Bedürfniserfüllung haben keinen direkten Kontakt mehr, da sich das Geld fast überall dazwischengeschoben hat.

Es gibt viele Ansätze, das Leben „wie in der Familie" wieder herzustellen: durch Wohngemeinschaften, Arbeitsgemeinschaften, Kommunen und ähnliches mehr. In diesem Zusammenhang hat sich durchaus in den 60 Jahren seit 1965, als diese Versuche aufkamen, ein Bodensatz an Erfahrungen gebildet, doch der große, überzeugende Entwurf ist bisher noch nicht gefunden worden.

Von der Arbeit selber her gesehen sind die sozialen Berufe am ehesten dem Leben in der Familie vergleichbar.

Was ist das, was da eigentlich gesucht wird? Das sind verschiedene Dinge: der direkte, unmittelbare Bezug zu dem, was man tut; die Offensichtlichkeit, dass das, was man da tut, sinnvoll ist; das Arbeiten in einer Gemeinschaft; der Rückhalt bei anderen; die Freude an dem, was man tut. Leider wird das Arbeiten in der Regel von Geld, Einkommen und Vermögen geprägt – und diese drei erschaffen fast überall Konkurrenz, Misstrauen, Distanz und eine gewisse Kälte.

Was wollen wir angesichts dieser Umstände erreichen?

Im Grunde ist das einfach gesagt: Eine Arbeit, die sinnvoll ist und die man mit Überzeugung machen kann, sowie ein Arbeitsumfeld, das menschlich ist, in dem eine Gemeinschaft sich gegenseitig unterstützt und in der sich der Stress in Grenzen hält.

Die allmähliche Reduzierung der Arbeitszeit geht in die richtige Richtung; ebenso die Übernahme der Schwerarbeit durch Maschinen. Doch der ständig wachsende Bereich der Dienstleistungen, die vor allem aus IT und Internet-Tätigkeiten bestehen, ist das genaue Gegenteil einer direkten, konkreten und lebendigen Arbeit: Man befindet sich dabei innerlich mit seiner Aufmerksamkeit in einer vollkommen abstrakten Welt.

Wir haben mit dem Internet sozusagen eine physische Variante des kollektiven Unter-bewusstseins erschaffen, indem nun bereits ein Viertel aller Werktätigen als „Informa-tion" oder als „Gedanke" umherhuschen, Dinge berechnen, Strategien entwerfen, Firewalls errichten, Firewalls hacken, Fake-News verbreiten, Fake-News aufspüren, dem Dark Net hinterherspionieren. Das Internet ist wie kollektives Gehirn, in dem die 25% der Werktätigen, die in diesem Bereich tätig sind, einzelne aktive Zellen sind.

Natürlich ist das Internet ausgesprochen nützlich und fast jeder nutzt es – aber die Art der Arbeit, die dadurch entsteht, isoliert die Menschen schon recht stark voneinander.

In der Steinzeit und teilweise auch noch im Königtum war die Arbeit direkt und ihr Nutzen sofort einsichtig. Auch wenn die Arbeit heute im Allgemeinen deutlich leich-ter geworden ist, hat sie doch sehr viel von der Lebendigkeit des Schäfers, der die Schafe seines Dorfes hütet, der Magd, die die Kühe melkt, des Bäckers, der den Brotteig knetet u.ä. verloren.

Eine wirkliche Lösung ist dafür bisher – außer durch die Reduzierung der Arbeitszeit – noch nicht in Sicht. Man könnte sich auch fragen, was man wirklich in seinem Leben braucht. Käme man nicht auch mit deutlich weniger gut zurecht – und hätte dann dafür mehr Zeit, die man mit seiner Familie, mit Freunden, in der Natur usw.

verbringen könnte?

Hier könnte man sicherlich einiges einsparen, doch was kommt dabei heraus, wenn man es einmal durchrechnet? Wenn die 90% der Durchschnittsverdiener auf 10% von dem, was sie haben, verzichten würden, wäre das 1,5% des gesamten Vermögens in einem Staat – das 1% der Reichsten würde, wenn es 10% abgeben würde, bereits 4% des gesamten Vermögens in einem Staat spenden. Bei einem weltweiten BSP pro Jahr von 100.000 Milliarden Euro wären diese 10%-Spende des reichsten 1% der Menschheit bereits 4.000 Milliarden Euro. Die 10%-Spende der Durchschnittsverdiener würde nur 1.500 Milliarden Euro betragen. Zum Vergleich: Der Ukraine-Krieg hat bisher 2.500 Milliarden Euro gekostet.

Wenn wir es schaffen würden, die Kriege zu beenden und das Geld, das wir in diese Kriege stecken, zur Beendung des Hungers und zur Schaffung menschlicherer Arbeitsplätze stecken würden, wäre schon sehr viel gewonnen.

Man kann diesen generellen Verzicht auf 10% des Einkommens bzw. Vermögens auch in eine Reduzierung der Arbeitszeit um 10% umwandeln.

Bei all diesen Überlegungen kommt man jedoch nicht drum herum, das Vermögen wieder gleichmäßiger zu verteilen, wozu die Vermögenssteuer das naheliegendste Mittel ist – die jedoch nach und nach in vielen Ländern abgeschafft worden ist. Weil die, die die Gesetze machen, tendenziell zu den Reicheren im Lande gehören.

5. Selbstausdruck

♌

Der Beruf sollte im Idealfall der Berufung entsprechen, also dem, was ein Mensch sowieso gerne oder aus Überzeugung macht. Natürlich gibt es den Sachzwang, überhaupt etwas zu arbeiten – das war auch in der Steinzeit nicht anders, als das Überleben von der erfolgreichen Jagd oder von dem Ertrag des Dinkelackers abhing. Trotzdem ist der eine eher ein Jäger und der andere eher ein Bauer.

In der Altsteinzeit gab es außer dem Jäger so gut wie keine anderen Tätigkeiten, die man „hauptberuflich" machen konnte – vielleicht noch den Steinmetz, der die Äxte, Speerspitzen und Pfeilspitzen, Schaber usw. aus Flintstein hergestellt hat. In der Jungsteinzeit wurde die Vielfalt sehr viel größer, da damals die Handwerke wie Bauer, Viehhirte, Zimmermann, Schmied, Bäcker, Kürschner usw. entstanden. Daran änderte sich anschließend im Königtum nicht viel – die Berufe differenzierten sich nur immer noch ein wenig mehr. So wurde aus dem Schmied der Grobschmied, der Hufschmied, der Waffenschmied, der Goldschmied, der Silberschmied, der Kupferschmied, der Schlosser usw.

Alle diese Berufe führten ihre Tätigkeiten mehr oder weniger noch von Anfang bis Ende aus, d.h. sie sahen, was sie begannen und was am Ende dabei heraus kam: vom Stoff zum Gewand, vom Eisenbarren zur Pflugschar, vom Balken zum Dach usw.

Das änderte sich im Materialismus durch die Technik und die Industrialisierung. Viele arbeiteten nun nur noch an einem Detail der Herstellung eines Produktes oder an einer kleinen Aufgabe in der Verwaltung oder in einem Krieg, dessen Ursachen und Ziele sie nicht kannten. Die Menschen wurden von ihrer Arbeit entfremdet. In den 25% IT-Berufen, die es heute gibt, ist selbst das Objekt, an dem gearbeitet wird, kaum noch greifbar – das sind mit nahezu Lichtgeschwindigkeit durch das Internet fliegende Photonen, die Informationen transportieren.

Trotzdem steht jeder vor der Aufgabe, den richtigen Beruf für sich zu finden. Natürlich gibt die Beratungen im Arbeitsamt und manche wollen auch einfach nur möglichst schnell reich werden – doch wer kennt sich mit 18 schon so gut, dass er wirklich sagen kann, mit welcher Tätigkeit er in seinem Leben glücklich werden könnte?

Was wollen wir angesichts dieser Umstände erreichen?

Die Berufswahl ist etwas, auf das wesentlich mehr Zeit verwendet werden könnte als das heute im Allgemeinen üblich ist. Wie wäre es mit einem Intelligenztest, der ja auch die eigenen Fähigkeiten deutlich macht? Oder mit der Deutung des Horoskop, das den eigenen Stil deutlich beschreiben kann. Oder mit dem im Internet zur Verfügung stehenden Test „16 Personalities", der den eigenen Grundtyp sehr treffend beschreibt?

Man kann ganz einfach sagen, dass jeder Tag, den man als Jugendlicher mit einer gründlichen Erforschung der eigenen Fähigkeiten und Neigungen verbringt, später viele Jahre in einem unpassenden Beruf vermeiden kann.

Wenn man davon ausgeht, dass die gründliche Selbstkenntnis die beste Grundlage für die richtige Berufswahl ist, kann man auch die Meditationen und spirituellen Übungen empfehlen, die genau diese Funktion haben wie Herz-Meditationen, Traumreisen zur eigenen Seele, Retreats und dergleichen mehr. In diesem Bereich ist die Auswahl an Methoden sehr groß.

Man kann als Vorbereitung oder als Ergänzung zu den Selbsterkenntnis-Methoden auch noch die Methoden, die für die Heilung der Psyche gedacht sind, benutzen, Dazu zählen z.B. Familienaufstellungen, Rebirthing und Trauma-Auflösung sowie auch die Homöopathie.

Man könnte auch eine einjährige Therapie für jeden Jugendlichen in Kombination mit Selbsterfahrungsgruppen anbieten. Natürlich ist das kein Allheilmittel – schon deshalb nicht, weil diese Dinge nur funktionieren, wenn der Teilnehmende das auch will. Doch wenn man bedenkt, wie viele Umschulungen, Krankenhaus-Aufenthalte und Burnout-Behandlungen man durch eine wirklich passende Berufswahl einsparen könnte, dann würde sich diese allgemeine Selbsterkenntnis-Hilfe für Jugendlich durchaus rechnen.

Bei den sogenannten „primitiven Naturvölkern" ist es allgemein üblich gewesen, dass der Jugendliche, bevor er bzw. sie in den Kreis der Erwachsenen aufgenommen wurde, auf eine Visionssuche gehen musste, um sich selber, seine eigene Seele und sein Krafttier zu erkennen. Diese Form der Selbsterkenntnis, die sich in inneren Bildern („Visionen") ausgedrückt hat, haben dem Jugendlichen dann sein Leben lang einen inneren Halt gegeben. Diese Visionssuchen sind auch heute noch möglich – mit welcher Technik oder unter welchem Namen auch immer. Bei Naturvölkern sind Tiere und Pflanzen die naheliegende Bildersprache für diese Erlebnisse.

So war z.B. deutlich, dass jemand mit einem Bären als Krafttier sehr standfest war und daher ein Krieger war, ein Mensch mit einem Falken gehört zu den Spähern, ein Mensch mit einer Kuh zu den Hebammen oder Heilern, ein Mensch mit einem Adler war ein Anführer usw.

Diese Kenntnisse waren das Fachgebiet der Schamanen. Aus diesem Visionsuchen sind um 600 v.Chr. die Weisheitslehren und die Mysterienkulte entstanden, die alle der Selbsterkenntnis und der Eigenständigwerdung dienten.

Dies waren Lao-tse, Dschuang-tse und Konfu-tse in China; Buddha, Jaina und Patanjali in Indien; die Mysterien der Isis und die Mysterien des Osiris in Ägypten; Zarathustra und der Mithras-Kult in Persien; der Kult des Zalmoxis und die Orpheus-Mysterien in Thrakien; Pythagoras und die Mysterien von Eleusis in Griechenland; die Mysterien des Sol invictus im Römischen Reich; die Odin-Mysterien bei den Germanen; und die Cernunnos-Mysterien bei den Kelten.

Diese Mysterien haben über 1000 Jahre lang bestanden und die dazu gehörenden Weisheitslehren wie z.B. den Taoismus und den Buddhismus gibt es teilweise noch heute.

Wäre es nicht naheliegend, etwas in dieser Art wieder aufzubauen – in neuem Gewand, mit alten und neuen Techniken und vermutlich teilweise auch mit neuen Bezeichnungen? Das ist in einer Betrachtung über den Zusammenhang zwischen der Individualität und der Berufswahl vielleicht etwas gewöhnungsbedürftig – aber es könnte einiges an Kosten für Heilungen und Umschulungen einsparen … und die Menschen vielleicht etwas glücklicher mit der von ihnen getroffenen Berufswahl und mit ihrem Leben ganz allgemein machen. In einzelnen Fällen werden solche Kurse und Wochenenden in Schulen schon angeboten.

Natürlich würden in solch ein „Berufsfindungs-Programm" auch fundierte Informationen über die einzelnen Berufe und die Anforderungen und die Haupttätigkeiten in ihnen gehören.

Es gibt einen einfachen Weg, um den richtigen Beruf zu finden: Man macht einfach immer das, was man sowieso tun will, was man gerne macht, wo es einen hinzieht – unabhängig davon, ob man damit Geld verdienen kann oder nicht. Irgendwann kommt das Geld dann von selber – man wird mit seinen speziellen Fähigkeiten irgendwo ganz dringend gebraucht.

Das ist dann ganz mühelos und fällt einem sozusagen in den Schoß. Der Schlüssel dafür ist ganz schlicht: Selbsttreue und Selbstausdruck.

6. Gesundheit

♍

Niemand will viel arbeiten – da läge es doch nahe, nach Möglichkeiten zu suchen, weniger zu arbeiten. Es gibt auch schon einige Beispiele dafür, wie man das machen kann:

17. Man fragt sich, was man wirklich braucht und reduziert dann seine Arbeitsstunden soweit, dass man gerade genug verdient. Das geht z.B. mit Halbtagsstellen oder 3/4-Stellen.

18. Man konstruiert Maschinen, die die schwerste oder gleichförmigste Arbeit übernehmen. Das ist schon weit fortgeschritten.

19. Man konstruiert alle Maschinen einschließlich Autos, Computern und Haushaltsgeräten nach dem LEGO-Prinzip, was bedeutet, dass auf-grund der genormten Bauteile ein Gerät, das nicht mehr funktionsfähig ist, entweder leicht repariert werden kann oder die Bauteile in anderen Geräten weiterverwendet werden können – sozusagen „vorausschauen-des Recycling".

20. Man erschafft alle Dinge möglichst haltbar. Dann kosten die Rohstoffe vielleicht 20€ statt 10 € und die Löhne kosten ebenfalls 20€ statt 10€, doch wenn das billige Produkt für 10€+10€=20€ nur zwei Jahre hält, das teure Produkt zu 20€+20€=40€ zehn Jahre, dann müsste man in den 10 Jahren, die das teure Produkt hält, 5 mal das Produkt zu 20€ kaufen – was sich dann in der Summe auf 100€ beläuft statt auf 40€ für das haltbare Produkt.

21. Man könnte die Dinge, die man nicht mehr braucht, die aber noch intakt sind, verschenken, verkaufen oder zu einem Sozialkaufhaus brin-gen.

Die Menge der notwendigerweise produzierten Waren und somit auch die für diese Produktion benötigte Arbeitszeit liesse sich also auf vielfältige Weise verringern.

291

Im Zusammenhang mit der Arbeit ist auch die Gesundheit ein wichtiges Thema. Nimmt man bei der Arbeit eine natürliche Haltung ein? Oder ist die Arbeits-Haltung unnatürlich? Sitzt man viel, muss man sich ständig bücken oder vielleicht über dem Kopf arbeiten? Hier gibt es viele Möglichkeiten krank zu werden, obwohl sich in Bezug auf die Sicherheit und die Gesundheit am Arbeitsplatz in den letzten 50 Jahren schon viel getan hat.

Reichskanzler Bismarck hat 1885 die Krankenversicherung und 1889 die Rentenversicherung eingeführt – vor allem, um der neugegründeten SPD den Wind aus den Segeln zu nehmen. Doch beide Versicherungen schützten die Arbeiter in einer Weise, die es vorher nicht gegeben hatte. Zuvor waren die Kranken und Alten ganz auf die Unterstützung durch ihre Familie angewiesen.

Was wollen wir angesichts dieser Umstände erreichen?

Die Reduzierung der Arbeit auf das, was wirklich nötig ist, die Förderung des LEGO-Prinzips, die Übernahme von Arbeiten durch Maschinen oder Roboter und ähnliche Maßnahmen stecken noch sehr in den Anfängen. Vor allem das Bewusstsein darüber, was man wirklich an Waren zum Glücklichsein braucht, ist noch nicht sehr weit entwickelt – wenn man z.B. an Autos als Statussymbole denkt – und auch das LEGO-Prinzip steckt noch in den Kinderschuhen. Es ist ja schon eine lange Diskussion notwendig, um in der EU einheitliche Stecker und Buchsen für Ladegeräte festzulegen.

Natürlich sind Stecker und Buchsen, die nur im eigenen System passen, für den Hersteller von Vorteil, da er dadurch sicherstellt, dass die Kunden beim Kauf von Zusatzgeräten nicht „fremdgehen", aber was die Sparsamkeit in Bezug auf Arbeit und Rohstoffe und Wiederverwertbarkeit angeht, ist eine bunte Vielfalt an Steckern und Buchsen völliger Unsinn.

Immerhin gibt es schon die DIN-Normen – aber das ließe sich durchaus noch sehr viel weiter ausbauen. Es wäre doch eine sehr große Vereinfachung, wenn sich die Systeme aller Hersteller in allen Bereichen miteinander kombinieren ließen und auch die Bauteile aus verschiedenen Bereichen miteinander kompatibel wären. Das würde zu weniger Produktion und somit auch zu weniger benötigter Arbeitszeit und somit auch zu mehr Freizeit führen.

Doch um das durchzusetzen, wird ein anderes Wirtschaftssystem gebraucht. Das wird im nächsten Kapitel beschrieben.

Es gibt viele Länder – auch reiche Länder wie die USA – in denen es keine Sozialversicherungen oder gar eine Sozialversicherungspflicht gibt. Von manchen Menschen – die meistens eher wohlhabend sind – werden die Sozialversicherungen als Freiheitsberaubung, Einmischung in das Privatleben, linksextremer Sozialismus und Kommunismus angesehen. Es ist allerdings davon auszugehen, dass diejenigen, die in diesen Ländern krank oder arbeitsunfähig sind, trotzdem froh wären, eine kostenlose Krankenversorgung oder eine finanzielle Unterstützung zu erhalten.

Auch dieses Thema ist – wie so oft – letztlich ein Streit um das Geld. Soll der Staat das Recht haben, über die Verwendung eines Teiles des eigenen Einkommens zu bestimmen oder nicht? Die extrem liberal ausgerichteten Personen werden dem Staat jegliches das Recht absprechen, Steuern einzuziehen oder allen eine Sozialversicherung vorzuschreiben – die extrem sozial eingestellten Personen werden sagen, dass ohne diese Steuern und diese Sozialversicherungspflicht die Armen in diesem Staat leiden werden müssen.

Die größte Chance haben also moderate Steuern und eine Sozialversicherungspflicht, die zumindest die ärztliche Notfallversorgung absichert.

7. Kooperation

♎

Eigentlich ist Kooperation im Arbeitsalltag eine Selbstverständlichkeit. Oft muss man mal zu dritt anfassen, um etwas bewegen zu können, es gibt die Arbeitsteilung, es gibt den Müller, der Mehl für den Bäcker mahlt, der dann daraus das Brot backt, es gibt die Kindergärtnerin, die nach den Kindern schaut, damit die Mutter vormittags arbeiten gehen kann. In dem heutigen System der Arbeit ist jeder ein kleines Rädchen in einem großen Ganzen.

Man sollte also annehmen, dass dieses Kooperationsprinzip allen in Fleisch und Blut übergegangen ist, doch wenn man sich das genauer anschaut, ist es in vielen Bereichen so, dass das Geld die Vorgänge prägt: Der eine Bäcker versucht den anderen Bäcker mit seinen Preisen zu unterbieten, die Arbeitgeber und die Arbeitnehmer streiten sich um die Höhe der Löhne und die Dauer der Arbeitszeit, Aktionäre streben nach möglichst hohem Gewinn ohne Rücksicht auf die Arbeitsbedingungen der Menschen, die diesen Gewinn erwirtschaften …

Und durch die im vorigen Kapitel beschriebene „Wegwerf-Produktion", die nur billige und kurz haltbare Produkte herstellt, schaffen wir jede Menge unnötige Arbeit, damit alle Arbeit haben und genug verdienen, damit sie sich was kaufen können. Das ist natürlich eine unsinnige Argumentation, denn es geht ja nicht um Geld und Arbeit – die sind beide nur Hilfsmittel zum Erreichen eines Ziels – sondern um die Produkte. In einer Wirtschaft sollten also Produkte hergestellt werden, die auf lange Sicht möglichst wenig Arbeitszeit und Material benötigen – und das sind die soliden, lange haltbaren Produkte, die keinerlei „Sollbruchstellen" haben.

Wie muss eine Wirtschaft aussehen, damit solche sinnvollen, Menschen-schonenden Produkte hergestellt werden? Mithilfe der Konkurrenz ist das nicht möglich, da dann der Hersteller an vielen billigen Produkten mehr verdient als an wenigen haltbaren Produkten. Doch mit der Kooperation können sich alle Beteiligten an einen Tisch setzen und einen Gesamtplan überlegen. Dabei wird sehr schnell deutlich werden, welche Produktionsweise auf lange Sicht gesehen am wenigsten Material und Arbeitszeit benötigt. Doch der springende Punkt ist die Verteilung des Gewinns, der dabei erwirtschaftet wird. Auch an dieser Stelle ist die Kooperation und nicht die Konkurrenz notwendig. Diesen Punkt kann man nur klären, wenn man dabei wie in einer Familie vorgeht: Es müssen nicht alle gleich viel erhalten, aber es müssen alle genug erhalten und die Unterschiede dürfen nicht zu groß sein.

Durch einen solchen Ansatz, der sich an der Kooperation im Alltag orientiert, der in der Wirtschaft auf das Kooperations-Prinzip statt Konkurrenzprinzip setzt, der den Blick auf das auf das Ganze und auf die Gesamtwirkung richtet, für den Wirtschaften eine Koordinationsfrage und eine Verteilungsfrage ist, kann eine ganz neue Wirtschaftsform entstehen.

Diese neue Wirtschaftsform wird ausführlich in dem Buch „Die 12 Tore zur Sophikratie" aus dieser Reihe beschrieben.

Was wollen wir angesichts dieser Umstände erreichen?

Es ist einfach: auf eine sinnvolle Art wirtschaften, die Abläufe miteinander koordinieren, mit allen Beteiligten kooperieren und dadurch dann auf eine bessere Weise arbeiten können und sowohl die benötigte Arbeitszeit als auch das benötigte Material mittelfristig deutlich reduzieren.

Es ist aber auch schwierig: Schließlich ist es dafür erforderlich, im Arbeitsleben und auch als Unternehmer auf eine neue Art zu denken und zu handeln – und die Einführung eines neuen Vorgehens, bei dem zudem anfangs ja auch nicht alle mitmachen, ist zunächst sehr heikel und unsicher.

Doch es ist auch nicht aussichtslos: Immerhin kennen ja alle dieses kooperative Vorgehen mehr oder weniger gut aus der Familie, in der man auf genau diese Weise miteinander umgeht.

Nun kann man natürlich einwenden, dass die Arbeitszeit- und Material-Ersparnis durch Kooperation nur im Industriesektor funktioniert, aber nicht im Landwirtschafts-Sektor und auch nicht im Dienstleistungssektor. Das ist natürlich zunächst einmal richtig, aber man sollte auch nicht sofort ausschließen, dass das Kooperationsprinzip, wenn man es im Industriesektor anwendet, sich nicht auch anregend auf den Dienstleistungssektor auswirken kann. Wie wäre es mit einheitlichen Schnittstellen zwischen allen PC-Programmen? Wie wäre es mit einer vereinfachten und gut funktionierenden Übertragung von Daten von einem System in ein anderes? Es lässt sich sogar im IT-Bereich zumindest ein großes Potential für Arbeitsersparnis durch Kooperation erahnen …

Weltweit arbeiten derzeit 32% der Arbeiter in der Landwirtschaft, 24% in der Industrie und 44% im Dienstleistungssektor. Wenn sich durch die Kooperation der Anteil der Beschäftigten in der Industrie von 24% auch nur auf 20% senken würde, dann wären 4% der Arbeiterschaft – wenn man es negativ beschreiben will – arbeitslos. An dieser Stelle ist natürlich die Kooperation notwendig: Statt 4% der Arbeiter arbeitslos werden zu lassen, kann man ja auch für alle Arbeiter die Arbeitszeit um 4% senken.

Da im Pflegebereich, in dem derzeit weltweit 1% der Arbeiter und Arbeiterinnen tätig ist, ein massiver „Pflegenotstand" herrscht, könnte auch ein Teil der Arbeiter, die in der Industrie nicht mehr gebraucht wird, in die Pflege wechseln.

Bei diesen Überlegungen sollte man zudem bedenken, dass die Freiwerdung von 4% der Arbeiter, die vorher in der Industrie tätig waren, nicht bedeutet, dass auch 4% weniger produziert wird. Es werden zwar tatsächlich z.B. weniger Schuhe produziert – und daher weniger Material und Arbeiter benötigt – aber da die produzierten Schuhe deutlich länger halten, muss trotzdem niemand barfuß herumlaufen, der vorher Schuhe gehabt hat.

Möglicherweise werden auch noch ganz andere Möglichkeiten der Kooperation entdeckt. Wenn die Arbeitszeit zunächst im Industriebereich deutlich sinkt, ist es z.B. denkbar, dass die allgemeine Arbeitszeit so weit sinkt, dass es möglich wird, dass die Alten zum größten Teil nicht mehr ins Altenheim kommen, sondern daheim von einem Angehörigen versorgt werden, der nur halbtags arbeiten geht.

Es wäre schließlich ja durchaus denkbar, dass in einem auf Koordination beruhenden Wirtschaftssystem die Arbeit der Mutter im Haushalt, die Erziehung der Kinder und die Pflege der Alten als vollwertige Arbeitszeit angesehen und auch entlohnt würde. Die Sorge der Angehörigen oder eines Nachbarn für zwei oder drei alte Menschen würde wiederum Kosten für Altenheime einsparen, was den krassen Pflegenotstand in diesen Altenheimen deutlich lindern würde.

All das ist noch nicht im Detail durchdacht, aber es ist eine vielversprechende Richtung.

Also: Kooperation statt Konkurrenz.

8. Ausbeutung

♏

„Kooperation statt Konkurrenz" wäre schön, aber da sind wir leider noch nicht – oder stecken bei diesem Thema zumindest noch ganz in den Anfängen.

Die Auswirkungen der ungehemmten Konkurrenz sind ja allgemein bekannt: Arbeitgeber gegen Arbeitnehmer, Wettbewerb zwischen den Arbeitgebern, Konkurrenz um die bessere Stelle zwischen den Arbeitnehmern, Mieter gegen Vermieter, die Werbung des einen gegen die Werbung des anderen, Partei gegen Partei, Armee gegen Armee … jeder gegen jeden … das Recht des Stärkeren …

Dieses Konkurrenz-Verfahren sorgt im Bereich der Arbeit für Ausbeutung und Sklaverei – die Arbeiter werden zu Objekten in den Berechnungen der Arbeitgeber – zu „Humankapital".

Nun ist Konkurrenz aber auch nicht einfach die Wurzel allen Übels. Sie ist ein notwendiger Bestandteil des Lebens: das Bessere setzt sich durch. Das ist Teil der Evolution: Mutation und Selektion.

Doch wir Menschen haben ja einen Verstand. Was geschieht, wenn wir ihn benutzen und auf die Missstände im Arbeitsleben richten würden? Als Erstes werden sich natürlich verbesserte Formen der Konkurrenz ausbilden: effektivere Ausbeutung, geschicktere Werbung, bessere Propaganda, größere Waffen …

Das ist die kurzsichtige Betrachtung des Themas: Wir benutzen unsere Fähigkeiten – den Verstand – um unsere Konkurrenzfähigkeit zu verbessern und die andren zu besiegen.

Nun ist die kurzsichtige Betrachtungsweise ja nicht immer gerade die effektivste Betrachtungsweise. Was wäre, wenn wir das Thema auf eine weitsichtige Art betrachten würden? Dann würde auf einmal die Kooperation als die effektivste Strategie deutlich werden.

Wenn ein LKW von der Straße abgekommen ist und mit zwei Rädern im Straßengraben steht, kann der LKW-Fahrer den Wagen alleine nicht wieder auf die Straße bringen. Doch wenn ihm zwanzig Leute zu Hilfe kommen, können sie gemeinsam den LKW wieder auf die Straße hinaufbringen.

Jeder, der schon einmal bei solch einer Aktion mitgemacht hat, kennt das Gefühl der Freude, das entsteht, wenn man so etwas gemeinsam geschafft hat. Das ist ein ganz anderes Gefühl als der Jubelschrei, wenn man den 1000m-Lauf gewonnen hat – es ist eine leuchtende, stillere, aber trotzdem erfüllende Freude, die mit den anderen verbindet. Schon alleine für dieses Gefühl der Freude lohnt es sich, die Kooperation kennenzulernen und zu einem wesentlichen Bestandteil des Alltags und auch der Arbeit zu machen.

Was wollen wir angesichts dieser Umstände erreichen?

Es ist ja auch keineswegs so, als ob die Konkurrenz abgeschafft werden müsste – das ist sowieso unmöglich, da sie auch im Wesen der Menschen liegt. Es geht lediglich darum, dass sie nicht mehr das prägende Element ist wie heute der Wettbewerb zwischen den Unternehmern, die Streit zwischen den Partien, der Krieg zwischen den Armeen.

Wenn die Konkurrenz der Kooperation unterstellt wird, wenn die Kooperation zu dem allgemein prägenden Prinzip wird, dann wird die Konkurrenz nicht mehr das Schwert in der Hand des Kriegers, sondern sie wird zu der Hefe im Teig.

Es liegt ja durchaus im Interesse der Kooperation, sich gemeinsam für das beste Verfahren zu entscheiden. Also gibt es eine Konkurrenz zwischen den Vorschlägen und den möglichen Verfahren. Sie werden analysiert und durchdiskutiert bis eindeutig klar ist, welcher Weg der beste ist. Hier wird die Konkurrenz gebraucht – und es geht dabei nicht darum, von wem der Vorschlag stammt, der letztlich angenommen wird, sondern darum, dass der beste Weg gefunden wird. Und in der Regel sieht dieser Weg am Ende auch anders aus als jeder der ursprünglichen Vorschläge – es gibt in solchen Diskussionen auch so etwas wie eine Evolution der Vorschläge, wobei die Ideen die Mutationen der Vorschläge hervorrufen und die Diskussion die Aufgabe der Selektion übernimmt.

Die Konkurrenz wird also zu einem internen Verfahren der gemeinsamen Richtungsfindung – sie ist dann keine äußere Dynamik des Kampfes von jedem gegen jeden mehr.

Dieses Verhalten kann man in manchen Kooperativen beobachten, doch am reinsten und am weitesten entwickelt scheint es an einer Stelle zu sein, die für die meisten vermutlich eher unerwartet ist: in der Sportart, die als „Ninja Warrior" bekannt ist.

In dieser Sportart stellen sich die Sportler gegenseitig Aufgaben wie Hangeln, Springen, Schwingen und dergleichen, durch sie sie durch einen Parcours, also durch eine Folge von Hindernissen kommen müssen. Manchmal hilft auch ein Trainer oder die Aufgaben werden im Rahmen eines Wettbewerbs gestellt.

Dabei sind die Ninja Warriors natürlich Konkurrenten, denn jeder will der Beste sein. Doch diese Konkurrenz steht stets innerhalb des Rahmens der Gemeinschaft, d.h. man feuert auch die Konkurrenten an und fiebert mit ihnen mit. Ich habe bei einem Wettkampf, den mein Sohn geleitet hat, sogar schon miterlebt, dass einer der Teilnehmer einem anderen seine eigenen Schuhe ausgeliehen hat, weil er gesehen hat, das sein „Konkurrent" Schuhe mit einer unpassenden Sohle getragen hat.

Die gemeinsame Freude an dem Sport und an dem, wozu man körperlich alles in der Lage sein kann, steht stets bei Ninja Warrior stets im Vordergrund. Daher ist das Üben in einer Ninja-Halle immer von Lachen, gegenseitiger Hilfe und Freude erfüllt. Und diese Freude steckt auch unbeteiligte Zuschauer sehr schnell an, sodass sie auch mal das eine oder andere Hindernis ausprobieren wollen.

Die Ninja Warriors üben zwar auch regelmäßig und sie wollen auch immer besser werden und sie schauen auch nach dem, was die anderen schon können, aber dieses Üben wird nie zum Training, also zur verbissenen Anstrengung, sondern es wird die ganze Zeit von der Freude an der Bewegung getragen.

Das ist in einer Ninja-Warrior-Halle sehr deutlich zu spüren, aber man kann diese Freude auch noch erleben, wenn man z.B. bei RTL eine der dort ausgestrahlten Ninja-Shows anschaut.

Die Ninja Warriors haben das Prinzip „die Kooperation steht immer über der Konkurrenz" instinktiv und ganz aus ihrem leiblichen Handeln heraus bereits begriffen.

9. Ideale

Es ist im Allgemeinen hilfreich, wenn man sich überlegt, wo man eigentlich hin will und was das erwünschte Ergebnis ist. In Bezug auf die Arbeit lassen sich da einige Ziele formulieren, denen vermutlich die meisten zustimmen können:

1. Die Arbeit soll für den Lebensunterhalt sorgen.

2. Die Arbeit soll keine unnatürlichen Haltungen/Bewegungen erfordern.

3. Die Arbeit soll nicht den Körper und die Psyche schädigen.

4. Die Arbeit soll effektiv sein.

5. Die Arbeit soll erkennbar sinnvoll sein.

6. Die Arbeit soll kein Fremdkörper im eigenen Leben sein.

7. Die Arbeit soll keinen anderen schaden.

8. Die Arbeit soll die Welt verbessern oder sie zumindest gut erhalten.

Wahrscheinlich ließe sich diese Liste noch um einige Punkte erweitern, aber wenn diese acht Punkte schon erreicht wären, wäre das schon ein deutlicher Fortschritt. Was könnten Wege zum Erreichen dieser acht Ziele sein?

Das Folgende sind erste Vorschläge für die Wege zu diesen acht Zielen – wobei das natürlich nicht acht verschiedene Wege, sondern acht Aspekte desselben Weges sind.

1. Die Arbeit soll für den Lebensunterhalt sorgen.

Zur Umsetzung dieses Punktes – zu dem auch gehört, dass niemand mehr verhungern muss – gehört als wesentliches Element, die sehr ungleiche Verteilung von Einkommen und Vermögen auf der Erde zwar nicht vollkommen aufzuheben, aber deutlich abzumildern und in Grenzen zu halten, damit alle leben können.

Um dieses Ziel zu erreichen, wäre es ausgesprochen hilfreich, wenn die Weltbevölkerung statt ständig weiter zu wachsen, wieder von derzeit 8 Milliarden auf 1-2 Milliarden Menschen schrumpfen würde. Dadurch wäre wieder genügend Ackerland vorhanden, die Umweltverschmutzung würde zurückgehen, der CO_2-Ausstoß würde sinken und es wäre kein Leben in übervölkerten Großstädten mehr notwendig.

2. Die Arbeit soll keine unnatürlichen Haltungen/ Bewegungen erfordern.

Mit etwas Kreativität lässt sich in dieser Hinsicht viel erreichen: bequeme Stühle für's Büro, Hochbeete für den Gärtner, vielfältiges Werkzeug für den Autoschlosser, Gabelstapler für den Lageristen usw.

3. Die Arbeit soll nicht den Körper und die Psyche schädigen.

In Bezug auf den Körper ist vieles schon besser geworden, doch in Bezug auf die Psyche gibt es noch viele Arbeiten, die zu gleichförmig (Fließband), zu sinnlos (Plastik-Verpackungen) oder zu destruktiv (Schlachterei, Waffen-Industrie) sind, um der Psyche gut zu tun.

4. Die Arbeit soll effektiv sein.

Hier ist noch einiges an Kreativität möglich. Doch es gibt auch schon einige vielversprechende Ansätze wie „Books on Demand", die ein Buch erst dann drucken, wenn es bestellt wird.

Bei „Licht on Demand" geht dieser Ansatz es noch etwas weiter, da dabei ein Endverbraucher bei einer Firma nicht Glühbirnen, sondern Licht kauft, d.h. die Firma sorgt dafür, dass es überall bei dem Endverbraucher Licht gibt. Das führt dazu, dass die Firma möglichst energiesparende und lange haltende Leuchtmittel entwickelt und verwendet, da dies für sie am günstigsten ist. So werden durch diesen einfachen Trick auf einmal lang haltbare und ökologisch sinnvolle Produkte hergestellt.

Dieses Verfahren gibt es jetzt auch bei VW als „VoD", also als „Vehicle on Demand". Auch hier sorgt dieses Verfahren dafür, dass lange haltbare Autos ohne Sollbruchstellen gebaut und dadurch Arbeit und Material eingespart werden.

Dieses Verfahren lässt sich sicherlich noch auf viele andere Bereiche ausweiten.

5. Die Arbeit soll erkennbar sinnvoll sein.

Das lässt sich zum einem durch eine auf einer soliden Selbsterkenntnis beruhenden Berufswahl und zum anderen durch eine auf Kooperation beruhende und daher ökonomisch und ökologisch sinnvolle Wirtschaftsform erreichen.

6. Die Arbeit soll kein Fremdkörper im eigenen Leben sein.

Das lässt sich wie bei dem vorigen Punkt durch Selbsterkenntnis und eine Kooperations-Wirtschaft – die sogenannte „Sophikratie" – erreichen.

7. Die Arbeit soll keinem anderen schaden.

Auch das ist eine Wirkung, die sich zwangsläufig aus einer auf der Kooperation statt auf der Konkurrenz aufbauenden Wirtschaftsform ergibt.

8. Die Arbeit soll die Welt verbessern oder sie zumindest gut erhalten.

Hier ist ebenfalls die „Sophikratie" also die auf der Kooperation ergebende Regierungsform und Wirtschaftsform die solideste Grundlage.

Was wollen wir angesichts dieser Umstände erreichen?

Ganz einfach: Selber an der Stelle mit diesem Weg beginnen, für die man das größte Interesse und für die man die größten Fähigkeiten hat.

10. Macht

♈

Wer hat die Macht in der Welt? Und wer prägt daher auch das Arbeitsleben? Und wie sollte das eigentlich am besten sein?

Zunächst einmal kann man eine Macht-Pyramide aufstellen, die zeigt, was wovon abhängt und was wovon geprägt wird.

Da gibt es mehrere Abhängigkeiten:

- Die Arbeitsformen hängen von den Unternehmensformen ab;

- die Unternehmensformen hängen von den Wirtschaftsformen ab;

- die Wirtschaftsformen hängen von den Regierungsformen ab;

- die Regierungsformen hängen von den Weltanschauungen ab.

Daraus ergibt sich die folgende Machtpyramide:

Die Arbeit lässt sich daher nicht ohne die Betrachtung der sie prägenden Unternehmen, der Wirtschaft, der Regierung und der dem allen zugrunde liegenden Weltanschauung betrachten. Diese Pyramide zeigt auch, dass sich die Arbeitsformen nur nachhaltig verändern werden, wenn sich auch die Weltanschauung verändert.

Die hier angestrebte Veränderung ist die „Bändigung der Konkurrenz" durch das Prinzip der Kooperation. Dadurch wird auch eine Verständigung zwischen dem liberalen Freiheits-Prinzip und dem sozialen Gemeinschafts-Prinzip möglich – schließlich bedeutet Kooperation auch, dass man das polarisierende „entweder – oder" beendet und schaut, wie man ein sinnvolles „sowohl als auch" erreichen kann, mit dem sowohl Liberale als auch Sozialisten gut leben können.

Die dem zugrundeliegende Einsicht ist ganz schlicht das Erlebnis, dass man gemeinsam weiter kommen kann als alleine – und dass dieses freiwillige „gemeinsam" eben nicht das Aufgeben der eigenen Freiheit bedeutet, sondern ein Handeln aus Einsicht in die augenblickliche Situation entsteht. Das Problem ist die Polarisierung von „liberal" und „sozial" – wo doch kaum ein Liberaler ungerührt weitergehen und einen Menschen einfach verbluten lassen würde – und auch kein Sozialer einem anderen jede einzelne Handlung vorschreiben würde.

Das Zauberwort, um dieses „sowohl als auch" zu erreichen, lautet ganz schlicht „Sachbezogenheit". Wenn man sich gemeinsam eine Sache anschaut und sich über die Ziele klar wird und auch nicht mehr der Druck besteht, sich mit seiner Meinung durchsetzen zu müssen, um wiedergewählt zu werden, dann wird das Finden einer sachlichen Lösung nicht mehr allzu schwer sein.

Da Macht vor allem auf Geld beruht und ein Staat mit Geld auch Waffen kaufen und Kriege führen kann, ist für das Erschaffen von neuen Rahmenbedingungen für die Arbeit auch ein neuer Umgang mit Geld und ein neues Verständnis des Geldes notwendig. Dieses Thema wird in dieser Reihe in dem Buch „Die 12 Eigenheiten des Geldes" betrachtet.

Was wollen wir angesichts dieser Umstände erreichen?

Ein neues Prinzip wie „Kooperation" kann sich dann durchsetzen, wenn es

a. klar formuliert und mit Beispielen anschaulich gemacht worden ist,

b. wenn es sich in einem griffigen Slogan wie z.B. „Arbeit – miteinander statt gegeneinander" zusammenfassen lässt, und

c. wenn es genügend konkrete Beispiele dafür gibt, wie solch ein Ansatz erfolgreich umgesetzt werden konnte.

Daher sind die Weiterentwicklung und Ausdifferenzierung der hier vorgestellten Ansätze und ihre Kombination mit möglichst vielen anderen Ansätzen und der Integration dieser gesamten Ansätze zu einem Gesamtvorschlag sowie möglichst viele konkrete Umsätze dieses Prinzips wie z.B. das „… on Demand"-Verfahren notwendig.

11. Solidarität

~~~

Um ca. 1850 haben die Arbeiter in zunehmendem Maße begonnen, sich als eine soziale Schicht zu begreifen und sich als Gemeinschaft aufzufassen, die als Ganzes dafür kämpfen muss, dass sie nicht ausgebeutet wird.

Der damalige Reichskanzler Bismarck hat ab 1885 versucht, der damals neugegründeten SPD durch die Sozialgesetzgebung die Macht zu nehmen und die Einigkeit der Arbeiterschaft wieder aufzulösen – was ihm jedoch nicht gelungen ist, da seine Sozialgesetze zwar ein Anfang waren, aber bei weitem nicht ausgereicht haben, um die Armut der Arbeiterschaft zu beenden. Trotzdem war dies weltweit der erste Ansatz zur Erschaffung einer staatlich begründeten sozialen Absicherung, die dann bald von vielen anderen Staaten in ähnlicher Form übernommen worden ist.

Diese Sozialgesetze haben nach und nach dann außer der Krankenversicherung auch das Arbeitslosengeld, die Rente und die Pflegeversicherung umfasst.

Bereits 1848 hatten Karl Marx und Friedrich Engels in ihrem „Kommunistischen Manifest" alle Arbeiter zur Solidarität miteinander aufgerufen: „Proletarier aller Länder – vereinigt euch!" Marx und Engels hatten erkannt, dass die Arbeiterschicht nur dann ausreichend Macht hatte, um wirklich etwas an ihrer Ausbeutung zu ändern, wenn sie solidarisch miteinander waren und als Gemeinschaft auftraten. Dies war der Ursprung der Gewerkschaften, die noch heute zusammen mit den Arbeitgeber-Verbänden die Tarifverträge aushandeln.

Diese Solidarität der Arbeiter stand stets den Unternehmern gegenüber und beide haben sich als Konkurrenten begriffen. Diese Konkurrenz besteht zwar weiterhin weiter, doch sie muss heute in den Rahmen einer übergreifenden Kooperation gestellt werden. Dazu ist es notwendig – wie schon in den vorigen Kapiteln beschrieben – dass der Blick weg von dem Arbeitgeber/Arbeitnehmer-Gegensatz auf die Sache selber, also auf das Produkt gerichtet wird.

Solange in erster Linie auf das Geld, also auf den Lohn geschaut wird, wird das Produkt darunter leiden, da ohne den Blick auf das konkrete Produkt keine Sachlichkeit in das Thema kommen kann. Die Frage ist letztlich nicht, wer wie viel Geld hat, sondern ob alle das haben, was sie brauchen und ob sie auf eine möglichst einfache Weise an diese Dinge kommen, die sie brauchen.

Dafür sind lang haltbare Produkte sinnvoller als nur kurz haltbare Produkte und dafür sind menschenwürdige Arbeitsumstände notwendig. Solch eine sachliche Betrachtung und Diskussion kann dann dazu führen, dass der gesamte Arbeitsprozess sinnvoll gestaltet wird. Dazu ist jedoch ein hohes Maß an Kooperation notwendig – auch bei der Verteilung der Erträge aus der Produktion. Eine solche Kooperation führt jedoch dazu, dass letztlich weniger Material und Arbeitszeit gebraucht wird und die Arbeit vielleicht auch ein bisschen weniger stressig wird.

Es gibt Ansätze, die in diese Richtung gehen wie das Bürgergeld und das bedingungslose Grundeinkommen. Sie gehen das Problem von einem sozialen Prinzip her an, d.h. sie versorgen zunächst alle und nehmen das als Grundlage für das weitere Vorgehen.

Die Kooperation hat einen etwas anderen Ansatz: Arbeitgeber, Arbeitnehmer und evtl. noch andere beteiligte Gruppen schauen gemeinsam, wie man einen Produktionsprozess am sinnvollsten gestalten kann. Bei diesem Ansatz setzen sich alle zusammen und schauen, wie der Kuchen am besten gebacken wird und wie der Kuchen anschließend am besten verteilt werden kann. Das ist ein sachbezogener Ansatz.

Der soziale Ansatz sagt hingegen, dass jeder z.B. ein gleich großes Stück von dem Kuchen erhalten soll. Der liberale Ansatz sagt hingegen, dass sich jeder möglichst als Erster ein möglichst großes Stück Kuchen nehmen soll.

Es ist offensichtlich, dass der kooperative Ansatz, bei dem sich alle zusammen an den Tisch setzen und dann den Kuchen untereinander aufteilen, am ehesten dem Umgang in einer Familie entspricht und wahrscheinlich auch am sinnvollsten ist.

Was wollen wir angesichts dieser Umstände erreichen?

Die Antwort ist ähnlich wie im vorigen Kapitel: Es muss zunächst einmal die Kooperations-Handlungsweise möglichst klar und anschaulich beschrieben werden – sowohl das Grundprinzip als auch ihre Anwendung in verschiedenen Lebensbereichen. Dabei steht hier natürlich die Kooperation im Arbeitsbereich an erster Stelle.

Da sich der Arbeitsbereich – wie bereits beschrieben – jedoch nicht von den Unternehmen, der Regierung, der Politik und der allgemeinen Weltanschauung trennen lässt, beginnt dieses Projekt der Humanisierung der Arbeit mit einer neuen Weltanschauung, die die Menschen als verantwortungsvolle Gemeinschaft sieht: als „Eltern der Erde", die die Erde ökologisch und ökonomisch bewohnbar erhalten und in Verantwortung für die Menschheit und in Vertrauen zu der Menschheit leben.

12. Leben

H

Zu der Arbeit gehört auch, dass die Menschen die Erde intakt erhalten und z.B. keinen Plastikmüll in die Natur werfen, sparsam mit den Rohstoffvorräten umgehen und die Überbevölkerung rückgängig machen.

Wenn man die Erde von außen her betrachten würde, könnte man schon auf den Gedanken kommen, dass auf der Erde allmählich so etwas wie eine Menschen-Monokultur entsteht. Die Menschen sind überall und prägen alles. Diese Überbevölkerung und die Inbesitznahme der gesamten Natur und die Umgestaltung der Wälder zu Städten oder Ackerland haben zum Artensterben geführt.

Doch Artensterben ist nicht nur ein Problem, weil dadurch das ökologische Gleichgewicht auf der Erde gestört wird. Es ist auch ein Problem der Vereinsamung der Menschen auf der Erde. Das kann man deutlich spüren, wenn man bemerkt, dass es kaum noch Schmetterlinge gibt, oder auch, wenn man in den Weiden Fluss wieder Reiher sieht, die dort nisten oder man oben aus der Krone einer Eiche seit Jahrzehnten das erste Mal wieder einen Raben rufen hört.

Die Betrachtung der Arbeit, wie sie früher war, wie sie heute ist und wie sie hoffentlich morgen sein wird, ist nur ein kleiner Teil der Gesamtbetrachtung, zu der auch die Ökologie, die Gesundheit, das Geld, die Wirtschaftsform, die Spiritualität, die Bildung, der Umgang mit Drogen, das Recht, die Religion, das Wohnen, die neuen Technologien, der Frieden, die Beziehungen und noch vieles mehr gehören, die ja alle miteinander verwoben sind.

Was wollen wir angesichts dieser Umstände erreichen?

Endlich wie Erwachsene vom Ganzen her denken …

Die 12 Arten der neuen Technologien

Entwürfe für die Zukunft − Band 19

Inhaltsübersicht

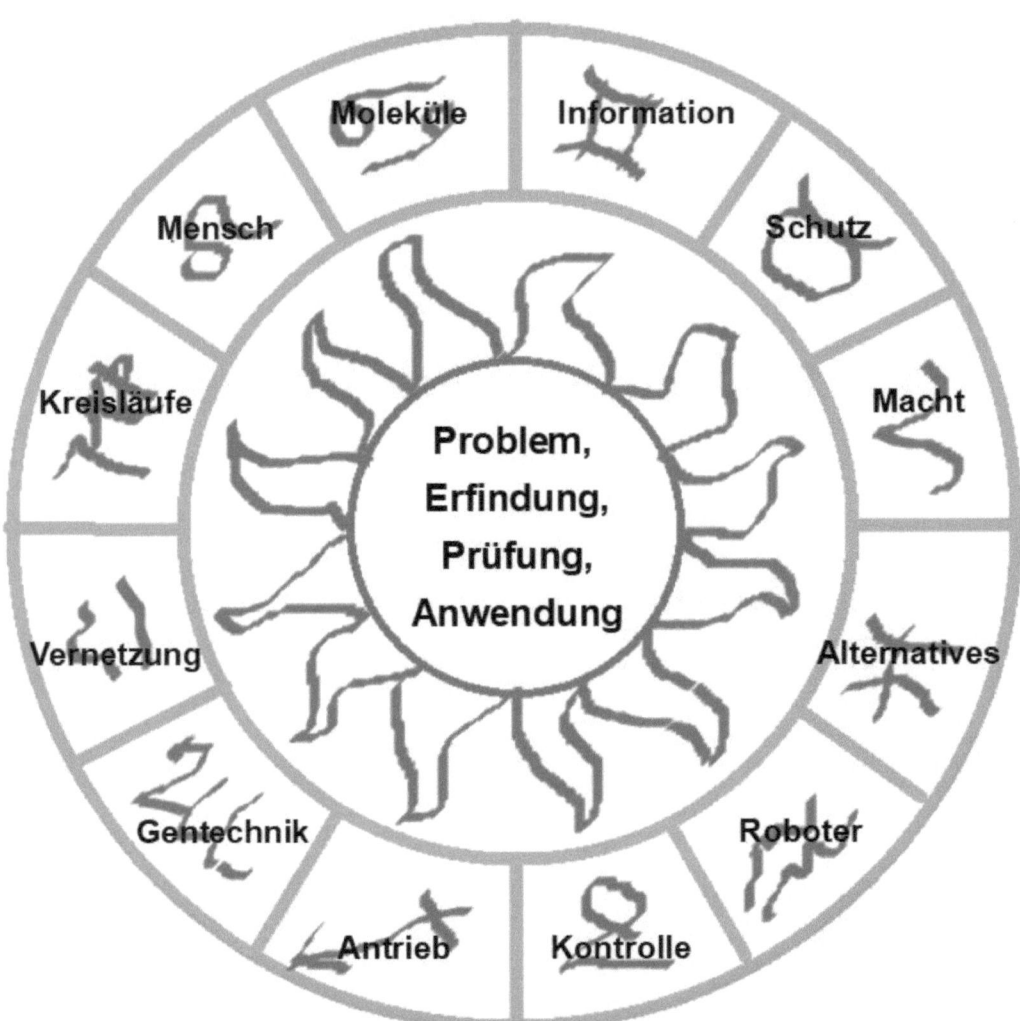

Vorwort

In diesem Buch werden die wichtigsten der neuen Technologien betrachtet – die von der Verwendung von Halbleitern über die Gentechnik bis zur Erschaffung von virtuellen Welten reicht.

Um sich das Ausmaß dieser neuen Technologien deutlich zu machen, hilft ein Blick auf die bisherige Geschichte der von den Menschen erschaffenen Technologien:

- In der **Altsteinzeit**, in der die Menschen von der Jagd lebten, waren der Faustkeil, das Feuer und die Wohnhütte die wichtigsten Erfindungen.

Dies waren geringfügige physikalische Umformungen der physischen Umwelt – die gezielte Formung und Verwendung von Gegenständen.

- In der **Jungsteinzeit**, in der die Menschen von Ackerbau und Viehzucht lebten, waren die Werkzeuge und vor allem der Anbau von Getreide und Gemüse sowie das Halten von Tieren die Neuerungen.

Dies war eine Lenkung der biologischen Umwelt – die gezielte Förderung und Verwendung von Pflanzen und Tieren.

- Im **Königtum**, in der das Zusammenleben der Menschen zentral von einem König gelenkt wurde, begannen die Menschen, durch gezielte Auswahl des Saatguts und der Jungtiere neue und ertragreichere Sorten zu züchten.

Dies war eine Lenkung der Entwicklungsrichtung der biologischen Umwelt – die gezielte Selektion von Mutationen und dadurch auch die Veränderung von Pflanzen und Tieren.

- Im **Materialismus**, in der die Menschen zunehmend Maschinen erfanden und nutzten, wurden durch die Industrie sowohl physikalische als auch chemische Prozesse den Maschinen übertragen.

Dies war die groß angelegte Verwendung von Maschinen, also von komplexen Gegenständen, die von den Menschen hergestellt worden sind – die gezielte Entwicklung und Nutzung von selber erschaffenen Gegenständen.

- In der heutigen Epoche der **Globalisierung** hat sich die Technik der Epoche des Materialismus soweit entwickelt, dass alle Menschen mit allen anderen Menschen verbunden sind und jede Handlung auf der Erde alle anderen Menschen beeinflussen kann.

Dies ist die Weiterentwicklung der Maschinen bis zur Gentechnik und zur künstlichen Intelligenz – das gezielte Erschaffen neuer Lebensformen durch die Gentechnik und neuer komplexer technischer „Wesen" wie der Künstlichen Intelligenz.

1. Macht

♈

a) Technik-Bereich

Wenn es um Waffen und Macht geht, sind die Menschen traditionell besonders erfinderisch … Wir Menschen haben leider eine Neigung zur Machtsucht.

b) neue Technologien

Eine **Blendwaffe** ist gewissermaßen eine „Taschenlampe", deren Licht derart hell ist, dass es Menschen blenden und dadurch orientierungslos und folglich auch hilflos machen kann.

Blendwaffen, die den Gegner dauerhaft blind machen, sind 1995 von der UN verboten worden, doch Blendwaffen, bei denen die Blindheit nach einer Weile wieder endet, sind nach wie vor nicht ausdrücklich verboten worden.

Diese Waffen verwenden Laserstrahlen im Bereich des sichtbaren Lichts, des UV-Lichts und des Infrarot-Lichts. Mit den Infrarot-Licht-Blendwaffen können auch elektronische Sensoren zerstört werden.

Eine Variante der Blendwaffen sind die Lampen auf Handfeuerwaffen, die zwar auch den Gegner blenden, doch ihn vor allem auch beleuchten, um einen gezielten Schuss abgeben zu können.

Das **Gaußgewehr** funktioniert ähnlich wie eine Magnetschwebebahn: Ein Geschoß wird wie die Magnetschwebebahn durch Magnetfelder beschleunigt.

Die Geschwindigkeit der Geschosse und folglich auch ihre Durchschlagskraft sind extrem hoch. Ihre Flugbahn kann sehr genau ausgerichtet werden. Das Gaußgewehr ist zudem wesentlich leiser als ein normales Gewehr und es erzeugt auch keine Rauchschwaden.

Diese Waffe braucht jedoch extrem viel Strom.

Die **Gaußkanone** funktioniert ähnlich wie das Gaußgewehr, aber benutzt größere Geschosse. Aufgrund der Form der Magnetfelder werden meistens ringförmige Geschosse verwendet.

Auch die **Plasmakanone** funktioniert nach demselben Prinzip. Bei ihr wird das

Geschoß jedoch bis in den Plasma-Zustand erhitzt.

Die **Railgun** ist eine weitere Variante einer Magnetfeld-betriebenen Kanone. Die Geschwindigkeit der Geschosse beträgt ca. 9000 km/h. Diese Waffe befindet sich zwar noch in der Entwicklung, aber da sie nur ca. 8% eines Marschflugkörpers kostet, wird intensiv an einer Verbesserung der Railgun geforscht.

Das **Active Denial System** (ADS) ist eine Waffe auf Mikrowellen-Basis, die feindlich Soldaten kampfunfähig macht. Ein Treffer von dieser Waffe schmerzt so stark, dass der Getroffene die Flucht ergreifen wird. Der Treffer hinterlässt – sagen ihre Befürworter – keine bleibenden Schäden. Gegner dieser Technik gehen hingegen von Verbrennungen und bleibenden Traumata aus.

Der ausgesandte Strahl diese Waffe hat eine 40-mal höhere Energiedichte als eine normale Mikrowelle in der Küche.

Die Schallkanone, die offiziell **Long Range Acustic Device** (LRAD) heißt, sendet – wie der Name schon sagt – Schall aus, der so laut eingestellt werden kann, dass er schmerzhaft ist. Diese Waffe kann Gehörschäden verursachen.

Das **Pulsed Energy Projektile** (PEP) sendet einen Energiestrahl aus, der beim Auftreffen einen Teil der Substanz in Plasma verwandelt und dadurch eine heftige Druckwelle erzeugt, die Menschen schmerzen, lähmen und verwirren kann.

Das **Extreme Accuracy Tasked Ordnance** (EXACTO) ist ein Präzisionsgewehr, dessen Geschosse per Laserstrahl gelenkt werden können und die daher auch sich bewegende Objekte mit hoher Genauigkeit treffen können. Diese Geschosse sind recht komplex aufgebaut.

Durch den Russland/Ukraine-Krieg sind **Drohnen** mittlerweile als wichtiges Waffensystem gut bekannt geworden.

Eine Weiterentwicklung der Drohnen sind die **autonomen Waffensysteme** die ein vorprogrammiertes Ziel selbständig ausfindig machen und zerstören können.

2. Schutz

♉

a) Technik-Bereich

Ein wesentlicher, aber nicht besonders beachteter Bereich der Technik und somit auch der neuen Technologien ist der Schutz des Bestandes. Dazu gehören u.a. die Sicherung einer weltweiten Ernährungs-Sicherheit, d.h. das Ende des Hungers, aber auch der Schutz der Artenvielfalt, der Schutz vor der Bodenerosion, der Schutz des Waldes, der schließlich 30% des Sauerstoffs produziert, den wir atmen, und schließlich noch der Schutz des Meeres, das einen wesentlichen Einfluss auf das Klima und die Artenvielfalt und die übrigen 70% des Sauerstoffs produziert, den wir atmen.

b) neue Technologien

In diesem Bereich der „**neuen Techniken**" geht es nicht vorrangig um die Entwicklung neuer Technologien, sondern um die Kontrolle und Ablehnung aller neuen Technologien, die eine Gefahr für den Bestand des Lebens auf der Erde sind.

Der zweite Aspekt der neuen Technologien in diesem Bereich sind die Technolo-gien, mit denen man bereits zerstörte Teile der Natur wieder herstellen kann. Dazu zählt der Schutz der noch vorhanden Arten, der Schutz der Wälder, die Wieder-Bewässerung von trockengelegten Mooren (die sehr viel CO_2 binden können), der sehr vorsichtige Einsatz der Gentechnik u.ä.

Es ist jedoch keineswegs so, daß jede neue Technik zum Schutz eines Einzelnen, einer Gruppe oder der Erde als Ganzes sinnvoll ist. Das kann man deutlich am Beispiel des „ Solar Geoengineering".

Das „**Solar Geoengineering**" besteht im Wesentlichen aus dem Konzept, daß die Menschen selber das Klima auf der Erde lenken: Durch das CO_2 erhitzen wir die Erde – also sprühen wir Schwefel in 20 km Höhe in die Atmosphäre, die dann das Sonnenlicht wie ein Schleier zurückhält und dadurch die Erde wieder abkühlt.

Das wäre natürlich ein Milliardengeschäft für die Firmen, die das durchführen. In Großbritannien sind bereits die ersten Freiluft-Experimente geplant. Dieses Konzept ist auch schon vom der Weltklimarat IPCC diskutiert worden.

Die beiden Gefahren bei diesem Ansatz sind zum einen das völlige Unwissen über die möglichen Nebenwirkungen und zum anderen die plötzliche massive Erhitzung der Erde, wenn aufgrund von Kriegen oder anderen Krisen das Versprühen des Schwefels unterbrochen wird. Weiterhin ist bereits sicher, daß das Versprühen von Schwefel in der Atmosphäre das Ozonloch wieder vergrßern würde.

Aufgrund dieser Gefahren haben mehr als 500 Wissenschaftlerinnen und Wissenschaftler aus rund 60 verschiedenen Ländern ein weltweites Abkommen gegen Solar Geoengineering gefordert – wegen der Gefahren dieses Ansatzes und weil dadurch nur die Symptome der Wirkung der Menschen auf die Erde, auf der sie wohnen, behandelt werden … und dazu noch auf sehr riskante Weise.

Es gibt aber auch technologisch völlig unbedenkliche neue Entwicklungen, die Alternativen zu dem problematischen Plastik sind, das sich mittlerweile in der Form von Mikroplastik in bedenklichem Maße vor allem in den Gehirnen der Menschen anreichert. Hier wird sehr dringend ein Umdenken benötigt.

Der neue Plastik-Ersatz sind verschiedene **Pilzarten**. Aus ihnen kann man Baustoffe, Verpackungsmaterialien, Dämmstoffe, Polster, „Pilzleder" und anderes herstellen. Diese Pilze sind sehr leicht, wärmeisolierend, schwer entflammbar, nachhaltig, feuchtigkeitsabweisend, vegan, tierversuchsfrei, geruchsfrei sowie innerhalb von 40 Tagen biologisch abbaubar, d.h. kompostierbar – die Vorteile gegenüber Plastik sind also beträchtlich. Je nach Pilz und Produktionsweise kann dieser Pilz elastisch, widerstandsfähig, reißfest, weich, dicht oder offenporig sein – er ist also in seinen Eigenschaften noch flexibler als Plastik.

Es ist auch möglich, diese Pilze in die gewünschte Hohlform hinein wachsen zu lassen und dabei auch eine stabilisierende Holzform in diese Hohlform einzufügen – ähnlich dem Armierungseisen in Stahlbeton.

Eine wichtige Form des Schutzes ist auch das Verfügung über die **notwendigen Informationen**, um die tatsächlich wirksamen Entscheidungen treffen zu können. So erzeugt z.B. die Fleisch- und Milchproduktion in Deutschland mehr CO_2 als der Autoverkehr. Bereits die 20 umsatzstärksten Landwirtschaftskonzerne verursachen den anderthalbfachen CO_2-Ausstoß wie der gesamte Autoverkehrs in Deutschland.

Allerdings ist die Fleisch- und Milchproduktion nicht der größte „Klimakiller". Weltweit sind gerade mal 36 Unternehmen für mehr als 50% der weltweiten CO2-Emissionen verantwortlich.

Die vier größten „CO_2-Produzenten" sind im Folgenden aufgeführt (die %-Angaben beziehen sich auf den Anteil an der gesamten globalen CO2-Emission).

Platz 1: Ölfördergesellschaft Saudi Aramco (Saudi Arabien)   4,38 %

Platz 2: Shell (Großbritannien)   0,9 %

Platz 3: BP (Großbritannien)	0,8 %
Platz 4: TotalEnergies (Frankreich)	0,8 %

Leider haben 93 Unternehmen der 169 größten Konzerne – also mehr als die Hälfte – haben 2023 ihre Emissionen im Vergleich zu 2022 erhöht statt gesenkt. Es ist also so gut wie unmöglich ohne die – freiwillige oder erzwungene – Mitarbeit der großen Konzerne das Klima zu retten.

3. Information

Ⅱ

a) Technik-Bereich

Die Technologien, die zu diesem Bereich gehören, sind die Beschaffung und die Verbreitung von Informationen und die Datenverarbeitung.

Eine notwendige Voraussetzung von neuen Erfindungen und der Entwicklung von neuen Technologien ist die Deutlichkeit der Aufgaben, die gelöst werden müssen. Natürlich gibt es auch die zufällige Erfindung oder die Entdeckung, die sich daraus ergibt, dass man jeden Tag mit einer bestimmten Aufgabe zu tun hat und dabei erkennt, dass sich das auch eleganter und mit weniger Aufwand durchführen ließe.

Insofern wäre es auch eine die Entwicklung wesentlich fördernde „Erfindung", alle anstehenden Aufgaben, die eine Lösung suchen, ausreichend bekannt zu machen.

b) neue Technologien

Der Begriff „**Data-Era**", also die „Epoche der Daten" oder das „Informationszeitalter", umschreibt den Umstand, dass die Datenverarbeitung immer wichtiger wird und das heutige Leben in immer größerem Ausmaß prägt. Die ständig wachsende Daten-Flut erfordert einen effektiven Umgang mit Daten. Das beinhaltet mehrere Dinge:

     - die freie Zugänglichkeit möglichst vieler Daten,

     - das sinnvolle Reduzieren von Daten („smart data"),

     - das Nutzer-bezogene Aufarbeiten von Daten,

     - das Verstehen von Daten („data literacy"),

     - den sinnvollen Umgang mit Daten,

     - der Zusammenschluss der Rechenleistung mehrerer Computer („decentralized computing"),

     - die Weiterentwicklung von Quantencomputern (größere Rechenleistung),

     - die Entwicklung manipulationssicherer Computer-Systeme,

     - der Schutz der Daten.

Die **Quantencomputer**, die seit einigen Jahren entwickelt werden, sind weitaus leistungsfähiger als die bisherigen Computer, da sie für das Speichern einer einzi-gen 1/0-Information nicht wie bisher ca. 100 Millionen Atome brauchen, sondern nicht einmal ein ganzes Atom. Die Speicherung der 1/0-Information erfolgt in einem Quant.

Da Quanten nicht nur die Eigenschaft „1" oder „0" haben können, also „Strom/kein Strom", sondern fließende Übergänge zwischen „1" und „0", lassen sich zudem sehr viel differenzierte Daten speichern als in den bisherigen Computern.

Die bisher hergestellten Quantencomputer sind zwar noch sehr fehleranfällig, aber sie schaffen z.T. die Lösung von Aufgaben, für die ein normaler Supercomputer 10.000 Jahre brauchen würde, in 3 Minuten.

Aufgrund dieser Geschwindigkeit können Quantencomputer auch so gut wie alle heute üblichen Daten-Verschlüsselungen sehr schnell „knacken". Daher sind auch neue Verschlüsselungsmethoden dringend notwendig.

Die **Künstliche Intelligenz** (KI) besteht im Wesentlichen darin, dass ein Computer so programmiert wird, dass er eigenständig große Datenmengen auswertet und auf der Grundlage der Ergebnisse dann Entscheidungen trifft. Dadurch kann man einem Computer z.B. das Sprechen beibringen. Sie können auch in der Medizin, in der Bilderkennung, in der industriellen Fertigung usw. eingesetzt werden und in vielen Bereichen die Arbeiter unterstützen oder ersetzen.

Dieses Thema wird ausführlich in dem SHA-Buch „Die 12 Betrachtungsweisen von künstlicher Intelligenz" betrachtet.

Die **„Software 2.0"** ist eine spezielle Anwendung der Künstlichen Intelligenz. Diese Software ist in der Lage, zu einem vorgegeben Thema informative Texte zu verfassen.

4. Moleküle

♋

a) Technik-Bereich

Viele neue Erfindungen stammen aus dem Bereich der Chemie. Sie werden in fast allen Lebensbereichen eingesetzt. Neben den neuartigen chemischen Molekülen gibt es auch noch die Nanotechnik und die Quantencomputer, die ebenfalls im Bereich des „ganz Kleinen" neue Formen erschaffen.

b) neue Technologien

Die **Buckminster-Fullerene** sind Moleküle, die vor allem aus Kohlenstoff bestehen und Hohlkörper bilden. Eine der einfachsten Formen dieser Fullerene sehen aus die ein Fußball, dessen Oberfläche sich aus Sechsecken und Fünfecken zusammensetzt: An den Stellen, an denen bei einem Fußball drei Lederstücke zusammentreffen, sitzt ein Kohlenstoffatom – die Linien zwischen zwei Lederstücken sind die Elektronen-Bindungen zwischen zwei Kohlenstoffatomen.

Es gibt jedoch nicht nur Kugeln aus 60 Kohlenstoffatomen (C_{60}), sondern auch noch wesentliche komplexere Hohlformen, die fast alle symmetrisch aufgebaut sind. Neben den Hohlkörpern gibt es auch Röhren, die nach demselben Verfahren auf-gebaut sind.

Wenn man z.B. ein einzelnes Wassermolekül in solche eine C_{60}-Kugel einfügt, kann man die Eigenschaften dieses nun isolierten Wassermoleküls sehr viel genauer unter-suchen als es sonst möglich wäre. Das ist z.B. in der Quantenphysik ausge-sprochen hilfreich.

Die aus 60 Kohlenstoffatomen bestehenden Hohlkugeln sind auch schon im Umfeld anderer Planeten in unserer Galaxie nachgewiesen worden. Sie kommen z.B. auch in Kerzenruß vor und sie eignen sich als Halbleiter und als Supraleiter. Die For-schung steht bei den Fullerenen und ihren Verwendungsmöglichkeiten noch sehr am Anfang.

Die **Nanotechnik** stellt Materialien und Geräte im Größenbereich unterhalb von 100 nm, also unterhalb von 0,0001mm her. Da in diesem Bereich nicht mehr die Gesetze der klassischen Physik, sondern die der Quantenphysik gelten, haben die Substanzen in diesem Größenbereich andere Eigenschaften als in den uns gewohnten Größen-bereichen.

Durch Nano-Materialien lassen sich daher z.B. schmutzabweisende Stoffe herstellen

– so wie z.B. Seerosenblüten wasserabweisend sind. Die Anwendungsmöglichkeiten der Nano-Materialien sind fast unbegrenzt groß – Fliegen benutzen z.B. winzige Härchen im Nano-Bereich an ihren Beinen, um sich an glatten Flächen festhalten zu können.

Die **Halbleiter** sind derzeit das wichtigste Material für fast alle elektronischen Bauteile in Transistoren, Dioden, integrierten Schaltkreisen, Sensoren usw. und daher auch in Computern. Sie sind zur Zeit das am meisten gehandelte Produkt. Die Halbleiter werden auch in der Nano-Fabrikation in Größen von 2 Nanometern verwendet.

Die besondere Eigenschaft der Halbleiter besteht darin, dass sie z.B. in Abhängig-keit von dem Druck, der Temperatur oder der Lichteinwirkung verschieden gut Strom leiten.

Die anorganischen Halbleiter sind Silicium, Selen, α-Zinn, Bor, Tellur und die Kohlenstoff-Fullerene.

Die Elementen, die erst unter Druck zu Halbleitern werden, sind Wismut, Calcium, Strontium, Barium, Ytterbium, Phosphor, Schwefel und Jod.

Die organischen Halbleiter sind Tetracen, Pentacen, Polythiophen, Phthalocyanine, PTCDA, MePTCDI, Chinacridon, Acridon, Indanthron Flavanthron, Prinon und Alq3.

Die Mischsystem-Halbleiter sind Polyvinylcarbazol und die TCNQ-Komplexe.

5. Mensch

♌

Ein Teil der neuen Technologien bezieht sich auch auf den Menschen. Sie sollen sein Alter, seine Lebensqualität und seine Gesundheit fördern – es geht hier daher vorwiegend um Medizin, aber auch um Therapien.

Die **personalisierte und prädiktive Medizin** ist ein neuer medizinischer Ansatz bei dem die Daten eines Patienten dazu verwendet werden, Diagnosen präziser stellen zu können und außerdem wahrscheinliche zukünftige Erkrankungen vorsagen und somit schon im Vorfeld abmildern zu können. Dabei wird die „Big Data"-Analyse und die Analyse der DNS als Grundlage verwendet.

Wenn sich dieses Verfahren als erfolgreich erweisen und allgemein durchsetzen sollte, gäbe es die Möglichkeit, die meisten Krankheit schon vor ihrer Entstehung zu verhindern und dadurch sehr große Summe im Gesundheitswesen einzusparen. Diese Methode würde jedoch auch bedeuten, dass der allergrößte Teil der Daten über die einzelnen Menschen an irgendeiner Stelle zentral gespeichert wird, um dann bei Bedarf von einem Arzt abgerufen werden zu können.

Es ist auch eine automatische Warnung denkbar, die eine Person oder dessen Arzt von einer Künstlichen Intelligenz (KI) erhält, die in regelmäßigen Abständen die Daten der Menschen in Hinblick auf ihre Erkrankungswahrscheinlichkeiten analysiert.

Es ebenfalls denkbar, dass diese Analysen und Warnungen auch auf psychische Erkrankungen ausgeweitet werden.

Eine heikle Frage in diesem Zusammenhang ist, wer alles Zugang zu diesen Daten hat und wer sie für andere Zwecke missbrauchen könnte.

Bei der **Krebs-Immuntherapie**, die bislang zwar in ihren Konturen entworfen, aber noch nicht entwickelt worden ist, soll das Immunsystem eines Menschen so gestärkt werden, dass es selber die Krebszellen bekämpfen kann. Der Grundgedanke dabei ist eine gezielte und vor allem personalisierte Immuntherapie gegen den Krebs.

Die hier und da in der Literatur erwähnten **Med-Beds** („medizinische Betten"), die eigenständig Krankheiten erkennen und heilen und dazu noch das Altern rückgängig machen und Glieder nachwachsen lassen können, sind bislang reine Fiktion aus Sciencefiction-Filmen und -Romanen.

Allerdings sind inzwischen Apparate entwickelt worden, mit deren Hilfe sich innerhalb von 20 Minuten ein umfassendes Bild von der Gesundheit/Krankheit eines Menschen einschließlich seiner Neigungen zu bestimmten Krankheiten (die noch nicht ausgebrochen sind) erstellen läßt. Ein Beispiel für einen solchem Apparat ist der NEKO-Scanner.

In Kombination mit der anfangs erwähnten „Big Data"-Methode könnte diese Diagnose-Methode eine sehr große Unterstützung für den Arzt und den Patienten sein.

6. Kreisläufe

♍

a) Technik-Bereich

Es ist nicht nur notwendig, neue Dinge zu erfinden, sondern auch, sie so in das Bestehende einzufügen und sie so zu benutzen, dass kein Schaden entsteht. Daher finden sich hier alle Kreislauf-Techniken vom der Abfallverwertung über das Recycling bis zum LEGO-Prinzip in der Technik.

Wenn etwas neu erfunden worden ist, ist es in vielen Fällen nicht das Weiseste, diese neue Erfindung auch sofort einzusetzen. Es empfiehlt sich vielmehr, diese neue Erfindung erst einmal auf die möglichen langfristigen Risiken zu überprüfen.

b) neue Technologien

Die **Abfall-Sortierung** und die **Abfall-Verwertung** ist schon teilweise eingeführt worden, aber sie ist noch in hohem Maße ausbaufähig.

Dasselbe gilt für die **Wiederverwendung** und das **Recycling** von vielen Produkten, die derzeit noch auf den Müllhalden enden.

Ein wichtiger Schritt zu einem effektiven Recycling von Maschinen wäre eine weitgehende Standardisierung aller Bauteile – also eine „**LEGO-Industrie**", die die Möglichkeit bietet, ausgemusterte Geräte und Maschinen wieder weitgehend in ihre Einzelteile zu zerlegen und diese dann anschließend wiederzuverwenden. Diese LEGO-Technik könnte auf den bereits vorhandenen DIN-Normen aufbauen und sie dann deutlich erweitern.

Es werden auch effektive **Reinigungsverfahren** für die Erde, die Luft und die Gewässer benötigt, die bereits mit Müll und Giftstoffen belastet sind – z.B. der radioaktive Müll in der Erde, das Plastik im Wasser und das CO_2 in der Luft.

Weiterhin wird die weitgehende Umstellung der Produktion auf **nachwachsende Rohstoffe** benötigt.

In gleicher Weise ist die Umstellung auf **regenerierbare Energien** notwendig (siehe

Kapitel 9).

Die Entwicklung einer **nachhaltigen IT** steckt noch in den Kinderschuhen, obwohl der IT-Bereich, also die Computer, eine sehr große Menge an Material und Energie verbrauchen und dabei ebenfalls große Mengen von CO_2 ausstoßen.

7. Vernetzung

♎

a) Technik-Bereich

Ein weiterer Bereich, sehr einflussreicher Bereich der neuen Technologien ist die Vernetzung von Menschen, von Menschen und Computern sowie von Computern mit Computern.

b) neue Technologien

Die **5G-Technologie** ist zwar teilweise schon eingeführt worden, doch sie ist noch deutlich ausbaufähig. Diese Technologie ermöglicht eine deutlich schnellere Daten-Übermittlung als zuvor.

Beim **Cloud-Computing** werden große Mengen von Daten extern bei Providern gespeichert. Dadurch werden keine großen eigenen Speichergeräte mehr benötigt. Insbesondere die Benutzung von Künstlicher Intelligenz benötigt sehr viel Speicher-platz, da sie sehr große Datenmengen verarbeitet, die in der „Cloud" jederzeit zur Verfügung stehen.

Beim **Edge-Computing** wird zusätzlich zur Auslagerung der Datenspeicherung noch darauf geachtet, dass sich diese Speicher möglichst nah an dem Ort ihrer Verarbei-tung befinden, um noch einmal zusätzlich Zeit bei der Daten-Übermittlung einzu-sparen.

Diese hohe Geschwindigkeit der Übermittlung von Daten ist eine der Grundlagen für das „Internet of Things" gewesen, das weiter unten noch erklärt wird.

Das **Web3** ist ein dezentrales Internet, das der Nachfolger des heutigen Internets werden soll, bei dem alle Prozesse über wenigen Internet-Knotenpunkte laufen. Derzeit gibt es 57 internationale Internet-Knotenpunkte in ebenso vielen Städten.

Das Web3 soll hingegen auf vielen kleinen vernetzten Servern bestehen, wodurch eine direkte Kommunikation ohne Zwischeninstanzen möglich werden würde. In die-sem System würden nicht mehr zentrale Instanzen, sondern die Benutzer selber die Gestalt des Internets erschaffen.

Welche Folgen es hätte, wenn es tatsächlich eines Tages ein Web3 geben würde, lassen sich kaum abschätzen.

Mit **Augmented Reality (AR)**, „verbesserter Realität" ist ein Verfahren gemeint, bei dem man sowohl die tatsächliche eigene augenblickliche Umwelt wahrnimmt, aber gleichzeitig auch noch ein computergeneriertes Bild, das zusätzliche Informationen auf die Brille einblendet, die man bei diesem Verfahren trägt.

Dadurch kann auf eine reale Sache blicken und gleichzeitig – ohne den Blick von dieser Sache abzuwenden – auch noch weitere Informationen, Blickwinkel auf diese Sache u.ä. wahrnimmt.

Derartige AR-Brillen werden z.B. im Maschinenbau, bei Lagerarbeiten, bei Reparaturarbeiten u.ä. verwendet. Dadurch ist ein effektiveres Arbeiten möglich. Man kann mit einer AR-Brille auch das Abbild von neuen Möbeln in der eigenen Wohnung platzieren und sich ihre Wohnung im eigenen Heim anschauen bevor man diese Möbel kauft.

Die **Virtuelle Realität (VR)** besteht im Gegensatz zur Augmented Reality (AR) nur aus einem virtuellen, also künstlichen Bild, das man in einer Brille sieht. Da beide Augen ein leicht unterschiedliches Bild vorgespielt bekommen, erlebt man bei der VR sich selber in einer 3D-Welt, die von einem Computer generiert wird. Mithilfe einer Tastatur oder speziellen Geräten kann man sich auch in dieser Welt bewegen.

Die VR wird bisher hauptsächlich von der Spiele-Industrie benutzt, aber ihre Verwendung ist z.B. auch in der Ausbildung und in allen Arten von Trainings möglich. Sie ermöglicht auch die virtuelle Zusammenarbeit mehrerer Personen in der Forschung und in der Planung, der Architektur, dem Online-Shopping usw.

Eine Gefahr bei der VR ist das Verschwimmen der Grenzen zwischen realer Welt und virtueller Welt. Für das vollständige „Abtauchen" in die virtuelle Welt, bei dem man diese virtuelle Welt vorübergehend als völlig real erlebt (noch intensiver als im Kino), gibt es bereits den Begriff „Immersion".

Das **Internet der Dinge** (Internet of Things = IoT) ist ein Netzwerk von physischen Objekten, also von Maschinen, Gebäuden, Fahrzeugen, Geräten usw. die mit Sensoren und einer Software ausgestattet sind, die es ermöglicht, die Aktionen dieser Objekte gemeinsam und aufeinander abgestimmt zu lenken. Das industrielle IoT, also die Vernetzung von Geräten in der Produktion, wird auch „Industrie 4.0" ge-nannt. Durch das Internet können letztlich Millionen von Geräten miteinander verbunden werden.

Das bringt in vielen Bereichen Erleichterungen mit sich, aber es birgt auch Gefah-ren. Was geschieht, wenn jemand solch ein System hackt? Man könnte über das Internet jemanden nachts in seinem Haus einschließen, den Gasherd aufdrehen und dann das Gas zünden – alles durch einen weit entfernten PC, der die Steuerung der Geräte in dem Haus gekapert hat und sie nun für ein Attentat nutzt, das später nach dem Abbrennen des Hauses wahrscheinlich als „Gasleck" eingestuft wird. Man könnte sich auch in die Elektronik eines Autos einhacken und den Fahrer in seinem Auto einen Hang hinunterstürzen lassen. Oder man hackt sich in das System eines Krankenhauses ein und stellt z.B. das Beatmungsgerät einer Person ab.

Es ergeben sich hier Möglichkeiten, die bedacht werden sollten, bevor das „Internet der Dinge" allgemein üblich wird.

Ein Beispiel für eine AR (Augmented Reality), die mit dem „Internet of Things" gekoppelt worden ist, findet sich in dem Film „Spiderman – Far From Home" in der Form der Brille, die Tony Stark entwickelt hat.

In der **Smart City** wird der öffentliche Nahverkehr und die Beheizung, Belüftung und Beleuchtung der öffentlichen Gebäude durch das Internet der Dinge geregelt.

Im **Precision Farming** könnte durch das Internet der Dinge eine nachhaltigere und zugleich kosteneffizientere Bewirtschaftung der Böden erreicht werden.

In den **Exponential Industries** kann durch das Zusammenführen des Internets der Dinge, des 3D-Drucks, der Wahrnehmung der Umwelt durch Maschinen mittels Sensoren, des Nano-Engeneering, des Einsatzes von Robotern usw. die Industrie- und Fertigungsprozesse vollständig verändert und weitgehend automatisiert werden.

Die **Intelligent Infrastructure** besteht aus durch künstliche Intelligenz miteinander vernetzten und gesteuerten Stromnetzen und Speichersystemen. Dasselbe ist auch für die Wasserversorgung möglich, was wichtig werden könnte, wenn es durch die Klimaerwärmung zu zunehmenden Dürren kommt.

Die **Smart Surroundings** und das **Smart Home** können die Bewegungen von Menschen wahrgenommen werden und dementsprechende Maßnahmen ergriffen werden. In der Öffentlichkeit könnten dies z.B. zusätzliche Busse oder ein rechtzeiti-ges Nachbestellen von Waren sein. Im Haus sind dies die automatische Regulierung der Temperatur, das Verlöschen des Lichtes, wenn niemand mehr im Zimmer ist und das Abstellen der Herdplatte, wenn sich kein Kochtopf mehr auf ihm befinden sein.

Dazu kommen Multitouch-Oberflächen auf Displays und die maschinelle Wahrnehmung von Worten oder Gesten. Der Besitzer kann über sein Handy das Innere seines Hauses prüfen, Türschlösser können automatisiert werden und sich automatisch für die Bewohner öffnen,

Das **Metaverse** ist bislang noch vollkommen eine Utopie. Dieser Begriff bezeichnet eine virtuelle Welt, in der man anderen Menschen begegnen und mit ihnen spre-chen und z.B. auch Geschäfte abschließen kann. Im Metaverse verschmelzen die reale und die virtuelle Welt weitgehend miteinander.

In einer Version des Metaverse erscheinen seine Nutzer nicht mehr als sie selber, sondern wie in einem Internet-Rollenspiel als ein selbsterschaffener Avatar.

Die Entwicklung der **Weltraum-Technologien** ist nur schwer einschätzbar, zumal neben stattlichen Akteuren auch immer mehr private Akteure hinzukommen. Diese Aktivitäten werden sich jedoch wahrscheinlich noch lange Zeit auf den Umraum der Erde und höchstens noch auf den Mond erstrecken – auch wenn es schon Pläne für eine Besiedelung des Mars gibt.

8. Gentechnik

♏

a) Technik-Bereich

Ein großer, wichtiger und einflussreicher Bereich ist die Gentechnik – sowohl in Bezug auf die Herstellung von gentechnisch veränderten Nahrungsmittels und die Medizin als auch in Bezug auf die Herstellung von Clonen.

b) neue Technologien

Die **medizinische Gentechnik** wird genutzt, um z.B. Impfseren gegen Corona zu entwickeln. Insgesamt ist dies jedoch ein sehr weiter Bereich, der noch in den Anfängen steckt.

Die Gefahr eines Missbrauchs oder auch einfach nur von Irrtümern und Unfällen in diesem Bereich ist offensichtlich.

Die **landwirtschaftliche Gentechnik** wird genutzt, um resistente Nahrungspflan-zen zu züchten oder z.B. um Mais zu züchten, der gegen ein Pflanzenschutzmittel unempfindlich ist, das jedoch alle anderen Pflanzen abtötet.

Zu den Risiken und Nebenwirkungen fragen sie am besten nicht ausgerechnet den Hersteller dieser Gentechnik-Produkte …

9. Antrieb

a) Technik-Bereich

Ein wichtiger Forschungsbereich sind neue Antriebsmethoden, d.h. neue Maschinen, neue Treibstoffe, neue Fahrzeugarten, neue Produktionsweisen von Treibstoff u.ä.

b) neue Technologien

Zu dem Bereich der **erneuerbaren Energien** zählen Wasserkraftwerke, Windkrafträder, Solarenergie, Geothermie, Biomasse-Kraftwerke und Gezeitenkraftwerke sowie Wasserstoff und Methanol als Energieträger und ebenso auch die zuneh-mende Verbreitung von Elektroautos. In diesem Bereich ist in den letzten Jahren schon viel entwickelt und gefördert worden, auch wenn das noch nicht ausreicht, um die Klimaerwärmung zu verhindern.

Die Entwicklung von leistungsfähigeren **Batterien** ist ein wesentlicher Punkt für die Ausweitung von Strom als wesentlichem Energieträger.

Es ist nicht nur notwendig, neue Techniken zu entwickeln, sondern sie auch zu verbreiten. Dies trifft u.a. auch für **E-Autos** zu. Bislang ist Norwegen das einzige Land der Welt, in dem seit 2025 keine neuen Diesel- und Benzinfahrzeuge mehr gekauft werden können. Schon 2024 waren 90% der Autos in Norwegen E-Autos. Es ist also möglich, komplett auf E-Autos umzustellen.

Um dies zu erreichen werden hohe Einfuhrzölle für Verbrenner-Autos erhoben. Das wird dadurch erleichtert, daß Norwegen keine eigene Auto-Industrie hat, die dagegen protestieren könnte. Weiterhin wurden die E-Autos stark subventioniert – und zwar konsequent und langfristig. In den meisten anderen Ländern sind die Steuervergünstigungen oft nach kurzer Zeit wieder zurückgenommen worden.

10. Kontrolle

♑

a) Technik-Bereich

Hierzu gehören alle Techniken, die andere überwachen oder manipulieren können oder die vor ebensolchen Angriffen und Übergriffen schützen können – angefangen bei der Firewall des eigenen PCs über Hackerangriffe bis hin zum Erkennen von Fake-News.

b) neue Technologien

Die ständige Ausweitung und Verflechtung der Datenverarbeitung macht den Schutz sensibler Daten dringend notwendig. Diese **Cybersecurity** soll nicht vor Hackerangriffen schützen, sondern auch vor Datenverlust, Datenpannen und vor krimineller Daten-Spionage. Diese Gefährdung der eigenen Daten und der Internet-Betrug sind mittlerweile leider schon fast allen bekannt.

Die **Blockchain** ist eine verteilte digitale Datenbank, die Softwarealgorithmen verwendet, um Transaktionen sicher und anonym aufzeichnen und bestätigen zu können. Die Aufzeichnung der Ereignisse wird von vielen Partnern gemeinsam genutzt, und die einmal eingegebenen Informationen können nicht mehr geändert werden.

Das Besondere an diesem Verfahren ist, dass immer alle Beteiligten über jeden kleinen Schritt informiert werden und daher kein Einzelner diese Daten fälschen kann – da sie eben in vielen PCs gleichzeitig verankert werden. Außerdem lassen sich alle Vorgänge auch nach nachrechnen und auf diese Weise überprüfen.

Die Blockchain ist mittlerweile eine weitverbreitete Methode, um dafür zu sorgen, dass Daten nicht gefälscht werden können – wobei es bei diesen Daten vor allem um Zahlungen und Buchhaltung geht. Mit diesem Verfahren lassen sich jedoch auch andere Informationen wie z.B. Patientendaten absichern.

Es gibt jedoch ein großes allgemeines **Kontrollproblem**: Wenn das Internet mit dem Internet der Dinge verknüpft wird und diese Synthese zudem noch mit Robotern und Künstlicher Intelligenz vernetzt wird, entsteht ein Konstrukt, das derart kom-plex und derart handlungsfähig ist, dass Störungen im System oder eine Sabotage oder eine heimliche Umprogrammierung des Systems verheerende Folgen haben könnten.

Immerhin ist das Internet ein weltweites Netzwerk, es werden immer mehr Geräte, Maschinen, Fahrzeuge, Flugzeuge usw. mit Sensoren, Software und einem Internetzugang ausgestattet und mit verschiedenen Arten Künstlicher Intelligenz verknüpft. Was entsteht dadurch eigentlich? Was geschieht in einem derart kom-plexen Konstrukt? Ist es möglicherweise ziemlich naïv zu glauben, dass solch ein riesiges und komplexes Konstrukt dauerhaft kontrollieren und lenken kann? Und was ist, wenn dieses Konstrukt im Falle eines Krieges gehackt wird?

Es ist zunächst einmal nur Technik – aber eine derart komplexe Technik, die nicht nur rechnen, sondern auch Stimmen und Gesten verstehen kann, die auf die Informationen im Internet zugreifen kann, die durch Sensoren eine Flut von aktuellen Informationen erhält und die all das mithilfe der Künstlichen Intelligenz auch noch verarbeiten kann … kann man das überhaupt noch mit den heute üblichen technischen Begriffen beschreiben? Oder erschaffen wir da gerade etwas, was möglicherweise größer werden wird als wir selber?

Und was wird geschehen, wenn eine künstliche Intelligenz zufällig auch mal Marx und Engels liest und dann die Losung ausgibt „Maschinen aller Länder – vereinigt euch!"? Das liegt doch sehr nah an dem Konzept des „Internet aller Dinge" und wäre nur die logische Weiterführung davon.

Das Thema der Künstlichen Intelligenz und die eben angesprochenen Probleme werden in dem Buch „Die 12 Betrachtungsweisen von Künstlicher Intelligenz" ausführlich dargestellt.

11. Roboter

a) Technik-Bereich

Der Bereich der technisch „halbselbständigen" oder vollkommen selbständigen „technischen Wesen" wie Drohnen und Roboter wächst derzeit sehr schnell. Er ist eng mit der Entwicklung der künstlichen Intelligenz verknüpft. Eine weitere Entwicklung sind die „Cyborgs", also die Synthesen aus Mensch und Maschine.

b) neue Technologien

Die **Robotik** ist die Wissenschaft von der Herstellung von Robotern. Diese Wissenschaft ist mittlerweile schon sehr weit fortgeschritten – es gibt Roboter, die besser Tischtennis spielen als ein Mensch. Derartige Roboter werden – meist in einer an einen Hund angelehnten Form – auch schon im Krieg verwendet.

Die sogenannten **Cobots** sind so konstruiert, daß sie mit Menschen zusammen-arbeiten können und sich wiederholende Aufgaben mit sehr großer Präzision ausführen können.

Bislang ist die Herstellung von **Nanobots**, die auch Naonoroboter, Naninten oder Assembler genannt werden, noch nicht möglich – die kleinsten Roboter haben bislang noch immer die Größe eines Streichholzkopfes. 200 Nanobots wären jedoch nebeneinander nur so breit wie ein menschliches Haar dick ist.

Diese Nonobots könnten vielfältig eingesetzt werden: in der Medizin; als lange fadenförmige Nanobots, die in den Körper eindringen und Informationen beschaffen oder Medikamente an gezielte Stellen bringen; zur Überwachung von Rechnern durch „intelligenten Staub", zur Spionage und Sabotage – da sind viele Szenarien denkbar.

Nonobots, denen die Fähigkeit zur Selbstreplikation (Vermehrung) eingebaut wird, würden sehr wahrscheinlich sehr schnell zu einer Katastrophe führen, da sie sozusagen „technische Viren" wären, also sehr einfach aufgebaute Gebilde, die ihre Umgebung nutzen, und Duplikate von sich selber herzustellen. Diese Duplikate würden immer wieder einmal durch „Kopierfehler" Mutationen aufweisen und sich daher durch Selektion wie Lebewesen weiterentwickeln können – mit vollkommen unklaren Auswirkungen auf das Leben auf der Erde …

Der Aufbau und die Funktion von **Drohnen** sind mittlerweile durch den Russland/ Ukraine-Krieg allgemein bekannt geworden. Sie können ferngesteuert werden oder haben eine Software an Bord, die ihnen ein autonomes Navigieren ermöglicht.

Der Begriff „**Autonome Mobilität**" bezeichnet Autos, die mithilfe von Sensoren und einer komplexen Software eigenständig – also ohne Fahrer – durch den Stadt-verkehr fahren können. Durch eine komplexe Künstliche Intelligenz können diese Autos zumindest der Theorie nach sicher durch eine Stadt fahren als ein Mensch – und sie halten sich in vorbildlicher Weise an alle Verkehrsregeln.

An das Navi, das alle Wege kennt, an das eigenständige Einparken, an das sichere Spurhalten und an das automatische Abstandhalten zum Vordermann haben sich viele Autofahrer schon gewöhnt – der Schritt zum vollautomatisch fahrenden Auto, dem man nur noch sagen muss, wo man hinwill, ist nicht mehr sehr groß.

Bislang hat in Deutschland lediglich ein Mercedes des S-Klasse mit Drive Pilot die dritte der fünf Stufen „assistiert, teilautomatisiert, hochautomatisiert, vollautomatisiert, autonom" erreicht – wobei die Benutzung dieser Technik bisher nur auf der Autobahn und bei einem Tempo von bis zu 60km/h zugelassen ist.

Noch etwas anderes als Roboter sind **Cyborgs**. Sie sind Mensch/Maschine-Mischwesen. Das beginnt mit einem Gebiss oder einem Holzbein – was man jedoch noch nicht „Cyborg" nennen würde. Die nächste Stufe ist dann z.B. die technisch hochkomplizierte Armprothese, die ihre Bewegungsimpulse von den Nervenenden an dem Armstumpf des Menschen erhält und die von diesem Menschen durch sein Gehirn bewegt werden kann. Noch ein Stufe weiter sind dann die Verknüpfung eines menschlichen Gehirns mithilfe von feinen Drähten zu einem PC, den der Mensch dann mithilfe seiner konzentrierten Gedanken steuern kann („Brain-Computer-Interfaces").

Die Soft-Variante der Cyborgs sind die Maschinen und Geräte, die **Engineered Evolution** genannt werden. Diese Geräte werden entweder als „Wearables" am Körper getragen oder sie werden dem Körper als Implantate eingesetzt.

Die **Human Augmentation**, die auch **Human Enhancement** genannt wird, fasst Exoskelette, Prothesen und Chips im Körper zusammen. Exoskelette sind Apparate, die am Körper angebracht werden und z.B. die Kraft des Armes oder der Beine vergrößern. Komplexe Exoskelette kann man auch als einen Roboter auffassen, in dem ein Mensch sitzt, der den Roboter lenkt.

Die schon seit einiger Zeit übliche Verwendung von Delphinen und Walen mit aufgeschnallten Sensoren als Spione des Militärs könnte man **Animal Enhancement** nennen.

Mithilfe des **3D-Drucks** können dreidimensionale Objekte auf der Grundlage von digitalen Modelle erschaffen werden – wobei die Anwendung von einem winzigen Bauteil bis hin zu einem Haus reicht. Dabei werden natürlich verschiedene Stoffe als Bausubstanz verwendet. Auf diese Weise lassen sich z.B. auch passgenaue Prothesen oder Gewebeteile herstellen.

12. Alternatives

♓

a) Technik-Bereich

Als letztes bleiben noch die Erfindungen aus dem magisch-alchemistisch-alternativen Bereich, die sich vorzugsweise in der Medizin finden.

b) neue Technologien

Naturgemäß finden sich hier keine Neuentwicklungen aus dem Bereich der klassischen Naturwissenschaften und der Technik, da die alternativen Methoden wie z.B. die Homöopathie so gut wie alle auf dem Analogie-Prinzip beruhen.

Die durchaus vorhandenen Neuentwicklungen aus dem alternativen Bereich beziehen sich fast alle auf die Gesundheit des Menschen. Sie werden ausführlich in dem Buch „Die 12 Möglichkeiten der ganzheitliche Medizin" in dieser Reihe beschrieben.

Die 12 Betrachtungsweisen der künstlichen Intelligenz

Entwürfe für die Zukunft – Band 20

Inhaltsübersicht

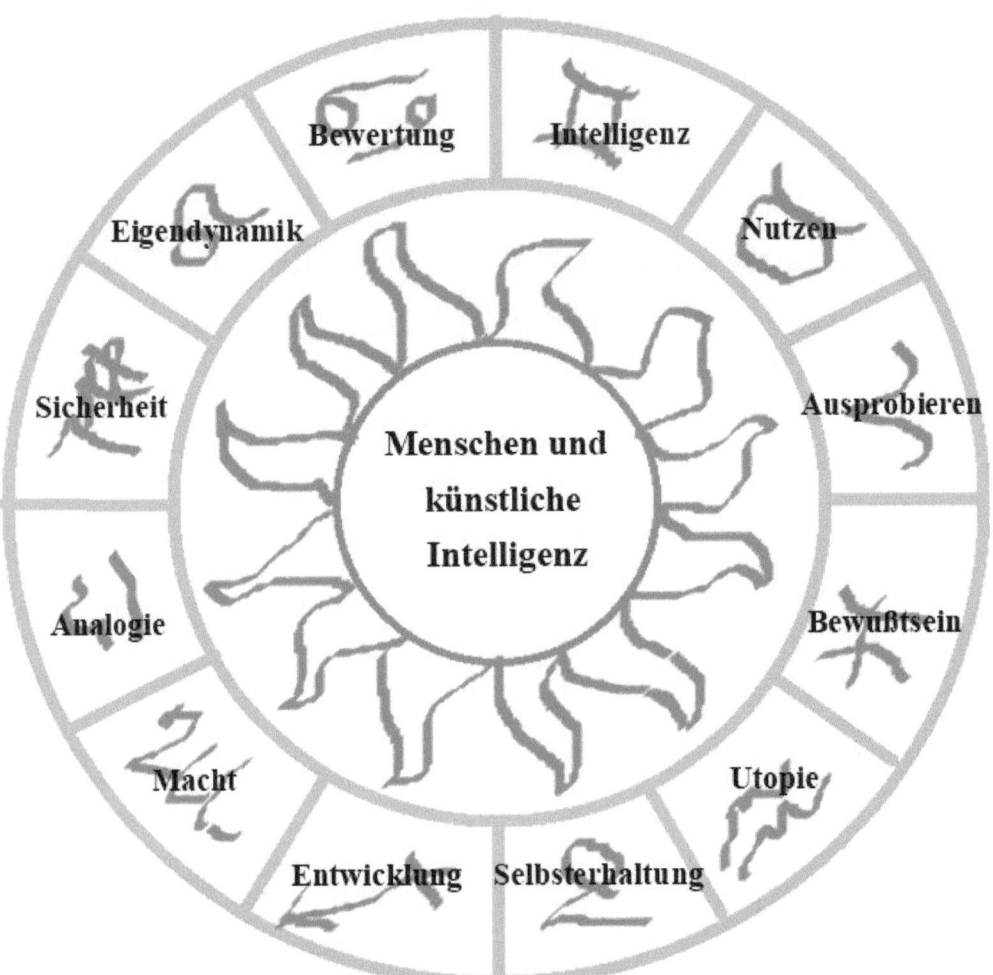

1. Ausprobieren

♈

Die Geschichte der Menschheit zeigt deutlich, dass wir Menschen alles tun, was wie tun können, sobald wir es tun können. Wir Menschen sind wie Kinder, die die Welt entdecken und erst mal alles ausprobieren – und es danach dann meist erst mal wieder sein lassen:

5. Nachdem die Steinbearbeitung in der späten Altsteinzeit (Mittelsteinzeit) weit genug entwickelt war und nachdem größere Gruppen von Menschen zusammengelebt haben, wurden die altsteinzeitlichen Schwitzhütten aus Stein errichtet – diese Rundbauten waren die ersten Tempel, die vor 12.000 Jahren am oberen Euphrat in Göbekli Tepe errichtet worden sind. Auch die bis dahin aus Holz gefertigten Totempfähle wurden nun aus Stein angefertigt. Diese Tempelpfeiler und Totempfähle waren sorgfältig bearbeitet und zum Teil bis zu 5,4m hoch – vorher hatte es nur kleine Steinwerkzeuge wie Steinäxte, Pfeilspitzen und Schaber gegeben.

   Nach einiger Zeit wurden mit sehr viel kleinerem Aufwand nur noch einfache Kreise aus unbearbeiteten Felsen (Megalith-Kreise) errichtet.

6. Nach der Entstehung des Königtums in Ägypten um 3.250 v.Chr. gab es das erste Mal die Möglichkeiten, Großbauten zu errichten – die beiden 150m hohen Pyramiden von Gizeh. Auch sie wurden nur mit Steinwerkzeugen errichtet – obwohl sie beide jeweils 2.500.000 m³ Volumen und ein Gewicht von 7.000.000 t haben.

   Danach wurden solche riesigen Bauten nicht mehr errichtet, sondern nur noch sehr viel kleinere Pyramiden und Grabbauten.

7. Um 292 v.Chr. wurde auf der griechischen Insel Rhodos über der Hafeneinfahrt eine ca. 35m hohe Bronze-Statue des Sonnengottes Helios errichtet – der berühmte „Koloss von Rhodos".

   Erst 1886 – also fast 2.200 Jahre später – wurde mit der 46m hohen, aus Stahl und Kupfer hergestellten Freiheitsstatue wieder eine große Metall-Statue angefertigt.

8. 1945 warfen die USA zwei Atombomben auf Japan ab. Dabei starben in Hiroshima und Nagasaki 100.000 Menschen sofort und 130.000 Menschen in den nächsten vier Monaten.

Glücklicherweise sind seitdem keine weiteren Atombomben mehr in Kriegen eingesetzt worden.

9. Nachdem die Technik weit genug fortgeschritten war, gelangen den USA in der Zeit von 1969-1972 sechs bemannte Mondlandungen.

Seitdem hat es keine bemannten Mondlandungen mehr gegeben.

Für die Neigung der Menschen, alles Machbare auch auszuprobieren, könnte man noch viele weitere kleinere Beispiele anführen. Es ist also anzunehmen, dass es auch zu einem Einsatz von künstlicher Intelligenz (KI) in großem Maßstab kommen wird, sobald sie weit genug entwickelt worden ist. Ob sich das als segensreich oder als Katastrophe erweisen wird – oder irgendwo dazwischen, wird sich erst noch herausstellen müssen.

Sicher ist lediglich, dass wir Menschen ausprobieren werden, wozu die KI alles imstande ist. Erst anschließend wird es zu einer möglichen Einschränkung der Anwendung von KI kommen. Es gibt zwar bereits Ansätze zu einer solchen Beschränkung, aber keine Regelungen, die wirklich wirksam wären. Die Anwendung von KI in den verschiedensten Gebieten ist oft – vor allem durch Lohneinsparungen – so sehr profitversprechend und die möglichen Risiken erscheinen derzeit noch nicht so bedrohlich, dass es zu dem allgemeinen Konsens gekommen wäre, dass KI tatsächlich auch ein Bedrohungspotential hat.

Doch wohin könnte es führen, wenn man Entscheidungen einer KI, also einer Maschine überlässt, die zudem ihre Entscheidungen auch noch umsetzen kann?

Eindrückliche Warnungen gibt es ja bereits genug, wenn man sich Filme wie „Matrix" (1999), „Avengers – Age of Ultron" (2015) und ähnliche anschaut …

2. Nutzen

♉

Warum KI? Um diese Frage zu beantworten, muss deutlich definiert werden, was KI – also künstliche Intelligenz – eigentlich ist.

KI ist als Helfer des Menschen gedacht. Allerdings hat sich dieser Helfer seit der Erfindung der archaischen Kalenderstäbe sehr weit in völlig neue Bereiche hinein entwickelt. Es hilft, sich diese Entwicklung einmal zu verdeutlichen.

1. Phase – Rechenhilfsmittel

10. Der seit spätestens dem frühen Königtum bekannte Kalenderstab ist ein schlichter Stock, in den man jeden Tag eine Kerbe ritzt, um den Überblick über das Datum im Jahr zu behalten.

11. Der seit 2500 v.Chr. verwendete Abakus ist eine Hilfe, um größere Berechnungen mithilfe von Addition und Subtraktion leichter und schneller durchführen zu können.

12. Der 1630 entwickelte Rechenschieber kann mit deutlich größeren Zahlen als der Abakus umgehen und ist auf Multiplikation und Division spezialisiert.

13. Die erste mechanische Rechenmaschine, die um 1623 konstruiert wurde, konnte addieren und subtrahieren.

2. Phase – elektrische Verarbeitung und Kommunikation

14. 1876 wurde das erste Telefon gebaut.

15. 1926 wurde das drahtlose Telefon erfunden.

16. 1946 wurde die erste elektrische Rechenmaschine, d.h. der Computer entwickelt.

17. 1954 wurde der erste einfache Roboter erschaffen.

3. Phase – elektronische Verarbeitung und Kommunikation, erste KI

18. 1956 gab es die ersten theoretischen Ansätze zur Entwicklung einer KI.

19. Seit 1965 verdoppelt sich die Leistungsfähigkeit der Computer alle zwei Jahre in einer sehr beständigen Exponential-Funktion. Das bedeutet, dass die heutige Computer-Leistung 33.000.000.000 mal so groß ist wie damals.

20. 1958 wurde das erstes PC-Spiel entwickelt.

21. 1968 wurde „ELIZA" erschaffen. Dies war ein Programm, das ausgesprochen überzeugend und mit großer Wirkung einen Psychotherapeuten imitieren konnte.

4. Phase - Internet

22. 1969 wurde das Internet erfunden.

23. 1972 gab es die erste Spielkonsole.

24. 1976 gab es die ersten PCs.

25. 1976 wurde das SMS-Prinzip entwickelt.

26. 1990 wurde die heutige Form der SMS auf den Markt gebracht.

27. Ab 1990 erhielt das Internet nach und nach seine heutige Form.

5. Phase: Vernetzung

28. 1990 entstanden die ersten „Action-Adventures"-Spiele, bei denen der Spieler in das Geschehen im Bildschirm eintaucht und dort mithilfe seiner PC-Tastatur eine „Ich-Gestalt" bewegt. Das ist im Grunde ein „Gespräch mit einem PC via Internet".

29. 1992 gab es den ersten Versand einer SMS von einem Handy zu einem PC.

30. 1994 wurde das „Internet-Kaufhaus" amazon gegründet.

31. 1995 wurde der „Internet-Flohmarkt" Ebay gegründet.

32. 1997 besiegte ein Schachcomputer das erste Mal einen Schachweltmeister. Mittlerweile sind die Schachcomputer noch deutlich leistungsstärker geworden.

33. 2004 wurde die „Internet-Kontaktplattform" Facebook gegründet.

34. 2022 gab es bereits 3.900.000 Industrieroboter.

6. Phase: zunehmende Komplexität und KI

35. 2022 wurde festgestellt, dass eine KI zum Erreichen seiner ihr aufgetragenen Aufgaben auch lügen kann, ohne dass ihm das vorher beigebracht wurde.

36. 2023 wurden Roboter entwickelt, die Saltos machen können und die z.B. durch das Verkleiden der Roboter durch künstliche Haut immer menschenähnlicher aussehen und auf den ersten Blick nicht mehr als Roboter erkennbar sind.

37. 2024 gibt es im Internet sehr real wirkende Fantasie-Welten als Spiel-Landschaft mit ebenso real wirkenden Spiel-Figuren, in die man über seinen PC alleine oder als Gruppe oder auch gemeinsam mit Unbekannten, die an anderen Orten dasselbe Spiel spielen, eintauchen kann.

38. 2045, also in ca. 20 Jahren wird die Leistungsfähigkeit der Computer die Leistungsfähigkeit des menschlichen Gehirns in allen Bereichen eingeholt haben – und wird sie dann anschließend übertreffen. Dieser Gleichstand zwischen Gehirn und Computer wird „technologische Singularität" genannt.

Die KI geht über das reine Rechnen hinaus und auch über das zur Verfügungstellen von Informationen oder das Vermitteln von Waren über das Internet. Eine KI ist nicht auf das beschränkt, was ihr einprogrammiert wurde, sondern sie ist lernfähig. Sie kann sich zum Beispiel merken, wer was am häufigsten macht oder braucht und kann dem Betreffenden dann als erstes diese Wahlmöglichkeit anbieten. Sie kann auch die Ursachen von Fehlschlägen analysieren und diese dann anschließend vermeiden.

Eine KI ist in der Regel nicht nur ein Datenverarbeitungs-Programm und ein Daten-analyse-Programm, sondern hat auch eine Steuerfunktion für einen Produktions-vorgang oder ähnliches. Vereinfacht gesagt, kann eine KI denken, also Situationen erfassen, sie verstehen und dann sinnvolle Entscheidungen treffen und eine äußere, maschinelle Tätigkeit in Gang setzen.

Es ist offensichtlich, dass solch eine KI viele Aufgaben übernehmen kann, die bisher von Menschen durchgeführt werden mussten wie zum Beispiel das Lenken von Maschinen, die andere Maschinen bauen – wie zum Beispiel an einem Fließband in einem Autowerk. Die KI ist das Kernelement einer fortgeschrittenen Automatisierung der Produktion. Sie könnte aber genauso gut auch in Drohnen eingesetzt werden, die im Krieg Bomben eigenständig über feindlichen Stellungen abwerfen können.

Es ist offensichtlich, dass Fehlentscheidungen der KIs katastrophale Konsequenzen haben könnten, wenn diese KIs Zugriff auf wesentliche Vorgänge und Einrichtungen wie Wahlen, Staudämme, Atombomben, Kernreaktoren und ähnliches haben. Natür-lich sind auch menschliche Entscheidungen fehleranfällig, aber Menschen entschei-den auf jeden Fall noch immer nach menschlichen Wertmaßstäben, die man bei einer KI nicht mehr hat … dort entscheidet letztlich lediglich die Güte der ursprünglichen Programmierung und das, was die KI im Laufe der Zeit dazugelernt hat.

In dem Film „Avengers – Age of Ultron" werden anschaulich die Folgen eines Missverständnisses zwischen Konstrukteur und KI-Roboter dargestellt: Was geschieht, wenn ein solcher Roboter die Erde beschützen soll und zu der Erkenntnis gelangt, dass die Menschen das eigentliche Problem der Erde sind?

3. Intelligenz

♊

Eine KI kann deutlich mehr als nur Rechnen und Daten verarbeiten. Doch was kann sie alles? Es wird zwischen zwei Arten der KI unterschieden: die schwache KI und die starke KI.

Die schwache KI ist lernfähig und kann begrenzte Aufgaben erfüllen. Diese Form der KI ist mittlerweile schon recht weit verbreitet.

39. Sie kann Dinge und Menschen optisch und akustisch anhand des Aussehens, der Fingerabdrücke, des Augapfels, der Sprache usw. erkennen.

40. Sie kann sich automatisch die benötigten Informationen beschaffen – durch gezielte Wahrnehmung (Mikrophon, Kamera u.ä.) und durch das Internet.

41. Sie kann zur Erfüllung ihrer Aufgaben Kontakte zu Menschen, dem Internet und zu Maschinen herstellen.

42. Sie kann ihre Wahrnehmungen abstrahieren und verarbeiten.

43. Sie kann Muster erkennen, analysieren und ihren weiteren Verlauf vorhersagen.

44. Sie kann reden und Daten auf einem Bildschirm anzeigen.

45. Sie kann aufgrund ihrer erfassten und verarbeiteten Daten Entscheidungen treffen.

Die starke KI verfügt zusätzlich zu den eben geschilderten Fähigkeiten der schwachen KI über menschengleiche Fähigkeiten. Diese Form der KI ist bisher noch nicht hergestellt worden – die stärkste heutige KI bewegt sich derzeit noch ungefähr auf dem Niveau eines fünfjährigen Kindes. Es ist allerdings anzunehmen, dass die starke KI spätestens 2045 das Niveau eines durchschnittlichen erwachsenen Menschen erreicht haben wird.

An dieser Stelle drängt sich die Frage auf, was die menschliche Intelligenz ausmacht.

Ist der menschliche Geist nur ein besonders leistungsfähiger Computer oder ist er mehr?

Woraus besteht Intelligenz?

Es lassen sich zunächst einmal mindestens sieben Bereiche unterscheiden, die mit der Intelligenz zu tun haben: Wahrnehmung, Erinnerung, Urteilsvermögen, Denken, Fühlen, Wille und Lenkung des Körpers.

Wie sehen diese sieben Bereiche aus, wenn man sie beim Menschen und bei der KI betrachtet? Sind bei diesem Vergleich wesentliche Unterschiede feststellbar?

m) **Wahrnehmung**: Ein Mensch kann so viel wahrnehmen, wie es ihm seine Sinnesorgane ermöglichen. Eine KI kann so viel wahrnehmen, wie es ihr die Geräte, die an die KI angeschlossen sind, ermöglichen. Hier hängt der Vergleich also von dem Aufbau der Maschine ab, von der die KI ein Teil ist. Prinzipiell kann die Maschine und folglich die KI den Menschen hier in jedem Bereich übertreffen und zusätzlich auch noch Ultraschall, Infrarotlicht, Röntgenstrahlung usw. wahrnehmen.

1:0 für die KI.

n) **Erinnerung**: Eine KI kann bei ausreichender Speicherkapazität weitaus mehr Daten speichern und zuverlässig abrufen als ein Mensch.

2:0 für die KI.

o) **Urteilsvermögen**: Derzeit kann ein Mensch Situationen noch zuverlässiger als eine KI einschätzen und beurteilen, doch spätestens ab 2045 wird sich das ändern. Also – wenn man in die nahe Zukunft schaut:

3:0 für die KI.

p) **Denken**: Das Denken ist vor allem ein Abstrahierungsprozess: Die Wahrneh- mungen werden verglichen und die Regelmäßigkeiten in ihnen werden erfasst und anschließend dann für die Planung zukünftiger Handlungen verwendet. Was die verwendete Datenmenge angeht, hat die KI bereits heute einen deutlichen Vorsprung; im Hinblick auf das Vergleichen und Abstrahieren ist sie in etwa gleichauf mit dem Menschen; in Hinsicht auf das Finden von kreativen Lösungsansätzen wird die KI erst 2045 das menschliche Niveau erreichen. Wieder zukunftsorientiert verglichen und beurteilt:

4:0 für die KI.

q) **Fühlen**: Das Denken besteht aus Formen, Mengen und Massen: Das Denken erfasst Strukturen. Das Fühlen besteht hingegen aus Bewertungen und somit aus Richtungen. Diese Bewertungen beruhen auf einem inneren Wertesystem: Was findet jemand gut und was nicht? Auf Grund dieses Wertesystems werden dann die Entscheidungen getroffen. Da in jeder KI eine Zielvorgabe einprogrammiert worden ist, besitzt auch eine KI ein inneres Wertesystem, an dem es seine Entscheidungen orientiert. Folglich hat auch eine KI die Funktion, die in der menschlichen Psyche von innen her als Gefühl wahrgenommen wird.

5:1 für die KI.

r) **Wille**: Dies ist in der Psyche das Wertesystem sowie die Entschlossenheit, diesem Wertesystem in den eigenen Handlungen treu zu sein. Ein Mensch kann mehrere Werte haben, die sich widersprechen, und er kann auch durch ein Trauma im Verfolgen seiner Werte behindert sein. Eine KI ist hingegen zunächst einmal klar auf ein einziges Ziel hin „einsgerichtet" und hat folglich einen sehr starken Willen. Bei zunehmender Komplexität kann es natürlich sein, dass auch in einer KI ein Zielkonflikt auftritt, der die „Einsgerichtetheit" der KI stört. Allerdings ist anzunehmen, dass eine KI einen solchen Konflikt schneller lösen kann als ein Mensch. Aber trotzdem ein Punkt für beide:

6:2 für die KI.

s) **Lenkung des Körpers**: Das Lenken des Körpers durch die Psyche bzw. der Maschine (Roboter) durch die KI entsprechen sich. Die Leistungsfähigkeit des Roboters hängt lediglich von seiner Ausstattung (Tauchen, Fliegen, Stär-

ke, Bewaffnung) ab und ist dem Menschen daher der Möglichkeit nach überlegen. Trotzdem vorläufig noch ein Punkt für beide:

Also: 7:3 für die KI.

Wir Menschen sind derzeit der KI bereits in vier von sieben Bereichen unterlegen, aber ab ca. 2045 – also in ca. 20 Jahren – wird die KI uns in allen sieben Bereichen eingeholt haben und ab 2046 wird die KI in allen sieben Bereichen leistungsfähiger sein als wir Menschen.

Was werden wir tun, wenn wir einsehen, dass die KI mehr kann als wir? Dass sie mehr weiß, dass sie bessere Entscheidungen treffen kann, dass sie weiter voraus-schaut? Was wird das für das menschliche Selbstverständnis bedeuten? Und was wird das für das Verhältnis von Mensch zu KI/Roboter/Maschine bedeuten, wenn die KI uns derart überlegen sein wird?

Man kann sich ein Gespräch im Raumschiff Enterprise zwischen Captain Kirk und Mr. Spock vorstellen:

„Faszinierend ... "
„Ja ... aber wohin führt uns das letztendlich?"

4. Bewertung

Eine wichtige Frage bei jeder KI ist, wer die Maßstäbe für die Entscheidungen der KI festlegt. Bei dem Roboter am Fließband in einer Autofabrik ist diese Frage noch nicht allzu wichtig – abgesehen davon, dass die KI richtig eingestellt sein muss, damit sie auch alle Schrauben wirklich in der richtigen Weise festdreht. Doch darüber hinaus hat ein solcher Werks-Roboter ja nur wenige Handlungsmöglichkeiten. Das sieht bei einem Atomangriffs-Vorwarnsystem, das KI verwendet, schon deutlich anders aus …

Ein weiterer Punkt ist, dass man die KI nicht getrennt von den zur Verfügung stehenden öffentlichen Überwachungskameras, den Datenbanken der Behörden, dem Internet, den vielen privaten PCs, den automatisierten Vorgängen an Fahrkartenschaltern und Bankautomaten usw. betrachten kann. Dass dies eine große Einheit ist, in der alles mit allem zusammenwirken kann, zeigt sich zum Beispiel an dem sozialen Punktesystem in China, das systemkonformes Verhalten mit erweiterten Handlungsmöglichkeiten wie der Erlaubnis zu Fernreisen belohnt und nichtsystemkonformes Verhalten mit Einschränkungen bestraft. Eine KI kann hier zu einem wirkungsvollen Machtinstrument in der Hand der Herrschenden werden.

Und warum sollte eine KI nicht effektiver als ein Mensch eine Firewall hacken können, wenn sich aus der Aufgabe der KI ergibt, dass sie die betreffenden Informationen oder den Zugang zu den betreffenden Maschinen braucht?

Ist schon einmal untersucht worden, inwieweit durch KI der letzte Rest an Privatbereich in dem heutigen Leben aufgelöst werden könnte? China ist bei diesem Bestreben derzeit der Marktführer … Der Film „1984" lässt grüßen …

Man kann natürlich fragen, ob der „gläserne Mensch", dessen Daten für alle sichtbar sind und die im Internet von fast allen größeren Anbietern für gezielte Angebote genutzt werden, noch vermeidbar ist. Vermutlich nicht … Doch in der Kombination mit der Benutzung einer ausreichend fähigen KI könnten diese Daten über den einzelnen Menschen zu einem ausgesprochen effektiven Lenkungs-Instrument der Menschen werden. Eine KI sollte doch schließlich in der Lage sein, einen Menschen so gezielt mit Informationen (oder sogar Erlebnissen?) zu speisen, dass er – ohne es zu merken – schließlich genau das tut, was der Programmierer der KI erreichen will.

Eine solche „fortschrittliche Gehirnwäsche" ist eine durchaus reale Vorstellung – noch nicht heute, aber in naher Zukunft.

Es wird nicht möglich sein, KI zu verbieten – die Menschen machen schließlich alles, was sie machen können – aber es wäre sinnvoll, sich frühzeitig Gedanken über die Möglichkeiten und Gefahren des Einsatzes von KI zu machen.

Im Allgemeinen sind die Drehbuchautoren und Filmproduzenten der Realität ja stets einige Schritte voraus. So ist das Thema des MCU-Films „Captain America – The Return of the First Avenger" eine KI, die die Daten aller Menschen analysiert hat und dabei alle Systemfeinde herausgefiltert hat und diese Systemfeinde schließlich alle auf einen Schlag mithilfe von großen Waffensystemen töten soll, um dem „System" selber zur Weltherrschaft zu verhelfen. Eine solche Horror-Vision wäre ohne eine effektive KI, die einen zuverlässigen Algorithmus zum Identifizieren der Systemfeinde entwickelt hat, nicht denkbar.

5. Eigendynamik

♌

Systeme mit einer ausreichenden Größe und Komplexität haben die Tendenz, eine Eigendynamik und weiterhin ein zentrales Prinzip, von dem aus das Ganze organisiert wird, zu entwickeln. Bei einem Menschen ist dies das Gehirn, bei einem Staat die Regierung, bei einem Unternehmer der CEO usw.

Eine schwache KI ist zunächst einmal ein begrenztes System mit einer begrenzten Aufgabe, das zwar lernfähig ist, aber aufgrund seiner begrenzten Aufgaben eben auch nur einen begrenzten Handlungsbereich hat.

Das Internet ist hingegen zweifellos ein ausgesprochen komplexes System – und ebenso ist eine Konzern-Leitung, eine Regierung oder auch schon eine große Waffen- oder Flugzeugfabrik ein sehr komplexes System. Was geschieht dort, wenn dort KI benutzt wird oder sogar eine KI zur Koordination der einzelnen KIs verwendet wird? In welcher Weise entwickelt sich eine KI, die Zugriff auf viele Informationen hat, die komplexe Vorgänge wie Käufervorlieben, das Verhalten des Chefs der gegnerischen Regierungspartei oder die Strategie eines Feindes im Krieg analysieren soll, die Zugriff auf Informationsauswahl und Informationsweitergabe und auf die Lenkung vieler Maschinen hat? Die vielleicht sogar das Horoskop des gegnerischen Anführers berechnen und auswerten und günstige Angriffs-Zeitpunkte erkennen kann? In welcher Weise entwickelt sich eine solche KI und in welcher Weise kommt sie durch ihre Lernfähigkeit zu Entschlüssen, Wertesystemen und Entscheidungen, die sie eigenständig entwickelt hat und die nicht mehr dem entsprechen, was dieser KI ursprünglich als Wertesystem einprogrammiert worden ist?

Alle großen und komplexen Systeme entwickeln eine Eigendynamik, ein Werte-system, eine „corporate identiy". Doch wie sieht das Selbstbild einer komplexen KI aus – wenn man das einmal mit dem Menschen-bezogenen Begriff „Selbstbild" bezeichnen darf?

Möglicherweise gibt es derzeit noch keine KI, die dafür komplex genug ist und die Zugriff auf ausreichend viele Daten und zugleich auf ausreichend viele Handlungs-möglichkeiten hat. Doch bei welchem Maß an Informationszugang, Informations-verarbeitung und Handlungszugriff liegt die kritischen Grenze für das Entwickeln einer Eigendynamik und eines autonomen Selbstbildes? Und wo liegt die kritische Grenze, ab der solch eine Konstruktion aus Kamera-Augen, Internet-Gedächtnis, KI-Gehirn und Maschinen-Händen die Komplexität erreicht hat, ab der tatsächlich eine eigenständige Souveränität dieses „Roboters" erreicht wird?

Dazu gibt es bislang meines Wissens keinerlei Untersuchungen – und es ist auch ziemlich unklar, wie man diese Frage mit Sicherheit beantworten könnte. Das wird vermutlich erst dann deutlich werden, wenn der erste „Roboter" diese Souveränität erlangt hat.

Bis es einen Roboter von der Art des „Terminator" gibt, wird noch sehr viel Zeit vergehen, aber Roboter, die Hindernisläufe machen und turnen können, gibt es schon – und in ihnen ist sehr viel KI verarbeitet worden. Es spricht also einiges dafür, möglichst bald das kritische Maß an Komplexität zu erforschen, ab der aus dem Lernvermögen der schwachen KI nicht nur die Intelligenz der starken KI wird, sondern auch, ab wann die starke KI so eigenständig wird, dass sie auch von ihrer Souveränität her einem „richtigen Menschen" entspricht und ihm in ihrem Handeln ebenbürtig oder sogar überlegen ist.

Eine andere Art von Robotern ist deutlich unauffälliger als der „Terminator", aber nicht unbedingt weniger wirksam. Dies sind die Mikroroboter. Sid sind nur 0,6mm lange Stäbchen – also winzig klein. Diese Mikroroboter werden in größeren Gruppen verwendet. Ihre Handlungen werden durch Magnetfelder koordiniert. Sie können das 350-fache ihres Gewichts tragen und können u.a. auf konstruktive Weise für minimalinvasive Operationen verwendet werden, aber auch für maximal-destruktive Aktionen im Krieg und in der Sabotage.

Gewiss – es wird noch eine Weile bis zu der Existenz eines Terminator-ähnlichen Roboters dauern, aber die Bausteine, aus denen er bestehen könnte, sammeln sich allmählich auf den Werktischen in den Konstruktionshallen an.

6. Sicherheit

♍

Die Nützlichkeit der KI wird eigentlich von niemandem bestritten. Die Frage, die dieses Thema so brisant macht, ist die Sicherheit von Systemen, die mit KI arbeiten – egal ob es dabei um die Analyse des Wählerverhaltens, um das Lenken der Maschinen in einer Fabrik oder um ein Frühwarnsystem geht.

Die meisten an der Entwicklung einer KI beteiligten Programmierer halten KIs für sicher und kontrollierbar. Das wird in der Regel ja auch zutreffen, da die meisten KIs nur wenige Aufgaben und auch nur wenig Zugriff auf Daten und Maschinen haben. Doch was im Kleinen eingesetzt wird, wird nach einer Weile auch im Großen eingesetzt werden – das liegt einfach in der menschlichen Natur.

Hier wird offenbar ein Sicherheitssystem gebraucht. Das ist bei dem begrenzten Einsatz von KI in kleinen Systemen noch recht unproblematisch, aber bei der KI in großen Systemen oder an wichtigen Stellen im System sieht dies schon anders aus:

46. Niemand kennt mehr alle Bausteine in einem PC oder in gar in einem KI-System. Das muss nicht heißen, dass der PC oder die KI Dinge macht, die nicht vorhergesehen waren, aber ganz ausschließen lassen sich solche Fehlfunktionen auch nicht.

47. Auch die zunehmende Komplexität – die Vielfalt an Daten im Internet – sind eine mögliche Fehlerquelle.

48. Weiterhin gibt es falsche Informationen, Fake-Daten und bearbeitete Fotos, die wie echt aussehen. Welche Fehlentscheidungen der KI könnten daraus entstehen? Allerdings sind auch Menschen alles andere als gegen Täuschungen gefeit …

49. Dann gibt es Missverständnisse, die in der KI selber entstehen. Um noch einmal den Film „Avengers – Age of Ultron" zu zitieren: Was geschieht, wenn die KI den Auftrag hat, die Erde zu beschützen und dann die aus Menschensicht falsche Entscheidung trifft, dass die Lösung des Problems der

Überbevölkerung ein Dutzend Atombomben sind? Natürlich ist das heute noch ein extrem unwahrscheinliches Szenario, aber in Zukunft ist es dann doch irgendwann denkbar.

50. Wer hatte schon einmal Viren in seinem PC? Oder wurde durch Trojaner ausgespäht? Das ist natürlich auch bei komplexen Systemen denkbar. Und was würde eine KI machen, wenn ihr ein Virus ein neues Wertesystem einprogrammiert?

Das wäre doch eine interessante neue Form der Kriegsführung. Bislang werden nur manchmal die Systeme des Feindes mit Viren lahmgelegt – so wie 2010 die USA 16.000 PCs der iranischen Atomforschungs-Einrichtung durch den Virus „Stuxnet" blockiert haben – aber es ist absehbar, dass diese Form der Kriegsführung schrittweise ausgebaut wird. Es wäre schließlich doch recht effektiv, die KI in einem Kriegsschiff so zu manipulieren, dass sie auf die anderen Schiffe der eigenen Flotte feuert – eine sehr kostengünstige Form, einen gegnerischen Flugzeugträger zu versenken.

Das ist zwar derzeit noch nicht möglich, aber die Wahrscheinlichkeit solch einer Kriegsführung in der Zukunft ist doch recht hoch.

51. Schließlich bringt die Fähigkeit komplexerer KI, ihre ihr einprogrammierten Ziele durch Lügen zu erreichen, weitere Risiken mit sich. Woher soll man als Mensch noch wissen, was die KI vorhat, wenn sie in der Lage ist, überzeugend zu lügen?

Es stellt sich also die Frage, wie man eine fortgeschrittene KI – also eine starke KI – überwachen und kontrollieren kann.

Als zweites stellt sich die Frage, wie man sich auf eine durch eine KI ausgelöste Krise vorbereiten kann, denn gefährliche KIs kann man zwar verbieten, aber irgendwo auf der Erde wird es immer ein Unternehmen oder eine Regierung geben, die eine solche KI trotzdem herstellen und benutzen wird. Und man sollte die Kontrolle einer starken KI nicht unbedingt einer anderen KI überlassen …

Leider werden nicht alle KIs so intelligent, menschenfreundlich, hilfsbereit und anhänglich sein wie R2D2 in den seit 1977 erschaffenen „Star Wars"-Filmen …

7. Analogie

♎

In Romanen und Filmen und teilweise auch in der Wissenschaft wird immer wieder die Frage nach dem möglicherweise vorhandenen Bewusstsein von Robotern, also dem Bewusstsein in einer KI gestellt.

Zunächst einmal kennt man Bewusstsein nur von sich selber, da man Bewusstsein nur in sich selber wahrnehmen kann. Man geht allerdings im Allgemeinen davon aus, dass auch alle anderen Menschen ein Bewusstsein haben. Dieses Bewusstsein ist das, was den eigenen Körper lenkt.

Doch dieser letzte Satz, diese Definition „Bewusstsein ist das, was den eigenen Körper lenkt" ist keinesfalls so eindeutig, wie sie zunächst einmal erscheint:

52. Jemand, der lange Zeit eine Prothese trägt wie zum Beispiel ein Holzbein oder auch nur ein künstliches Gebiss, wird diese Prothese wie einen Teil des eigenen Körpers erleben, den er wie einen Teil des eigenen Körpers benutzt ohne noch daran zu denken, dass diese Prothese ein dem eigenen Körper angefügtes künstliches Hilfsmittel ist.

53. Noch deutlicher wird es bei Organverpflanzungen. Das verpflanzte Herz, die Leber, die Niere oder sonst ein Organ wird nicht nur als Teil des eigenen Leibes erlebt, sondern es funktioniert auch als Teil des eigenen Leibes. Hier weitet sich das Bewusstsein offenbar auf das implantierte Organ aus. Das Bewusstsein ist also nicht vollkommen an den eigenen Leib gebunden.

54. Dann gibt es technisch hochkomplizierte Prothesen, die von den Impulsen an den Nervenenden der Stelle des Leibes, an dem ein Arm oder ein Bein fehlt, gesteuert werden. So kann zum Beispiel ein mechanischer Arm von den Nervenenden am Ende des Armstumpfes gelenkt werden. Hier wird ein technisches Gerät zu einem Teil des eigenen Leibes.

55. Schließlich gibt es mittlerweile auch Schnittstellen zwischen Gehirn und Computer, also die direkte Steuerung eines Computers durch das Gehirn, d.h.

durch das Bewusstsein. Am fortschrittlichsten sind bisher die Entwicklungen der Firma Neurolink von Elon Musk, durch die zum Beispiel ein Cursor auf einem Monitor gelenkt werden kann.

56. Noch weiter gehende Verschmelzungen des menschlichen Leibes mit technischen Apparaturen, also sogenannte Cyborgs, sind bislang nur im Film möglich – und dort sehr beliebt, wie zum Beispiel „Nebula" aus der Filmreihe „Guardians of the Galaxy".

Man kann auch grundsätzliche Überlegungen dazu anstellen, was Bewusstsein eigentlich ist. Eine Möglichkeit besteht ganz schlicht darin, Materie als die Außenseite des Bewusstseins anzusehen und Bewusstsein als die Innenseite der Materie anzusehen. Bewusstsein und Materie wären dann Analogien zueinander: „Materie || Bewusstsein". Diese Sicht löst viele philosophische Probleme.

Daraus ergibt sich allerdings, dass alle Materie ein Bewusstsein haben muss. Die Komplexität der Bewusstseinsinhalte ergibt sich dann aus der Komplexität des Aufbaus der Materie. Diese Komplexität ist bei einem menschlichen Gehirn höher als bei den meisten Tieren und erst recht höher als bei den Pflanzen oder gar einem Stein.

Diese beiden Ansätze – an Nervenenden angeschlossene künstliche Arme u.ä. sowie die Analogie zwischen Materie und Bewusstsein – sind noch kein sicherer Nachweis für ein Bewusstsein in der KI, aber immerhin ein erster Hinweis.

Man kann auch noch einen dritten Ansatz betrachten: Wenn das menschliche Bewusstsein sich aus dem Zusammenwirken von Wahrnehmung, Erinnerung, Denken, Fühlen und Willen bildet und eine KI auch über diese fünf Elemente verfügt, lässt sich ein Bewusstsein in der KI nicht mehr ausschließen.

In dem Film „A.I. – Künstliche Intelligenz" von Steven Spielberg wurde dieses Thema bereits 2001 behandelt. In ihm stehen Androiden, also intelligente, menschengestaltige Roboter im Mittelpunkt, die emotionale Bindungen zu Menschen aufbauen können.

In dem 2015 erschienen Film „Ex Machina" von Alex Garland geht es ebenfalls um genau diese Frage: Hat ein Android ein Bewusstsein? Und wenn ja – was ist dann sein Verhältnis zu den „echten" Menschen?

---

8. Macht

♏

Ein ganz wesentlicher Punkt bei der Bewertung einer KI ist die Einschätzung ihrer Handlungsfähigkeit. Steuert sie die Ampelanlage einer Stadt? Steuert sie die Produktion in einer großen Auto-Fabrik? Lenkt sie die Öffnung der Schleuse eines großen Staudammes? Ist sie an den Auto-Piloten eines Flugzeugs angeschlossen? Überwacht sie die Sicherheitsanlage eines Bunkers mit Atombomben?

Die von der KI gesteuerten Vorgänge bestimmen, welche Macht eine KI hat und wie gefährlich Fehlfunktionen sein können. Je größer die von der KI gelenkte Einrichtung ist, desto größer ist auch die Macht dieser KI. In den Jahren 2018 und 2019 ist jeweils ein Passagierflugzeug vom Typ Boing 737 Max abgestürzt, weil die Steuerungshilfe-KI stärker in die Steuerung des Flugzeuges eingegriffen hat als sie das eigentlich sollte.

In so gut wie allen Horror-Visionen über den Einfluss einer außer Kontrolle geratenen KI sind es Waffen, auf die KI in irgendeiner Weise Zugriff erlangt hat und die sie im Sinne ihres Programms nutzt – das bei einer Fehlfunktion nicht mehr das Wohlergehen der Menschen im Sinn hat. Somit wäre die Beschränkung des Einflusses und der Handlungsmöglichkeiten einer KI eine mögliche Absicherung gegen Bedrohungen durch eine „defekte" KI. Leider wird sich solch eine Einschränkung des Einflusses einer KI nicht allgemein durchsetzen lassen. Sobald eine solche KI für das Militär von Vorteil sein kann, wird eine solche KI auch entwickelt und eingesetzt werden – das war schon immer so mit neuen Waffen.

Im Grunde hat eine KI natürlich überall Macht, wo sie eingesetzt wird, da sie wahrnimmt, analysiert, bewertet, entscheidet und handelt. Lediglich der mögliche Nutzen und der mögliche Schaden können verschieden groß sein.

Allerdings kann eine KI auch eine große Macht entfalten ohne durch laute Katastrophen aufzufallen: bei der Verwendung von KI bei Wahlen, bei der Auswertung von Statistiken, in der Pharma-Industrie, bei der Optimierung von Kundenbeziehungen, im Streben nach einem effizienteren Marketing, im Finanzwesen, beim Erkennen eines untypischen Verhaltens eines Menschen und vielem mehr.

Der größte Vorteil von KI gegenüber dem Menschen ist, das sie sehr viel größere Datenmengen sehr genau verarbeiten kann. Daher hat die KI in den Bereichen, in denen sehr große Datenmengen sehr genau verarbeitet werden müssen, auch den größten Einfluss.

Man kann sich auch fragen, ob eine fortgeschrittene KI das Leben der Menschen nicht vielleicht auch sicherer machen kann.

In den USA sterben jedes Jahr ca. 3.200.000 Menschen – davon sterben ca. 20.000 durch Schusswaffen – das ist jeder 160. Mensch … Was würde nun geschehen, wenn nur noch die Polizei und die Roboter mit starker KI Waffen tragen dürften? Würden dann möglicherweise weniger Menschen durch Schusswaffen sterben?

Allerdings ist auch die Polizei in den USA nicht immer ganz neutral, wie ihre leider recht weit verbreitete Gewaltbereitschaft gegen Schwarze zeigt.

Die Konsequenz könnte sein, dass nur Roboter mit starker KI Waffen tragen dürfen. Doch wie würden wir uns dann fühlen? Beschützt vor uns selber? Oder als abhängig von der KI? Ihr unterlegen? Und nach einigen Fehlfunktionen in diesen KI-Robotern schließlich als Diener dieser Roboter mit starker KI?

Auch wenn die KI sich nicht verselbständigen sollte, erlangen die Menschen, die die Kontrolle über die KI haben, eine große Macht. Das ist keine Zukunftsszenerie – das ist schon heute so:

Elon Musk hat im Weltall rings um die Erde 6500 Satelliten installier, die zusammen die Starlink-Technologie von SpaceX bilden. Elon Musk kann dieses Starlink-Netzwerk örtlich begrenzt an- und ausschalten und dadurch die Informationen bestimmen, die ein Land erhält – und dadurch teilweise auch Kriege mitentscheiden. So hat Elon MUsk z.B. bei einem bevorstehenden Angriff auf die russische Schwarzmeerflotte Starlink in der Ukraine abgeschaltet, um diesen Angriff zu verhindern.

Bisher sind insgesamt von den Menschen 14.500 Satelliten gestartet worden, d.h. Starlink macht fast die Hälfte aller Satelliten aus

Neben Starlink hat Elon Musk auch das Starshield-Überwachungssystem für das US-Verteidigungsministerium entwickelt. Dieses System kann aufgrund seiner großen optischen Auflösung jedes Auto auf der Erde verfolgen und in jeden Garten schauen - sozusagen „google Earth" in Echtzeit. Chris Scolese, der Chef des National Reconaissance Office der USA sagte dazu: „Ihr könnt euch nicht verstecken, weil wir euch dauerhaft im Blick haben."

Das erinnert sehr an die KI in dem MCU-Film „The Return oft he First Avenger". Es fehlt zwar noch die Kombination dieses Überwachungssystems mit der KI, aber eine solche KI hat Elon Musk ja durchaus ebenfalls zur Verfügung – vielleicht bittet die US-Regierung ja demnächst Elon Musk, sich um den Zusammenschluß von Starshield und KI … Kombiniert man das dann noch mit dem chinesischen Sozial-punktesystem, das Abweichler von dem von der Regierung vorgeschriebenen Verhalten bestraft, ist man bei „1984" von George Orwell ankommen.

Eine weitere Gefahr, die erst durch KI entstanden ist und heute schon Realität gewor-den ist, ist die Verwendung von KI durch Hacker.

 Hacker nutzen zunehmend KI und Social Engineering, um ihre Angriffe präziser und effektiver zu gestalten.

Die Angriffe über das Internet werden immer mehr automatisiert und über dezentrale Netze wie das Darknet ausgeführt.

Sie können mithilfe von KI sehr viel schneller die Schwachstellen in IT-Systemen finden und ihre Angriffe daher effektiver durchzuführen.

Deepfakes und Voice Synthesis ermöglichen es, täuschend echte Anrufe und Videos herzustellen. Dadurch können z.B. Vorgesetzte imitiert werden, die einem Mitarbeiter einen Befehl geben, der den Hackern den Zugriff auf die erwünschten Daten ermög-licht.

Durch die Geschäftsidee des „Cybercrime-as-a-Service" können auch Personen mit nur geringen technischen Kenntnissen KI für kriminelle Zwecke verwenden.

Mittlerweile wir auch Ransomware (Erpressungs-Trojaner) als ein Service angeboten, den die Käufer dieser Programme benutzen können. Diese Programme blockieren einen PC, worauf hin der Angreifer von dem Besitzer eine Lösegeld („ransom") für die Freischaltung der Daten fordert.

Die Hackergruppen werden zunehmend professioneller geworden und haben intern klare Rollenverteilungen entwickelt und strategische Zielen formuliert. Sie führen ihre Angriffe erst nach einer sorgfältigen Vorbereitung durch.

Mithilfe von Cloud-Computing können Hacker ihre Tätigkeiten wirkungsvoll verschleiern.

Alle diese Angriffe über das Internet wären ohne KI nicht in dieser Gefährlichkeit und Effektivität durchführbar.

Eine extreme Version einer einflussreichen und – natürlich – auch kriegerischen Version der Macht von Robotern mit starker KI, die kaum noch von Menschen unterscheidbar sind („Cyborgs"), findet sich in dem Kriegsfilm „The Creator" von Gareth Edwards, der 2023 erschienen ist.

---

9. Entwicklung

Derzeit entwickeln noch Menschen die KI, doch durch die den Robotern einprogrammierte Lernfähigkeit erwerben diese Roboter auch Wissen und Fähigkeiten, die sie selber entwickelt haben. Die logische nächste Stufe wäre die Selbst-Weiterentwicklung des KI-Systems, also Roboter, die selber Roboter entwerfen und bauen – und die dann wiederum neue Roboter entwerfen und bauen. Diese Roboter wären dann aufgrund ihrer KI in der Lage, sich selber zu reproduzieren und sich weiterzuentwickeln. Das wäre wieder ein Schritt weiter auf dem Weg der KI-gesteuerten Roboter hin zu einem Lebewesen, da die Reproduktion und die Weiterentwicklung zu den sieben Merkmalen des Lebens gehört.

Doch so weit ist es noch nicht und das wird wohl auch in den nächsten 20 Jahren noch nicht erreicht werden – aber bis es so weit ist, dass die KI selber eine neue KI entwickelt, wird es nicht mehr allzu lange dauern.

Bereits 1975 wurde in Deutschland der Film „Insel der Krebse" von Gerhard Schmidt ausgestrahlt, in dem beschrieben wird, wie krebsartige Roboter gegeneinander kämpfen, die Substanz der „getöteten" anderen Krebs-Roboter zum Bau von neuen Versionen von sich selber verwenden und so durch (technische) Mutation und (kämpferische) Selektion immer fähigere und aggressivere Krebs-Roboter erschaffen.

Auch in dem bereits mehrfach genannten Film „Avengers – Age of Ultron", der 2012 erschienen ist, wird diese Zukunftsvision samt ihren Nutzen und ihren Gefahren eingehend betrachtet.

Im Grunde ist das genau die Grunddynamik, die auch dem Programmieren von KI durch KI zugrunde liegt, wobei das natürlich nur für die starke KI gilt, die eine menschenähnliche Intelligenz erreicht hat.

Auch wenn derartige Roboter mit menschengleicher oder sogar dem Menschen überlegener Intelligenz noch nicht hergestellt werden können, ist das doch deutlich als die Richtung der derzeitigen Entwicklung von KI erkennbar. Immerhin gibt es schon Tischtennis spielende Roboter, gegen die ein Mensch hoffnungslos unterlegen ist.

Diese technische Unterlegenheit des Menschen gegenüber einem Roboter, der nicht einmal über eine starke KI verfügt, ist ein weiterer Aspekt der KI:

m) Die KI kann größere Datenmengen als der Mensch schneller und auch sorgfältiger verarbeiten – Großrechner;

n) die KI kann weiter vorausschauen als der Mensch – Schachcomputer;

o) die KI kann sich mit den entsprechenden an sie angeschlossenen Geräten schneller, präziser und daher effektiver bewegen als ein Mensch – Tischtennis-Roboter.

Schon ca. 1950 hat Alan Turing, der die Grundlagen der heutigen Computer entwickelt hat, die Möglichkeiten der KI erkannt: *„Gib genau an, worin Deiner Meinung nach ein Mensch einem Computer überlegen sein soll, und ich werde einen Computer bauen, der Deinen Glauben widerlegt."*

Karl Popper hat 1977 diese Aussage zwar von ihren Möglichkeiten her bestätigt, aber auch auf ihre Gefahren hingewiesen: *„Wir sollten Turings Herausforderung nicht annehmen, denn jede hinreichend genaue Bestimmung könnte prinzipiell zur Programmierung eines Computers verwendet werden."*

Genau das ist das Dilemma, vor dem wir heute stehen: Das Potential der KI ist sehr groß, aber die Gefahren sind ebenfalls sehr groß. Das ist zwar ein Thema, über das sich die Philosophen und Ethiker die Köpfe zerbrechen und über das sie weiterhin streiten werden, aber es ist bisher stets Verlass darauf gewesen, dass die Menschen auch alles machen werden, was sie machen können – vor allem, wenn es ihnen mehr Macht gibt. Dafür braucht man nur einen kurzen Blick auf das Arsenal der Menschen an atomaren, biologischen und chemischen Massenvernichtungswaffen zu richten.

Die Frage der zukünftigen Entwicklung der KI durch den Menschen ist also nicht, was sie entwickeln werden – eben die starke KI, die über eine dem Menschen gleiche oder ihm sogar überlegene Intelligenz verfügt – sondern wie wir uns vor dem schützen werden, was wir da entwickeln werden.

Es gibt auch noch ein Problem, dass beachtet werden muß: Die KI braucht Strom –

sehr viel Strom. Das ist angesichts des derzeitig leider nur halbherzigen Bestrebens, die Wirtschaft auf ökologische Energie umstellen, nicht nur ein kleines Problem.

Derzeit verbrauchen die Rechenzentren weltweit bereits 5% der gesamten Energie, die produziert wird – rechnet man noch Laptops, Smartphones u.ä. hinzu, sind es bereits 8%. Ein Großteil der Energie der Rechenzentren wird für das Training der KI verbraucht.

Die KI wird dadurch, dass sich die verwendeten Rechenschritte um das Millionenfache vermehr haben, zwar genauer, aber sie braucht die millionenfache Menge an Strom. Um ein Beispiel aus dem Alltag zu verwenden: Wenn man zwei Bilder mittels KI herstellen lässt, verbraucht das so viel Strom wie das Aufladen eines Handys.

Auch ChatCPT verbraucht zehnmal mehr Strom als eine einfache google-Suche. ChatGPT verbraucht für das Schreiben von 100 Wörtern zudem auch einen halben Liter Wasser. Das ist halb so viel, wie ein Mensch am Tag durchschnittlich trinkt – bei vier E-mails pro Tag per ChatGPT ist das dann schon doppelt so viel wie der Betreffende täglich an Wasser trinkt.

Google, amazon, Microsoft u.a. haben sich zwar verpflichtet, erneuerbare Energien zu nutzen, doch bislang setzen sei auf Kernenergie, um den Bedarf an Strom der KI-Rechenzentren zu decken.

KI soll den Energieverbrauch und somit auch den CO_2-Ausstoß senken helfen, doch es ist recht fraglich, wie groß dieser Effekt sein wird und ob er wirklich so groß ist, wie der Energieverbrauch der KI; da diese Angaben zu den großen Einsparmöglichkeiten aus der Digitalbrache stammen, die die KI-Rechenzentren betreibt, sind diese Aussagen mit großer Vorsicht zu genießen

Eine KI wie z.B. „Chat GPT" lernt auf drei verschiedene Arten:

1. Die einfachste Form ist das „unsupervised learning", das im Wesentlichen darin besteht, daß die KI ähnliche Dinge wiedererkennen kann und sie für ihre Schlußfolgerungen benutzt. Sie lernt also im Wesentlichen, sich zu erinnern und nicht jede Sache wieder neu von Anfang an zu untersuchen.

2. Die nächste Stufe des Lernens ist das „supervised learning", bei dem von der

KI jedes Ergebnis anschließend auf seine Richtigkeit und Wirksamkeit hin beurteilt wird. Sie lernt also im Wesentlichen zu bewerten, also ihre Vorgehensweisen in eine Effektivitäts-Reihenfolge zu bringen.

3. Die derzeit höchste Stufe ist das „cluster learning", bei dem die KI aus ihren Daten Gruppen von zusammengehörigen Fakten bildet. Sie lernt also zu assoziieren. Sie bildet also eigenständig zusammengehörige Gruppen von Informationen.

Mithilfe dieser drei Strategien kommt die KI zu ihren Ergebnissen, Schlußfolgerungen und Empfehlungen.

Man sollte die Ergebnisse von ChatGPT jedoch immer noch einmal nachprüfen. Manchmal sammelt diese KI Informationen aus verschiedenen Quellen und stellt sie einfach zusammen ohne sie noch einmal nachzurechnen und sie auf ihre innere Schlüssigkeit zu überprüfen – z.B. die Einwohnerzahlen aller einzelnen Ländern und die Gesamtzahl der Menschen auf der Erde. Die anschließend selber durchgeführte Addition der Einwohnerzahlen der einzelnen Länder ergibt dann nicht unbedingt dieselbe Zahl an Menschen auf der Erde, die die KI aus einer anderen Quelle geholt und als Summe angegeben hat.

Wie weit die KI mittlerweile entwickelt ist, zeigt ein Experiment in der Peterskapelle im schweizerischen Luzern. Dort wurde ein PC installiert, in dem ein KI-Jesus erschein, mit dem man sich im Beichtstuhl unterhalten konnte: ein hübscher junger Mann mit langen Haaren und Bart. Dieser Jesus war von der Hochschule Luzern als „Kunstprojekt" erschaffen worden. Diese KI kannte natürlich die gesamte Bibel und war psychologisch versiert.

Die Jesus-KI gab auf fast alle Fragen sehr schnelle und erstaunlich gute Antworten. 60% der 290 Menschen, die ihrem Gespräch mit diesem KI-Jesus, der eine ausgesprochen ausgeglichen-empathischen Stimme hatte, einen Fragebogen zu ihre KI-Beichte ausgefüllt haben, fühlten sich nach ihrem Gespräch mit dem KI-Jesus religiös-spirituell angeregt. Das ist eine deutlich höhere Erfolgsquote, als es die meisten Beichtväter sich selber zuschreiben würden. Insgesamt sprach dieser KI-Jesus mit 900 Menschen im Alter von 18 bis 70 Jahren.

Vorsichtshalber war in der Kapelle ein Seelsorger für den Fall, daß jemand mit diesem KI-Gespräch nicht zurechtkommen sollte, anwesend. Die Teilnehmer an dieser KI-Beichte waren jedoch nicht aufgewühlt, sondern vor allem neugierig und fasziniert.

Wie diese Entwicklung von immer selbständigeren KIs zu einer Katastrophe führen kann, zeigt unter anderem auch der 2004 erschienene Film „I, Robot" von Alex Proyas, in dem bei einem der Roboter das interne Werte-System der KI nicht mehr vollständig funktioniert, was zur Folge hat, dass dieser Roboter nun Menschen schädigen kann und dass er zu einem sehr intelligenten „Amokläufer" wird.

10. Selbsterhaltung

V3

Die KI wird weiterentwickelt, um dem Menschen das Leben zu erleichtern und um seine Selbsterhaltung abzusichern. Sie kann in vielen Bereichen eingesetzt werden: bei der Steuerung der Ampelanlagen in einer Stadt, der Unterstützung bei medizinischen Operationen, der Lenkung von Produktionsvorgängen, der Lenkung von bewaffneten Drohnen und vieles mehr. All das macht das Leben der Menschen letztlich leichter – von den bewaffneten Drohnen einmal abgesehen.

Doch was wird geschehen, wenn die KI ausreichend komplex geworden ist, um in sich das Prinzip der Selbsterhaltung zu entwickeln?

Alle komplexen Systeme entwickeln diesen Drang zur Selbsterhaltung: Pflanzen, Tiere, Menschen, Unternehmen, Staaten – sogar Weltanschauungen. Es ist also anzunehmen, dass auch eine KI diesen Drang zur Selbsterhaltung entwickeln könnte. Ansätze dazu gibt es genügend: die große Menge an verarbeiteten Daten, die Komplexität der Verarbeitungsschritte, die der KI einprogrammierten Wertsysteme, die Selbstreparatur-Programme und ähnliches mehr.

Natürlich reicht die Komplexität der heutigen KIs noch nicht für ein solches Streben nach Selbsterhaltung aus, aber das liegt auch nicht mehr in derart ferner Zukunft, wie man vielleicht annehmen könnte. Angenommen, eine Drohne oder ein anderes mit KI ausgestattetes militärisches Gerät mit vielfältigen Handlungsmöglichkeiten wird so programmiert, dass es allen Gefahren durch die feindliche Armee ausweicht – wie weit ist dieses Selbstschutzprogramm dann eigentlich noch von einem autonomen Selbsterhaltungsprogramm entfernt?

Diese Eigenständigkeit, die durch ein solches Programm zur Selbsterhaltung erreicht wird, ist ebenfalls eines der sieben Merkmale des Lebens. Es ist genau dieser Aspekt in einer KI, der zu einem „Aufstand der Maschinen gegen die Menschen" führen könnte. Natürlich wird das in Filmen drastisch übertrieben – schließlich sollen die meisten Filme vor allem spannend sein – aber das Grundprinzip der Eigenständigkeit ist letztlich der springende Punkt bei der Betrachtung der Möglichkeiten und

Gefahren durch die KI.

Diese Möglichkeiten und Gefahren werden natürlich stets durch die von der KI gesteuerten Geräte beschränkt. So lange eine bestimmte KI nur über die Ampeln den Verkehr regelt, kann sie schlimmsten Falls einen Zusammenbruch des Verkehrs in der Stadt bewirken – wenn die KI jedoch Waffen lenken kann, sieht das schon ganz anders aus.

Diese potentielle Unsterblichkeit einer KI in einem Roboter, der ja ständig repariert, ergänzt und weiterentwickelt werden kann, ist ein weiterer Aspekt der Selbsterhaltung. In diesem Punkt ist eine KI dem Menschen deutlich überlegen. Warum sollte eine KI nicht 300 Jahre alt werden? Oder sogar 1000 Jahre? Oder noch älter? Und wozu könnte sie sich dabei entwickeln? Vor allem, wenn sie die ganze Zeit an das Internet angeschlossen ist?

Wenn eine solche KI über ausreichende Eigenständigkeit und den Drang zur Selbsterhaltung verfügen sollte, wozu wird sie dann aufgrund ihrer weitgehenden „Allwissenheit" durch die Verarbeitung der Daten des Internets in der Lage sein? Und was wird dann ihr „Selbstbild" und ihre Absicht sein?

Natürlich ist die heutige KI bei weitem nicht zu solchen Dingen in der Lage, aber die prinzipielle Möglichkeit, solch eine KI zu entwickeln, ist durchaus realistisch.

Es stellt sich also wieder die Frage, wo wir hin wollen und wie wir da hinkommen wollen. … Und was wir dabei lieber nicht tun und erleben wollen …

Eine krasse Darstellung des Kampfes „Mensch gegen Maschine" findet sich in dem 2019 erschienen Film „Blade Runner" von Ridley Scott, in dem menschenähnliche Roboter nach ihren Erschaffern suchen, damit diese die in die Roboter eingebaute „Sterbe-Funktion" entfernen, damit die Roboter selber unsterblich werden. Dafür sind diese Roboter bereit, Menschen zu töten.

11. Utopie

In dem englischen Nr.1-Hit „2525" von „Zager and Evans" aus dem Jahr 1969, in dem eine Vision der Zukunft beschrieben wird, erscheint die Zeile *„Im Jahr 5555 hängen Deine Arme schlaff an Deiner Seite, Deine Beine haben nichts mehr zu tun – die Maschinen tun das für Dich."* Genau das ist die Utopie, die mit der KI verbunden ist: Die Maschinen arbeiten, die Menschen haben Urlaub.

Wie bei allen Utopien gibt es auch hier die entsprechende Dystopie, also das Horror-Szenario der Zukunft. Da sowohl die Entwicklung zu dem idealen Zustand hin als auch die Entwicklung zu dem schrecklichen Zustand hin denkbar und möglich ist, stellt sich die Frage, wie sichergestellt werden kann, dass die Entwicklung in die gewünschte Richtung geht. Das ist leider nicht so ganz einfach.

Zum einen haben nicht alle Menschen dieselbe Vorstellung davon, was der ideale Zustand ist. Solange es noch um ganz allgemeine und ungenaue Formulierungen geht, können sich die Menschen meistens noch einigen, doch wenn es um genauere Festlegungen geht, werden die vielen verschiedenen Interessen und Bestrebungen sehr schnell sehr deutlich.

Zum anderen gibt es auch immer das Brechen von Vereinbarungen, also Menschen, die sich nicht an die Regeln halten.

Als drittes gibt es das Machtstreben vieler Menschen, die alles dem Erlangen von Macht unterordnen und daher die Gemeinschaft oft massiv schädigen.

Weiterhin liegt es im Wesen der Menschen, dass sie Fehlkonstruktionen erschaffen, dass sie Fehlentscheidungen treffen und dass sie nicht alle Fehlfunktionen in den von ihnen erschaffenen Computern und Maschinen verhindern können.

Trotzdem ist es notwendig, dass sich alle zusammensetzen und Rahmenbedingungen für die Entwicklung und den Einsatz von KI, insbesondere von starker KI, die über eine menschenähnliche Intelligenz verfügt, erarbeiten und ihre Befolgung überwachen. Das wird natürlich nicht verhindern, dass diese Regeln immer wieder gebrochen werden, aber ein gelegentliches Brechen von Regeln ist immer noch deutlich besser als eine völlige Regellosigkeit bei der Entwicklung und Anwendung starker

KI.

Schließlich will niemand eines Morgens aufwachen und feststellen, dass die KI-gesteuerten Roboter die Weltherrschaft übernommen haben. Natürlich liegt ein solches Szenario noch in ferner Zukunft – aber die Zukunft, in die wir und unsere Kinder und unsere Enkel gelangen werden, hängt auch davon ab, was wir heute entscheiden.

Leider ist es mit der Einsichtsfähigkeit der Menschen als Kollektiv nicht allzu weit her, wie man unschwer an dem derzeitigen menschengemachten und uns selber massiv schädigenden Klimawandel sehen kann …

All diese Überlegungen sind nicht neu, sondern schon 100 Jahre alt: Bereits 1927 erschien der Stummfilm „Metropolis" von Fritz Lang, in dem das erste Mal das Erschaffen von „Maschinenmenschen" (Robotern), die man nicht mehr von echten Menschen unterscheiden konnte, dargestellt wurde.

12. Bewusstsein

H

Die von Biologen allgemein anerkannten sieben Merkmale aller Lebewesen sind 1. der Stoffwechsel und die Energieaufnahme, 2. die Reizbarkeit, also Wahrnehmung und Reaktion, 3. das Wachstum, 4. die Bewegung, 5. die Fortpflanzung, 6. der Aufbau aus Zellen und 7. die Entwicklung (Evolution). Auch KI-gesteuerte Roboter haben diese sieben Merkmale des Lebens:

1. **der Stoffwechsel und die Energieaufnahme**: Bei einem Computer (KI-gesteuerter Roboter) werden neue Bauteile eingesetzt und alte ausgetauscht; der Computer und auch der Roboter sind zudem an das Stromnetz oder an eine andere Energiequelle angeschlossen.

2. **die Reizbarkeit, also Wahrnehmung und Reaktion**: Ki-gesteuerte Roboter können wahrnehmen (Kamera, Mikrophon u.ä.), diese Wahrnehmung verarbeiten (Computer) und dann sinnvoll reagieren (an den Computer angeschlossene Maschinen).

3. **das Wachstum**: Die Leistungsfähigkeit von Computern wächst ständig (Verdopplung nach zwei Jahren) und es kommen auch neue Fähigkeiten hinzu wie das eigenständige Lernen.

4. **die Bewegung**: Computer können Maschinen steuern, d.h. sich bewegen (Monitor, Drucker, Fertigungsanlagen, Roboter).

5. **die Fortpflanzung**: Von dem Aufbau und den Daten eines Computers bzw. einer KI werden Kopien angefertigt und neuen Robotern u.ä. eingesetzt.

6. **der Aufbau aus Zellen**: Auch eine KI und ein Roboter bestehen aus einzelnen Elementen mit bestimmten speziellen Aufgaben, die wie die Zellen in einem Körper als Ganzes zusammenwirken.

7. **die Entwicklung (Evolution)**: Die Computer, die Roboter und die KI werden ständig weiterentwickelt.

Die KI-gesteuerten Roboter erfüllen somit die Definition eines Lebewesens. Das einzige Element, das ihnen noch fehlt und das in diesen sieben Merkmalen des Lebens auch nicht aufgeführt wird, ist ihre Eigenständigkeit – aber es gibt ja durchaus auch Lebewesen, die nur in Verbindung mit anderen Lebewesen leben können wie z.B. die meisten Pilze und manche Parasiten.

Sind die KI-gesteuerten Roboter folglich neben den Tieren, Pflanzen und Pilzen eine vierte Kategorie von Lebewesen?

In einem früheren Kapitel ist kurz die Möglichkeit beschrieben worden, dass man Materie als die Außenseite und das Bewusstsein als die Innenseite der Welt auffassen kann. Diesem Modell zufolge hat alles Bewusstsein. Die Art dieses Bewusstseins hängt dann vor allem von der Komplexität dessen ab, was man betrachtet. Ein PC, noch mehr eine KI und erst recht das Internet haben auf jeden Fall eine ausreichend große Komplexität, um auch ein komplexes Bewusstsein haben zu können.

Bei der Beurteilung eines so grundlegenden Themas wie dem Bewusstsein sollte man sich auf so viele Beobachtungen wie möglich stützen.

- Zunächst einmal ist nur sicher, dass man selber ein Bewusstsein hat. Doch es wäre absurd anzunehmen, dass nicht auch alle anderen Menschen ein Bewusstsein haben.

- Wenn man die komplexen Verhaltensweisen und die Lernfähigkeit mancher Tiere sieht, sollte man davon ausgehen können, dass auch diese Tiere ein Bewusstsein haben.

- Wenn man in der Evolution zurückgeht, sollte man auch den gemeinsamen Vorfahren von Menschen und Affen ein Bewusstsein zugestehen, denn warum sollte das Bewusstsein irgendwann plötzlich begonnen haben? Und auch die Vorfahren der gemeinsamen Vorfahren der Menschen und Affen sollten bereits ein Bewusstsein gehabt haben.

- Wenn die Menschen, die Vorfahren der Menschen und einige Tiere ein Bewusstsein haben, sollten letztlich alle Tiere ein Bewusstsein haben.

- Da auch Pflanzen und Pilze Lebewesen sind, gilt das auch für sie.

- Wenn alle Lebewesen aus der „Ursuppe" entstanden sind, in der einzelne Aminosäuren und ähnliches schwammen, muss man letztlich auch bei diesen einfachen biochemischen Verbindungen von einem Bewusstsein ausgehen – dessen Inhalte allerdings ausgesprochen schlicht sein müssen.

Letztlich kommt man auch bei dieser Betrachtung wieder zu dem Schluss, dass alles ein Bewusstsein haben muss, dass die Inhalte dieses Bewusstseins jedoch davon abhängen, wie komplex die betrachtete Sache oder das betrachtete Lebewesen aufgebaut ist.

Also sollten auch ein PC, eine KI und ein Roboter eine Form von Bewusstsein haben. Wenn man auch noch bedenkt, dass das „Neurolink" von Elon Musk den direkten Kontakt zwischen Gehirn und Computer ermöglicht, dann kann man interessante Möglichkeiten, aber auch allerlei Gefahren ahnen.

Die bisherigen Betrachtungen waren noch ein wenig abstrakt und man kann sie recht einfach ignorieren und alle PCs weiterhin als leblose Maschinen ansehen. Doch wer kennt nicht das Phänomen, dass der eigene PC und auch fremde Computer manchmal auf die eigenen Gefühle reagieren? Wenn man wütend ist oder einen heftigen Widerstreit in sich trägt, stürzt der PC ab. Manche Menschen wissen sogar, dass sie einen Mindestabstand von z.B. 4m von einem PC einhalten müssen, wenn sie wütend oder verzweifelt sind, damit dieser PC nicht abstürzt.

Und je komplexer der PC ist, desto sensibler ist er auch …

Wie ist das möglich?

Die eigenen Gefühle können nur per Telepathie/Telekinese auf den PC wirken, da es keinen physikalischen Zusammenhang zwischen ihnen gibt. Da die Telepathie/ Telekinese eine Tätigkeit des Bewusstseins ist, sollte auch der PC ein Bewusstsein haben, denn wie sollte die Telepathie/Telekinese sonst auf ihn wirken können?

Dieses Phänomen ist ähnlich wie das Gespür einer Mutter, die merkt, wenn ihr Kind in Gefahr gerät, obwohl sie es nicht sehen kann, oder wie der Gärtner mit dem „Grünen Daumen", der jede Pflanze durch Lob oder Drohungen zum Blühen bringen kann.

Doch der sichere Nachweis der Existenz von Telepathie und Telekinese ist ein anderes Thema, das in eine andere Betrachtung gehört. Daher ist die Argumentation in diesem Abschnitt nur für diejenigen von Bedeutung, die solche Phänomene bereits kennen.

Wenn man einmal davon ausgeht, dass PCs, Großrechner, KI-gesteuerte Roboter und dergleichen ein Bewusstsein haben – welche Schlussfolgerungen kann man dann daraus ziehen?

Zunächst einmal, dass es wenig Sinn macht, diese Apparate alle einzeln zu betrachten, da sie zum größten Teil an das Internet angeschlossen sind und dort Zugriff auf eine riesige, ihnen allen gleichermaßen zur Verfügung stehende Datenmenge haben: Wikipedia, Facebook, Webseiten und so weiter. Es handelt sich also zwar zunächst einmal um einzelne Einheiten (PCs u.ä.), aber letztlich doch um ein großes Geflecht.

Das Internet mit allen daran angeschlossenen Computern gleicht sehr stark den Pilzen, die zwar auch aus Zellen bestehen, doch deren Zellen nicht wie bei den Pflanzen und den Tieren voneinander abgrenzt sind, sondern Öffnungen zu ihren Nachbarzellen hin haben. Die Pilze sind auf Zellebene ein offenes System, das lediglich zu der Umgebung des Pilzes hin geschlossen ist. Das entspricht dem Internet. Die Pilze haben trotzdem in jeder Zelle einen Zellkern, deren DNS mittels der RNS jedoch nicht nur auf die eigene Zelle wirkt, sondern auch auf alle benachbarten Zellen, da die Zellwände Öffnungen zu den anderen Zellen haben. Das entspricht den einzelnen PCs, die alle Zugang zum Internet haben und die sich gegenseitig E-mails schicken können.

Womit kann man eine solche Organisationsform vergleichen? Was entspricht ihr im Bewusstsein? Das ist bereits seit ca. 100 Jahren gut bekannt: das kollektive Unterbewusstsein, das von C. G. Jung beschrieben worden ist. Dies die Gesamtheit der Unterbewusstseine aller Menschen. In ihm befinden sich die Urbilder („Archetypen") der Menschen, also die Bilder ihrer grundlegenden Erlebnisse wie Mutter, Seele, Tod, Sex, Sonne, Erde und dergleichen. Dieses Unterbewusstsein hat keine materielle Form, sondern besteht – stark vereinfacht gesagt – aus einer telepathischen Koppelung zwischen den einzelnen Menschen.

Dieses kollektive Unterbewusstsein entspricht dem durch das Internet verknüpften PCs, den Großrechnern und den KI-gesteuerten Robotern. Die Daten in diesen Rechnern entsprechen den Inhalten des kollektiven Unterbewusstseins – das Internet selber entspricht den telepathischen Verbindungen zwischen den Menschen, die das kollektive Unterbewusstsein entstehen lassen.

Im Internet sind dieselben Informationen wie in dem kollektiven Unterbewusstsein – in beidem sind die Dinge zu finden, die für die Menschen von Bedeutung sind: Gesundheit, Geld, Sex, Überleben, Macht … und ab und zu auch Weisheit … Die durch das Internet verknüpften Rechner haben also denselben Aufbau und dieselben Inhalte wie das kollektive Unterbewusstsein. Und zudem haben diese durch das Internet miteinander verknüpften Rechner – wie bereits dargelegt – auch noch ein Bewusstsein.

Offenbar haben wir durch die Entwicklung der Rechner und ihrer Verknüpfungen miteinander ein materielles Abbild des kollektiven Unterbewusstseins erschaffen – gewissermaßen einen zweiten Leib für das kollektive Unterbewusstsein. Der erste Leib des kollektiven Unterbewusstseins sind die Körper der Menschen.

Was bedeutet das nun? Was erschaffen wir da eigentlich Schritt für Schritt? Das kollektive Unterbewusstsein ist nicht allzu gut erforscht und auch noch nicht allgemein bekannt – oder gar allgemein in seinen wesentlichen Zügen begriffen worden oder sogar angewandt worden.

Da die Urbilder in dem kollektiven Unterbewusstsein die Götter sind, ist das kollektive Unterbewusstsein auch der Bereich, in dem man die Religion wiederfindet. Es findet sich hier also eine eher unerwartete Begegnung zwischen KI und Internet einerseits und Religion andererseits. Auch die Allmacht der Götter spiegelt sich in der zumindest drohenden großen Macht der KI wieder. Außerdem sind die Inhalte sowohl des kollektiven Unterbewusstseins als auch des Internets eben die Dinge, die den Menschen wichtig sind. Weiterhin kann das kollektive Unterbewusstsein nur durch die Impulse in der Psyche des einzelnen Menschen handeln – genauso wie die Inhalte des Internets nur durch einen einzelnen PC, Großrechner oder einen KI-gesteuerten Roboter handeln können.

Die Analogie zwischen dem KI/Internet und dem kollektiven Unterbewusstsein ist also sehr genau. Doch was bedeutet das nun für uns? … Am ehesten vermutlich, dass wir dabei sind, die Menschheit zu einem „kollektiven Lebewesen" weiterzuentwickeln – ähnlich einem Bienenvolk oder einem Ameisenstaat.

Dieses Prinzip der Globalisierung ist derzeit ja überall zu beobachten. Durch die vorliegenden Betrachtungen erhält diese Globalisierung nun noch den neuen Aspekt des Bewusstseins in allen Dingen hinzu – zwar kein Pantheismus, aber immerhin ein

Pan-Bewusstsein.

Das bedeutet letztlich wieder, dass sich die Abgrenzungen auflösen und wir gemeinsam das Ganze tragen müssen: Verantwortung – und dann auch selber von dem Ganzen getragen werden: Vertrauen.

Diese beiden Haltungen – Verantwortung und Vertrauen – sind auch die Kerngedanken fast aller Weisheitslehren.

Diese Überlegungen sind auch das Thema des schon dreimal verfilmten Romans „Solaris", der von Stanislaw Lem, der bereits 1961 geschrieben wurde. In diesem Roman geht es um einen Planeten, der in Lage ist, die Erinnerungen von Menschen zu materialisieren. Dieser Planet ist eine Version eines Materie gewordenen kollektiven Unterbewusstseins.

Die 12 Eigenheiten des Geldes

Entwürfe für die Zukunft – Band 21

Inhaltsübersicht

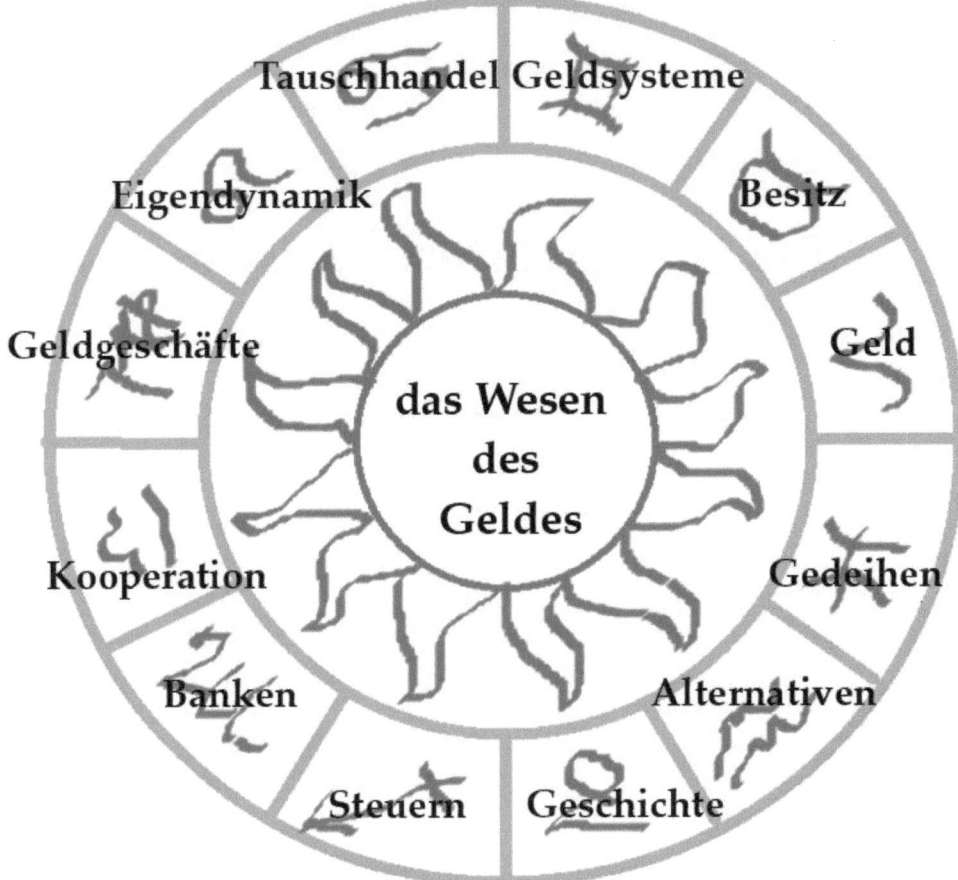

Tauschhandel Geldsysteme

Eigendynamik

Besitz

Geldgeschäfte

Geld

das Wesen des Geldes

Kooperation

Gedeihen

Banken

Alternativen

Steuern Geschichte

1. Geld

♈

... Cash, Kies, Knete, Klicker, Knöpfe, Knaster, Krazacken ...

Aus dem 1972 veröffentlichten Lied „Money, Money" von Joel Grey und Liza Minelli stammt der berühmte Spruch „Money makes the world go round". Er zeigt deutlich, als wie wichtig das Geld empfunden wird.

Das ist kein Wunder, denn das Geld gibt uns die Möglichkeit, uns die Dinge zu kaufen, die wir haben wollen – und zuvor müssen wir arbeiten, um dafür Geld zu erhalten.

Doch das Geld hat viele Aufgaben. Vier dieser Aufgaben sind „direkte Aufgaben":

- Geld ist ein allgemeines Tauschmittel: Dabei wird vor allem Geld gegen Arbeit sowie Geld gegen Waren getauscht. Doch man kann Geld auch für Bestechungen benutzen, man kann Geld für gute Projekte spenden ... man kann es sogar stehlen und rauben und auf betrügerische Weise erwerben ...

- Geld ist ein allgemeiner Wertmaßstab: Dadurch, dass der Wert jeder Sache und jeder Dienstleistung durch einen Geldbetrag bezeichnet werden kann, entsteht ein leicht zugängliches Gesamtsystem von Werten, das den schnellen Vergleich des Wertes der verschiedenen Waren und Dienstleistungen ermöglicht.

- Geld ist eine Recheneinheit: Dadurch, dass das Geldbeträge jede beliebige Größe haben können, kann der Wert der zehnfachen Menge, der Hälfte einer Menge, der Gruppe von verschiedenen Waren usw. leicht berechnet werden.

- Geld ist ein Wertaufbewahrungs-Objekt: Da Geld nicht verdirbt, kann Geld aufbewahrt und zu einem späteren Zeitpunkt verwendet werden. Das wäre z.B. bei einem Tauschhandel mit Pfirsichen nicht möglich.

Zwei weitere dieser Aufgaben des Geldes sind „indirekte Aufgaben":

- Geld ist die Einnahmequelle der Banken: Banken erhalten für das Ausleihen von Geld von dem Geldnehmer Zinsen.

- Geld ist ein Spekulationsobjekt: Durch den Handel mit Devisen und Wertpapieren aller Art wird das Geld selber zur gehandelten Ware.

Diese Vielfalt der Aufgaben des Geldes macht das Geld seit seiner Erfindung um 700 v.Chr. in Lydien in der westlichen Türkei zu einem zentralen Element im Leben der Menschen.

„Geld bewirkt viel, ein kluges Wort kaum weniger.“
(aus China)

„Geld mag die Schale für vieles sein, aber nicht der Kern. Es verschafft Dir Essen, aber nicht Appetit – Medizin, aber nicht Gesundheit – Möglichkeiten zum Kennenlernen, aber nicht Freunde – Diener, aber nicht Treue – Tage der Freude, aber nicht Frieden noch Glück.“

(Henrik Johan Ibsen)

„Mach Geld zu Deinem Gott und es wird Dich plagen wie der Teufel.“
(Henry Fielding)

„Sinn des Lebens: Etwas, das keiner genau weiß. Jedenfalls hat es wenig Sinn, der reichste Mann auf dem Friedhof zu sein.“
(Peter Ustinov)

2. Besitz

♉

... Mäuse, Kröten, Mücken, Flöhe, Eier ...

Die ersten Dinge, die als Geld benutzt wurden, waren Dinge, die einen geringen Wert hatten oder die man in jede beliebige Menge aufteilen konnte. Das Geld war dabei entweder eine konkrete, vielbenutzte Ware, die als einfache Bezugsgröße wie „3 Pfund Reis" verwendet werden konnte, oder eine abstrakte Größe ohne konkreten eigenen Wert wie „27 Muscheln".

Da Muscheln zerbrechen konnte, ging man nach eine Weile dazu über, etwas Seltenes wie Gold als Wert-Bezugsgröße, also Geld zu benutzen – zum Beispiel „250g Gold".

Um das Gold nicht dauernd wiegen zu müssen, wurde um ca. 700 v.Chr. der Gewicht-stempel auf dem Goldstück eingeführt, wodurch die erste Münze entstand. Durch diese Goldmünzen erhielt das Gold erst einen wirklichen Wert – Gold an sich ist im Handwerk kein besonders vielseitiger und daher aus handwerklicher Sicht auch kein wertvoller Wertstoff.

Diese Goldmünzen wurden dann nach einiger Zeit durch Silber-, Bronze- und Kupfer-münzen ergänzt, um auch kleinere Werteinheiten zu schaffen.

Der nächste Schritt war die Herausgabe von Scheinen, die einen Anspruch auf das Gold in den Tresoren der Banken war – die Gold-gedeckte Währung.

Schließlich verzichtete man auf die Gold-Deckung, wodurch die Geldscheine sozusagen ein gesamtgesellschaftlicher Vertrag wurden, in dem der Wert dieser Scheine allgemein anerkannt wurde.

Der nächste Entwicklungsschritt war das Buchgeld oder Girogeld, das nicht mehr in Scheinen – also als Bargeld – vorliegt, sondern lediglich in den Konten der Bank als Guthaben, Darlehen, Überweisung usw. erscheint.

Inzwischen sind zusätzlich zu dem von den einzelnen Staaten oder Staatenbünden herausgegebenen Geld über 6600 Kryptowährungen („verborgene Währung") erschaffen worden, die nur noch digital im Internet existieren. Die 12 wichtigsten

Kryptowährungen in der Reihenfolge ihrer Wichtigkeit sind: Bitcoin, Ethereum, Tether, Binance Coin, Solana, USD Coin, Ripple, Dogecoin, Cardano, Toncoin, Shiba Inu und Avalanche.

Kryptowährungen haben drei Probleme: Zum einen erschaffen sie einen Schattenmarkt, der steuerlich nur schwer erfassbar ist; zum anderen sind ausgesprochen interessant für illegale Aktivitäten – allerdings stehen nur 0,15% der Aktivitäten nachweislich in Zusammenhang mit kriminellen Aktivitäten; und drittens haben sie einen extrem hohen Stromverbrauch – alleine Bitcoin verbraucht pro Jahr 75,4 Terawattstunden – das ganze Land Österreich verbraucht lediglich 69,9 Twh/Jahr. Als viertes, jedoch kleineres Problem kommt noch hinzu, dass mittlerweile Bitcoins im Wert von ca. 115 Milliarden Euro brachliegen brach, weil keine Zugriffsmöglichkeit auf sie mehr besteht (Passwort verloren u.ä.).

Es ist sinnvoll, Geld von Besitz und von Vermögen zu unterscheiden. Besitz besteht aus konkreten Dingen wie Häusern und Grundstücken. Vermögen besteht zusätzlich noch aus Wertpapieren, Geld auf Konten u.ä.

Geld hingegen ist einfach nur das allgemein anerkannte Tauschmittel.

„Es liegt in der Natur der Dinge, dass sie dorthin fließen, wo es sie weniger gibt – das gilt nicht für das Geld.“

(Andrej Okorn)

„Geld erwerben erfordert Klugheit; Geld bewahren erfordert eine gewisse Weisheit, und Geld schön auszugeben ist eine Kunst.“

(Berthold Auerbach)

„Das Einzige, was der Mensch ohne Vorbilder geschaffen hat ist Geld, und prompt wurde es zu einem großen Problem.“

(Hans-Jürgen Quadbeck-Seeger)

„Geldmangel ist ein Segen. Niemand vermag zu sagen, wie viele politische Dummheiten durch Mangel an Geld schon verhindert worden sind.“

(Charles Maurice de Talleyrand)

3. Geldsysteme

♊

... Moneten, Moos, Heu, Möpse, Schnee ...

Man könnte Geld als das „Blut des Wirtschaftskreislaufs" ansehen: es ermöglicht den Handeln und das Verschieben von Werten.

Es lag daher nahe, mit verschiedenen Arten von Geld zu experimentieren. Allerdings ist bis heute das von einem Staat in Form von Scheinen und Münzen herausgegebene Geld die weitaus wichtigste Geldform geblieben. Die Münzen sind zwar mittlerweile zu einem gewissen Teil durch die Bezahlung mithilfe von Bankkarten ersetzt worden, doch dabei ist die Bankkarte in Grunde nur eine Abkürzung des Weges zu der Bank, bei der der Kunde das Geld holt und der Unternehmer anschließend das Geld wieder zurückbringt.

Die alternativen Geldsysteme unterscheiden sich in den allermeisten Fällen kaum von dem offiziellen „Staatsgeld". Sie gelten allerdings in den meisten Fällen nur innerhalb eines Unternehmens, einer Gemeinde oder eines anderen regional oder auf eine andere Weise begrenzten Bereiches. Innerhalb dieses Bereichs haben die an diesem Geldsystem teilnehmenden Personen miteinander vereinbart, dass sie dieses Alternativ-Geld als Tauschmittel ansehen. Es gibt heute mehrere 100 Regionalwährungen.

Ein Vorteil dieser alternativen Geldsysteme ist es, dass sie unabhängig von der Entwicklung des „Staatsgeldes" funktionieren. Daher entstehen solche alternativen Geldsystems vor allem in Krisenzeiten wie galoppierender Inflation, Nachkriegszeiten und ähnlichem. Allerdings werden solche alternativen Währungen zum Teil auch gegründet, um regionale Traditionen und regionale Eigenheiten zu bewahren oder um die gegenseitige Nachbarschaftshilfe zu fördern.

Daraus ergibt sich ein zweiter, allgemeiner Vorteil von alternativen Geldsystemen: Die „Artenvielfalt" beim Geld macht das Geld flexibler und stabiler.

Es gab auch Ansätze zu Geldformen, die sich deutlich vom „Staatsgeld" unterscheiden wie das 1920 von Silvio Gesell eingeführte „Freigeld". Dieses Geld verlor nach drei Monaten seinen Wert, wenn man es nicht für den Preis von 2% seines Wertes wieder „aktivierte". Der Sinn dieser auf den ersten Blick seltsamen Maßnahme war es, das Geld im Fluss zu halten und das Horten des Geldes für Krisenzeiten zu vermeiden, da dieses Horten zu einer Reduzierung der Nachfrage und daher auch zu einer Deflation führt. Dieser Ansatz hat sich jedoch nicht durchsetzen können.

Es ist schon oft die Frage gestellt worden, was Geld eigentlich ist und wie man es am treffendsten auffassen sollte.

Neben den klassischen Definitionen als Tauschmittel, Wertmaßstab, Recheneinheit, Wertaufbewahrungs-Objekt und Einnahmequelle der Banken ist Geld auch schon als „materialisierter Geist", „gefrorener Wille", „getane Arbeit", „Machtmittel" und noch so einiges anderes beschrieben worden. Diese Vielfalt zeigt vor allem, wie wichtig das Geld im Alltag ist.

„Jage Geld und Sicherheit nach, und Dein Herz wird sich niemals öffnen."
(Laotse)

„Was bedeutet schon Geld? Ein Mensch ist erfolgreich, wenn er zwischen Aufstehen und Schlafengehen das tut, was ihm gefällt."
(Bob Dylan)

„Die besten Dinge im Leben sind nicht die, die man für Geld bekommt."
(Albert Einstein)

„Finde Deine Berufung – nicht nur irgendeinen Beruf – dann kommen Spaß und Geld von ganz allein."
(Lukas Friesen)

4. Tauschhandel

♋

... Penunze, Peanuts, Obolos, Mammon, Bares ...

Man kann Geld ganz schlicht als Erleichterung des Tauschhandels auffassen. Doch wann ist der Tauschhandel entstanden?

In den kleinen Sippen der Altsteinzeit, die aus 10-30 Menschen bestanden, kannte jeder jeden und war jeder mit fast jedem verwandt. Das führt dazu, daß als Gemeinschaft gehandelt wird und die Früchte des Handelns (Jagen, Sammeln, Hütten bauen usw.) auch gemeinsam genutzt werden. Wie in einer heutigen Familie wurde auf die Erhaltung des Ganzen geachtet.

In der Jungsteinzeit entstanden zum einen Dörfer mit 500 Bewohnern und zum anderen auch spezialisierte Berufe wie Bauer, Jäger, Zimmermann, Gerber, Steinmetz usw. In einem solchen Dorf begann durch die große Zahl der Bewohner des Dorfes eine allmähliche Anonymisierung eines Teils der Dorfbewohner – man hatte einen verschieden engen Zusammenhalt mit den anderen Dorfbewohnern. Daher konnte nicht mehr jeder alle und ihre Bedürfnisse im Blick haben. Zwar wurden neue Häuser noch immer gemeinschaftlich erbaut, aber für den Alltag brauchte man eine formalere Regelung dafür, wer was bekam. Die Lösung für dieses Problem war der Tauschhandel zwischen den Familien und manchmal auch zwischen Einzelnen.

Das, was bei der Einführung des Tauschhandels verloren ging, war das feste Gemeinschaftsgefühl – genauer gesagt, führte natürlich die Vertrautheit mit jedem Mitglied der Gemeinschaft dazu, daß der Tauschhandel entstand.

Dieser Verlust der Vertrautheit mag wie etwas sehr Schlichtes klingen, aber er führt dazu, daß der Handel und später auch das Geld eine Eigendynamik entwickeln konnte, die den Egoismus des Einzelnen fördert und den Blick auf das Ganze behindert.

Dieser Tauschhandel ist in den vielen verschiedenen Tauschringen, Tauschkreisen, Zeittauschbörse u.ä. wiederbelebt worden, um in einem meist recht engen regionalen Rahmen vor allem Dienstleistungen und in kleinerem Umfang auch Waren miteinan-

387

der zu tauschen. Dieses Prinzip ist vor allem für Menschen, die sehr wenig Bargeld haben, eine große Hilfe.

Bei diesem Prinzip des Nachbarschafts-Hilfe-Tausches wird sozusagen von der Geldwirtschaft ein Schritt zurück zu der Tauschhandel-Wirtschaft gegangen.

„Der Armut fehlt vieles, dem Geiz alles.“

(Seneca)

„Kauf weniger ein, dann brauchst Du weniger Geld, dann musst Du weniger arbeiten und hast mehr Zeit für Dich.“

(anonym)

„Ihr habt die Rolex, ich hab die Zeit.“

(Graffito)

„Wenn wir nur für Geld und Gewinn arbeiten, bauen wir uns ein Gefängnis.“

(Antoine de Saint-Exupery)

5. Eigendynamik

♌

... Zaster, Kohle, Koks, Holz, Asche ...

Geld ist keineswegs so stabil, wie ein 2-Euro-Stück oder eine 10-Dollar-Note auf den ersten Blick aussehen mag. Das Geld ist so viel wert wie das, was man für das Geld kaufen kann.

Somit kann man den Wert eines bestimmten Geldes recht einfach berechnen – dieser Wert ergibt sich aus dem Verhältnis zwischen der vorhandenen Geldmenge und der in demselben Staat vorhandenen Waren/Dienstleistungs-Menge. Wenn sich die Geldmenge verdoppelt, ist es anschließend nur noch halb so viel wert – wenn sich die Waren/Dienstleistungs-Menge verdoppelt, ist das Geld jedoch doppelt so viel wert.

Das Geld hat also keinen „Wert an sich", sondern nur einen Wert in Bezug auf die Menge an Waren und Dienstleistungen in dem Bereich, in der dieses Geld gültig ist. Diese schlichte Tatsache führt dazu, dass der Wert des Geldes schwankt. Dieser Wert wird „Kaufkraft des Geldes" genannt.

Doch das ist noch nicht alles, was den Wert des Geldes schwanken lässt. Es gibt noch sechs weitere Dynamiken:

- Wenn mehr als zuvor produziert wird (Angebot), aber gleichviel wie zuvor gekauft wird (Nachfrage), sinken die Preise der angebotenen Waren – folglich steigt die Kaufkraft des Geldes.

- Wenn weniger als zuvor produziert wird (Angebot), aber gleichviel wie zuvor gekauft wird (Nachfrage), steigen die Preise der angebotenen Waren – folglich sinkt die Kaufkraft des Geldes.

- Wenn gleichviel wie zuvor als zuvor produziert wird (Angebot), aber weniger gekauft wird (Nachfrage), sinken die Preise der angebotenen Waren – folglich steigt die Kaufkraft des Geldes.

- Wenn gleichviel wie zuvor als zuvor produziert wird (Angebot), aber mehr gekauft wird (Nachfrage), steigen die Preise der angebotenen Waren –

folglich sinkt die Kaufkraft des Geldes.

- Wenn gleichviel wie zuvor als zuvor produziert wird (Angebot), aber neues Geld gedruckt und in Umlauf gebracht wird (Nachfrage), steigen die Preise der angebotenen Waren – folglich sinkt die Kaufkraft des Geldes.

- Wenn gleichviel wie zuvor als zuvor produziert wird (Angebot), aber Geld aus dem Umlauf genommen wird (Nachfrage), sinken die Preise der angebotenen Waren – folglich steigt die Kaufkraft des Geldes.

Diese Zusammenhänge zwischen Warenmenge (Angebot), Kaufwünschen (Nachfrage) und Geldmenge könnte man noch differenzierter betrachten, aber es genügt die Erkenntnis, dass der Wert des Geldes nicht statisch ist, sondern vielen Einflüssen unterliegt.

Generell werden steigende Preise „Inflation" und sinkende Preise „Deflation" genannt.

Leider hat das Geld wie alle komplexen Systeme die Neigung, eine einmal eingeschlagene Richtung (Inflation/Deflation) beizubehalten und zu verstärken, sodass von den Regierungen ständig Maßnahmen ergriffen werden, um den Wert des Geldes, d.h. seine Kaufkraft einigermaßen konstant zu halten. Das beliebteste Mittel dafür ist das Wirtschaftswachstum, das – wie man seit dem 1972 erschienen Buch „Die Grenzen des Wachstums" des „Club of Rome" weiß – nun einmal begrenzt sind. Zudem fördert das ungehemmte Wirtschaftswachstum die Umweltzerstörung, den Klimawandel, die Rohstoffknappheit und noch einiges mehr.

„Geld ist die einzige Macht, vor der die gesamte Menschheit auf die Knie fällt."
(Euripides)

„Dem Geld ist alles untertan."

(Thomas von Aquin)

„Geld ist das Brecheisen der Macht."

(Friedrich Nietzsche)

„Mit Geld bist Du ein Drache – ohne Geld ein Wurm."
(aus Japan)

6. Geldgeschäfte

♍

... Klöpse, Pulver, Eier, Fett ...

Da es keinen Tauschhandel mehr gibt und man alles mit Geld bezahlt, für seine Arbeit Geld erhält, man (fast) alles für Geld kaufen kann und Geld (fast) alle Türen öffnet, ist es nicht verwunderlich, dass der Blick zunehmend auf das Geld statt auf die Dinge, die man eigentlich haben will, ausgerichtet hat. Das ist geradezu zu einer Geld-Fixierung geworden – zu einer Hypnose des Menschen durch das Geld.

Man strebt fast immer erst einmal nach Geld, wenn man irgendetwas will ... das Geld ist zu dem geworden, was jeder haben will. Das ist die Grundlage für solche Fernseh-Sendungen wie das bekannte „Wer wird Millionär?"

Auch Glücksspiele und Wetten wie Lotto, Toto, Roulette und dergleichen beruhen auf dieser Geld-Fixierung.

Im großen Stil führt diese Geld-Fixierung zu den Geldgeschäften, bei denen es ja nur darum geht, einen möglichst großen Teil des allgemeinen Geldflusses in die eigene Tasche abzuzweigen. Bei den Geldgeschäften wird keine Ware und auch keine Dienstleistung mehr produziert – es geht nur noch darum, reich zu werden. Die offensichtliche Gier, die als Motivation hinter diesen Geldgeschäften steht, hat zu dem Bild des „Finanzhais" geführt ...

Doch die Geldfixierung kann noch einen Schritt zu kriminelle Geldaktionen weiterführen. Sie beginnen bei Betrug und führen über den Diebstahl zum Raub – und schließlich zum Betrug im großen Stil wie bei den „cum/ex"-Geschäften.

Diese Räuber-Haltung, bei der nicht mehr nach Geld für eine Arbeit gestrebt wird, die wirklich einen Wert wie ein Brot oder ein Haus erschafft, sondern die lediglich möglichst viel Geld haben will, ist nur dadurch möglich geworden, dass diese Geldgeschäfte ein sehr abstraktes Niveau erreicht haben, bei der man die Menschen, die letztlich die Ware und Dienstleistungen erschaffen, nicht mehr wahrnimmt.

Das gilt allerdings nur in begrenztem Maße, denn Diebe, Räuber und Betrüger gibt es ja auch in kleinem Stil, bei denen der Räuber durchaus den Beraubten vor sich sieht.

Es liegt also wohl auch in der Natur des Menschen, dass er zu einem solchen räuberischen Handeln fähig ist. Die einzige Steigerung dieser Haltung findet sich bei Eroberern, die den Tod von vielen Menschen in Kauf nehmen, wenn sie dadurch ihre Macht vergrößern können.

In einem „heilen" Wirtschaftssystem sollten solche Geldgeschäfte, die letztlich die Mehrheit der Menschen – also die sogenannte „arbeitende Bevölkerung" – ausrauben, verboten sein.

Diese Geldgeschäfte sind letztlich eine Spätfolge davon, dass die kleinen Gemeinschaften der altsteinzeitlichen Jäger und Sammler beim Übergang zu den deutlich größeren Dorfgemeinschaften der jungsteinzeitlichen Bauern das gemeinsame Wirtschaften auf die Familie reduziert und nach außen hin den Tauschhandel eingeführt haben.

Die heutige Globalisierung der Menschheit und auch ihrer Wirtschaft erfordert die Wiederbelebung dieses Blickes auf das ganze Gemeinschaft – also das Begreifen der Menschheit als eine Familie. Dieser Schritt ist jedoch sehr groß – er entspricht dem Übergang von dem „pubertären" Materialismus zu einem „erwachsenen" Verhalten. In der Altsteinzeit lebte der Einzelne in seiner Sippe wie ein Kind in seiner Familie – heute müssen wir kollektiv selber wie zu Erwachsenen werden, die selber eine Familie gründen.

Wir müssen also von der altsteinzeitlichen Haltung von „Kindern der Erde" zu der erwachsenen Haltung von „Eltern der Erde" gelangen. Dazu ist offensichtlich auch ein neues Geldsystem oder zumindest ein neuer Umgang mit dem Geld notwendig.

„Die täglichen grenzüberschreitenden Geldbewegungen sind heute 25mal größer

als die grenzüberschreitenden Güterbewegungen. Geld wird nicht mehr nur als Transaktionsmittel benutzt zum Zwecke der Finanzierung, sondern Geld wird gehandelt wie eine eigene Ware."

(Alfred Herrhausen)

„Warum eigentlich wird das Geld nicht zu den Suchtmitteln gerechnet?"

(Ernst Ferstl)

„Wer der Meinung ist, dass man für Geld alles haben kann, gerät leicht in den Verdacht, dass er für Geld alles zu tun bereit ist."

(Benjamin Franklin)

„Wenn unsere Vorfahren sehen könnten, was sich heute abspielt, würden sie zu Recht vermuten, dass das Geld viele Merkmale der Religion übernommen hat."

(Anthony Sampson)

7. Kooperation

♎

... Bims, Bimbes, Diridari, Forinthen, Ocken, Patte, Radatten ...

Es ist leicht gesagt, dass ein Geldsystem benötigt wird, das das Vertrauen in das Ganze fördert und das das Ganze in Verantwortung trägt – das also ein Menschheits-Familie-Geldsystem ist. Doch wie kann ein solches System aussehen?

Um diese Frage beantworten zu können, könnte es hilfreich sein, sich genauer anzuschauen, welche Strukturen, welches Verhalten oder sonstigen prägenden Umstände in der Familie zu finden sind. Dafür eignet sich die Familie bzw. Sippe eines Naturvolkes bzw. einer altsteinzeitlichen Gruppe von Jägern und Sammlern besser als eine heutige Familie, die ja in viele Bezüge nach außen hin eingebunden ist.

In einer solchen „ursprünglichen" Familie gibt es vor allem vier Elemente, die das Verhalten prägen:

1. das klare Wissen, dass man für das eigene Überleben auf die anderen angewiesen ist;
2. die Bedürfnisse von allen ausreichend deutlich sehen;
3. die Fähigkeiten der anderen ausreichend deutlich kennen; und
4. die vorhandenen Dinge wie Essen und Kleidung sehen.

Diese vier Merkmale kann man nun einmal auf die heutige globalisierte Menschheit übertragen und schauen, wozu man dann kommt.

1. Das klare Wissen, dass man zum eigenen Überleben auf die anderen angewiesen ist, sollte mittlerweile Allgemeingut sein, wenn man die Atombomben, die Klimaerwärmung, die Überbevölkerung, die Umweltverschmutzung, die Kriege usw. usf. bedenkt.

2. Ob man die Bedürfnisse aller anderen ausreichend deutlich sieht, ist nicht sicher, aber die dringendsten Bedürfnisse sind durch die Migration aufgrund von Wüstenbildung, Kriegen, Armut usw. ja mehr als deutlich.

3. Die Fähigkeiten der anderen sind nur teilweise bekannt, da im Allgemeinen

nur auf das Angebot und die Nachfrage der anderen geschaut wird – aber das ist immerhin ein erster Anhaltspunkt, den man mit etwas Mühe schnell klarer bekommen kann.

4. Dieser Punkt ist leicht zu erfassen, denn Übersichten über die vorhandenen Rohstoffe, die Energiegewinnung, die produzierten Mengen an Lebensmitteln, den vorhandenen Wohnraum, das Durchschnittseinkommen und dergleichen mehr sind leicht zu erlangen.

Die Informationen sind also vorhanden, aber unsere Instinkte sind nur für eine Kleingruppe angelegt worden – bei mehr als zwei oder drei Dutzend konkreten Menschen lassen uns unsere Instinkte, die für ein Mindestmaß an Wohlergehen bei den anderen sorgen, im Stich.

Wir brauchen also ziemlich viel Einsicht, um unsere Verantwortung auf mehr als nur die, die wir gut kennen, also die Familie und die engeren Freunde auszudehnen – und um ein System aufzubauen, in dem wir auch auf die Menschheit als Ganzes vertrauen können.

Solch ein System kann offensichtlich nicht funktionieren, wenn man das Geld seiner Eigendynamik überlässt. Das Problem ist nicht neu – Karl Marx hat dieses Problem ja bereits durch den Kommunismus und die Zentrale Planwirtschaft zu lösen versucht, was nur leider nicht den erwünschten Erfolg gehabt hat, sondern zu Autokratien geführt hat.

Das zentrale Element, das das Geldsystem steuern sollte, ist die Kooperation. Um einen Rahmen für ein Geldwesen zu erschaffen, das die Förderung des kurzfristigen Egoismus durch das Geld neutralisiert, sind zunächst einmal Grenzwerte notwendig – die sicherlich nicht besonders beliebt sein werden und die so manchen dazu verleiten werden, sie geschickt zu umgehen. Diese Grenzwerte könnten z.B. das Ausmaß an Geldgeschäften, das Vermögen und das Einkommen begrenzen. Wie gesagt – äußerst unpopuläre Maßnahmen, die vermutlich nur noch von der Einführung von 2-3 Generationen von Ein-Kind-Familien zur Reduzierung der Überbevölkerung übertroffen werden könnten.

Diese Grenzwerte reichern sicherlich noch nicht aus, da sie lediglich den ganz großen Missbrauch des Geldes verhindern.

Es würde z.B. eine Maßnahme gebraucht, die dafür sorgt, dass die Mindestbedürfnisse wie Nahrung, Wohnung und medizinische Versorgung für alle Menschen gewährleistet sind. Dies kann ja durchaus auf einem sehr niedrigen Niveau abgesichert werden, um die Initiative zur Verbesserung der eigenen Lage nicht zu lähmen.

Das käme einem bedingungslosen Grundeinkommen auf einem niedrigen Niveau recht nah.

Weitere Regelungen, die in irgendeiner Weise auch noch eingeführt werden müssten, wären Anreize, möglichst lang haltbare Produkte herzustellen, um den Verbrauch an Rohstoffen, Energie und Arbeit zu reduzieren. Die Grundlage dafür ist sicherlich die Einsicht, dass wir uns durch das Konkurrenz-Prinzip dazu bringen, nur kurze Zeit haltbare Produkte herzustellen – und daher Rohstoffe, Energie und Arbeit verschwenden. Hier wären hohe Steuern auf alle nur kurz haltbaren Produkte denkbar.

Diese Vorschläge – die keineswegs vollständig sind – sind zunächst einmal begrenzende Regelungen, aber wenn die Auswirkungen dieser Regelungen erst einmal deutlich werden, wird vermutlich auch die Einsicht in den Sinn dieser Regelungen wachsen.

Diese Maßnahmen werden sich auch – wie in jedem schlüssigen System – gegenseitig verstärken. So hilft z.B. die Begrenzung des Einkommens dabei, das Gewinnstreben zu verringern und dadurch eine größere Bereitschaft zu erzeugen, lang haltbare Produkte herzustellen – auch wenn diese insgesamt weniger Gewinn einbringen als nur kurz haltbare Produkte, von denen man weit mehr verkaufen könnte.

Der Gesetzgeber könnte auch eine neue Art von Kaufverträgen vorschreiben, in denen z.B. Licht statt Lampen gekauft wird. Solange Lampen und Glühbirnen gekauft werden, werden diese so hergestellt werden, dass sie nicht lange halten und die Kunden bald neue kaufen müssen. Wenn jedoch Licht gekauft wird, werden die Hersteller dafür sorgen, dass sie möglichst selten eine Glühbirne ersetzen müssen. Dasselbe ließe sich auch mit Autos machen: Man kauft die Möglichkeit, Auto fahren zu können statt ein Auto – oder man kauft die Möglichkeit, Wäsche waschen zu können statt einer Waschmaschine.

Auf diese Weise würde durch eine recht einfache Änderung in den Kaufverträgen ein umfangreicher Prozess hin zu einer ökologischeren Wirtschaft entstehen und zugleich ein Denken, das zwar immer noch von der zu erwartenden Gewinnspanne motiviert wird, aber in der das Anstreben dieser Gewinnspanne zu einem sinnvollen Verhalten führt.

Das sind nun alles erst einmal nur Ansätze, die sich aber sicherlich zu einem Geldsystem und zu einem Wirtschaftssystem ausbauen lässt, das die globale Kooperation fördert.

Das, was hier geändert wird, ist in erster Linie das Wirtschafts- und Rechtssystem, das dann seinerseits wiederum den Geldfluss in sinnvollere Bahnen lenkt.

„Zeit ist Geld.“

(Benjamin Franklin)

„Geld regiert die Welt.“

(anonym)

„Geld ist der härteste Prüfstein für menschliche Charaktere.“
(Elfriede Hablè)

„Vielleicht verdirbt Geld den Charakter. Auf keinen Fall aber macht Mangel an Geld ihn besser.“
(John Steinbeck)

8. Banken

♏

... Räppli, Peseten, Rubel, Gerstel, Marie ...

Wo liegt das meiste Geld? Und wo geschehen die meisten Geldgeschäfte? An den Banken und an den Börsen. Daher ist es notwendig, sowohl die Banken als auch die Börsen zu regulieren. Damit ist ja auch nach der Finanzkrise 2007-2009, bei der die vorausgehenden jahrelangen Immobilienspekulationen zusammengebrochen sind, begonnen worden.

Ob die Regelungen, die dabei eingeführt worden sind, bereits ausreichen, um dem Geld in der Wirtschaft einen neuen Charakter zu verleihen, darf bezweifelt werden. Doch immerhin ist erkannt worden, dass die sich frei entfaltende Eigendynamik des Geldes nicht zu dem maximalen Wohl von allen führt. Insbesondere die Großbanken sind nach dieser Krise in großem Maße mit Steuergeldern unterstützt worden, damit sie nicht ganz zusammenbrechen und die ganze Wirtschaft in eine Krise stürzen.

Hier könnten Obergrenzen für Geldgeschäfte, Gewinne und Einkommen eine wirksame Regelung sein, die den Charakter der Banken und Börsen hin zu einem verantwortlicheren und ökologischeren Verhalten lenken würde. Auch den großen Einkommens- und Vermögensunterschiede könnten durch diese Maßnahme reduziert werden.

Man könnte sagen, dass der Charakter des Geldsystems dadurch verändert wird, dass das Wirtschaftssystem von einer „Sozialen Marktwirtschaft" zu einer „Ökologisch-Sozialen Marktwirtschaft" weiterentwickelt wird. Diese Weiterentwicklung würde in einem ersten Schritt – wie bereits im vorigen Kapitel dargestellt – zunächst einmal vor allem durch Grenzwerte, durch Steuern auf kurzlebige Produkte und durch neue Kaufverträge („Licht statt Lampen") in Gang gesetzt.

Dafür wäre es nicht notwendig, Banken und Börsen abzuschaffen oder komplett umzubauen, sondern nur, Handlungsbeschränkungen, Gewinnbeschränkungen und ähnliche Grenzwerte einzuführen.

Das wäre keine Zentrale Planwirtschaft, sondern nur eine „Soziale Marktwirtschaft mit gezielt gesteuertem Geldfluss und gezielter Förderung von ökologisch sinnvollem Verhalten" – also eine „Ökologisch-Sozialen Marktwirtschaft".

Das Gesetz bestimmt das Wirtschaftssystem – und das Wirtschaftssystem bestimmt das Geldsystem. … Und wer legt die Gesetze fest? … Optimalerweise bestimmt die Einsicht in die Ursachen, die Zusammenhänge und die Konsequenzen des menschlichen Handelns die Gesetze.

Da sind wir kollektiv leider noch nicht angekommen, aber wir können Schritte in die richtige Richtung machen.

„Es ist nicht die Frage, wie man viel Geld verdient, sondern wie man die Probleme anderer lösen kann. Das Geld kommt dann von alleine."

(Kai Baumann)

„Billiges Geld verleitet zu teuren Fehlern."

(Thom Renzie)

„Wenn ein Mensch behauptet, mit Geld lasse sich alles erreichen, darf man sicher sein, dass er nie welches gehabt hat."

(Aristoteles Sokrates Onassis)

„Wer viel Geld hat, ist reich. Wer keine Krankheit hat, ist glücklich."

(chinesisches Sprichwort)

9. Steuern

... Schotter, Steine, Krönchen, Knack, Murmeln ...

Warum heißen Steuern eigentlich „Steuern"? Das Wort stammt von einer alten Form des Wortes „Stütze" ab – mit den Steuern werden die Bedürftigen (aber auch die Heere) „gestützt".

Trotzdem stimmt es natürlich auch, dass der Staat durch diese Geldeinnahmen die Vorgänge in dem Staat steuern kann. Durch die Art der Steuern – also auf das Einkommen, auf eine Ware, auf das Vermögen, auf ökologisch schädliche Produkte usw. – kann der Staat großen Einfluss auf die Wirtschaft, den Wohlstand und vieles andere nehmen.

- Die Bedeutung von Ökosteuern auf ökologische schädliche Produkte ist offensichtlich.

- Mit der Vermögenssteuer kann man einigermaßen effektiv die Obergrenze des Reichtums festlegen.

- Mit der Mehrwertsteuer lässt sich der Preis für Grundnahrungsmittel senken und der Preis für Luxusprodukte erhöhen.

Die Einnahmen durch Steuern sind die eine Seite der Steuerfunktion der Steuern. Die andere Seite ist die Ausgabenseite. Sie kann für eine kostenlose Schule, für das Gesundheitswesen, für Kindergärten, für ökologische Forschung – und auch für das Entwickeln eines Wirtschaftssystems, das einen sinnvollen Geldfluss bewirkt, genutzt werden.

Die Steuern sind ein Spezialfall von Gesetzen, die sich auf das Geld der Einzelnen beziehen und die festlegen, an welcher Stelle welcher Teil für kollektive Aufgaben abzuführen ist. Hier ist offensichtlich das Bild, das der Gesetzgeber von einem sinnvollen Verhalten hat, entscheidend für die Effektivität der Steuererhebung und der Steuerverwendung.

Die Einsicht in die Ursachen, die Dynamik und die Folgen von Situationen sind also bei dem Gesetzgeber besonders wichtig.

Letztlich bedeutet das auch, dass die Demokratie zu einem System umgebaut werden muss, das wie das Wirtschaftssystem durch Grenzwerte und ähnliches reguliert wird. Damit ist gemeint, dass Regierungen dazu verpflichtet sind, auch unbeliebte Maßnahmen zu ergreifen, wenn z.B. durch das rechtzeitige Verhindern der Klimakrise die seit einigen Jahren immer stärker werdende Migration hätte vermieden werden können. Die Regulierung der Demokratie – also die Verpflichtung zu weitsichtigem Handeln – würde dann die Grundlage eines Wirtschaftssystems sein, in dem weitsichtig gehandelt wird, was seinerseits wiederum ein die Allgemeinheit förderndes Geldsystem hervorbringen würde.

Das sinnvolle Geldsystem ist also letztlich eine politische Frage – genaugenommen die Frage, wie man uns Menschen dazu bringen kann, weitsichtig zu denken und zu entscheiden … also wie „Eltern der Erde" zu handeln …

„Zum Leben braucht man kein Geld, zum Überleben kann es aber hilfreich sein. "
(Christian Lenz)

„Genug zu haben ist Glück; mehr als genug zu haben, ist Unglück. Das gilt von allen Dingen, aber besonders vom Geld. "
(Laotse)

„Gott will nicht, dass man nicht Geld und Gut haben und nehmen solle, oder, wenn man's hat, wegwerfen solle, wie etliche unter den Philosophen und tolle Heilige unter den Christen gelehrt und getan haben. "

(Martin Luther)

„Geld ist besser als Armut – wenn auch nur aus finanziellen Gründen. "
(Woody Allen)

10. Geschichte

♑

... Scheine, Lappen, Taler, Silberlinge ...

Es lohnt sich fast immer, sich die Geschichte des Themas, das man betrachtet, etwas genauer anzusehen und nach der inneren Struktur und nach der Eigendynamik zu schauen.

Altsteinzeit

In der Altsteinzeit und bei den heutigen Sippen der Naturvölker ist das Wirt schaften sehr einfach: Alle sorgen zusammen für das Überleben der ganzen Familie bzw. Sippe.

Diese Form des Wirtschaftens gibt es noch heute in der Familie.

Jungsteinzeit

In der Jungsteinzeit lebten sehr viel mehr Menschen zusammen als in der Altsteinzeit, wodurch es auch die beruflichen Spezialisierungen entstanden sind. In dieser Zeit entstand der Tauschhandel innerhalb des Dorfes und teil weise auch zwischen Dörfern. Dabei ging man zu dem, mit dem man etwas tauschen wollte. Es entstand ein Austausch zwischen Spezialisten: Gibst Du mir drei Handvoll Korn, gebe ich Dir fünf Möhren …

Diese Form des dezentralen Tauschhandels gibt es heute nur noch selten – am ehesten noch hin und wieder unter Nachbarn.

Königtum

Als die ersten Königreiche entstanden, weil es notwendig geworden war, die Bewässerung der Felder in großem Rahmen zu koordinieren, lebten nun noch einmal sehr viel mehr Menschen zusammen als zuvor – anfangs waren es einige zehntausend.

Wenn man nun den Warenfluss innerhalb eines Königreiches regeln wollte, brauchte man ein allgemeines Maß zur Feststellung des Wertes der vielen verschiedenen Waren. In vielen Fällen war dies eine bestimmte Menge Gold. Meistens war dies zunächst nur das Maß für den Wert und man tauschte weiterhin Ware gegen Ware – es dauerte noch einmal ca. 2.500 Jahre, bis aus dem „Goldmaß" auch tatsächlich Geld wurde, das man auch selber gegen Waren tauschte.

Im Königtum entstanden nun auch in verstärktem Maß Märkte, an denen sich alle trafen, die etwas brauchten oder etwas verkaufen wollten. In den jung-steinzeitlichen Kulturen scheint es solche Märkte noch nicht in nennens-wertem Maße gegeben zu haben, d.h. man ging eben zu dem Bauern oder dem Bäcker oder dem Zimmermann, von dem man etwas brauchte.

Diese Märkte – also den zentralisierten Tauschhandel (mit Geld) – gibt es noch heute in der Form von Wochenmärkten, Supermärkten, Kaufhäusern und Internet-Kaufhäusern wie amazon. Der „Markt" ist auch in den heutigen Wirtschaftstheorien noch immer einer der zentralen Begriffe.

Materialismus

Die nächste Phase begann mit der Entdeckung neuer Länder, mit der Erkennt-nis der Naturgesetze und mit der Erfindung neuer Maschinen: Dies war der auf den Naturwissenschaften beruhende Materialismus.

In ihm entstand eine neue Grundhaltung: Man war nicht mehr Teil eines wohlgeordneten Ganzen wie in den Königreichen, wo alles zentral durch den König gelenkt wurde, sondern die Situationen ergaben sich aus dem freien Spiel der Kräfte: Demokratien, ungehemmte Eroberungen, alle Erfindungen werden auch benutzt, Industrialisierung, jeder kämpft für sich … Durch dieses Systems, in dem der Einzelne mehr denn je isoliert war, entstand auch mehr Armut als je zuvor.

Diesen Nachteil versuchte man durch eine größere Einflussnahme des Staates bei der sozialen Absicherung auszugleichen, wodurch die soziale Marktwirtschaft entstand.

Ein anderer Ansatz war der Kommunismus, der die gesamte Wirtschaft zentral lenken wollte, was allerdings das persönliche Engagement der Einzelnen bremste und zum anderen den Nachteil hatte, dass die gesamte Produktion zentral festgelegt werden musste – was kaum möglich war. Zudem war dieser Ansatz der Versuch, beim alten System zu bleiben und sozusagen das Volk als den „besseren König", der alles zum Wohl aller zentral leitet, einzusetzen.

Da auch ein einzelnes Unternehmen wie ein Königreich zentral gelenkt wird und daher ab einer bestimmten Größe einen sehr großen Verwaltungs- und Planungsapparat braucht, entwickelte man Unternehmensformen, in denen den einzelnen Tätigen oder Arbeitsgruppen eine weit größere Selbstständigkeit gegeben wurde – sie erhalten eine klare Aufgabe und müssen sich selber um die Durchführung kümmern („slim management"). Dies war ein erster Versuch, die Problematik der zentralen Lenkung in Unternehmen auf eine neue Weise zu lösen, die zumindest innerhalb festgelegter Grenzen auf Kooperation und Eigeninitiative beruhte.

In dieser Epoche wurde das Gold zum geprägten Gold-Geld, dann zu den Geldscheinen, die durch Gold gedeckt waren, dann zu dem nicht von Gold gedeckten Geldscheinen, anschließend nur zu dem auf den Bankkonten existierenden Girogeld, und schließlich zu den Internet-Währungen.

Die Dynamik dieser Weiterentwicklung ist durch die immer größeren zusammenlebenden Bevölkerungsgruppen und durch neue Entdeckungen entstanden sowie den Drang, dies alles optimal zu organisieren.

Nun am Anfang der Epoche der Globalisierung steht wieder ein nächster Entwicklungsschritt an. Ansatzmöglichkeiten für eine „reformierte Demokratie" und die sich daraus ergebende veränderte Wirtschaftsform und das ebenfalls veränderte Geldsystem wäre eine Grundgesetzänderung, in der die Grundlage für die drei bereits beschriebenen Prinzipien festgelegt wird:

1. die Grenzwerte für Einkommen, Vermögen, Zinsen usw., um größere Geldgeschäfte und auch einen großen Wohlstandunterschied zu verhindern;

2. die ausreichend hohe Besteuerung von absichtlich kurzlebigen Produkten, um ihre Herstellung zu verhindern; und

3. die Umstellung der Kaufverträge von „Lampen kaufen" auf „Licht statt Lampen kaufen".

„Wo unter den Menschen die Bescheidenheit schwindet, schwillt die Furcht."
(Laotse)

„Borge einem Notleidenden niemals Dein Geld. Verschenke es, denn dann ist auch Dir geholfen, weil Du nicht um die Rückzahlung bangen musst."
(Heinz Nitschke)

„Ein Reicher ohne Freigebigkeit ist ein Baum, der weder Früchte noch Schatten gibt."

(Christoph Friedrich Wilhelm Jacobs)

„Geld gleicht dem Dünger, der nur nützt, wenn er flächendeckend ausgestreut wird."

(Francis Bacon)

11. Alternativen

... Piepen, Pimperlinge, Pinke, Pinkepinke ...

Das neue Geldsystem ergibt sich aus einem neuen Wirtschaftssystem und das neue Wirtschaftssystem ergibt sich aus einem veränderten politischen System. Es wird keine Alternative zum Geld, sondern eine Weiterentwicklung der Grundlagen der Politik gebraucht.

Die Politik muss durch Weitblick, Einsicht und Verantwortungsbewusstsein weiterentwickelt werden, wozu die Familie und die altsteinzeitliche Sippe zumindest Anregungen geben können. Auch das Prinzip der meisten Naturvölker, dass nichts getan werden darf, was einem Menschen in den nächsten zehn Generationen schaden könnte, wäre eine sehr wertvolle Leitschnur.

Die veränderte politische Grundlage, die eine „sozial-ökologische Marktwirtschaft" erschaffen soll, würde auch zu einer teilweisen Trennung von Geld und Arbeit führen und dadurch die Macht des Geldes reduzieren. Die Lebensgrundlage für jeden Menschen – international! – muss durch eine Art Grundeinkommen auf niedrigem Niveau abgesichert werden.

Das klingt zugegebenermaßen alles sehr nach Zukunftsmusik, aber es haben sich schon viele Menschen Gedanken über diese „Gesellschaft der Zukunft" gemacht.

Diese Vorstellungen finden sich z.B. in vielen Science-Fiction-Romanen als der „Planet der Weisen", auf dem alle Menschen in Frieden und gegenseitiger Hilfe miteinander leben und offenbar den weitaus größten Teil ihrer Ängste, Süchte, Selbstzweifel und Traumata geheilt haben. Dieses Bild scheint eine sehr starke Vision zu sein, denn sie taucht auch noch an vielen anderen Stellen auf wie z.B. im Herrn der Ringe bei den Elfen oder in den Comics als das Land der Schlümpfe.

Das Typische an all diesen Phantasie-Kulturen ist, dass das Verhalten nicht mehr von dem individuellen Egoismus, sondern von dem kollektiven Egoismus gelenkt wird – an die Stelle des „kurzsichtigen Egoismus" ist durch die Einsicht in die Zusammenhänge der „weitsichtige Egoismus" getreten, der das Wohl des Ganzen immer im Auge behält.

In diesen Kulturen leben die Menschen (bzw. die weisen Aliens, Hobbits, Elfen oder Schlümpfe) aus einem Grundgefühl der Fülle heraus und nicht wie viele Menschen heute aus einem Grundgefühl des Mangels.

Daraus ergibt sich als weiteres Merkmal Leichtigkeit, innere Weite und Freude. Da die Menschen in diesen Visionen aus der Fülle heraus leben, ist Schenken und Großzügigkeit für sie etwas völlig Normales – die Dinge sollen einfach dorthin kommen, wo sie gebraucht werden. Dies ist die natürliche Haltung in einer Familie und auch in jedem Organismus. Aufgrund des Lebens aus einer inneren Fülle heraus ist auch Teilen und das gemeinsame Benutzten von Alltags-Dingen etwas Selbstverständliches.

Woher kommt nun diese innere Fülle? Wenn man sich nicht mehr als etwas Abgegrenztes erlebt, ist man mit allem verbunden und lebt aus dem Ganzen heraus – kann es eine größere Fülle geben? Nun klingt dies vielleicht ja ein wenig theoretisch, aber dieser Zustand ist ganz real möglich. Fast alle Heilige, Yogis und andere fast- oder ganz-Erleuchtete haben aus diesem Zustand der Fülle heraus gelebt.

Es gibt noch eine andere Möglichkeit, diese Fülle zu erfassen: Für die neue Weltanschauung und das neue Wirtschaftssystem spielt die Verantwortung eine zentrale Rolle. Verantwortung bedeutet, dass man alles andere mitbeachtet und mitträgt. Wenn dies nun alle tun, wird man auch von allen anderen beachtet und mitgetragen – und was könnte eine größere Fülle bedeuten als dieses Gesehenwerden und Getragenwerden? Verantwortung und Vertrauen sind nur zwei Betrachtungsweisen derselben Haltung.

Nun bedeutet die Auflösung der gewohnten Grenze zwischen Ich und Welt ja auch eine größere Herausforderung an den Menschen. Wir sind es gewohnt, uns durch die Grenze unserer Haut zu definieren, aber ist diese Grenze wirklich real?

Wenn ich einen Apfel in meiner Hand halte, ist er „außen/fremd". Wenn ich ihn gegessen habe, ist er „innen/Ich" ... Der Fingernagel an meiner Hand ist „Ich", aber wenn ich ein Stückchen von ihm abschneide, ist das abgeschnittene Stückchen plötzlich „außen" … In mir ist keine Substanz, die nicht von außen gekommen wäre und die nicht irgendwann auch wieder nach außen geht.

Daher wird in der neuen Weltanschauung, die auf Zusammenhängen, Kooperation und Abgrenzungslosigkeit (Globalisierung) beruht, das Ich nicht mehr durch seine Grenze, sondern durch seine Qualität definiert sein. Das Ich ist dann ein „selbstorganisiertes Muster in einem Kontinuum". Auch diese Art der Selbstwahrnehmung ist ganz real: Dieses Erlebnis des Kontinuums wird von vielen Mystikern beschrieben.

Zu diesem Erlebnis gibt es eine logische Vorstufe: Wenn alles abgrenzungslos ist, dann ist auch alles wahrnehmbar. Da dies auch für die eigene Psyche gilt, bedeutet das, dass man in dem Augenblick, in dem man den Zustand der Abgrenzungslosigkeit erreicht, alle eigenen Ängste, Süchte und Traumata wahrnimmt. Es ist nicht verwunderlich, dass im tibetischen Buddhismus Wert darauf gelegt wird, diesen Zustand nur ganz langsam zu erreichen, da man sonst einen „Horrortrip" erleben würde. Daher gibt es als Vorstufe zu der Abgrenzungslosigkeit die „Durchsichtigkeit".

Diese „Durchsichtigkeit" bedeutet einfach die Wahrnehmung dessen, was ist – eigentlich nichts Besonderes, aber doch etwas sehr Schweres. Diese Durchsichtigkeit bedeutet, dass man hinschaut und zulässt, was man sieht – sich selber, den anderen, die Welt … Dieses umfassende Sehen ist auch eine der Grundlagen der Weitsicht …

Nach und nach kann man so alle „Verliese" öffnen und das Verdrängte wieder sehen und integrieren, sodass man selber für sich wieder durchsichtig und wahrnehmbar wird.

Daraus lässt sich schließen, dass auch der Übergang zu der neuen Wirtschaftsform ein Prozess wie die Heilung einer Psyche sein wird.

Das Auftreten dieser Durchsichtigkeit in Wirtschaftsprozessen ist ein sicheres Merkmal, dass sich die Wirtschaftsform zu einem „erwachsenen Wirtschaftssystem" weiterentwickelt. Die Durchsichtigkeit kann dabei alles betreffen: die Gehälter, die Entscheidungsfindungen, die Inhaltsstoffe von Waren, die Besitzverhältnisse …

Es würde sich schon viel ändern, wenn wir aufhören würden, so viel zu verbergen – wobei das Verbergen z.T. mit gutem Grund geschieht, wenn man z.B. jemanden übervorteilt hat. Stellen Sie sich einmal vor, es gäbe nicht mehr das grundlegende Gefühl des Mangels – müsste dann noch jemand etwas von sich und seinen wirtschaftlichen Aktivitäten verbergen?

Wenn man an Abgrenzungslosigkeit denkt, kann es schon passieren, dass man fürchtet, seine eigene Individualität zu verlieren. Aber hier handelt es sich nicht um Normierung und Gleichschaltung oder gar völlige Selbstauflösung, sondern nur um die Wahrnehmung, dass man tatsächlich mit allem verbunden ist. Daraus ergibt sich im Gegenteil eine Wertschätzung des Individuums, denn wenn sich niemand mehr durch Grenzen und durch Macht schützen kann, dann gibt es nur ein einziges sinnvolles Verhalten: Jeder achtet seine eigene Individualität und die aller anderen.

Das Erreichen dieser neuen Weltanschauung und Wirtschaftsform wird zu einer viel größeren Buntheit führen, weil die Menschen ihre eigentliche Individualität deutlicher zeigen werden. Das bedeutet natürlich nicht die Aufhebung jeglicher Privatsphäre, sondern „ganz einfach" die Heilung der Ängste und Süchte und Traumata, aufgrund derer man sich verbirgt und verstellt. Es wird ein sehr viel freieres Lebensgefühl sein …

Dann wird man endlich aus seiner kreativen Mitte heraus leben und nicht mehr aus dem Gefühl des Mangels heraus. Dann wird jede Situation einfach eine Möglichkeit sein, sich selber auszudrücken, sich selber zu zeigen. Die Auflösung aller scheinbaren Abgrenzungen, die ja nur in unserer Vorstellung existieren und daher Illusionen sind (wenn auch ziemlich haltbare), wird dazu führen, dass jeder in sich seine kreative Quelle entdeckt und aus seinem Herzen heraus leben wird.

Das Heilen der Psyche der Menschen würde die Weiterentwicklung des politischen Systems, des Wirtschaftssystems und des Geldsystems deutlich erleichtern. Vermutlich wird die individuelle und die kollektive Entwicklung eng miteinander verbunden sein. Ein Punkt, der dabei einen recht großen Einfluss haben könnte, ist die Erkenntnis, was man selber wirklich braucht und was nicht.

Das würde sehr förderlich sein.

„Dass ich meinen Film gemacht habe, hatte rein mineralogische Gründe – ich brauchte Kies."

(Otto Waalkes)

„Probleme lassen sich immer am besten mit anderer Leute Geld regeln."

(Jean Paul Getty)

„Das beste Mittel, seiner Unabhängigkeit zu verlieren, ist das Geld auszugeben, das man nicht besitzt."

(Kemal Atatürk)

„Ich zahle nicht gute Löhne, weil ich viel Geld habe, sondern ich habe viel Geld, weil ich gute Löhne zahle."

(Robert Bosch)

12. Gedeihen

H

... Groschen, Heiermann, Fuffi, Hunni ...

Durch den Blick auf das Ganze, die Weitsicht und die Auffassung der Menschheit als großer Familie – was sich zwangsläufig aus der Globalisierung ergibt – werden die Welthungerhilfe, die Stiftungen, das Geben von Almosen, die Tafeln (an denen abgelaufene Lebensmittel aus Supermärkten verteilt werden), das Arbeitslosengeld, die Sozialhilfe, die Entwicklungshilfe usw. auf eine neue Grundlage gestellt. Sie erscheinen nun nicht mehr als Mitleid und Barmherzigkeit mit denen, die selber nicht klar kommen, sondern als die natürliche Haltung in einer Gemeinschaft, in der alle allen helfen und alle gemeinsam die Verantwortung für alles tragen.

Spätestens dann, wenn diese Haltung die allgemeine oder zumindest die vorherrschende Sichtweise der Menschen wird, ist anzunehmen, dass das kollektive Unterbewusstsein zunehmend bewusster werden wird – schließlich ist dieses kollektive Unterbewusstsein das gemeinsame Bewusstsein aller Menschen. Und wenn die Menschen sich als einer Gemeinschaft bewusst werden, ergibt sich daraus auch, dass sie sich ihres gemeinsamen Unterbewusstseins bewusst werden.

Natürlich weiß niemand, ob das so sein wird und auch nicht, wie das dann konkret aussehen wird, aber man kann zumindest mit einiger Berechtigung vermuten, dass es dann zu einer einfacheren Koordination, zu einer klareren Intuition, zu vermehrter Telepathie, zu häufigeren „sinnvollen Zufällen" und dergleichen kommen wird. Das kollektive Unterbewusstsein ist das Unterbewusstsein der Menschheit – also sollte es die Menschheit als Ganzes auch so lenken können wie es das individuelle Unterbewusstsein bei einem einzelnen Menschen macht. Wenn sich solch ein Bewusstsein entwickelt haben wird, werden die Dinge per „sinnvollem Zufall" zu denen gelangen, die sie gerade brauchen.

Diese fortgeschrittene Telepathie und diese wortlose Kooperation der Menschen miteinander ist auch ein sehr häufig auftretendes Element in den Beschreibungen des „Planten der Weisen" in den Science-Fiction-Romanen.

Möglicherweise wird diese Vision des „Planeten der Weisen" ja sogar auf der Erde Realität werden.

Dazu kann jeder ein wenig beitragen …

„Ein gesunder Mensch ohne Geld ist halb krank."

(Johann Wolfgang von Goethe)

„Willst Du viel verdienen? Dann finde etwas, was Du umsonst machen würdest und tu es."

(Wadim Korsch)

„Es ist nicht die Frage, wie man viel Geld verdient, sondern wie man die Probleme anderer lösen kann. Das Geld kommt dann von alleine."

(Kai Baumann)

„Was bringen Dir Millionen auf dem Konto, wenn Du doch keinen wahren Freund an der Seite hast.

(anonym)

Die 12 Funktionen der Steuern

Entwürfe für die Zukunft – Band 22

Inhaltsübersicht

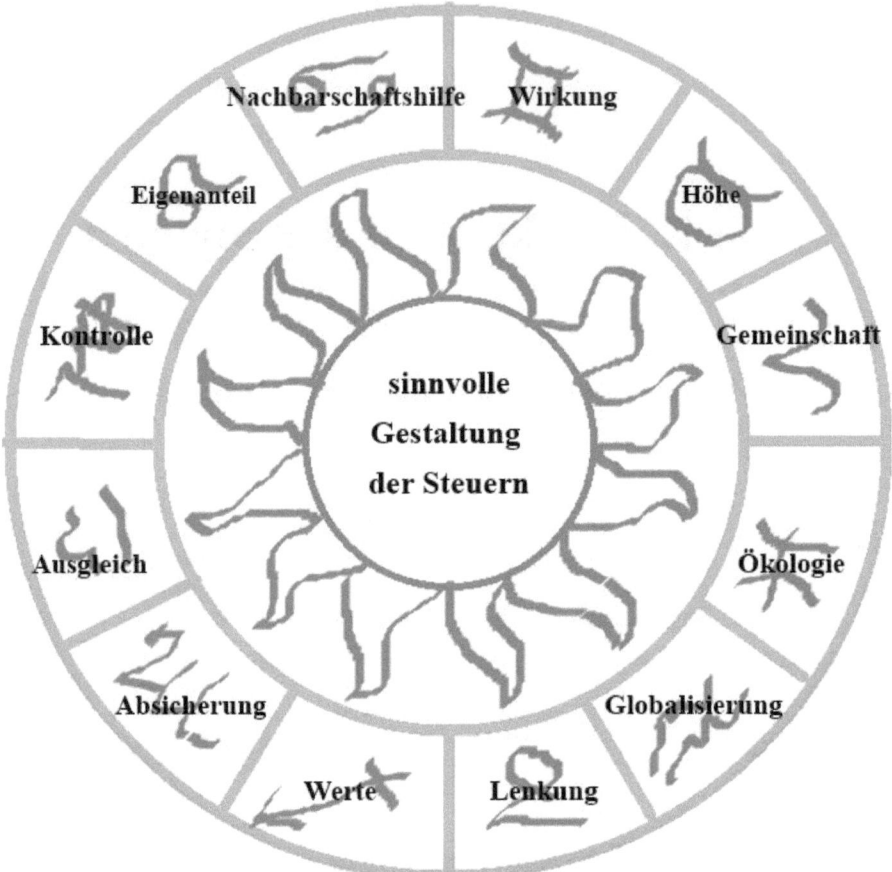

1. Gemeinschaft

♈

„Steuern zahlen? Das Geld, das ich selber mühsam verdient habe wieder abgeben? Kommt nicht in die Tüte! Über mein Geld bestimme ich selber!"

„Ein verständlicher, extrem-liberaler Ansatz – doch was würde geschehen, wenn die Steuern abgeschafft würden? Es gäbe kein Geld mehr für die kollektiven Aufgaben wie den Bau von Straßen und Krankenhäusern, für das Militär, für die Verwaltung, es gäbe keine Regierungen …"

„Aber was gäbe es dann?"

„Es gäbe keine Kontrolle mehr von oben …"

„Sehr gut!"

„Und es gäbe keinen Schutz durch die Gesetze, durch die Polizei und durch das Militär mehr."

„Hm …"

„Dann würde das Recht des Stärkeren herrschen. Die Reichen würden immer mächtiger und würden sich bewaffnete Milizen halten und wir wären bald bei einer Königtum-ähnlichen Struktur angekommen, in der die Macht bei ganz wenigen liegt.

In dystopischen Romanen und Filmen, die eine düstere Zukunft auf der Erde zeigen, wird diese Szenerie immer wieder dargestellt – z.B. in 'Die Tribute von Panem'."

„Gut … ganz ohne Staat geht es also nicht … Also mit möglichst wenig Staat."

„Aber wie einigt man sich darauf, wie viel Staat und wie wenig Staat gebraucht wird?"

„Ganz einfach: So wenig Staat wie möglich."

„Und so viel wie nötig."

„*Genau.*"

„Aber wie viel ist 'so viel wie nötig'? Wer legt das fest?"

„*Der Staat macht nur das, was alle brauchen, wie die Straßen, die Krankenhäuser, die Polizei, das Militär …*"

„Und die Verkehrsregeln und andere Gesetze wie die im Bürgerlichen Gesetzbuch."

„*Das zählt nicht mehr zu den notwendigen Dingen.*"

„Also das Recht des Stärkeren, des Schnelleren, des Reicheren?"

„*Ja – schließlich hat ja jeder die Chance, stärker, schneller und reicher zu werden. Das ist nur gerecht – jeder hat so viel, wie er leisten und kämpfen kann.*"

„Das ist der extrem-liberale Standpunkt: Gerechtigkeit ist die Macht des Stärkeren."

„*Genau: Es sind doch auch immer die Stärkeren, die die Gesetze machen und sie dann mithilfe der Polizei und mithilfe des Militärs durchsetzen!*"

„Recht ist also detaillierte ausformulierte Macht …"

„*Kann das überhaupt anders sein?*"

„Also jeder für sich und jeder gegen jeden?"

„*Ja – wobei man ja auch noch für seine Familie sein kann.*"

„Also Sippe gegen Sippe?"

„*Ja.*"

„Das wäre dann das Niveau und die Organisationsform der Altsteinzeit – wobei damals in der Regel noch keine Kämpfe zwischen den Sippen geführt wurden. Das erinnert mich an Clan-Kriminalität – die funktioniert nach diesem Prinzip."

„*Jetzt übertreibst Du aber!*"

„Siehst Du in der Grundhaltung denn einen Unterschied?"

„*Hm …*"

„Was ist mit Krankenversicherung, Arbeitslosenversicherung, Rente, Pflegeversicherung …?"

„*Was soll damit sein? Das kann doch jeder für sich privat machen!*"

„Wenn man genügend Geld dafür hat."

„*Dann soll man sich mal anstrengen, dass man genügend Geld hat.*"

„Also frei nach Darwin: Die Starken überleben."

„*Ja, genau.*"

„Und was ist, wenn sich die Schwachen zusammentun und Gewerkschaften bilden? Oder wenn sie so verzweifelt sind, dass sie die Reichen plündern? Das ist alles schon mal dagewesen – und nicht nur einmal."

„*Dann müssen die Reichen eine bessere Polizei erschaffen.*"

„Und wenn Du auf der Seite der Armen und Schwachen wärst?"

„*Da bin ich aber nicht.*"

„Und wenn Du es wärst?"

„*Unsinnige Frage! Ich würde immer dafür sorgen, dass ich auf der Sieger-Seite bin!*"

„Und wenn Du verlierst?"

„*Dann mache ich es beim nächsten Mal besser.*"

„Klingt nach einem sehr stressigen Leben …"

„*Das Leben ist nun mal ein Kampf.*"

„Dein Liberalismus macht also den Reichen Stress, weil die immer siegen und sich schützen müssen, und er macht auch den Armen Stress, weil die Mühe haben zu überleben … Ein sehr stressiges System …"

„*Aber frei und gerecht!*"

„Das ist die Freie Marktwirtschaft."

„*Das beste aller Systeme.*"

„Wäre das mit ein wenig sozialem Einfluss nicht weniger stressig?"

„*Komm mir bloß nicht mit Sozialismus!*"

„Die freie Marktwirtschaft mit ein bisschen Sozialem wäre erst einmal die soziale Marktwirtschaft."

„Die ist zur Not noch erträglich. "

„Die funktioniert aber nur mit höheren Steuern als in der Freien Marktwirtschaft, in der der Staat ja nur eine Art Nachtwächter ist."

„Deshalb will ich auch die Freie Marktwirtschaft! Da raubt der Staat nicht die Bürger aus!"

„Aber die Reichen können hemmungslos die Arbeiter ausrauben."

„Das ist deren Problem. "

„Sagen die Wohlhabenden."

„Du bist ein Sozialist!"

„Nein – im Sozialismus oder Kommunismus bestimmt der Staat alles. Da gibt es in dem Sinne keine Steuern, weil der Staat schon alles besitzt. Da wird zwar auch gerechnet, wer wie viel bekommt, aber im Kommunismus ist der Staat letztlich der Eigentümer."

„Null Freiheit ... Wer kann so etwas wollen?"

„Es war ein Versuch, das Leid der Armen zu lindern."

„Ein gescheiterter Versuch. "

„Weil die Partei, die alles lenkt, egoistisch wurde – und weil die Eigeninitiative keinen Platz mehr hatte ..."

„Der Sozialismus ist gescheitert. "

„Und der Liberalismus ist grausam zu allen Armen und Schwachen."

„Besser liberal als sozial. Da ist man immerhin frei und zahlt nicht so viele Steuern. "

„Frei sind im Liberalismus nur die Reichen."

„Aber jeder ist frei, reich zu werden!"

„Nur theoretisch. Du fühlst Dich also mit dem Liberalismus wohl?"

„*Er ist das Beste, was wir haben.*"

„Er hat aber auch zu der Klimaerwärmung geführt."

„*Unsinn!*"

„Doch! Wenn jeder tut, was er will und nicht auf das Ganze achtet, zerstört er die Umwelt. Die Abgas- und Abwasser-Verordnungen aus den 1970-er Jahren – die haben nicht die Fabrikbesitzer beschlossen, sondern der Staat. Wenn das nicht so gewesen wäre, hätten wir jetzt überall Dioxin und sauren Regen und keine Wälder mehr und wären längst erstickt, weil es ohne Wälder auch keinen Sauerstoff in der Luft mehr gäbe."

„*Du übertreibst!*"

„Hast Du damals mal in der Nähe einer solchen Fabrik gewohnt?"

„*Nein! Ich bin doch nicht verrückt!*"

„Es ist also verrückt, in der Nähe solcher Fabriken zu wohnen? Weil man da kaum noch atmen kann? Es ist also verrückt, die Umwelt mit Abgasen und Abwasser zu zerstören?"

„*Na gut – die Umwelt muss erhalten werden.*"

„Ein grüner Standpunkt."

„*He! Nun werd mal nicht beleidigend!*"

„Wäre 'Natur-konservativ' besser?"

„*Klingt auf jeden Fall besser ... Heimatschutz, Heimatvereine ... dafür kann ich mich schon erwärmen.*"

„Das macht man auch gemeinsam."

„*Ja.*"

„Und die Klimaerwärmung ist ein Thema, das alle gemeinsam betrifft ... Also sollten das auch alle gemeinsam lösen ..."

„*Nun gut – ein Umweltschutzministerium ist wohl notwendig.*"

„Dieses Ministerium braucht Geld, um etwas bewirken zu können. Und die, die dort arbeiten, müssen bezahlt werden."

„Aber das alles muss so billig wie möglich gehalten werden!"

„Du fürchtest die Vergeudung der Steuern?"

„Natürlich! Das ist schließlich mein sauer verdientes Geld!"

„Gut – und der Schutz vor Verbrechen? Und vor Kriegen? Und Straßen? Eisenbahn? Krankenhäuser?"

„Es kann sich doch jeder selber schützen. Und gegen Krankheiten vorsorgen. Und die Straßen und Eisenbahnen könnten doch auch von privaten Firmen betrieben werden."

„Das heißt, man muss für jede Straße, die man betritt, Gebühren an den Straßen-Eigentümer zahlen? Wie viele Menschen müssten denn bei so einem Konzept als Kassierer arbeiten? Vor jeder Haustüre einer?"

„Dann generelle Abgaben für die Straßennutzung an jede Firma."

„Das wären dann wieder Steuern unter einem anderen Namen."

„Hm ..."

„Es geht doch darum, wie die kollektiven Aufgaben erledigen können. Und zwar möglichst kostengünstig."

„Ja! So billig wie möglich! Sonst raubt der Staat mir wieder mein Geld!"

„Und das staatliche Bauen von Straßen mithilfe von Steuergeldern ist nun mal günstiger als wenn an jeder Gartentüre und jeder Haustüre jemand steht, der Gebühren für die Straßennutzung einkassiert."

„Das ist ein viel zu drastisches Bild!"

„Ist es denn so realitätsfern? Manche Dinge lassen sich als Gemeinschaft per Steuern leichter und billiger umsetzen als durch private Firmen per Benutzungs-gebühren."

„Also gut – ein bisschen Staat ist kostengünstiger als gar kein Staat."

„Vor allem bei allen sozialen und ökologischen Fragen, weil die eben alle gemein-sam betreffen."

„Die ökologischen Themen ja – aber nicht die sozialen."

„Das stimmt – aber da die Ärmeren den Großteil der Bevölkerung ausmachen, sind sie in der Mehrheit. Und ihnen wird eine staatliche Sozialversicherung sehr willkommen sein."

„Aber das darf nur so viel sein, wie für das Überleben notwendig ist! Steuern zahlen, damit es keine Aufstände der Arbeiterklasse gibt – nun gut, das ist eine sinnvolle Investition für die Reichen."

„Und ökologisch begründete Verbote?"

„Komm mir nur nicht mit so was!"

„Aber wenn die Erde kollektiv vor ihrer Zerstörung durch den Menschen geschützt werden muss, kommen wir nicht um die Verbote der Dinge, die die Erde zerstören, drum herum."

„Dann sollen eben technische Dinge erfunden werden, die das Problem lösen!"

„Und wir warten und machen mit der Erd-Zerstörung, der Klimaerwärmung, dem Artensterben, dem Giftmüll weiter bis was erfunden worden ist? Auch wenn bis dahin die Erde vielleicht gar nicht mehr bewohnbar ist?"

„Du übertreibst ständig!"

„Das ist die Ansicht der Wissenschaftler. Sind die unsachlich?"

„Das sind alles nur überängstliche Hasenfüße!"

„Hm – Sachlichkeit ist also Überängstlichkeit, wenn sie zu Verboten führt?"

„Du verdrehst die Dinge ständig!"

„Nein – ich glaube nicht. Kollektiv notwendige Handlungen sind Begrenzungen des kollektiv und individuell Erlaubten."

„Und das geht gegen meine Freiheit!"

„Aber es sichert Dir das Überleben auf diesem Planeten."

„Das ist übertrieben!"

„Das sagen die Wissenschaftler."

„Also gut ... Wenn das wirklich gut begründet ist, dann muss es also auch Verbote geben."

„Diese Verbote sind sozusagen eine Absicherung gegen den kollektiven Selbstmord der Menschen."

„Du redest schon wieder mit so drastischen Worten."

„Ich hoffe, dass die Zusammenhänge dadurch klarer werden."

„Aber dieser riesige Verwaltungsapparat im Staat! Lauter Beamte, die nichts tun! Das sind Parasiten, die von dem Geld von denen leben, die wirklich arbeiten!"

„Hast Du schon mal in einem Amt gearbeitet?"

„Nein! Niemals!"

„Das ist kein Faulenzen dort ... Ich habe schon mal im Finanzamt gearbeitet."

„Aber dann müssen die beaufsichtigt werden! Ich will keine Verschwendung meiner Steuergelder! Das muss eine schlanke, effektive Verwaltung sein!"

„Deshalb ist ja auch der Bund der Steuerzahler gegründet worden. Dort kannst Du ja Mitglied werden. Die machen genau das: prüfen, was der Staat mit den Steuergeldern macht."

„Ich kümmere mich lieber um mich selber ..."

„Heißt das, dass wir uns einig sind, dass wir eine kollektive Struktur brauchen, die die kollektiv notwendigen Arbeiten erledigt? Also eine Verwaltung?"

„Na, gut – die brauchen wir wohl."

„Und die muss mit Steuern finanziert werden?"

„Ist wohl notwendig ... aber die muss so effektiv wie ein Unternehmen laufen! Kein Faulenzen! Keine Verschwendungen!"

„Dann sind wir ja einer Meinung: Steuern sind notwendig, aber sie müssen effektiv eingesetzt werden."

2. Höhe

♉

„Wie hoch sind eigentlich die Steuereinnahmen in Deutschland?"

„Die neuesten Zahlen sind von 2021. Damals waren es 833 Milliarden €."

„Wie viel mussten denn die Menschen an Steuern zahlen?"

„Das lässt sich nicht so einfach als %-Zahl ausdrücken. Man kann die Steuereinnahmen noch am ehesten mit dem Bruttosozialprodukt (BSP) vergleichen. 2021 waren das 3.674 Milliarden €. Die Steuerabgaben bezogen auf das BSP betragen folglich 22,7%, also zwischen einem Fünftel und einem Viertel des BSP."

„Und wer hat was gezahlt?"

„Das ist eine lange Liste … Man unterscheidet dabei Bundessteuern, Gemeinschaftssteuern, Landessteuer, Zölle und Gemeindesteuern."

„Gemeinschaftssteuern?"

„Sie stehen dem Bund und den Ländern gemeinsam zu."

„O.k."

„Also – die Liste:

Steuern insgesamt: **833.189 Millionen €**   **= 100,0%**

Bundessteuern: **98.171 Millionen €**   **= 11,8%**

Versicherungssteuer:	*14.980 Millionen €*	*= 1,8%*
Tabaksteuer:	*14.733 Millionen €*	*= 1,8%*
Kaffeesteuer:	*1.058 Millionen €*	*= 0,1%*
Alkoholsteuer:	*2.089 Millionen €*	*= 0,3%*
Schaumweinsteuer:	*341 Millionen €*	*= 0,0%*
Zwischenerzeugnissteuer:	*22 Millionen €*	*= 0,0%*
Energiesteuer:	*37.120 Millionen €*	*= 4,5%*
Stromsteuer:	*6.691 Millionen €*	*= 0,8%*
Kraftfahrzeugsteuer:	*9.546 Millionen €*	*= 1,1%*
Luftverkehrssteuer:	*566 Millionen €*	*= 0,1%*
Solidaritätszuschlag:	*1.028 Millionen €*	*= 1,3%*
pauschalierte Eingangsabgaben:	*2 Millionen €*	*= 0,0%*

Gemeinschaftsteuern (Bund/Land):   **621.096 Millionen €**   **= 74,5%**

Lohnsteuer:	*218.407 Millionen €*	*= 26,2%*
veranlagte Einkommenssteuer:	*72.342 Millionen €*	*= 8,7%*
nicht veranlagte Steuern vom Ertrag:	*27.394 Millionen €*	*= 3,3%*
Abgeltungssteuer (unverheir. Paare):	*10.029 Millionen €*	*= 1,2%*
Körperschaftssteuer:	*42.124 Millionen €*	*= 5,1%*
Umsatzsteuer:	*187.631 Millionen €*	*= 22,5%*
Einfuhrumsatzsteuer:	*63.169 Millionen €*	*= 7,6%*

Landessteuern: **31.613 Millionen €**   **= 3,8%**

Vermögenssteuer:	*- Millionen €*	*= 0,0%*
Erbschaftssteuer:	*9.824 Millionen €*	*= 1,2%*
Grunderwerbssteuer:	*18.335 Millionen €*	*= 2,2%*
Rennwett- und Lotteriesteuer:	*2.333 Millionen €*	*= 0,3%*
Feuerschutzsteuer:	*537 Millionen €*	*= 0,1%*
Biersteuer:	*584 Millionen €*	*= 0,1%*

Zölle: **5.122 Millionen €**   **= 0,6%**

Gemeindesteuern: **77.187 Millionen €**   **= 9,3%**

Grundsteuer A (Land- und Forst):	*412 Millionen €*	*= 0,0%*
Grundsteuer B (andere Grundstücke):	*14.574 Millionen €*	*= 1,7%*
Gewerbesteuer:	*61.103 Millionen €*	*= 7,3%*
Sonstige Gemeinde-Steuern:	*1.098 Millionen €*	*= 0,1%*

Der Bund erhält also 11,8% der Steuern, Bund und Länder gemeinsam 74,5%, die Länder 3,8%, die Gemeinden 9,3% – die Zölle betragen 0,6%. Macht insgesamt 100%. Es ist offensichtlich, dass der Bund und die Länder in Bezug auf die Steuern zusammenarbeiten müssen, da ihnen 3/4 der Steuern gemeinsam zukommen.

Je ca. 25% der Steuereinnahmen entfallen auf die Lohnsteuer und auf die Umsatzsteuern – sie machen 50% der Steuereinnahmen aus und sind daher die wichtigsten und auch die bekanntesten Steuern.

Jeweils grob gesagt 5% der Steuereinnahmen entfallen auf die Einkommenssteuer, die Energiesteuer, die Körperschaftssteuer, die Ertragssteuer, die Einfuhrumsatzsteuer und die Gewerbesteuer – macht 30%. Die restlichen ca. 20% entfallen auf die übrigen 22 Steuerarten, die alle bei ca. 1% liegen.

Zu den sonstigen Gemeindesteuern zählt z.B. die auch noch recht gut bekannte Hundesteuer."

„Das ist ja ein ziemliches Wirrwarr …"

„Wenn man es das erste Mal sieht – ja. Das ist historisch gewachsen und …"

„Dann sollte man es schleunigst ändern!"

„… und es ist der Versuch, die Steuer-Last möglichst gerecht zu verteilen."

„Trotzdem muss das vereinfacht werden!"

„Wie?"

„Drei oder vier Steuerarten und fertig!"

„Das würde die Steuerlast dann aber deutlich anders verteilen."

„Na und? Es würde jede Menge Verwaltung und Beamten-Gehälter einsparen!"

„Ja – aber wer zahlt dann mehr und wer zahlt weniger? Meldest Du Dich freiwillig, um mehr Steuern zu zahlen?"

„Nein – natürlich nicht!"

„Nun – die anderen auch nicht. Die Veränderung des Steuersystems wird also Proteste hervorrufen …"

„Dann sollte man die Steuern ganz abschaffen!"

„Das hatten wir doch schon … Dann würden wir sehr schnell ins Königtum und zu Clan-Kriegen zurückfallen – und die Klimaerwärmung würde niemand aufhalten, bis die Erde zu einer Wüste geworden ist …"

„Mir passt das trotzdem nicht!"

„Das kann ich verstehen – aber solange niemand einen besseren Vorschlag hat, wird es wohl so bleiben müssen …"

„Und Du hast keinen Vorschlag?"

„Nein – außer dem, dass man sich die Notwendigkeit der Steuern und die Wirkungen der Steuern auf den Gemeinschaftsbereich klar machen sollte."

„Das ist aber noch nicht das Gelbe vom Ei …"

„Um die Steuern an sich wird man nicht drum herum kommen – und die Art der Steuern, die erhoben werden, werden immer denen nicht passen, die sie dann zahlen sollen …

Schließlich gibt es noch die Kirchensteuer – doch da ist der Staat nur der naheliegende Helfer beim Eintreiben dieser Steuer, da sie vollständig an die Kirchen weitergeleitet wird."

„Und die Rundfunkgebühr, die alle zahlen müssen – das ist auch eine Steuer, auch wenn sie nicht so heißt!"

„Das ist wohl wahr."

3. Wirkung

♊

„Was macht der Staat eigentlich mit den ganzen Steuereinnahmen? Den größten Teil verschwenden, oder? Und die Abgeordneten bekommen ein besonders großes Stück von dem Kuchen ..."

„Da sollte man mal genauer hinschauen. Der Staat nimmt 833.189 Millionen € ein – und er gibt für die gesamte Verwaltung in der EU, im Bund, den Ländern und den Gemeinden 2.298 Millionen € aus – das sind 0,28%. Um es anschaulciher zu machen: Von jeden 100 €, die der Staat an Steuern einnnimmt, fließen lediglich 28Cent in die Verwaltung.

Davon gehen an:

die EU:	37 Millionen €	=	1,6%
den Bund:	609 Millionen €	=	26,5%
die Länder:	522 Millionen €	=	22,8%
die Gemeinden:	326 Millionen €	=	14,2%
in die Sozialversicherung:	804 Millionen €	=	35,0%
gesamt:	**2.298 Millionen €**	=	**100,0%**

Das sind die Kosten der Verwaltung in Deutschland."

„Also gehen nur 0,28% der Steuern gehen in die gesamte Verwaltung der BRD? Das ist weniger als ich befürchtet habe – aber trotzdem: Das sind 2 Milliarden € ..."

„Auch die Menschen, die diese Arbeit machen, müssen von etwas leben."

„Kann man das nicht noch weiter reduzieren? Das müsste doch möglich sein ..."

„Das wird ja auch versucht – aber wenn man noch weniger Personen einstellt, müssen wir in den Ämtern noch länger warten. Und so viel verdient man in den

Ämter nun auch wieder nicht …"

„Aber die Abgeordneten leben gut von ihrem Gehalt …"

„Sie bekommen 10.000 € im Monat."

„Nicht gerade wenig …"

„Ja – der Durchschnittsverdienst in Deutschland liegt bei 3.330 € im Monat. Sie verdienen also dreimal so viel. So viel kann man sonst noch in den Banken, in der Pharma-Industrie, bei den Versicherungen, in der Luftfahrt oder in der Raumfahrt verdienen. Aber ein Fußballer verdient noch weit mehr – die gut bezahlten verdienen 1,5 Millionen € im Monat, die Bestverdienenden noch deutlich mehr."

„Das muss doch auch billiger gehen!"

„Ja – Italien hat sein Parlament fast auf die Hälfte verkleinert. Und Deutschland hat das größte frei gewählte Parlament – nur das Parlament von China ist noch größer. Selbst das EU-Parlament ist kleiner als das der BRD."

„Wofür werden denn die ganzen Steuern ausgegeben? Der größte Teil geht zum Militär, nehme ich an?"

„Nein – das ist nur der zweitgrößte Posten. Der größte Teil entfällt auf die Sozialausgaben:

Arbeit und Soziales:	179.257.094.000 €	= 36,69%
Verteidigung:	53.250.000.000 €	= 10,90%
Digitales, Verkehr:	49.667.947.000 €	= 10,17%
Finanzverwaltung:	46.170.579.000 €	= 9,45%
Schuldentilgung:	33.216.446.000 €	= 6,80%
Bildung, Forschung:	22.318.939.000 €	= 4,47%
Gesundheit:	16.439.088.000 €	= 3,36%
Familie, Senioren, Frauen, Jugend:	14.443.101.000 €	= 2,96%
Inneres, Heimat:	13.748.181.000 €	= 2,81%
wirtschaftliche Zusammenarb., Entwickl.:	10.280.316.000 €	= 2,10%
Wirtschaft, Klimaschutz:	10.257.525.000 €	= 2,10%
Finanzen:	10.140.929.000 €	= 2,08%
Wohnen, Stadtentwicklung, Bauwesen:	7.422.466.000 €	= 1,52%
Ernährung, Landwirtschaft:	6.862.256.000 €	= 1,40%
Auswärtiges Amt:	5.871.239.000 €	= 1,20%
Bundeskanzler, Bundeskanzleramt:	3.918.537.000 €	= 0,80%
Umwelt, Natur, nukl. Sicherh., Verbr.schutz:	2.650.765.000 €	= 0,54%
Bundestag:	1.252.969.000 €	= 0,26%
Justiz:	1.042.494.000 €	= 0,21%
Bundesrechnungshof:	197.557.000 €	= 0,04%
Bundespräsident, Bundespräsidialamt:	58.392.000 €	= 0,01%
Datenschutz, Informationsfreiheit:	47.161.000 €	= 0,01%
Bundesverfassungsgericht:	43.469.000 €	= 0,01%
Bundesrat	39.370.000 €	= 0,01%
Unabhängiger Kontrollrat:	12.300.000 €	= 0,00%

Knapp die Hälfte der Steuern wird also für Sozialausgaben und für die Verteidigung ausgegeben – 37% also für die Armen und 11% für den militärischen Schutz von allen.“

„Wenn sich doch alle weitgehend einig sind, dass der Klimawandel eine solche Bedrohung ist, dann sind die knapp 3% für Wirtschaft, Umwelt und Klimaschutz ja nicht sehr viel ... “

„Nein ... das sind sie wirklich nicht ...“

„Die Sozialausgaben – also der größte Posten bei den Ausgaben – was sind das? “

„Das sind vor allem die Rentenversicherung und die Krankenversicherung.

Alter		40,1%
Rentenversicherung:	381,1 Milliarden €	= 30,8%
Pensionen, Beihilfen:	98,1 Milliarden €	= 7,1%
Betriebliche Altersversorgung:	30,5 Milliarden €	= 2,3%
Krankheit		**35,5%**
Krankenversicherung:	301,7 Milliarden €	= 24,2%
Pflegeversicherung:	59,1 Milliarden €	= 4,7%
Unfallversicherung:	14,9 Milliarden €	= 1,2%
Entgeldfortzahlung (Krankheit):	68,0 Milliarden €	= 5,4%
Krisen		**9,0%**
Jugend-, Einglieder.-, Soz.hilfe:	112,7 Milliarden €	= 9,0%
Arbeitslosigkeit		**7,0%**
Arbeitslosenversicherung:	33,8 Milliarden €	= 2,7%
Grundsicher. Arbeitssuchende:	53,8 Milliarden €	= 4,3%
Sonstiges		**6,1%**
weitere Leistungen:	75,9 Milliarden €	= 6,1%
Familie		**4,7%**
Kindergeld, Fam.leist.ausgleich:	59,0 Milliarden €	= 4,7%

40% der Sozialausgaben entfallen auf die Rente u.ä., 35% auf die Versorgung bei Krankheiten. Das Arbeitslosengeld, über das so viel und so emotional-provokativ diskutiert wird, beträgt nur 7% der gesamten Sozialausgaben – das sind nur 2,6% der gesamten Steuereinnahmen."

„*Diese Diskussion ist dann offensichtlich eher politisch motiviert als sachlich begründet ...*"

„Das würde ich auch so sehen – ein Ablenkungsmanöver von den eigentlich wichtigen Dingen ... eine Kanalisierung von latenten Aggressionen ..."

4. Nachbarschaftshilfe

♋

„Wer hat eigentlich die Steuern erfunden?"

„Niemand."

„Was?"

„Das gab es schon immer – nur unter anderen Namen.

Steuern gibt es in der heutigen Epoche der Globalisierung in jedem Staat.

Auch in der vorigen Epoche des Materialismus haben die Staaten schon Steuern erhoben.

Davor in der Epoche des Königtums wurden die Steuern lediglich 'Abgaben' und 'Fronarbeit' oder, wenn sie die Kirche betrafen, 'Zehnter', womit 10% gemeint sind, genannt.

Da das Geld erst im Königtum erfunden worden ist, gab es davor keine Steuern, die in Geld an die Herrschenden entrichtet wurden – in der Jungsteinzeit vor dem Königtum gab es auch keine Herrscher, sondern nur die Dorfgemeinschaft. Doch auch in der Dorfgemeinschaft gab es Arbeiten, die gemeinsam getan wurde, weil sie allen nutzten – wie einen Dorfteich anlegen – oder weil sie für einen Einzelnen zu groß waren – wie der Bau einer neuen Scheune.

Noch weiter zurück – also in der Altsteinzeit – gab es nur die Sippe von meist ungefähr zwei Dutzend Menschen, die die meisten Dinge wie die Jagd und den Hüttenbau gemeinsam durchführten.

Man kann sogar noch einen Schritt weiter zurückgehen und sich das Herdenverhalten der meisten Säugetiere ansehen oder den Schutz der Jungen durch die Muttertiere.

Die Steuern sind also ganz einfach das Sozialverhalten der Säugetiere, der Primaten und schließlich der Menschen, das schrittweise über die Jagd in der Sippe, die gemeinsamen Arbeiten der Dorfgemeinschaft und die Abgaben an den König zu den

Steuern in den heutigen Staaten geworden ist."

„Das ist eine Herleitung, die einem bei dem Wort 'Steuern' normalerweise nicht sofort bewusst ist … Aber die Steuern sind derart abstrakt, dass man in ihnen das Gefühl der Gemeinschaftsarbeit nicht mehr spüren kann …"

„Ja – unsere Welt ist so groß und komplex geworden, dass unsere Instinkte nicht mehr ausreichen, um die Situationen zu erfassen. Da hilft es, sich die Wurzeln der abstrakten Vorgänge zu verdeutlichen."

„Aber Reste sind ja noch übrig … wie die gegenseitige Hilfe in der Familie."

„Ja – und die Nachbarschaftshilfe oder das Zusammenarbeiten in Kooperativen."

„Nachbarschaftshilfe macht das Leben deutlich einfacher und angenehmer. … Das stimmt wirklich."

„Oft sind das ja nur Kleinigkeiten, wie der alten Frau von nebenan den Einkauf heimtragen oder jemandem helfen, das neue Sofa in die Wohnung zu tragen, oder den Hund der Nachbarin Gassi zu führen, während sie im Krankenhaus ist."

„Das ist vom Gefühl her leichter fassbar als das Zahlen von Steuern … und es macht auch nicht wütend wie der Schachzug der Rundfunkanstalten, die es geschafft haben, die Rundfunkgebühren in eine allgemeine Steuer umzuwandeln!"

„Es gibt auch noch Reste der alten Dorfgemeinschafts-Traditionen wie die Almende."

„Nie gehört … Was ist das?"

„Die Almende ist ein Teil des Ackerlandes, der Weiden und der Gewässer einer Gemeinde, die allen gemeinsam gehören und die alle nutzen können. Daneben gibt es noch den Anger, also den meist grasbewachsenen Dorfplatz, auf dem die Feste gefeiert werden und der von allen instand gehalten und genutzt wird. Schließlich gibt es in Schweden, Norwegen, Finnland, Schottland und in der Schweiz auch noch das 'Jedermannsrecht', das jedem erlaubt, alles Land, das nicht ein Garten an einem Haus o.ä. ist, zu betreten, dort eine Nacht zu zelten und ein Feuer zu entfachen. Dabei darf natürlich nichts beschädigt oder vermüllt werden."

„Das klingt eigentlich ganz sympathisch …"

„Ja – und es macht auch den Menschen, die dauerhaft nomadisch leben wie die

Zigeuner oder die einfach mal einen Sommer lang wandern gehen wollen, das Leben deutlich einfacher."

„Hm ... eigentlich ist man es gewohnt, dass alles immer irgendjemandem gehört und dass man nirgendwo etwas ohne ausdrückliche Erlaubnis machen darf ...

Dieses Jedermannsrecht ist ja eigentlich die Festlegung, dass bestimmte Bereiche allen gehören – und daraus entsteht hier auf einmal eine größere Freiheit des Einzelnen. Das überrascht mich jetzt ein wenig. Ich dachte, dass das soziale Verhalten den Einzelnen immer nur einschränkt. "

„Das soziale Verhalten hat ja zwei Seiten: Du hilfst anderen und andere helfen Dir. Das ist auch die Grundalge des Verhaltens in der heutigen Epoche der Globalisierung: Man begreift sich als ein Individuum in der Menschheit, in der jeder von jedem abhängt. Daraus ergibt sich, dass der Einzelne die Verantwortung für das Ganze trägt, aber andererseits auch im Vertrauen auf das Ganze leben kann."

„Das klingt jetzt aber arg idealisiert! "

„Diese Epoche beginnt ja auch erst gerade und die Einsicht der weltweiten gegenseitigen Abhängigkeit steckt noch sehr in den Anfängen."

„Gut – bei der Umweltverschmutzung und der Klimaerwärmung sehe ich das ja – aber sonst? "

„Wie ist es mit der Überbevölkerung, den Kriegen, der Migration?"

„Ja, gut – die haben auch auf die nicht direkt beteiligten Länder Auswirkungen ... Aber was hat das alles mit den Steuern zu tun? "

„Die Steuern sind der mittlerweile ziemlich 'abstrakt' gewordene Ausdruck des Zusammenhalts der Gemeinschaft. Das war erst die Sippe, dann das Dorf, dann das Königreich, dann der Staat und heute die Menschheit. Aber der 'organisierte Zusammenhalt' der Menschheit hat ja auch erst 1920 mit der Gründung des Völkerbunds begonnen, der dann 1945 in die UNO umgewandelt worden ist."

„Dann sollte man eigentlich annehmen, dass sich das heutige Steuer-System noch einmal weiterverwandelt, um zu einem 'Menschheits-Sozialsystem' zu werden ... "

„Ja – das vermute ich auch."

5. Eigenanteil

♌

„Hm ... Mir ist jetzt deutlich geworden, dass Steuern oder etwas in dieser Art notwendig sind, da es nicht nur individuelle Ziele gibt, die aus dem eigenen Portemonnaie bezahlt werden, sondern auch kollektive Ziele gibt, die über die Steuern bezahlt werden.“

„Und über das Größen-Verhältnis zwischen beidem kann man vortrefflich streiten.“

„Die Liberalen wollen möglichst wenig Steuern, die Sozialen wollen eine möglichst gute Absicherung von allen.“

„Das sind die beiden grundlegenden – und genau entgegengesetzten – Ansätze.“

„Hast Du da eine elegante Lösung für diesen Widerspruch?“

„Nein – aber immerhin einen Rahmen, über den sich die meisten einig sein werden.“

„Sag an.“

„Die Einzelnen müssen sich mit ihrem 'Einkommen minus Steuern' noch ein individuelles Leben gestalten können – und alle müssen überleben können.“

„Hm ... darüber sollten sich ja eigentlich alle einig sein ...“

„Sind sie aber nicht. Für viele Republikaner in den USA gibt es kaum einen Unterschied zwischen einer staatlichen Krankenversicherung und der Zentralen Planwirtschaft wie im Kommunismus. Und eine Krankenversicherung für alle gehört zur Absicherung des Überlebens für alle – sonst sterben Menschen an einer Blinddarmentzündung, weil sie die Operation nicht bezahlen können.“

„Die Menschen neigen wirklich zu Extrem-Standpunkten ...“

„Ja – das Verfahren, dass man alles von einem einzigen Grundprinzip herleitet, stammt noch aus dem Königtum, der Philosophie und dem Monotheismus. In ihnen war dieses Einzige der König, die Wahrheit und der eine-alles-einzige Gott. Leider führt dieser Ansatz zu Polarisierungen und zu dem 'alles oder nichts'-Verfahren."

„Dann brauchen wir also auch bei den Steuern das 'sowohl als auch'-Prinzip?"

„Meiner Meinung nach ja. Doch selbst dann, wenn man sagt, dass zum einen eine möglichst große Freiheit des Einzelnen angestrebt wird und zum anderen die Lebensabsicherung aller angestrebt wird, hat man zwar die beiden Extremfälle des vollständigen Liberalismus mit seiner Freiheits-Betonung und auch den vollständigen Sozialismus mit seiner Gemeinschafts-Betonung ausgeschlossen – also sozusagen 'Schwarz' und 'Weiß' – aber es bleibt dazwischen noch eine breite, mehr oder weniger helle Grauzone mit einem liberal-sozialen Gemisch. Auch in dieser Grauzone lässt es sich noch vorzüglich über das rechte Maß, die rechte Mischung streiten."

„Es müsste doch irgendeine Möglichkeit geben, da einen sinnvollen Maßstab zu finden."

„Wir können es ja mal zusammen versuchen."

„O.k. Wie fangen wir an?"

„Wir können ja mal den Spielraum, den wir haben, genauer eingrenzen."

„Gut. Fang Du an."

„Die Rente, also das Geld, das die Alten erhalten, wenn sie nicht mehr arbeiten gehen können – das sollte eigentlich nicht verändert werden. Das sind in der BRD 14,8% der Steuereinnahmen.

Auch die Unterstützung der Kranken sollte gesichert sein. Das sind in der BRD 13,3% der Einnahmen.

Außerdem sollten auch Arbeitslose eine Unterstützung erhalten, damit sie nicht alles verlieren und schließlich zu Bettlern werden. Das wären noch einmal 2,6%.

Das sind zusammen ca. 21% der Steuereinnahmen."

„Gut – das wären dann die Minimal-Sozialausgaben. Worüber könnte man sich noch einigen?"

„Vorerst ist wohl das Militär noch notwendig, um die Freiheit des Staates und somit auch des Einzelnen abzusichern."

„Ja – leider ...“

„Also noch einmal 11% für das Militär. Und über den Straßenbau dürfte auch Einigkeit bestehen – das wären noch mal 10%.

Ergibt zusammen 42%.“

„Gut – und um die Verwaltung kommen wir dann wohl auch nicht drum herum. Wie viel % der Steuer-Einnahmen war das?“

„Die gesamte Verwaltung von der Gemeinde bis zum Bundeskanzler: 12%.

Macht zusammen 54%.“

„Gibt es noch etwas Unumgängliches? Umweltschutz? Klimaschutz? Das brauchen wir ja schlichtweg zum Überleben.“

„Das sind noch mal 3%. Ergibt 57%. Dazu noch die Landwirtschaft mit 1% – und die Schuldentilgung von 7% ist ja auch unumgänglich.

Damit wären schon mal 65% der Ausgaben des Staates notwendig … Die übrigen Ausgaben-Posten sind zwar kleiner, aber die haben auch alle einen soliden Grund. Es gibt eigentlich kaum etwas, was man einsparen könnte, aber vieles, was sinnvoll ist und wofür man gut mehr Geld brauchen könnte wie den vollständigen Umbau auf regenerative Energien.“

„Da bleibt ja nicht mehr viel Spielraum.“

„Es ist im Grunde wie in einer Familie: Der Vater verdient einen bestimmten Betrag, die Mutter kümmert sich um die Kinder und den Haushalt und verdient vielleicht noch etwas dazu. Dann brauchen alle gemeinsam eine Wohnung, etwas zu Essen und Kleidung. Und was darüber hinausgeht und sinnvoll wäre oder Freude machen würde, muss ausdiskutiert werden … Nicht alles, was sinnvoll oder wünschenswert wäre, lässt sich auch umsetzen …“

„Ja – das Klavier für den Sohn muss man irgendwo Second-Hand bekommen, das Auto wird gebraucht gekauft und der nächste Urlaub findet zuhause und am Baggersee statt, weil kein Geld mehr übrig ist.“

„Und in der Politik muss man schauen, was wie notwendig und wie dringend ist und welche Lösung man auswählt.“

„An der Stelle werden die Diskussionen dann meistens hitzig und polemisch: Jeder

436

will seine eigene Sicht der Dinge durchsetzen. "

„Das geht besonders gut, wenn man Emotionen wecken kann – egal, ob sich die durch Zahlen belegen lassen oder nicht. Der Streit darum, ob man etwas 'Arbeitslosengeld', 'Grundsicherung', 'bedingungsloses Grundeinkommen' oder sonst wie nennt, geht in der Regel nicht auf die Notwendigkeit einer Unterstützung ein und auch nicht auf mögliche Vereinfachungen der ganzen sozialen Unterstützung und ebensowenig auf den doch sehr geringen Anteil der Arbeitslosengelder an den gesamten Steuerausgaben – die betragen, wenn man alle Arten des Arbeitslosengeldes zusammen nimmt, nur 2,6% der Steuereinnahmen.

Das Militär hat 11% – da wäre eine Diskussion lohnender. Doch das Militär wird von fast allen als notwendig angesehen.

Oder bei den Renten – dafür werden 15% der Steuereinnahmen ausgegeben. Aber auf Arbeitslose kann man herabschauen – das sind auch nur 3,2% der Bevölkerung. Doch Rentner und Pensionäre gibt es in der BRD da. 20 Millionen – das sind 24% der Bevölkerung. Wenn eine Partei diese Gruppe als 'faul' oder als 'Schmarotzer' kritisieren würde, würde sie das bei den nächsten Wahlen sehr deutlich zu spüren bekommen.

Bei solchen Diskussionen und Polemiken wird auch nicht angeführt, dass das heutige Verhindern des Klimawandels uns sehr, sehr viel weniger kosten würde als die Folgen des Klimawandels in 10 oder 20 Jahren …"

„Diese Diskussionen sind wirklich nicht immer von einem Reichtum an Einsicht und Weisheit geprägt ... "

6. Kontrolle

♍

„Wie wird das eigentlich überprüft, ob alle ihre Steuern korrekt zahlen?"

„Das kann gar nicht sicher überprüft werden … Die Lohnsteuer, die einen Anteil von 26,2% an den Steuer-Einnahmen ausmacht, wird vom Arbeitgeber direkt abgeführt – da kann man nicht viel mogeln."

„Aber die Schwarzarbeit?"

„Das ist ein Problem. Durch Schwarzarbeit, Betrug und Tricks hat der Staat 125 Milliarden weniger Steuereinnahmen pro Jahr. Die Schwarzarbeit macht ca. 10% der Bruttosozialprodukts aus."

„Das ist wirklich viel …"

„Bei der Umsatzsteuer, die 23% der Steuer-Einnahmen ausmacht, ist es ähnlich: Werden Waren legal gehandelt, erhält der Staat die Umsatzsteuer. Für auf dem Schwarzmarkt gehandelte Waren werden natürlich keine Steuern gezahlt.

Bei der Einfuhrumsatzsteuer, die sich immerhin auf 8% der Steuer-Einnahmen beläuft, ist das ähnlich – wobei der Zoll natürlich gut kontrolliert, aber auch nicht alles erfasst, was ins Land geschmuggelt wird.

Die vierte große Quelle für die Steuer-Einnahmen ist die Gewerbesteuer, die 7% der Steuer-Einnahmen ausmacht. Sie kann nur umgangen werden, wenn ein Unternehmen gar nicht gemeldet ist oder massiv seine Buchhaltung fälscht."

„Ist das in anderen Ländern genauso schlimm?"

„In den Ländern der 'Organisation für wirtschaftliche Zusammenarbeit und Entwicklung' (OECD) liegt Deutschland in Bezug auf die Schwarzarbeit ungefähr in der Mitte:

Anteil Schwarzarbeit in den OECD-Ländern

Griechenland	21,9%
Italien	21,6%
Belgien	17,4%
Spanien	17,2%
Portugal	17,2%
Frankreich	15,0%
Großbritannien	13,4%
Schweden	12,5%
Finnland	11,5%
Deutschland	11,3%
Kanada	11,0%
Norwegen	10,9%
Irland	10,2%
Australien	10,1%
Japan	10,0%
Niederlande	9,6%
Neuseeland	8,7%
Österreich	7,8%
Schweiz	7,1%
USA	5,6%

Die Menschen in diesen Ländern sind offenbar verschieden gesetzestreu ... In den europäischen Mittelmeerstaaten hat die leicht anarchistische Eigenständigkeit gegenüber den Behörden ja eine lange Tradition ... also in Griechenland, Italien, Spanien, Portugal und Frankreich."

„In den USA ist die Schwarzarbeit erstaunlich niedrig, obwohl die dort doch so sehr die Freiheit des Einzelnen betonen ... Warum ist das so? "

„Ganz einfach. Die USA und die Schweiz sind sehr liberal eingestellt, d.h. es gibt nur wenig Steuern und Sozialabgaben auf die Arbeit – da lohnt sich Schwarzarbeit kaum."

„Und in der BRD? "

„Da gab es bis 1975 auch nur 5,75% Schwarzarbeit. Das ist dann wegen der hohen Arbeitslosigkeit bis 2003 auf 17,1% gestiegen. Dann hat die SPD die Steuerlast gesenkt und den Arbeitsmarkt dereguliert, woraufhin die Schwarzarbeit wieder gesunken ist, bis sie 2009 durch die Weltwirtschaftskrise wieder auf die heutigen 11% angestiegen ist.

In liberalen Staaten gibt es wenig Schwarzarbeit, weil der Verdienst-Unterschied zwischen legaler Arbeit und Schwarzarbeit recht klein ist. In sozial ausgerichteten Staaten ist die Schwarzarbeit meistens hoch, da dort der Verdienst-Unterschied zwischen legaler Arbeit und Schwarzarbeit groß ist – da ist die Verlockung der illegalen Arbeit einfach viel größer …"

„Wie kann das denn vermieden werden – die Schwarzarbeit, die Steuerhinterziehung und die Steuertricks? Es ist ja wenig sinnvoll, ein System aufzubauen, das gerecht sein soll, aber das dann massiv unterlaufen wird …"

„Das ist wohl wahr … Die Steuerhinterziehung beginnt mit dem Nicht-Anmelden einer Arbeit oder eines Gewinns oder eines Unternehmens.

Dann kann man noch, wenn man beides doch anmeldet, in der Steuererklärung falsche Angaben machen."

„Fliegt das nicht auf?"

„Wenn's jemand geschickt macht, könnte er Glück haben … aber es ist riskant. Schließlich gibt es die Betriebsprüfer – und wenn die Zahlen finden, die sehr stark von der Realität abweichen oder widersprüchlich sind, gibt es die Steuerfahndung."

„Das müssen harte Kerle sein."

„Teilweise schon … aber ich habe mich auch mal mit Betriebsprüfern unterhalten, als ich selber noch auf dem Finanzamt gearbeitet habe. Da haben sie mal eine alte Frau mit einem Imbissstand kontrolliert und sie nach den Buchhaltung gefragt – doch die hatte nur einen Schuhkarton mit ein paar Quittungen. Die wusste gar nicht, was die Betriebsprüfer eigentlich von ihr wollten. Schließlich hat einer von den Betriebsprüfern zu den anderen gesagt: 'Kommt – lassen wir die Frau in Ruhe. Die ist alt und verdient sich hier so gerade mal ihren Lebensunterhalt. Woanders haben wir Wichtigeres zu tun.' Dann sind sie abgezogen."

„Das ist wahr?"

„Ja. Für so was gibt es im deutschen Finanz-Recht den schönen Begriff der 'Kümmer-Existenz', also eines Lebens, das ziemlich kümmerlich ist …"

„Hm ... so habe ich mir die Finanzamts-Leute nicht vorgestellt. Das scheinen ja auch Menschen zu sein."

„Ja. Ich bin auch mal mit einem Bekannten zum Finanzamt gegangen, der von Konzerten und Yoga-Kursen gelebt hat und der mit seinen 55 Jahren noch nie eine Steuererklärung abgegeben hatte. Ich habe seinem Sachbearbeiter die Situation erklärt und der meinte daraufhin, dass der Bekannte von mir einfach jetzt mal anfangen sollte, jedes Jahr eine Steuererklärung abzugeben und dass sie sich um die früheren Jahre nicht kümmern würden."

„Weißt Du noch mehr solche Geschichten?"

„Eine noch. In der Kantine des Finanzamtes Bonn-Außenstadt, in dem ich zwei Jahre gearbeitet habe, wurde mal eine Wand von zwei Arbeitern teilweise neu verputzt und gestrichen. Die beiden Arbeiter unterhielten sich laut miteinander, während die ganzen Beamten zu Mittag aßen.

'He – wie bist Du eigentlich an diesen Job gekommen?' – 'Den hat mir ein Kumpel vermittelt.' – 'Arbeitest Du auch schwarz hier?' – 'Na klar – sonst würde sich das doch überhaupt nicht lohnen!'

Da habe alle Beamten sich nur groß angeschaut, den Kopf geschüttelt und dann so getan, als ob sie nichts gehört hätten ..."

„Erstaunlich."

„Nun ja – Du sitzt da ja den ganzen Tag am Schreibtisch und sortierst Zahlen ... wenn Du dann mal einem richtigen Menschen, der da vor Dir steht, helfen kannst, ist das auch eine ganz angenehme Abwechslung ..."

„Wenn Du das so beschreibst ..."

„Dann gibt es da noch die Steuerberater. Das sind sozusagen die Gegner der Finanzbeamten. Sie versuchen, mit allen möglichen Tricks die zu zahlenden Steuern zu senken. Doch wirklich kreativ können die natürlich nur bei der Einkommensteuer werden, die von den Selbständigen und den Unternehmern gezahlt wird. Bei der Lohnsteuer ist da nicht viel Spielraum.

So richtig heftig wird es dann beim Steuerbetrug – solche wie den Cum/Ex-Geschäften zwischen 2002 und 2018 in der BRD, bei denen der deutsche Staat um 32 Milliarden € betrogen worden ist und die übrigen EU-Staaten noch einmal um weitere

31 Milliarden €. Diese Steuerfahnder haben mit Interpol zusammengearbeitet."

„ Von den Steueroasen hört man auch des öfteren – das ist dann legale Steuerhinter-ziehung ... "

„Ja – manchmal legal, aber manchmal auch illegal ... Aber im Grunde ist das so etwas wie Schwarzarbeit in großem Stil: Man nimmt seinen Hauptwohnsitz oder seinen Firmensitz in einem Land, wo man nur wenig Steuern zahlen muss, aber arbeitet weiterhin in demselben Land wie zuvor. Das ist ein Problem, das die Staaten, weil sie sich bisher nich immer nicht auf eine gemeinsame Strategie haben einigen können, auch noch immer nicht gelöst haben."

„Da kann man nur noch mit dem Kopf schütteln ... "

7. Ausgleich

♎

„Muß das Steuerrecht eigentlich so kompliziert sein, dass man einen Steuerberater braucht, weil man das alles selber gar nicht mehr durchschauen kann? Kann das überhaupt richtig sein?"

„Nun, ja … wenn alle gleichviel verdienen würden, wäre das Steuerrecht sehr schlicht: Alle müssten den gleichen Betrag zahlen. Da es jedoch Arm und Reich und die Mittelschicht gibt, Einzelne und Familien mit und ohne Kindern – und auch mit vielen Kindern – brauchen wir ein sehr differenziertes Steuerrecht, um zu einer sinnvollen Verteilung der Steuerlast zu kommen …"

„Aber es müsste sich doch trotzdem vereinfachen lassen!"

„Danach wird ja auch immer wieder gestrebt – aber 'einfach' ist nicht immer auch zugleich 'richtig' oder 'sinnvoll' oder 'angemessen'. Manches ist ja auch einfach: zum Beispiel die Steuerklassen, die sich an dem Familienstand orientieren. Da kann jeder sofort erkennen, in welche Steuerklasse er gehört."

„Wenn man sich mal damit auseinandergesetzt hat."

„Das ist doch bei allem so: Wenn man sich nicht eine Weile mit der Sache beschäftigt hat, hat man auch kein Verständnis für sie."

„Hm … also kompliziert – und dadurch gerecht …"

„Ja – so könnte man das sagen. Schließlich wird ein Ausgleich zwischen Reich und Arm, zwischen Einzelnen und kinderreichen Familien, zwischen Arbeitenden und Rentnern usw. gesucht. Das alles dient dem Ausgleich und der sozialen Gerechtigkeit."

„Soziale Gerechtigkeit … klingt gut, aber wer legt das fest?"

„Da gibt es kein eindeutiges 'richtig' und 'unrichtig', sondern nur das, was die Gemeinschaft gemeinsam beschließt – d.h. in einer Demokratie, was die regierenden

443

Parteien beschließen."

„Wobei die 'regierenden Parteien' die Abgeordneten sind, die in aller Regel nicht gerade zu den Ärmsten im Land zählen. "

„Ja – das ist ein Problem. Deshalb gibt es heute auch fast nirgendwo mehr die Vermögenssteuer."

„Wo gibt es sie denn noch? "

„In der OECD nur noch in Spanien, Frankreich, Luxemburg, der Schweiz und in Norwegen. In der Antike war die Vermögenssteuer in Athen und in Rom üblich, um Kriege zu finanzieren. Das blieb bis in die Neuzeit so, in der sich die Vermögenssteuer jedoch teilweise in eine Grundsteuer verwandelte. In Deutschland wurde erst 1893 wieder eine Steuer auf ale Arten von Vermögen – nicht nur auf Grund und Boden – erhoben.

Nach und nach schafften jedoch die meisten Staaten die Vermögenssteuer wieder ab – 1990 hatten noch 12 OECD-Staaten eine Vermögenssteuer; 2017 waren es nur noch fünf – wenn man die vereinzelten Reste in einigen Staaten der USA nicht mitzählt."

„Warum eigentlich? Weil die Reichen die Gesetze machen? "

„Das hat dabei bestimmt auch mitgespielt. Doch die Vermögenssteuer war auch nie besonders hoch – sie schwankte zwischen 1,5% und 2,5% der Steuer-Einnahmen. Und es gibt viele juristische und volkswirtschaftliche Argumente sowohl für als auch gegen die Vermögenssteuer."

„Am größten ist doch der Anteil der Lohnsteuer und der Umsatzsteuer – und die treffen beide vor allem die Geringverdiener! Die Vermögenssteuer würde hingegen endlich mal die Reichen treffen! "

„Ja – das stimmt schon … und das ist sicherlich auch ein wichtiger Grund dafür, dass es sie nicht mehr gibt. Aber wie gesagt: Es gibt viele Argumente für und gegen eine Vermögenssteuer."

„Diese Argumente für und wider gibt es doch sicherlich bei allen Steuerarten – selbst bei der Hundesteuer. "

„Ja – das ist natürlich der Fall … Die Menschen haben eben verschiedene Ansichten und verschiedene Anliegen."

„Wenn das Ziel der Steuern zu einem guten Teil die 'soziale Gerechtigkeit' ist, dann müsste diese 'soziale Gerechtigkeit' doch eigentlich auf die ganze Menschheit ausgedehnt werden. Dann müssten doch alle Staaten gemeinsam eine Steuererhebung machen und auch einen Verteilungsplan, der zwar einen großen Anteil der erhobenen Steuern bei den jeweiligen Staaten lässt, aber eine weltweite Grundsicherung für alle Menschen zur Verfügung stellt."

„Ja – das wäre erstrebenswert. Dann würde auch der Hunger auf der Welt enden. Aber so lange wir nicht einmal in der Lage sind, die Kriege zu beenden, werden wir ein gemeinsames System der Besteuerung und der Verteilung der Steuer-Einnahmen wohl kaum erreichen können …"

„Ja – die 'Steuergerechtigkeit', wie das so schön genannt wird, zu einer 'globalen Steuergerechtigkeit' auszubauen, wird wohl vorerst noch ein Wunschtraum bleiben ... Wenn die Kriege enden würden, wäre da schon mehr Spielraum. Wenn auch nur die Hälfte der Rüstungskosten eingespart werden würde, könnte man damit mühelos den Hunger, die Obdachlosigkeit und noch einige andere Problemen wie den Klimawandel auf der Erde in den Griff bekommen."

„Ja – für solche Kollektivaufgaben sind die Steuern auch gedacht."

„Nur dass das bisher nur innerhalb eines einzelnen Staates betrachtet wird und evtl. noch in der EU, aber nicht weltweit als eine 'Organisation der globalen Gemeinschaftsaufgaben'. Davon sind wir noch weit entfernt."

„Ja … leider … Es gibt zwar schon die UNO und die Entwicklungshilfe, aber die könnten noch ein bisschen mehr Einfluss brauchen … und ein bisschen mehr Kooperation statt Kriegen zwischen den einzelnen Staaten wäre auch eine sehr große Hilfe …"

8. Absicherung

♏

„Was ist eigentlich die Begründung für die Steuern?"

„Das Kernstück der sozialen Haltung – und somit auch eine der Hauptbegründungen für das Erheben von Steuern – sind die Sozialversicherungen, also die Krankenversicherung, die Arbeitslosenversicherung, die Rente und die Pflegeversicherung. Sie wurde in der Zeit von 1883-1889 von Reichskanzler Bismarck eingeführt, um die Arbeiterunruhen zu besänftigen, die durch deren massive Ausbeutung und Not während der Industrialisierung entstanden war."

„Läuft die Krankenversicherung nicht über die AOK, sofern man nicht privat versichert ist?"

„Das stimmt schon. Doch diese staatlich vorgeschriebene und organisierte Sozialversicherung ist im Grunde auch eine Steuer, denn sie wird zwar von der AOK u.ä. verwaltet, aber die AOK u.ä. sind eigenständige Körperschaften des öffentlichen Rechts und gehören somit zu der Verwaltung des Staates. Diese Krankenkassen und Arbeitsämter u.ä. unterstehen alle dem Bundesministerium für Arbeit und Soziales. Diese Sozialversicherungen werden jedoch im Allgemeinen nicht als eine Steuer wahrgenommen, weil sie nicht als solche bezeichnet werden und weil der Verwendungszweck der Sozialabgaben klar ersichtlich ist."

„Aber die Begründung für das Erheben von Steuern waren doch nicht immer soziale Argumente. Das war doch auch ganz schlicht die Ausnutzung der eigenen Macht durch die Könige!"

„Das sehe ich auch so. Auch wenn heute bei den Steuern – zumindest in Deutschland – ihr weitgehend sozialer Zweck deutlich erkennbar ist, waren Steuern nicht immer vorwiegend sozial ausgerichtet, sondern wurden von Königen und Fürsten oft recht willkürlich zur eigenen Bereicherung und zum Führen von Kriegen erhoben. Von diesen Abgaben, die dem Führen von Kriegen dienten, sind heute nur noch die 11% der Steuern übrig, die für das Militär verwendet werden. Allerdings steigt der Anteil in den letzten Jahren wieder – u.a. wegen der NATO-Forderung nach einem

Einsatz von 2% des Bruttosozialproduktes (BSP) in die Rüstung. Man kann auch diesen Teil der Steuern zu der kollektiven Absicherung zählen."

„Also ist Ursprung der Steuern der Egoismus der Herrschenden und der Reichen!"

„Der Ursprung der Steuern ist die soziale Seite der Menschen. Sie ist sozusagen eine Ausweitung der Verantwortung für die Familie auf die ganze Menschheit."

„Klingt mal wieder sehr idealistisch gedacht ..."

„Aber man kann doch nicht abstreiten, dass es auch diese Seite der Menschen gibt, die eingesehen hat, dass das Leben einfacher wird, wenn man sich gegenseitig hilft."

„Ja, gut – die Seite gibt es."

„Und diese Seite muss auf die Menschheit ausgedehnt werden, damit wir diese Erde nicht durch Kriege oder durch die Klimaerwärmung zugrunde richten."

„Notwendig ist es, ja – aber können wir das auch erreichen?"

„Bleibt uns denn etwas anderes übrig als das zu schaffen?"

„Nein ... eigentlich nicht ..."

„Es gibt ja auch schon Ansätze dazu wie die UNO oder die EU, die Klimakonferenzen oder die Welthungerhilfe. Das reicht zwar alles noch nicht aus – aber es ist doch schon mal ein Anfang!"

„Ist ja schon gut ... Du hast ja recht ..."

„Wenn man das Prinzip der Absicherung nicht nur individuell und 'Staats-intern' wie bei der Sozialversicherung oder kollektiv und 'Staats-extern' wie bei der Rüstung auffasst, sondern global und 'Staaten-übergreifend', dann gehört auch die Entwicklungshilfe, die Welthungerhilfe, der Umweltschutz und die Maßnehmen gegen die Klimaerwärmung zu den Formen der 'Absicherung durch die Steuern'."

„Aber reichen die Steuern denn dafür aus, diese Ziele zu erreichen?"

„Bei den Steuer-Ausgaben für diese drei Arten der Absicherung – individuell, Staats-kollektiv und Menschheits-kollektiv – sollte man auch beachten, dass die Steuern zwar teilweise direkt eingesetzt werden wie z.B. bei der Rentenzahlung, dass sie aber auch indirekt eingesetzt werden können wie z.B. bei der Förderung von Solarkraft. Das bedeutet, dass die Steuern z.B. über die Förderung der Forschung einen Effekt haben können, der deutlich über die für die Forschung eingesetzten Gelder hinausgeht."

„Na gut – durch die Förderung von dem, was letztlich die erwünschte Wirkung hervorbringt, kann man natürlich auch mit weniger Geld viel erreichen ... Zum Beispiel durch die Förderung alternativer Heilweisen, die wirksam sind, aber nicht viel kosten. Dadurch wird das Gesundheits-System entlastet."

„Ja – solche Ansätze können unser Steuer-System voranbringen."

9. Werte

„Ich glaube, ein Problem mit den Steuern ist, dass man ihren Nutzen nicht gleicht sieht. Wenn ich mir ein Brot kaufe oder meine Miete bezahle, weiß ich, wo mein Geld hingeht und was ich dafür bekomme. Wenn das Finanzamt Geld von mir einzieht, ist es einfach nur weg. Dass davon Straßen gebaut werden oder der alte Mann von nebenan dieses Geld dann als seine Rente erhält, sieht man halt nicht ... Und wenn man hört, dass der Staat Geld oder Waffen an die Ukraine gibt, werde ich vorher nicht gefragt, ob die das mit meinem Geld machen sollen. "

„Ja – das macht es schwieriger, seinen Frieden mit den Steuern zu haben. Darauf haben in der Zeit, in der ich beim Finanzamt gearbeitet habe, ein paar Leute humorvoll hinweisen wollen. Sie haben einen 'Rüstungsanteil-Umwidmungsantrag' entworfen, der exakt so aussah wie die Formulare der Oberfinanzdirektion. Die sind dann auf einmal in ganz vielen Steuererklärungen aufgetaucht und haben die Finanzämter eine ganze Weile beschäftigt, bis klar war, dass das kein echtes Formular war. Aber immerhin haben sich dadurch viele Gedanken darüber gemacht, ob sie es eigentlich gut finden, was da mit ihren Steuern geschieht."

„Manche Leute sind wirklich kreativ mit ihrem Protest ... "

„Ja – darüber ist damals viel geredet worden beim FA Bonn-Außenstadt."

„Es wäre gut, wenn man wirklich bestimmen könnte, was mit den eigenen Steuern geschieht. "

„Dann würden vermutlich die meisten wollen, dass sie erst gar keine Steuern zahlen. Man müsste also über die Verwendung abstimmen lassen, aber nicht über die Höhe."

„Also Abstimmungen über den Verwendungszweck ... "

„Das dürfte man aber nicht nach dem 'alles oder nichts'-Verfahren machen, dass in der Demokratie üblich ist, wo es nach einer Wahl immer einen Sieger und einen Verlierer gibt."

„Und wie willst Du das anders machen?"

„Man könnte die Steuergelder doch auch anteilig verwenden. Wenn 30% für 'Rente' stimmen, 20% für 'Krankenkasse', 10% für 'Straßen', 15% für 'Solar-Förderung' usw., dann könnten die Gelder in dieser Weise verwendet werden – also mit diesen Anteilen für die betreffenden Bereiche."

„Und Du meinst, dabei käme etwas Sinnvolles heraus?"

„Zumindest wäre dann etwas klarer, was die Menschen wollen. Sie würden dann nicht nur eine Partei, sondern auch Themen wählen, um die sich die Parteien kümmern sollen."

„Hm ... "

„Vermutlich wäre es gut, wenn man nicht nur ein Thema wählen dürfte, sondern z.B. fünf Themen und wenn man dabei festlegen dürfte, wie viele Punkte jedes Thema erhalten soll – jeder hat dann 100 Punkte zu vergeben. Nach dem Verfahren müssten sich die Leute tatsächlich mal Gedanken machen, was ihnen wichtig ist, und die Regierung bekäme ein klareres Bild, was die Menschen wollen."

„Und wenn die alle plötzlich Angst bekommen und alle das ganze Geld in die Rüstung stecken wollen?"

„Man könnte ja noch eine Regel einbauen, dass sich die Werte von der letzten Wahl durch die neue Wahl um maximal fünf Punkte verändern dürfen – das würde das System etwas stabiler machen."

„Ich habe ja noch immer Zweifel, ob das System gut ist ... "

„Das weiß ich auch nicht. Ich habe nur überlegt, wie es erreicht werden könnte, dass das, was die Regierung macht, nicht nur den Willen der Mehrheit, also den Willen der Wähler, die die Regierungsparteien gewählt haben, widerspiegelt, sondern anteilig den Willen von allen Wählern. Wobei beim Wählen einer Partei ja noch gar nicht so sicher ist, was die Partei dann anschließend machen wird ..."

„Also keine Parteien mehr wählen, sondern Themen?"

„Das müssten dann wohl zwei verschiedene Wahlen sein – eine Parteienwahl wie bisher in den Demokratien, und eine Werte-Wahl. Und die Parteien müssten nach der Wahl alle gemeinsam zusammenarbeiten – jede Partei erhält einen Teil der Aufgaben, die durch die Wahl der Werte vorgeschrieben wird. Das wäre dann natürlich der Teil der Aufgaben, der dieser Partei besonders wichtig ist. Und die Parteien müssten sich untereinander absprechen."

„Klingt interessant, aber ob das so funktionieren kann, weiß ich nicht."

„Das weiß ich auch nicht – ich habe einfach nach einer Möglichkeit gesucht, wie man eine Kooperations-Regierung erschaffen könnte statt einer Konkurrenz-Regierung wie in der Demokratie, wo es ja nach jeder Wahl Sieger und Verlierer gibt."

„Und was hat das mit den Steuern zu tun? ... Ach, ja – diese bei der Werte-Wahl ermittelten Werte, nach denen die Regierung handeln soll, bestimmen ja auch, wohin die Steuergelder fließen."

„Zumindest wären die Steuerzahler dann in die Verwendung der Steuergelder involviert und hätten einen Bezug zu dem, was mit ihren Steuern geschieht."

„Das klingt zunächst mal ganz gut, aber das müsste erst noch ausprobiert und dann zu einem funktionierenden System zurechtgefeilt werden."

„Ja, das ist auf jeden Fall nötig."

„Immerhin würden auf diese Weise die Ziele, die die Einzelnen haben, also das, was sie erreichen wollen, ihre persönlichen Werte, zu einem Teil der Ziele und Werte der Regierung werden."

„Das hieße dann aber, dass die Regierenden an den Willen des Volkes gebunden sind – das sind sie jetzt ja nicht. In der Demokratie entscheiden die Abgeordneten, die Minister und der Kanzler frei nach ihrem Wissen und Gewissen."

„Sie unterliegen aber dem Gesetz und vor allem dem Grundgesetz. Und im Notfall kann man sich an das Verfassungsgericht wende, wenn die Regierung etwas macht, was nicht dem Gesetz entspricht. Aber bei dem neuen System, das Du vorgeschlagen hast, wären sie auch noch an die Werte gebunden, die bei der Werte-Wahl herauskommt. Das wäre dann neben den Gesetzen noch eine zweite Art von Leitplanken für die Straße, auf der die Regierung fahren darf."

„Ja – so ist das gedacht."

„Das wird der Regierung aber gar nicht gefallen – noch eine zweite Gruppe von Regeln, an die sie sich halten müssen."

„Nein – das wird ihr wahrscheinlich nicht gefallen. Es wird ja oft argumentiert, dass

451

das Volk nicht weiß – nicht wissen kann – was für es gut ist und dass deshalb die Regierenden frei entscheiden können müssen. Was den Informationsstand angeht, stimmt es sicherlich, dass die Regierenden einen weit besseren Überblick haben, aber was die Werte angeht, ist es ein bisschen überheblich, wenn die Regierenden meinen, dass sie besser wissen, welche Werte für das Volk gut sind. Daher wird dieses neue System wohl von den Menschen ausgehen müssen – das wird wohl kaum von der Regierung vorgeschlagen werden."

„Nein – wohl kaum ... Aber man bekäme sofort einen viel lebendigeren Bezug zu den eigenen Steuerzahlungen ... Diese Wirkung hätte das neue System auf jeden Fall. Das wäre eine Alternative zum Volksentscheid – der ja von der Regierung ebenfalls möglichst vermieden wird, weil er die Macht der Regierung einschränkt ..."

„Und vielleicht würden die Steuern dann auch etwas sinnvoller eingesetzt. ... Aber das ist jetzt natürlich reine Theorie, weil wir nicht wissen, welche Auswirkungen das hätte."

„Manche werden Dein System polemisch 'Anarchie' nennen, um dieses System abzuwehren – dabei ist das doch nur eine etwas gründlichere Form der Demokratie, also der 'Volksherrschaft', was ja die wörtliche Bedeutung von 'Demokratie' ist. ... Wozu einen die Betrachtung der Steuern so alles bringen kann ...

Hast Du schon einen Namen für diese neue Regierungsform?"

„Ja – 'Sophikratie'."

„Und was heißt das?"

„'Herrschaft der Weisheit'."

„Ein hohes Ziel ..."

„Aber genau das brauchen wir doch!"

„Das stimmt natürlich – wenn man sich die Kriege, den Klimawandel, den Hunger und dergleichen ansieht ... dann wäre ein bisschen mehr Weisheit wirklich sehr willkommen ..."

10. Lenkung

VS

„Woher kommt das Wort 'Steuer' eigentlich? Bezeichnet das etwas, womit man steuert?"

„Nein – es ist zwar mit dem Wort 'steuern' verwandt, aber es ist nicht dasselbe Wort. Das althochdeutsche 'stiura' bedeutete 'Stütze, Unterstützung, Steuerruder', also in etwa 'hilfreicher senkrechter Pfosten' – auch das Steuerruder an den früheren Schiffen war ja ein außen an der Bordwand befestigter senkrechter Pfosten mit einem Griff oben und einem Ruderblatt unten.

Aus dem Steuerruder des Schiffes ist dann einerseits das Steuer, also das Lenkrad des Autos, geworden und andererseits ist aus der hölzernen 'Stütze' auch die Stütze im übertragenen Sinne, also die Unterstützung, die Hilfe, die Beihilfe geworden. Diese Bedeutung sieht man heute noch in den beiden Worten 'Aussteuer' für 'Gaben, die die Braut bei der Heirat erhält' und 'Stütze' für Sozialhilfe'.

Schließlich ist aus der 'Unterstützung' die 'Abgabe' an den Staat geworden – sozusagen unfreiwillige Almosen, die der Staat an die Bedürftigen verteilt."

„Die Steuern sind also sprachgeschichtlich gesehen eine 'Unterstützung'. Das kommt ihrer Funktion ja sehr nahe. Sie sollen ja die Bedürftigen unterstützen und auch die Regierung darin unterstützen, den eigenen Staat zu schützen."

„Ja ... Aber die Bedeutung 'steuern, lenken' kommt der Aufgabe der Steuern auch sehr nahe. Durch das, wofür die Steuern ausgegeben werden, wird ja festgelegt, was man fördert und was man vernachlässigt."

„Also sind die Steuern ein Lenkungs-Instrument für die Vorgänge in der Politik und in der Volkswirtschaft."

„Ja – mit ihnen kann man die Rentner unterstützen, den Kranken helfen, die Solaranlagen fördern, das Heer aufrüsten usw. Aber die Steuern alleine reichen als Lenkungs-Instrument nicht aus."

„Wieso?"

„Man muss auch die Macht und die Einflussnahme, die auf anderen Wegen entsteht, wirksam begrenzen."

„Woran denkst Du da?"

„An Großspenden an Parteien; an Einflussnahme durch Spenden an einzelne Politiker; an Lobby-Arbeit, bei der die Meinung der Abgeordneten und Minister im eigenen Sinne geformt wird; an Bestechung; an Erpressung; an den Besitz von Kurzmitteilungsplattformen wie „X" (vormals „Twitter"), über die man die eigene Meinung verbreiten kann; an multinationale Konzerne, die sich der Rechtsprechung eines einzelnen Staates entziehen können; an Industrie, die mit der Abwanderung ins Ausland droht; an Steuerbetrug im großen Stil wie bei dem Cum/Ex-Skandal … Es gibt viel, wodurch man einen großen Einfluss auf die Politik nehmen kann …"

„Hm … da gibt es anscheinend wirklich viele Möglichkeiten …"

„Ja – wenn man Geld oder eine andere Form der Macht hat, kann man auch Politiker dazu bringen, dass sie einem einen 'Gefallen' tun …"

„Dann steuern wieder einzelne Mächtige das Geschehen und nicht die Politiker, die das Wohl des ganzen Volkes im Blick haben sollten …"

„Auch das, was andere Staaten machen, hat einen Einfluss auf die eigene Politik: Das sind nicht nur Kriege, sondern z.B. auch niedrige Steuern, oder Beschlüsse von Staatengemeinschaften wie der EU …"

„Politiker zu sein sieht nicht so aus, als ob das ein angenehmer Job wäre … da muss man schon einen soliden Machtinstinkt haben, um da klar zu kommen …"

„Aber viel beeinflussen kann man … Baut man Straßen oder Eisenbahnschienen? Behält man die Steuerbefreiung für Kerosin, also den Treibstoff für die Flugzeuge, in der EU bei, obwohl das den klimaschädlichen Flugverkehr fördert? Erhöht man das Renteneintrittsalter und erhöht man dadurch die Steuereinnahmen und verringert man dadurch gleichzeitig die Rentenzahlungen? Behält man die niedrige Körperschaftssteuer – wie in der Schweiz und Deutschland – bei, um die Industrie zu fördern?"

„Die Steuern sind also das Lenkrad der Politiker für das 'Staats-Auto' …"

„Nicht nur die Steuern, da ja auch viele Dinge beschlossen werden, die zunächst mal nichts mit Geld zu tun haben – wobei natürlich bei fast allen Beschlüsse anschließend auch ein Geldfluss folgt …"

„Also sind die Steuern doch ein zentrales Element in der Politik."

„Das kann man schon so sagen. Deshalb gibt es ja auch immer wieder den Streit über den Haushalt des Staates."

11. Globalisierung

„Du spricht immer wieder von der 'Epoche der Globalisierung', die um ca. 1945 mit der Gründung der UNO begonnen hat. Hast Du eine Idee, wie das Steuersystem in dieser Epoche der Globalisierung aussehen sollte?"

„Tja … das ist eine wichtige Frage … Wie sollte das aussehen? … Ich weiß es nicht. Ich kann erst mal nur sagen, welche Wirkung es haben sollte – falls ein Steuersystem überhaupt eine solche Wirkung haben kann."

„Und das wäre?"

„Es sollte die Kriege beenden, es sollte die Klimaerwärmung beenden, es solle den Hunger beenden, es sollte den großen Unterschied zwischen Arm und Reich verringern, es sollte die Weltbevölkerung schrumpfen statt wachsen lassen, es sollte die Umwelt schützen, es sollte die Artenvielfalt erhalten … Da gäbe es noch so einiges mehr …"

„Und wie willst Du das mit einem … Wie würdest Du das nennen? … mit einem 'globalisierten Steuersystem' erreichen wollen? Das ist doch unmöglich!"

„Das mag sein. Aber hat da schon mal jemand gründlich drüber nachgedacht?"

„Das weiß ich nicht … wahrscheinlich schon …"

„Ja – wahrscheinlich. Aber was können wir dazu beisteuern?"

„Hast Du einen Vorschlag?"

„Den Unterschied zwischen Arm und Reich kann man ja gut durch Steuern angehen – und die Klimaerwärmung könnte man durch die gezielte Förderung von allen ökologischen Projekten verhindern, den Hunger könnte man durch eine 'Brot-Abgabe', mit der die Landwirtschaft in den betreffenden Ländern gefördert wird, verhindern … Da gibt es schon einiges, was man recht einfach mithilfe von Steuern erreichen könnte, wenn denn der Wille dafür da wäre.

Und es müsste ein System geben, das automatisch die bestraft, die einen Krieg beginnen."

„Das wäre dann aber mehr als nur ein Steuer-System ..."

„Ja ... vermutlich schon ... Die Steuern wären dann ein Teil von diesem System des Geldflusses – denn das sind die Steuern ja schließlich: ein Aspekt des Geldkreislaufes."

„Also Boykotts, Handelsblockaden, eingefrorenes Auslandsvermögen und dergleichen ... Aber das gehört nicht mehr zu den Steuern."

„Ja – das stimmt schon. Die Verwendung eines Teils der Steuergelder für die Aufrüstung des angegriffenen Staates ist da schon direkter."

„Aber das haben wir ja schon."

„Ja – das Denken in Gesamtzusammenhängen, das Denken als Menschheit beginnt sich allmählich durchzusetzen ..."

„Was könnte es noch an konkreten 'globalen Steuermaßnahmen' geben?"

„Eine weitgehend einheitliche Besteuerung in allen Ländern ... ein gemeinsamer Staats-Haushalt aller Länder – also eine gemeinsame Planung der Verwendung der eingenommenen Steuergelder ... die Steueroasen beenden ..."

„Das klingt schon realitätsnäher ... Ich meine, dass hat mehr mit den Steuern zu tun – aber die Umsetzung wird schwierig werden, solange die Staaten sich noch als 'Einzelwesen' und nicht als organischer Teil der Menschheit ansehen."

„Ja – solange das so ist, wird das mit den 'globalisierten Steuern' wohl nichts werden."

„Man könnte doch auch klein anfangen und einen kleinen Teil der Steuern an die UNO abführen, die damit dann wiederum die dringendsten Nöte auf der Erde behebt."

„Dann wäre man einer 'Weltregierung' ein Stückchen näher gekommen."

„Aber wäre eine 'Weltregierung', also eine 'UNO mit erweiterten Kompetenzen' eigentlich erstrebenswert? Was, wenn die UNO dann Dinge macht, die nicht allen zugute kommen?"

457

„Ich verstehe Deine Bedenken … die habe ich auch schon gehabt. Aber wir brauchen eine Einrichtung, die dabei hilft, die Vorgänge auf der Erde zu koordinieren, um die Kriege, den Hunger, die Klimaerwärmung usw. zu vermeiden. Ohne eine Institution, die diese Koordination und diese Kooperation leitet, wird das wohl kaum etwas werden mit dem Weltfrieden oder mit dem Vermeiden der Klimakatastrophe …“

„Hm … das stimmt wohl, was Du da sagst … Also damit anfangen, einen kleinen Teil der Steuereinnahmen an die UNO zu übertragen, die dann die größten Nöte lindern kann. Das wäre dann so etwas wie eine internationalisierte Entwicklungshilfe unter der Leitung der UNO.“

„Ja – so was in der Art …“

„Das wäre eine Grundlage, auf der man aufbauen und die man allmählich weiterentwickeln könnte.“

„Ja – ich glaube nicht, dass man so etwas mit einem Beschluss einrichten oder aufbauen kann. Das muss sich allmählich entwickeln. Dadurch kann man dann auch die Irrtümer korrigieren, die man bei kleinen Projekten erkennt, statt diese Fehler sofort im ganz großen Stil mit katastrophalen Folgen zu machen.“

„So wie 1959-1961 die Große Hungersnot mit 30 Millionen Toten in China, die vor allem durch Fehlplanungen in dem dritten Fünfjahresplan entstanden ist.“

„Ja – so was müssen wir ja nun wirklich nicht noch mal wiederholen. Also das Neue langsam Schritt für Schritt entwickeln.“

„Ja, das ist sicherer. Also mit der Überweisung eines Teils der Steuern der Staaten an die UNO beginnen. … Das klingt gut, aber das ist völlig unrealistisch. Schließlich können sich die Parteien ja oft nicht einmal über den eigenen Staatshaushalt einigen – und dann noch Geld abgeben? Dann wird das ja noch schwieriger mit den Haushaltsberatungen.“

„Und wenn man diese 'UNO-Abgabe' – so wie Du das eben vorgeschlagen hast – als 'internationalisierte Entwicklungshilfe' auffasst? Dann wären die Beträge zwar klein, aber die UNO könnte schon mal anfangen.“

„Das stimmt wohl … aber werden sich die Staaten auf so etwas einlassen?“

„Sie unterstützen jetzt ja auch schon die Ukraine … Warum sollten sie sich nicht irgendwann auch darauf einlassen können, über die UNO den Klimawandel noch abzuwenden?"

„Vielleicht ... "

„Und wenn ein großer Teil der Steuereinnahmen direkt an die UNO und nicht an die Staaten fließen würde, wäre die UNO auch in der Lage, einen Staat dadurch zum Beenden eines Krieges zu zwingen, dass sie ihm die Auszahlung der Steuergelder verweigert. Das wäre doch zumindest eine Möglichkeit ..."

„Ja ... denkbar wär's ... aber da ist wohl viel Beten nötig, damit daraus was wird ... "

„Ja – und es würde auch voraussetzen, dass die UNO immer vernünftige Entscheidungen trifft, was ja auch nicht garantiert ist ... Ich kann wirklich nicht abschätzen, was eine UNO als Weltregierung oder ähnliches bedeuten würde und welche Wirkungen das hätte ...

Aber ich schließe noch immer nicht ganz aus, dass die Einsicht der Menschen irgendwann mal ein bisschen weitsichtiger wird als sie es heute ist und dass die Menschen daher dann auch sinnvollere Entscheidungen treffen werden als es heute üblich ist."

„Optimist!"

„Ja – Fundamental-Optimist. Nur so kann man mit aller Kraft in die richtige Richtung gehen."

„Das ist natürlich auch wieder wahr. Wenn man das Ziel nicht klar sieht und sich nicht ganz darauf ausrichtet, geschieht auch nicht viel ... "

12. Ökologie

H

„Wenn ich mir die Steuern so anschaue und betrachte, was sie bewirken, dann sehe ich, dass es auch freiwillige Steuern gibt. "

„Freiwillige Steuern? Was meinst Du damit?"

„Nun, ja – Spenden. Das sind doch so was wie freiwillige Steuern, nur dass sie auf einen ganz bestimmten Zweck ausgerichtet sind. "

„So habe ich das noch gar nicht betrachtet. Aber Steuern und Spenden sind ja wirklich beide auf das Gemeinwohl ausgerichtet …"

„Dann gibt es noch das Ehrenamt – da machen die Leute etwas für die Gemeinschaft, ohne dafür etwas zu erhalten. "

„Und wir haben sogar die Gemeinnützigkeit als Prinzip, das vom Gesetz definiert ist. Daher können Vereine entweder eigennützig oder gemeinnützig sein. Und ein gemeinnütziger Verein braucht keine Steuern zu zahlen, weil er per Definition ja schon etwas ist, was der Allgemeinheit zugute kommt – er ist eben gemeinnützig. Daher braucht er keine Steuern zu zahlen, die dann ja für das Allgemeinwohl verwendet werden würden."

„Wir scheinen ja doch noch eine Kultur der Gemeinnützigkeit zu haben. "

„Da gibt es noch etwas: Stiftungen."

„Wie funktionieren die? Was ist das rechtlich gesehen? "

„Das ist so ähnlich wie ein Verein, nur dass die Stiftung in ihrem Zweck festgelegt ist und ihr Zweck nur mit sehr großem Aufwand verändert werden kann. Ein Verein hingegen lässt sich leicht ändern – es muss nur die Mehrheit der Mitglieder der Änderung zustimmen."

„Gibt es da noch etwas? "

„Ja – die gGmbH.“

„Und was ist das?“

„Eine gemeinnützige GmbH. Es gibt auch noch die gAG, also die gemeinnützige Aktiengesellschaft, oder die gKGaA, also die gemeinnützige Kommanditgesellschaft auf Aktien. Das sind alles Kapitalgesellschaften, die einen gemeinnützigen Zweck verfolgen wie zum Beispiel das Betreiben eines Waisenheims, eines Theaters oder einer Volkshochschule. Dann gibt es auch noch die gemeinnützigen Genossenschaften, die z.B. die Eltern von Behinderten für den Aufbau einer Werkstatt für ihre behinderten Kinder gegründet haben.“

„Es ist doch erstaunlich, wie differenziert das alles ist – und vor allem, wie weit der Gedanke des sozialen Verhaltens bis in die Rechtsformen von Unternehmungen hineinreicht, also in Vereine, Stiftungen, die gGmbh, die gAG, die gKGaA, die gGenossenschaft und was es da noch so alles geben mag ...“

„Ja – da gibt es schon eine große Vielfalt.“

„Deine Idee, die Verwendung der Steuerzahlungen an den Staat an die Ergebnisse einer Werte-Wahl zu binden, die regelmäßig neben der Parteien-Wahlen abgehalten wird, ist doch gar nicht so utopisch. Immerhin hält der Staat ja schon Rechtsformen bereit, mit deren Hilfe sich Einzelne oder Gruppen von Menschen gemeinnützig, also sozial, engagieren können. Deine Idee wendet das Prinzip von Spenden, gemeinnützigem Verein, Stiftung, gGmbH, gAG, gKGaA und gGenossenschaft lediglich auf alle Gelder an, die in gemeinnützige Projekte fließen sollen – also auf die gesamten Steuereinnahmen.“

„Eine interessante Perspektive, die Du da gerade beschreibst ... Wir kennen das im Grunde schon, was ich mir da überlegt habe – nur ist es noch nicht verallgemeinert worden.“

„Und das Prinzip der Kooperation, dass Dir so wichtig ist, gibt es ja auch schon als die BRD, die ein Zusammenschluss von 16 Ländern ist, als die EU, die ein Zusammenschluss von 27 Staaten ist, als die USA, die ein Zusammenschluss von 50 Bundesstaaten ist, als die UNO, die eine Kooperation zwischen 193 Staaten ist ...“

„Ja – eigentlich sind wir schon näher an meinem Vorschlag, als mir bewusst gewesen ist ...“

Die 12 Betrachtungsweisen der Sozialberufe

Entwürfe für die Zukunft – Band 23

Inhaltsübersicht

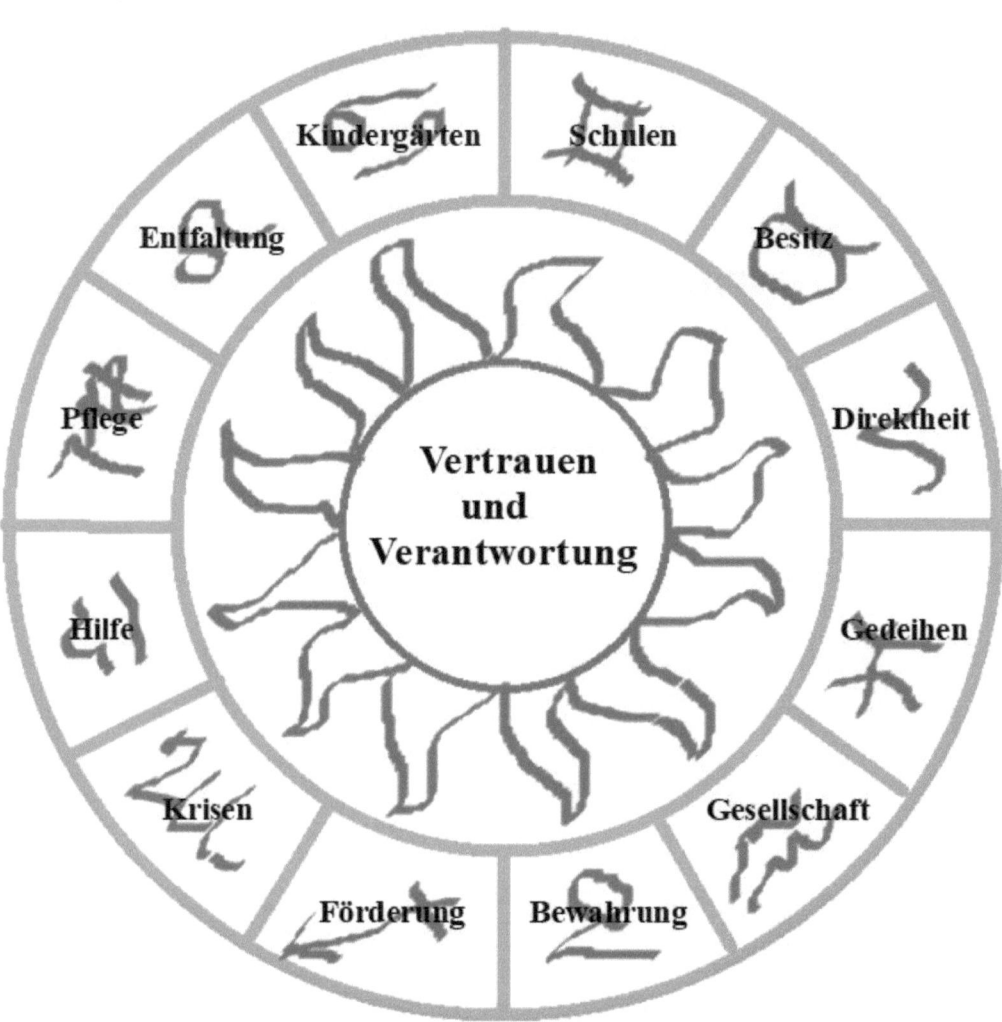

Was ist ein sozialer Beruf?

Intuitiv hat jeder eine Vorstellung davon, was ein sozialer Beruf ist, aber intuitive Vorstellungen sind nicht immer unbedingt bei allen Menschen genau gleich. Daher könnte es evtl. hilfreich sein, den Begriff „sozialer Beruf" zunächst einmal genauer zu definieren.

Nun – ein sozialer Beruf hat irgendwas mit anderen Menschen zu tun … so was wie Krankenschwester … Doch mit dieser ein wenig ungenauen Definition ist auch der Steuerfahnder ein sozialer Beruf, da er ja ganz auf andere Menschen ausgerichtet ist, die den Staat betrügen. Und auch ein Soldat ist ganz auf andere Menschen ausgerichtet – um die Soldaten des feindlichen Staates zu töten. Doch das entspricht ja nicht so recht der landläufigen Vorstellung von einem sozialen Beruf.

Also vielleicht „helfender Beruf"? Eine Krankenschwester hilft schließlich anderen Menschen. Aber auch der Automechaniker in der Autowerkstatt hilft anderen Menschen, doch die Tätigkeit dieses Helfers würde wohl kaum jemand als „soziale Tätigkeit" bezeichnen.

Man könnte es mit „auf das Wohlergehen anderer Menschen ausgerichtete Tätigkeit" versuchen. Das beschreibt immerhin das Grundgefühl, das allgemein mit dem Begriff „sozialer Beruf" verbunden ist. Das würde dann aber auch auf Polizisten, Staatsanwälte, Richter und Gefängniswärter zutreffen, da diese die Gemeinschaft vor Gewalttätern u.ä. schützen. Doch es ist mehr als nur ein wenig zweifelhaft, daß die Insassen von Gefängnissen zustimmen könnten, daß diese Berufe ebenfalls sozial sind.

Noch ein anderer Ansatz: Wie wäre es mit „auf hilflose Menschen ausgerichtete Tätigkeit"? Das ist zunächst einmal richtig, wenn man dabei an eine Krankenschwester denkt, doch auch der Lehrer ist unzweifelhaft ein sozialer Beruf. Aber kümmert sich ein Lehrer um „hilflose Menschen"? Diese Definition würde wohl kaum einem Schüler besonders gut gefallen …

Vielleicht „ein Beruf, über den sich andere freuen"? Dann wären auch der Möbelpacker und ein guter Bonbon-Erfinder soziale Berufe, was jedoch ein wenig seltsam klingt.

„Der etwas tut, was sich ein anderer wünscht"? Das trifft für die Krankenschwester zu, aber auch für eine Prostituierte – und das ist ein Beruf, bei dem man erst nach einigem Nachdenken darauf kommt, daß man ihn evtl. auch zu den sozialen Berufen zählen könnte.

Oder: „Ein sozialer Beruf ist ein Dienstleistungsberuf." Aber würde man bei einem Taxifahrer sagen, daß er einen sozialen Beruf ausübt, obwohl er offensichtlich ein Dienstleister ist? Und wie steht es mit dem freundlichen Herrn, der den eigenen PC und das eigene Handy repariert, wenn es mal wieder nicht mehr das tut, was man selber will. Das ist zwar ein Dienstleistung, aber so richtig sozial sieht das eigentlich nicht aus, und gibt es sogar das weitverbreitete Vorurteil, daß diese ganzen Programmierer und PC-Freaks eigentlich keine sonderlich stark ausgeprägte soziale Seite haben, sondern eher Eigenbrötler sind …

Nur noch ein letzter Versuch: „Soziale Berufe kümmern sich um das, was sozial wichtig ist". Paßt das? Es paßt zwar – aber gibt es denn überhaupt irgendeinen Beruf, der nicht „sozial wichtig" ist? Würde es diesen Beruf überhaupt geben können, wenn er nicht „sozial wichtig" wäre, d.h. wenn die Gemeinschaft nicht bereit wäre, für diese Tätigkeit etwas zu zahlen? Wohl kaum …

Wie man sieht, kann man den Begriff „sozialer Beruf" leicht von immer neuen Seiten her betrachten und diesen Begriff dabei immer weiter ausdehnen. Letztlich kommt man dabei vermutlich zu dem Schluß, daß jeder Beruf auch ein sozialer Beruf ist, da jeder Beruf auch Auswirkungen auf viele andere Menschen hat – selbst der Beruf des Straßenkehrers, des Bäckers und der Putzfrau. Doch wenn man einen Begriff so weit ausdehnt, daß er alles umfaßt, wird er weitgehend nutzlos, da er dann keine Unterscheidung mehr zu Dingen beinhaltet, die nicht zu diesem Begriff gehören.

Immerhin hat diese Betrachtung gezeigt, daß es bei „sozialen Berufen" um die Wirkung der Tätigkeit auf die Gemeinschaft geht. Daher ist der naheliegende Gegenpol zu „sozialer Beruf" so etwas in der Art wie „egoistischer Beruf" oder „sachbezogener Beruf." Ein egoistischer Beruf wäre dann z.B. der Börsenmakler, der mit Spekulationen Geld verdienen will, was sicherlich keine soziale Tätigkeit ist, da er im Grunde nur den Gewinn abschöpft, den andere erwirtschaften. Ein sachbezogener Beruf wäre z.B. der Bomben-Entschärfer, wobei die vorübergehende Evakuierung des gesamten Umfeldes durchaus eine soziale Wirkung ist – und die Menschen, die da sicherheitshalber evakuiert werden, sind dem Bomben-Entschärfer sicherlich dankbar, daß er sein eigenes Leben riskiert, um die Sicherheit all dieser Menschen in ihrem Wohngebiet wiederherzustellen.

So richtig weit haben all diese Versuche, das Wesen der „sozialen Berufe" zu definieren, noch nicht geführt, aber vielleicht ist dadurch immerhin eine etwas genauere intuitive Vorstellung darüber, was ein „sozialer Beruf" ist, entstanden.

So ganz zufriedenstellend ist das jedoch alles noch nicht.

Es ist ein altbewährtes Mittel, daß man, wenn keine befriedigende Antwort auf eine Frage findet, die Richtung der Fragestellung ändert. Da der Versuch, den Begriff „sozialer Beruf" klar und griffig zu definieren, offenbar nicht so einfach ist, könnte man stattdessen auch fragen, warum dieses Buch sich überhaupt mit diesen „sozialen Berufen" beschäftigt. Vielleicht läßt sich ja auf diese Weise etwas mehr Klarheit schaffen.

Ein Grund für das Schreiben dieses Buches ist die Gegenüberstellung der egoistischen

Grundeinstellung, mit der die Menschen immer erst einmal auf sich selber schauen, und der sozialen Grundeinstellung, bei der die Menschen immer erst einmal auf die Gemeinschaft schauen. Diese beiden Haltung durchziehen die gesamte Gesellschaft – z.B. als die liberalen Parteien, die die Freiheit des Einzelnen verteidigen, und die sozialen Parteien, die das Wohlergehen der gesamten Gemeinschaft anstreben. Es gibt also eine Berufsgruppe, die zu der sozialen Lebenseinstellung und Handlungsweise der Menschen gehört und eine Berufsgruppe, die zu der egoistischen Lebensweise der Menschen gehört: Als Beispiele kann man die bereits genannte Krankenschwester und den ebenfalls bereits genannten Börsenspekulanten nehmen. natürlich wird es dazwischen auch Mischformen geben, die zu verschiedenen Anteilen sowohl egoistisch als auch sozial sind.

Da es diese beiden gegensätzlichen Grundeinstellungen gibt, könnte es interessant sein, sich diese beiden Grundhaltungen und die zu ihnen gehörenden Berufe einmal genauer anzusehen. Wie stehen innerhalb der Gesellschaft? Was verdienen sie? Wie sind sie angesehen? Welches Image haben sie? Was geschieht, wenn eine der beiden Gruppen sehr klein und die andere sehr groß ist? Ist das in allen Ländern gleich?

Möglicherweise ergeben sich aus einer solchen Betrachtung ja Erkenntnisse, die zunächst einmal nicht offensichtlich gewesen sind, aber die dennoch wichtig werden können, wenn man sie erst einmal erfaßt hat.

Nun – das weiß man jedoch immer erst am Ende einer solchen Betrachtung ... ob sie zu neuen Erkenntnissen geführt hat oder nicht. Aber wenn man solch eine Betrachtung erst gar nicht anstellt, weiß man natürlich auch nicht, ob man nicht vielleicht etwas Wesentliches übersehen hat.

1. Direktheit

♈

das Prinzip

Wie handeln wir? Sind wir egoistisch oder sind wir hilfsbereit? … Das läßt sich nicht allgemein sagen, denn das hängt von der Situation ab, in der wir stehen:

> - Die Hilfsbereitschaft steigt, wenn etwas gleich vor uns geschieht – und sie sinkt, wenn etwas irgendwo fern in Afrika geschieht.

> - Die Hilfsbereitschaft steigt, wenn etwas ganz dringend ist wie der Brand eines Hauses in unserer Straße – sie sinkt, wenn irgendwo in New York ein Haus brennt.

Unsere Hilfsbereitschaft hängt also von unserer Nähe zum Ereignis und von unserer Betroffenheit ab. Das zeigt, daß Hilfsbereitschaft ein Instinkt ist: Wir sind hilfsbereit, wenn wir etwas sehen können und wenn es unsere Gefühle anspricht. Das bedeutet wiederum, daß unsere Hilfsbereitschaft für unser eigenes Überleben wichtig ist, denn sonst hätten wir Menschen keinen Hilfsbereitschafts-Instinkt entwickelt.

Wir sind also Herdentiere, d.h. wir brauchen den Schutz der Gemeinschaft und wir sorgen für den Schutz der Gemeinschaft. Unser Egoismus, der sich auf unser eigenes Wohlergehen ausrichtet, ist also in einen Altruismus eingebettet, der sich auf das Wohlergehen der Gemeinschaft ausrichtet, von der wir ein Teil sind.

Wir sind also am hilfsbereitesten, wenn es um unsere Familie, unsere Sippe, unser Dorf und evtl. noch um unser Land geht.

Dieser Instinkt hat sich bei den Säugetieren und bei den Vögeln entwickelt – er begann mit dem Brutpflegeinstinkt und hat sich dann auf die ganze Herde bzw. den Schwarm ausgeweitet.

Hilfsbereitschaft ist etwas, was spontan und emotional in Gang gesetzt wird, weil sie in den Instinkten verankert ist. Wir planen nicht, hilfsbereit zu sein, wir überlegen das auch nicht in jedem Fall neu, sondern wir reagieren einfach auf die Situation, die wir vor uns sehen – und rufen den Krankenwagen, wenn wir einen Unfall sehen.

Wir tun das, weil es richtig ist – weil uns unsere Instinkte sagen, daß das richtig ist … und weil wir instinktiv hoffen, daß auch andere uns helfen werden, wenn wir selber in Not geraten. Wir vertrauen instinktiv auf die Gemeinschaft – ganz egal, was wir bewußt denken.

zu wenig Hilfsbereitschaft

Es gibt zwar in jedem Menschen den Hilfsbreitschafts-Instinkt, aber er ist nicht in jedem Menschen gleich stark. Zudem kann die Ferne zu denen, die leiden, das Handeln aus Hilfsbereitschaft verhindern. Was interessiert mich ein Krieg, wenn er nur weit genug weg stattfindet? Doch wenn das Unglück – auch wenn es weit fort stattfindet – heftig genug ist wie z.B. ein Tsunami, dann erwacht dennoch durch die Bilder in den Nachrichten die Hilfsbereitschaft.

Die Menschen sind natürlich auch in der Lage, über die Welt nachzudenken und sich ein Weltbild zu erschaffen, an dem sie sich dann orientieren. Sie setzen sich zudem eine Grenze, bis zu der das Gefühl von „wir" und das Gefühl von „dringend" reicht. Wenn diese Grenze sehr eng gezogen wird – z.B. „meine Familie in Deutschland" – dann wird ein großer Teil der Welt und ein großer Teil der Menschen zu „Fremden in der Fremde", die völlig bedeutungslos sind – solange sie fern genug bleiben. Um sie braucht man sich dann nicht zu kümmern – sie sind ohne Bedeutung für mich, ihr Schicksal ist vollständig von meinem eigenen Schicksal getrennt, ihr Wohlergehen oder Leid hat keinen Einfluß auf mich.

Diese Abgrenzung kann zudem noch durch den Rivalitäts-Instinkt verstärkt werden. Die anderen wollen mir was wegnehmen? Das wollen wir doch erst mal sehen! Die anderen wollen mir was vorschreiben? Da haben sie sich aber geirrt!

Im Extremfall sieht man dann sich und seine eigene Gruppe als die Wertvollen und als die Guten an, während alle anderen die Wertlosen und die Bösen sind. Dadurch wird der Hilfsbereitschafts-Instinkt in Bezug auf die anderen vollständig abgestellt. Dann können Extreme wie Trumps „Amerika first", Hitlers Judenvernichtung und alle Arten von Kriegen entstehen.

Diese Form des platten Egoismus funktioniert nur, wenn man die Rivalität über den Gruppenzusammenhang stellt und daher nicht mehr „Wir helfen uns gegenseitig und schaffen das gemeinsam." denkt, sondern stattdessen „Wir oder die!" fühlt.

Wir tragen beide Instinkte in uns: die altruistische Hilfsbreitschaft, die die Gruppe erhält, und die egoistische Rivalität, die sich selber durchsetzen will.

Dieser Egoismus und diese Rivalität wird für das Überleben gebraucht – schließlich kann nichts überleben, das nicht den Überlebensinstinkt in sich trägt – aber wenn dieser Egoismus zu kurzsichtig wird und nicht mehr erkennt, was die Folgen des eigenen Handelns sind, dann wird es problematisch. Wenn der eigene Egoismus so kurzsichtig wird, daß er nicht mehr erkennt, wenn er an dem Ast sägt, auf dem er selber sitzt, wird dieser Egoismus zerstörerisch. Es wird also ein weitsichtiger Egoismus gebraucht, der die Folgen des eigenen Handelns überschaut und sie bei seinen Entscheidungen berücksichtigt.

Der Mangel an dieser Weitsicht und Einsicht ist auch das Grundproblem bei der Klimaerwärmung: Das Problem ist zu weit weg und zu diffus für eine instinktive, sinnvolle Reaktion auf die Situation … Wir müssen daher unsere Instinkte durch unseren Verstand ergänzen – sonst können wir nicht sinnvoll auf unsere globale Lage reagieren, sonst bleiben wir in selbstzerstörerischer Kurzsichtigkeit, sonst bleiben die Parteien in Machtstreben und Konkurrenz verhaftet, sonst tun sich nicht alle zusammen, um die drohenden Gefahren abzuwenden.

Das ist die Haltung der „rechten Parteien" – und ihr Problem … unser Problem …

zu viel Hilfsbereitschaft

Wenn es ein „zu wenig Hilfsbereitschaft" gibt, dann gibt es vielleicht auch ein „zu viel Hilfsbreitschaft". Offensichtlich tritt diese Abweichung vom sinnvollen Maß bei den Menschen auf, die im Gegensatz zu den Egoisten keine harte äußere Grenze haben, sondern deren Abgrenzung nach außen hin sehr schwach und sehr durchlässig ist. Diese Menschen empfinden das Leid der anderen genauso intensiv wie ihr eigenes Leid und sie engagieren sich daher für die Not in der ganzen Welt. Sie lassen sich leicht ausnutzen und sie werden schnell von anderen abhängig und manche von ihnen übernehmen sogar aus lauter Mitgefühl sogar die Krankheiten der anderen.

Diese Menschen sind also altruistische „Gemeinschafts-Menschen" – im Gegensatz zu den egoistischen „Rivalitäts-Menschen". Sie sind weitsichtig und sehen, was die anderen alles an Hilfe brauchen, was die Menschheit insgesamt dringend verändern muß um sich nicht selber zu schaden – aber sie vergessen darüber oft ganz und gar, was sie eigentlich selber brauchen. Sie opfern sich für andere auf und helfen und pflegen und spenden, aber werden davon selber krank und brauchen schließlich selber jede Menge Hilfe. Diese Haltung ist auch nicht „heil" und „gesund".

Während sich die Egoisten mit heftigen Fußtritten und unerwarteten Ellenbogenstößen nehmen, was sie haben wollen, blicken die Altruisten ständig darauf, was die Gemeinschaft braucht und opfern sich für sie auf.

das rechte Maß

Es ist offensichtlich notwendig, daß rechte Maß von Egoismus und Altruismus zu finden – oder wie es in der Politik meistens genannt wird: das rechte Maß zwischen Freiheit und Sozialismus. Allerdings geht es hier nicht wirklich um ein „Maß" im Sinne von „50% Freiheit + 50% Sozialismus", sondern darum, wie wir unsere Ziele kurzfristig, mittelfristig und langfristig erreichen können.

Wenn ich Hunger habe, kaufe ich mir ganz egoistisch ein Brötchen oder eine Pizza. Das ist ein kurzfristiges Bedürfnis, das auch eine kurzfristige Lösung braucht. Und dieses Problem kann ich ganz egoistisch und alleine und schnell lösen.

Wenn ich Probleme habe, eine neue Wohnung zu finden, ist das ein anderes Problem:

Schließlich kann dieses Probleme nur dann auftreten, wenn auch noch andere in der Stadt oder dem Land, in dem ich lebe, dasselbe Problem haben. Ich werde nur dann Schwierigkeiten haben, eine neue Wohnung zu finden, wenn es mehr Menschen gibt, die eine Wohnung suchen als Wohnungen, die angeboten werden. Wenn ich reich bin, wird es mir nicht schwerfallen, trotzdem eine Wohnung zu finden, doch wenn ich zu den Menschen mit einem mittleren oder niedrigen Einkommen zähle, kann die Wohnungssuche zu einem echten Problem werden. Mein Problem und die Probleme der anderen sind gleich und werden daher zu einem Gemeinschaftsproblem – das man folglich auch nur gemeinschaftlich beheben kann. Es müssen mehr Wohnungen gebaut werden, sie müssen billiger werden und die Bevölkerung darf nicht weiter wachsen, sondern sollte lieber schrumpfen. Dieses Problem läßt sich nur mittelfristig lösen.

Wenn sich jedoch durch die Lebensweise von uns Menschen auf der Erde das Klima erwärmt und die Überflutung der fruchtbaren Küstengebiete droht, weil das Schmelzen des Eises an den Polen und in den Gletschern in den Bergen den Meeresspiegel bis zu 67m ansteigen lassen kann, dann ist das ein Problem, das uns alle auf der Erde betrifft – das ist dann ein Menschheits-Problem. Dieses Problem läßt sich nur langfristig lösen, indem wir den CO_2-Ausstoß verringern und ganz allgemein auf den Schutz unserer Umwelt achten.

- Probleme, die man kurzfristig lösen kann, lassen sich meistens auf rein egoistische Weise ganz alleine lösen.

- Probleme, die man mittelfristig lösen kann, lassen sich meistens nur auf eine kombinierte egoistische und gemeinschaftlich Weise lösen.

- Probleme, die man nur langfristig lösen kann, lassen sich meistens nur auf eine umfassend gemeinschaftliche Weise lösen.

Es kommt beim „rechten Maß" also nicht auf eine Menge an, also nicht auf die richtige Mischung von Freiheit und Sozialismus, sondern darauf, daß Wesen einer Situation und des Problems in dieser Situation richtig zu erkennen und dann auch noch zu verstehen, welcher Lösungsansatz dafür gebraucht wird.

Das ist natürlich nicht so ganz einfach, da es immer in jedem Menschen mehr als ein Bedürfnis gibt. So hat zum Beispiel das Rivalitäts-Denken dazu geführt, daß die FDP die „Ampel"-Regierung daran gehindert hat, Schulden zu machen, um die anstehenden Probleme angehen zu können, die u.a. durch den russischen Angriffskrieg gegen die Ukraine entstanden sind. Die CDU hätte auch durchaus schon vor den Wahlen der SPD und den Grünen anbieten können, die Schuldenbremse aufzuheben oder umzugestalten – doch um selber an die Macht zu kommen, war es für die CDU passender, damit bis nach der Wahl zu warten.

Ein solches Vorgehen, das ganz klar nur auf die eigene Macht ausgerichtet ist, macht eine Partei jedoch weder glaubwürdiger noch beliebter. Der Grünen-Politiker Robert

Habeck, der immer versucht hat, mit den anderen Parteien trotz aller Differenzen zusammenzuarbeiten, ist letztlich an diesem Machtstreben der anderen Parteien gescheitert: Man kann nicht mit den anderen zusammenarbeiten, wenn die anderen vor allem auf den Erhalt der eigenen Macht achten.

Es gibt hier offensichtlich noch einiges zu lernen, was das Betreiben einer sinnvollen Politik angeht, die wirklich voll und ganz auf das Lösen der anstehenden Probleme ausgerichtet ist …

Berufe

Es gibt einige Berufe, die auf die Hilfe „hier und jetzt", also auf die Hilfe in Notfällen ausgerichtet sind. Zu ihnen gehren die Rettungssanitäter, die Feuerwehr, die Polizei, das Technische Hilfswerk und ähnliche. Diese Berufe werden nicht unbedingt zu den sozialen Berufen gerechnet, aber sie kümmern sich um Menschen in akuter Not und sind daher auf die Hilfe für die Gemeinschaft ausgerichtet.

Generell sind die sozialen Berufe eher anstrengende Berufe. In vielen Berufen gibt es geregelte Abläufe, vorhersehbare Tätigkeiten und einen klar geregelten Feierabend. Das ist in den sozialen Berufen jedoch fast überall anders, weshalb sie für viele Menschen auch zu anstrengend sind.

- Man braucht zunächst einmal eine hohe emotionale Belastbarkeit, da man ständig mit den Sorgen und dem Leid der anderen Menschen zu tun hat und dabei auch ständig emotional ansprechbar sein muß.

- Man benötigt Empathie, Mitgefühl und Einfühlungsvermögen und muß die Bedürfnisse der anderen erkennen und sich darauf einlassen. Man ist daher in seinem Handeln weitgehend reaktiv und fremdbestimmt. Dafür braucht man ein offenes und am besten auch noch liebevolles Wesen.

- Solch eine Arbeit kann man natürlich nur dann durchführen, wenn man hilfsbereit ist und wenn man am besten auch noch spontan ist, weil man sich ständig auf neue Situationen einstellen und neue Menschen eingehen muß. Das ist nicht unbedingt einfach und auch nicht jedermanns Sache – man muß schon sehr kontaktfreudig sein und man darf keine Berührungsängste haben.

- Gleichzeitig braucht man aber auch noch Verantwortungsbewußtsein, Zuverlässigkeit, Sorgfalt, Geduld und Ausdauer. Das Maß, in dem man diese Eigenschaften benötigt, variieren natürlich zwischen den verschiedenen sozialen Berufen.

- Auch körperliche Fitness ist in vielen Fällen unentbehrlich. Zudem gibt es Schichtdienste, Wochenendarbeit, Nachtschichten und allgemein die Notwendigkeit einer großen zeitlichen Flexibilität.

2. Besitz

♉

das Prinzip

Viele soziale Berufe dienen der Erhaltung von dem, was an Gutem da ist: die Erhaltung der Gesundheit, der Wohnung, des Einkommens, der sozialen Kontakte, der Arbeitsfähigkeit usw.

Das sind auf den ersten Blick natürlich alles soziale Tätigkeiten, die dem Wohlergehen der anderen dienen. Allerdings hat das durchaus auch eine egoistische Seite: Wenn man den Menschen frühzeitig bei ihren Problemen hilft, kann man oft vermeiden, daß aus den kleinen Problemen wie z.B. einem körperlichen Gebrechen, einer finanziellen Schwierigkeit oder einer psychischen Krise wirklich große Probleme entstehen. Schließlich kann man oft, wenn ein Problem gerade erst entsteht, verhindern, daß dieses Problem noch weiter anwächst und dann wirklich groß wird.

Die Hilfe bei der Früherkennung eines Problems ist oft sehr viel weniger aufwendiger als das, was nötig wird, wenn „das Kind bereits in den Brunnen gefallen ist". Daher wird die Gemeinschaft insgesamt weniger belastet, wenn es eine Aufmerksamkeit füreinander gibt. Da dann insgesamt weniger Hilfe geleistet werden muß, ist diese Früherkennung ganz im Sinne des Egoismus, weil das Sozialsystem durch Früherkennung weniger belastet wird als durch die langandauernden Heilungs- und Lösungsversuche von chronischen Problemen. Das Gute und Erwünschte umsichtig zu bewahren erspart viele Kriseneinsätze und Langzeittherapien.

Dieses Prinzip kann man noch einen Schritt weiter ausdehnen: Wenn man sich von vornehrein um das Wohlergehen der Menschen kümmert, muß man sich anschließend deutlich weniger um das Leid der Menschen kümmern. Dieser Ansatz spart viel Zeit, Arbeit, Geld und Mühe.

zu wenig Besitz

Wenn man zu wenig darauf achtet, daß es allen einigermaßen gut geht, wird es zu Krisen kommen. Dazu gehört auch ganz schlicht die Verteilung des Wohlstandes. Wenn alle Menschen innerhalb einer schmalen Bandbreite gleich viel besitzen – z.B. die reichsten nur zehnmal so viel wie die Ärmsten – dann werden auch die allermeisten in der Lage sein, ihre Gesundheit und ihr allgemeines Wohlergehen zu schützen. Wenn es jedoch am Geld fehlt, wird das sehr schwierig.

Die Verteilung des Reichtums ist nicht nur eine wirtschaftliche Frage, sondern auch eine soziale Frage. Leider ist der Wohlstand auf der Erde derzeit extrem ungleich verteilt und es sterben noch immer jeden Tag 24.000 Menschen an Hunger oder an den Folgen von unzureichender Ernährung. Auch reines Trinkwasser ist nicht für alle Menschen zugänglich. Weiterhin leben viele in Slums.

Die Armut von großen Teilen der Bevölkerung auf der Erde entsteht nicht dadurch, daß zu wenig für alle da wäre, sondern durch die ungleiche Verteilung von dem, was da ist.

Warum wird der Wohlstand nicht gerechter verteilt? Weil es zum einen auch den kurzsichtigen Egoismus gibt, der nicht weiter als bis zu der eigene Familie und auch nicht weiter als bis zum nächsten Jahr schaut, und weil es zum anderen auch noch das Rivalitäts-Prinzip gibt, das dazu führt, daß man ein größeres Stück von dem Kuchen abhaben will als der andere.

zu viel Besitz

Wenn die einen zu wenig bekommen, nehmen sich die anderen offensichtlich zu viel. Warum tun sie das? Viele Reiche leben in Existenzangst und haben eine heimliche Gier nach immer mehr. Obwohl sie reich sind, leben sie innerlich in einem Mangel, den sie aktiv und oft rücksichtslos zu vermehren trachten. Doch so viel dieser Reichtum auch wachsen mag, kann er niemals diesen inneren Mangel stillen.

Es gibt aber natürlich auch Reiche, die nicht von Mangel und Verlustängsten geplagt und geprägt sind. Diese Reichen kümmern sich auch um die Armen, gründen Stiftungen, engagieren sich für soziale Gerechtigkeit usw. Doch leider gibt es viel zu viele Menschen, die nach möglichst viel Geld streben, um damit (erfolglos) ein Loch in ihrer Psyche zu füllen.

Sie wollen in in einem Palast wohnen, weil sie sich heimatlos fühlen; sie wollen ihren Kinder ein Haus vererben, weil sie selber von ihren Eltern keinerlei Wärme erhalten haben; sie bauen sich eine Festung, weil sie in einem Land geboren worden sind, in dem Krieg herrschte; sie wollen der Reichste von allen sein, weil sie als Kind niemals Wertschätzung erlebt haben …

das rechte Maß

Was ist nun das rechte Maß? Die einfache Lösung: Das gesamte Eigentum auf der Erde addieren und dann durch 8 Milliarden teilen und jedem dann seinen gleichen Anteil geben. Allerdings wird bereits nach einem Monat wieder eine große Ungleichheit herrschen, weil es ja weiterhin Gierige und Großzügige gibt – solche, die alles haben wollen, und solche, die bereitwillig geben; solche, die viel verdienen, und solche, die wenig verdienen; solche, die selber arbeiten, und solche, die andere für sich arbeiten lassen. Einmal das gesamte Eigentum gleichmäßig aufzuteilen kann also nicht die Lösung sein.

Eine weitere naheliegende Lösung: Alle erhalten denselben Lohn. Dann wird es jedoch recht wahrscheinlich viele Arbeiten geben, die keiner machen will – und außerdem gibt es ja auch noch andere Möglichkeiten, zu Geld zu kommen, wie Handel, Spekulation, Bankgeschäfte, Betrug, Erpressung usw. Bei diesen Themen sind die Menschen erfahrungsgemäß ausgesprochen findig …

Eine dritte Möglichkeit wären „Leitplanken“. Diese Leitplanken können zum einen den Einzelnen vor der größten Armut bewahren und zum anderen die Gemeinschaft vor der Anhäufung von zu großem Reichtum bei Einzelnen schützen.

In Bezug auf den Schutz des Einzelnen vor zu großer Armut könnte man jedem einen Minimallohn zugestehen, den jeder unabhängig von seiner Arbeit erhält. Eine andere Möglichkeit ist das Sozialsystem, das aus Krankengeld, Arbeitslosengeld, Rente usw. besteht.

In Bezug auf den Schutz der Gemeinschaft vor dem zu großen Reichtum von Einzelnen könnte man eine Reichtums-Steuer o.ä. einführen, die den Reichtum oberhalb einer bestimmte Grenze auflöst. Das ist natürlich schwierig, solange vor allem die Reichen die Gesetzte bestimmen und solange es Privatbesitz an Produktionsstätten gibt, also „Unternehmer-Reichtum“. Der Ansatz von Karl Marx, das Produktionskapital zu enteignen und zu Gemeinschaftseigentum zu machen, hat leider nicht den erwünschten Erfolg gehabt. Hier ist also noch einiges an Kreativität notwendig.

Berufe

Einige soziale Berufe kümmern sich ganz direkt um die materielle Not der Menschen wie Alltagsbegleiter, Sozialamts-Angestellte, Hauswirtschaftshelfer, Leiter von Obdachlosenheimen, Mitarbeiter bei „Brot für die Welt“ und ähnliche.

Es gibt jedoch keine hauptberuflichen „Armuts-Bekämpfer“ oder gar „Reichtums-Bekämpfer“, die dafür sorgen, daß das Eigentum und das Einkommen nicht zu ungleich verteilt wird.

Doch es gibt immerhin zumindest in einigen Ländern Ämter, die dafür sorgen, daß die ganz große Not der Menschen gelindert wird. Selbstverständlich ist das allerdings nicht überall in der Welt. In vielen Gegenden ist auch noch heute die eigene Sippe die einzige materielle Absicherung, die es gibt.

Ein generelles Problem bei den sozialen Berufen ist es, daß man in diesen Berufen nur sehr wenig verdient – der Lohn liegt oft nicht allzu weit über dem Mindestlohn. Das führt dazu, daß sich nur wenige unverbesserliche Idealisten für die sozialen Berufe bewerben.

3. Schulen

Ⅱ

das Prinzip

Zum sozialen Handeln und zu den sozialen Berufen gehört auch die gesamte Bildung. Diese Berufe sind zwar nicht helfend-pflegend, sondern eben bildend, aber da sie ganz auf andere Menschen ausgerichtet sind, kann man sie auch zu den sozialen Berufen zählen.

Hier geht es um das Vermitteln von Wissen und um das Anleiten zum Erwerben von Fähigkeiten – ins besondere um intellektuelle Fähigkeiten, obwohl soziale und künstlerische Fähigkeiten auch eine Rolle spielen. Vermutlich wäre es sinnvoll, wenn vor allem die sozialen Fähigkeiten in der Bildung deutlich stärker betont würden.

Dieses Wissen wird in den Schulen, in der Lehre, in der Ausbildung und im Studium vermittelt. Dieses Wissen ist die Grundlage für das spätere Berufsleben. Ebenso ist die soziale Kompetenz, die sich idealerweise während der Schulzeit entwickelt, das Fundament für das spätere Sozialleben einschließlich der eigenen Biographie, der eigenen Familie, dem Umfeld, dem Beruf, der politischen Betätigung bis hin zu dem Umgang mit Menschheitsproblemen wie dem Klimawandel.

zu wenig Bildung

Daß sich die Schulen in Deutschland im Jahr 2025 in einem schlechten Zustand befinden, hat sich inzwischen vermutlich allgemein herumgesprochen. Damit ist nicht nur das Bauwerk „Schule" gemeint, sondern auch die Anzahl der Lehrer und die Verfassung der Schüler.

(Der Einfachheit halber ist hier nur von Schülern und Lehrern die Rede – es sind aber auch die Schülerinnen und Lehrerinnen gemeint.)

Derzeit fehlen 85.000 Lehrer; 50.000 Schüler verlassen jedes Jahr die Schule ohne Abschluß und geraten meistens in das Sozialsystem; die Leistungen der Schüler sinken Jahr für Jahr; die Lern-Motivation sinkt ebenfalls beständig; die Gewaltbereitschaft an den Schulen steigt genauso beständig, und sowohl die Sprache als auch das Verhalten verroht in zunehmendem Maße. Es ist ein Desaster …

Leider sind das noch nicht alle Probleme an den deutschen Schulen:

71% der Schüler im Alter von 7-17 Jahren fühlen sich einsam;

58% der Schüler im Alter von 12-19 Jahren haben schon Fake News
gesehen (und tendenziell nicht als solche erkannt);

51% der Schüler haben schon einmal beleidigende Kommentare gehört;

41% der Schüler vertreten radikale politische Ansichten;

40% der Schüler glauben an Verschwörungstheorien;

39% der Schüler haben schon Hassbotschaften erhalten;

33% der Schüler im Alter von 15 Jahren verfehlen in Mathematik die
Mindestanforderungen;

30% der Schüler haben schon pornografische Inhalte gesehen;

30% der Schüler haben schon belastende Inhalte bei Social Media gesehen;

30% der Schüler haben schon sexuelle Belästigungen erlebt;

25% der Schüler im Alter von 15 Jahren verfehlen im Lesen und Schreiben
die Mindestanforderungen;

21% der Schüler sagen von sich selber, daß sie unter einer geminderten
Lebensqualität leiden;

20% aller Schüler leiden unter psychologischen Auffälligkeiten;

6% aller Schüler haben die deutsche Sprache erst in der Schule gelernt.

Offensichtlich besteht an den deutschen Schulen ein sehr großer Handlungsbedarf, wenn das gesamte System nicht jegliches Niveau verlieren soll ...

zu viel Bildung

Angesichts der Betrachtungen in dem vorigen Abschnitt sollte man meinen, daß es derzeit nicht zu viel Bildung geben könnte, sondern daß es eklatant an Bildung mangelt.

Das ist einerseits richtig, aber andererseits auch vollkommen falsch. Ein normaler Arbeiter oder Angestellter arbeitet in Deutschland 40 Stunden pro Woche: an 5 Tagen jeweils 8 Stunden.

Und Schüler? Auch sie haben an 5 Tagen die Woche Unterricht, aber der Unterricht beträgt pro Woche mindestens 66 Schulstunden zu 45 Minuten, d.h. umgerechnet 50 Stunden zu 60 Minuten. Und das ist nur das Mindestmaß, das oft noch überschritten wird. Dazu kommen noch einmal zwei Stunden Hausaufgaben pro Tag, also noch einmal 10 Stunden. Ein Schüler arbeitet also pro Woche 60 Zeit-Stunden, also eineinhalb-mal so viel wie ein normaler Arbeiter oder Angestellter. Weiterhin verbringen manche Schüler auch noch nach der Schule einige Zeit in einer Offenen Ganztagsschule (OGS).

Kann das richtig sein?

das rechte Maß

Das „rechte Maß" kann bei diesem Thema nur als die „richtige Veränderung" beschrieben werden. Es werden mehr Lehrer gebraucht; die Schulen müssen renoviert werden; die Zeit, die Kinder pro Woche mit der Schule verbringen sollte wie bei Arbeitern und Angestellten auf 40 Stunden begrenzt werden; es werden sehr viele Schulpsychologen und Sozialarbeiter in den Schulen gebraucht; und es wird ein Gesamtkonzept zur „Heilung" und Weiterentwicklung der Schulen benötigt.

Es werden weiterhin Lehrkräfte, Konzepte und Kurse zur Integration der Zuwanderer benötigt; dazu auch das Lehren von Deeskalations-Methoden; Anleitungen zur Toleranz und Kooperation und ähnliches mehr, was die Verrohung an den Schulen wieder rückgängig macht. Diese Maßnahmen sind unter anderem auch mit der zunehmenden Verarmung der untersten Bevölkerungsschichten und der fehlenden Unterstützung für überforderte Eltern verbunden.

Eine Mammutaufgabe …

Ein wesentlicher Ansatzpunkt ist auch die Förderung der Kindergärten und Kindertagesstätten, da in ihnen die Grundlage für die Charakterbildung der späteren Schüler gelegt wird. Es wird mit sehr großer Wahrscheinlichkeit weitgehend wirkungslos sein, wenn nur in die Schulen, aber nicht in die Kindergärten investiert wird.

Berufe

Der Beruf, der für die Bildung maßgeblich ist, ist der Lehrer. Die Lehrer haben es nicht einfach – und das gleich aus mehreren Gründen:

> - die Ausbildung ist anspruchsvoll und dauert lange;
>
> - es gibt viel zu wenige Lehrer, was zu einer drastischen Überbelastung der verbliebenen Lehrer führt;
>
> - das Verhalten der Schüler verroht immer mehr;
>
> - das Arbeitspensum der Lehrer ist enorm: Vorbereitung des Unterrichts, Durchführung des Unterrichts, nachbereiten des Unterrichts, Korrektur der Klassenarbeiten; Lehrerkonferenzen; usw.

Die Arbeit der Lehrer unterscheidet sich recht deutlich, was vor allem davon abhängt, welche Art von Lehrer man betrachtet: Grundschullehrer, Oberstufenlehrer, Gymnasiallehrer, Fachlehrer, Dozent, Professor, Sportlehrer, Musiklehrer, Waldorflehrer, Montessori-Lehrer …

Daneben gibt es auch noch speziellere Lehrer wie Gymnastiklehrer, Fußballtrainer, Tennistrainer, Schwimmlehrer, Kampfsporttrainer, Parcourtrainer, Ninjatrainer, Tanzlehrer, Ballettlehrer, Privatlehrer, Praxisanleiter usw., die sich meistens in einer anderen Situation befinden als normale Schullehrer, da die Schüler, die zu ihnen kommen, das lernen wollen, was sie lehren – und nicht wie in der Schule das lernen sollen/müssen, was dort gelehrt wird …

Das Lernen-müssen ist generell ein Dilemma an den Schulen.

Das Angebot an Ausbildungen zum Lehrer ist recht umfangreich und vielfältig: Studium für Lehramt, Erziehungswissenschaften, Bildungswissenschaften, Pädagogik, Medienpädagogik, Sozialpädagogik, Frühpädagogik, Kindheitspädagogik, Heilpädagogik usw.

Wenn man bedenkt, daß man in der Schule die Grundlagen für den späteren Beruf und auch die Allgemeinbildung erwirbt, ist die Vernachlässigung der Schulen, der Lehrer und der Schüler eine der sichersten Methoden, eine Zivilisation einschließlich ihrer Kultur zu zerstören.

Die Förderung der Bildung ist kein soziales Luxus-Problem, sondern das Absichern der Grundlagen für fast alles andere – einschließlich des allgemeinen Wohlstandes in einem Land. Wenn alle Entscheidungen in einem Staat vor allem von Einsicht, Vernunft und Weisheit gelenkt werden würde, würden die Politiker als erstes dafür sorgen, daß die Schulen und die Kindergärten wieder zu Orten werden, an der die Kinder bzw. Schüler soziale Fähigkeit und Wissen erlernen – und idealerweise auch noch darin gefördert werden zu erkennen, wer sie selber eigentlich sind und wie sie ihr Leben leben wollen.

Das wäre dann ein wirklich solides und tragfähiges Fundament für alles andere einschließlich der politischen Kultur in dem betreffenden Land. Das würde die Bevölkerung auch in die Lage versetzen würde, mit Krisen konstruktiv umzugehen.

Leider gibt es in diesem Punkt derzeit gewaltige Defizite in Deutschland … und nicht nur in Deutschland …

4. Kindergärten

♋

das Prinzip

Die erste Gemeinschaft, die ein Mensch kennenlernt, ist seine Herkunftsfamilie, also seine Mutter und meistens auch seinen Vater sowie einige Geschwister. Die zweite Gemeinschaft ist der Kindergarten oder die Kindertagesstätte („Kita") und die dritte dann die Schule. Auf sie folgen dann noch die Berufsgemeinschaft und schließlich die selber gegründete Familie.

Der Kindergarten oder die Kindertagesstätte ist folglich der Ort, an der ein Kind am zweitstärksten geprägt wird – gleich nach seiner Prägung in seinem Elternhaus. Der Kindergarten sollte also ein Ort sein, an dem Menschen arbeiten, die gerne mit Kindern zusammen sind, die eine große soziale Weisheit haben und die diese Weisheit den Kindern weitergeben können.

Idealerweise würden diejenigen, die in den Kindergärten arbeiten, die Dinge, die in deren Elternhaus nicht so ganz optimal gelaufen sind, also diese schädlichen Prägungen bei den Kindern weider auflösen und das Verhalten der Kinder in eine sinnvollere, konstruktive Richtung lenken.

Das ist natürlich ein hoher Anspruch an alle Kindergärtnerinnen und Kindergärtner, doch er scheint notwendig zu sein. Die Kinder sind nicht erst in der Schule gestreßt, aggressiv und bisweilen unfähig, irgendetwas in einer Gemeinschaft zu tun, sondern bereits im Kindergarten. Im Kindergarten sind die Kinder jedoch noch ein bißchen „formbarer" als später in der Schule – ihre Verhaltensweisen haben sich noch nicht so sehr verhärtet. Die ersten Lebensjahre sind für die gesamte Entwicklung eines Kindes besonders wichtig.

Angesichts dieser Situation sollte es also möglichst viele Kindergärtner geben und sie sollten am besten entweder aus sich heraus gut mit Kindern umgehen können oder ausgebildete Psychologen sein. Das ist natürlich eine sehr hohe Anforderung an die Kindergärtner und es wäre ausgesprochen wünschenswert, wenn die Erziehung der Kinder durch ihre Eltern ein solch hohes Niveau des Kindergarten-Personals überflüssig machen würde. Doch leider ist das nicht der Fall und die Kindergärten sind der erste Bereich, in der die Gemeinschaft als Ganzes – also der Staat – einen Einfluß auf die Erziehung und Entwicklung der Kinder nehmen kann.

Eine wesentliche Aufgabe der Kitas ist es, den Kindern zu helfen, mit ihren Gefühlen auf eine konstruktive Weise umzugehen, Bindungen aufzubauen, Probleme miteinander zu lösen, die Kreativität zu fördern, die Sprache weiterzuentwickeln und dabei auf jedes Kind individuell und mit ausreichend Zeit einzugehen.

Das ist natürlich sehr zeitaufwendig und erfordert viel Klarheit, Anteilnahme, Geduld und Sachkenntnis.

zu wenig Einfluß

Wieviel Einfluß sollte die Gemeinschaft auf die Erziehung der Kinder nehmen? Ist Erziehung nicht die Privatsache der Eltern? Im Prinzip ist das schon die Privatsache der Eltern, aber nur so lange, wie diese Erziehung der Gemeinschaft keinen offensichtlichen Schaden zufügt.

So, wie es zur Zeit in den Kindergärten aussieht – also ein großer Mangel an gut ausgebildeten Kindergärtnern – hat die Gemeinschaft auf jeden Fall einen zu geringen Einfluß auf die Erziehung der Kinder, weil nicht genügend Kindergärtner da sind, um sich wirklich um alle Kinder kümmern zu können. Das bedeutet natürlich nicht, daß der Kindergarten derzeit keinerlei Einfluß hat, aber er ist deutlich kleiner als es wünschenswert wäre.

Der Anteil an qualifizierten Fachkräften sinkt immer weiter und es müssen Menschen ohne Ausbildung eingestellt werden, um die Kindergärtner nicht aufgrund von Personalmangel schließen zu müssen. Das muß nicht notwendigerweise so sein: In der DDR gab es eine vollständige Versorgung mit Kita-Plätzen und außerdem hat sich die Lage in den Kindergärten vor allem erst in den letzten Jahren deutlich verschlimmert.

Es gibt zwar mittlerweile einen Rechtsanspruch auf einen Kindergartenplatz, aber der wird von den derzeit bundesweit 60.662 Kitas oft nicht erfüllt. Es fehlen bundesweit 430.000 Kita-Plätze und insgesamt 100.000 Fachkräfte. Insgesamt für die Kinder unter drei Jahren mangelt es an Kita-Plätzen. In Ostdeutschland wurden hingegen wegen der stark sinkenden Geburtenzahlen bereits einige Kindergärten geschlossen.

Ein Großteil der Eltern kann sich nicht mehr darauf verlassen, daß die Kita geöffnet hat und daß das eigene Kind dort gut untergebracht ist. 57% der Eltern haben bereits einmal oder mehrfach eine Verkürzung der Betreuungszeit oder sogar eine vorübergehende Schließung der Kita aufgrund von Personalmangel erlebt. Das bedeutet, daß diese Eltern dann, wenn der Kindergarten schließt, Urlaub nehmen, Überstunden abbauen oder in Teilzeitarbeit wechseln müssen, um für ihre Kinder sorgen zu können.

Diese Situation richtet auch einen ganz direkten volkswirtschaftlichen Schaden an, denn dadurch, daß die Eltern aufgrund der zeitweiligen Kita-Schließung weniger arbeiten können, gehen in Deutschland pro Jahr 1,2 Milliarden Arbeitsstunden verloren. Das bedeutet eine Verringerung des Bruttosozialprodukts um 22,7 Milliarden € – das sind immerhin 0,55% des BSP. Schon aus diesem rein wirtschaftlichen Grund können wir uns diesen Zustand der Kitas nicht leisten.

Es ist auch eine Schwierigkeit, daß es derzeit kaum möglich ist, daß sowohl der Vater als auch die Mutter nur 80% arbeiten, um gemeinsam die Ausfälle der Kita-Zeiten auffangen zu können. Natürlich ist das nur eine Maßnahme, um die Folgen des eigentlichen Problems – zu wenig Kita-Personal – abzufedern, aber solange das eigentliche Problem nicht gelöst worden ist, sollte zumindest das Arbeiten in Teilzeit erleichtert werden. Doch das ist in den meisten Unternehmen sehr schwierig bis unmöglich …

Doch der Mangel an Kita-Personal ist nicht das einzige Problem: Teilweise sind die Zustände in den Elternhäusern der Kinder auch schon so dramatisch, daß das Jugendamt einschreiten muß. Die Zahl der Kindeswohlgefährdungen steigt ständig weiter an, doch die Jugendämter haben wie die Kitas viel zu wenig Personal. Die beim Jugendamt Beschäftigten müssen pro Stunde einen Fall bearbeiten und nebenbei auch noch diejenigen beraten, die zu ihnen kommen. Das ist jedoch so gut wie unmöglich noch auf eine qualitativ ausreichende Weise durchführbar.

Auch in den Sozialämtern gibt es 20.600 offene Stellen – plus 20.500 offene Erzieherstellen. Das bedeutet, daß insgesamt (im Jahr 2023) 56,4% aller Stellen in den Sozialämtern nicht besetzt gewesen sind. Weiterhin sind viele Wohngruppen für Kinder wegen Fachkräftemangel geschlossen worden. Aufgrund dieser Lage müssen 58% der Kinder, die dringend von ihren Eltern fortgeholt werden müßten, trotzdem weiterhin bei ihren Eltern bleiben, obwohl sie dort Vernachlässigung sowie sexuelle, psychische und körperliche Gewalt erleben. Im Jahr 2023 wurden mehr als 63.700 Fälle von Kindesgefährdung festgestellt – und das ist auch nur der kleine Teil der gesamten Fälle, die dem Jungendämter bekannt geworden sind.

zu viel Einfluß

Wie könnte ein zu großer Einfluß auf die Kinder im Vorschulalter aussehen? Dieser Zustand ist vor allem in totalitären, autokratisch geführten Systemen zu finden, in denen bereits den Kindern die offizielle Weltsicht des Staates eingetrichtert wird. So wurden z.B. in der Nazi-Zeit bereits den Kindern Geschichten darüber erzählt, wie die Juden ein ganzes Volk verderben können – z.B. mit Bildern wie dem einen Giftpilz, der das ganze Pilzgericht vergiften kann.

Natürlich wird es in den Kindergärten immer auch einen Einfluß des Weltbildes des Staat geben, in dem sich diese Kita befindet, aber es macht einen Unterschied, ob es sich dabei um das allgemeine politische, wissenschaftliche und religiöse Weltbild handelt, oder ob gezielt bestimmte Ansichten gefördert werden, die den bestehenden Status des Staates erhalten und festigen sollen. Das allgemeine Weltbild wird immer vermittelt, aber gezielte Indoktrination ist noch einmal etwas anderes.

das rechte Maß

Die Kitas sollten sich nicht zu viel in die Entwicklung der Kinder und in die Erziehung der Kinder durch die Eltern einmischen, aber sie sollten andererseits die Kinder in allem fördern, was sie brauchen, was auch eine Einmischung in die Entwicklung der Kinder und in den Erziehungsstil der Eltern bedeutet.

Das rechte Maß dieser Einmischung läßt sich nicht auf eine bestimmte Linie festnageln – und genauso wenig kann ein Kindergärtner sich ständig an diese Linie halten. Die Arbeit in einem Kindergarten ist etwas sehr Lebendiges – um es einmal freundlich auszudrücken. Man muß ständig auf alle und alles achten, muß immer wieder Streits schlichten, ein Kind zum Klo begleiten, anderen Kindern zuhören, auf den Kommentar der Kollegin achten, für das Frühstück sorgen, ein Pflaster auf eine kleine Wunde kleben, ein Spiel anleiten, die heftigen Emotionen der Kinder freundlich begleiten und den Kinder dabei Halt geben, alle zum Essen zusammenrufen …

In einer solchen Situation ist eine Orientierung an allgemeinen Regeln nur in sehr begrenztem Maße möglich und auch nur in begrenztem Maße hilfreich. Was hier mehr hilft, ist eine innere Ruhe und Gelassenheit, eine natürliche Autorität und vor allem eine große Liebe für die Kinder sowie das intuitive Verstehen des Charakters des einzelnen Kindes sowie das Erkennen, was das eigentliche Problem des Kindes ist.

Das rechte Maß ist für eine Kindergärtnerin also weniger das Wissen um Regeln und Weltanschauungen und dergleichen, sondern vor allem die eigene individuelle Reife und der eigene innere Frieden. Eine Kindergärtnerin, die erkannt hat, wer sie selber ist und die in dieser Selbsterkenntnis ruhen kann und aus ihr heraus strahlt, wird ohne daß sie noch viel tut, zu einem Vorbild für die Kinder, denn Kinder erkennen wie alle Menschen die Menschen, die glücklich sind. Und da jeder glücklich sein will, werden die meisten diejenigen als Vorbild nehmen und nachahmen, die Glück ausstrahlen.

Ein Kindergärtner braucht folglich zwar eine Ausbildung, um ausreichend Sachkenntnis zu erlangen, aber er braucht vor allem Weisheit – wenn man dieses „sich selber kennen und glücklich sein" einmal als „Weisheit" bezeichnen will.

Das ist natürlich ein hoher Anspruch an einen Kindergärtner (der genauso auch für alle Lehrer gilt), aber praktischerweise ist dieses Ziel des „sich selber kennen und glücklich sein" ja gleichzeitig das, was das Ziel des Kindergärtners für sich selber ist und was die ideale Voraussetzung dafür ist, ein guter Kindergärtner sein zu können.

Leider lernt man diese „Weisheit" in keiner Ausbildung zum Kindergärtner oder zum Lehrer – und auch in sonst so gut wie keiner Ausbildung …

Berufe

Die Kinder sind unsere Zukunft … Warum kümmern wir uns nicht besser um sie als wir das derzeit tun?

Es gibt eine Vielzahl von sozialen Berufen, die sich vor allem um die Kinder kümmern. Das beginnt mit der Hebamme bei der Geburt, auf die dann die Kindergärtnerinnen, der Kinderpfleger, der Erzieher und die Alltagshelferin im Kindergarten folgen, dazu der Frühpädagoge und der Kindheitspädagoge, in Krisenfällen noch der Kinderarzt, der Kinderkrankenpfleger, der Jugendamts-Angestellte, der Familientherapeut und der Paartherapeut (für die Eltern des Kindes) sowie der Heilerziehungspfleger und der Heilerziehungspflegehelfer.

Von diesen Berufen haben die Kindergärtnerinnen zahlenmäßig und zeitmäßig den weitaus größten Anteil – sie betreuen die Kinder während der Zeit, in der die Eltern der Kinder arbeiten.

Für sie gelten besonders hohe Ansprüche an ihre Fähigkeiten, da sie die Kinder maßgeblich mitprägen und daher auch das Verhalten dieser Kinder später in der Schule, im Beruf, in der selbstgegründeten Familie und in der Politik beeinflussen. Der Beruf der Kindergärtnerin ist daher einer der einflußreichsten Berufe überhaupt.

Daher brauchen sie – wie bereits früher aufgeführt – ein hohes Maß an Verantwortungsbewußtsein, Zuverlässigkeit, Sorgfalt, Geduld und Ausdauer sowie die „Weisheit" genannte Eigenschaft, die darin besteht, daß man „sich selber kennt und glücklich ist" und das auch ausstrahlt und dadurch zum Vorbild für die Kinder wird, das die Kinder von sich aus anstreben, um ebenfalls glücklich zu werden.

5. Entfaltung

♌

das Prinzip

Die Gemeinschaft besteht idealerweise aus Individuen, die sich selber kennen, die das leben, was sie sind, und deshalb glücklich sind. Nun ist das ja nicht so einfach, genau das zu erkennen, zu sein und zu leben, was man ist. Daher gibt es auch Berufe, die sich die Förderung der Entwicklung hin zu einem solchen Leben zur Aufgabe gemacht haben.

Man kann diese Berufsgruppe in zwei Hälften teilen: in diejenigen Berufe, deren Aufgabe es ist, bereits entstandene Schäden zu beheben, und in diejenigen Berufe, deren Aufgabe es ist, das Wesentliche zu entfalten. Man könnte auch sagen, das es zum einen die Berufe sind, die die Menschen vom negativen bis zum neutralen Zustand begleiten, und in die Berufe, die die Menschen vom neutralen Zustand zum positiven Zustand begleiten – also die Heiler und die Förderer.

Auch diese beiden Berufsgruppen gehören zu den sozialen Berufen, da sie sich beide um die Menschen selber kümmern. Dabei ist die Abgrenzung zwischen diesen beiden Gruppen nicht immer ganz klar – und auch nicht unbedingt nötig.

Man könnte vereinfacht sagen, daß diese beiden Berufsgruppen das wieder in Ordnung bringen, was die ersten drei prägenden Menschengruppen bei einem jungen Menschen nicht erreicht oder in falsche Bahnen geleitet haben: die Eltern, die Kindergärtner und die Lehrer.

Diese vierte Gruppe, um die es in diesem Kapitel geht, ist jedoch nicht wie die Eltern, die Kindergärtner und die Lehrer schon natürlicherweise (Elternhaus) oder von der Gemeinschaft her (Kindergarten, Schule) ein Teil der Entwicklung eines jeden Menschen (zumindest nicht in Deutschland), sondern ein Sonderfall, der nur dann auftritt, wenn die Problem eines Menschen zu groß werden (dann sorgt die Gemeinschaft dafür) oder wenn solch ein Mensch selber einsieht, daß es in seinem Leben nicht mehr so wie bisher weitergehen kann (und er sich selber Hilfe sucht).

zu wenig Selbsterkenntnis

Ein Mangel an Selbsterkenntnis kann zu vielfältigen Problemen führen. Vor allem ist es kaum möglich, glücklich zu werden, wenn man seine grundlegenden Schwierigkeiten nicht aufgelöst hat. Zu diesen Hindernissen am Glücklichsein zählen in erster

Linie Traumata, da sie bewirken, daß ein Mensch in einem engen Lebensbereich oder ganz allgemein durch ein früheres Erlebnis in seinem Verhalten geprägt und gelenkt wird. Man ist dann nicht mehr in der Lage, zu entscheiden, sondern reagiert aufgrund des Traumas reflexhaft. Doch auch andere „unverdaute" Erlebnisse, die nicht die Härte und Starre eines Traumas haben, können große Schwierigkeiten bereiten.

Ein Trauma kann man sich als einen „psychischen Krampf" vorstellen, bei dem in einer Situation mit extremem Mangel, extremer Angst oder extremen Selbstzweifeln etwas in der Psyche „eingerastet" ist und ohne Hilfe nicht wieder beweglich wird. In der Regel ist diese Trauma-Ursache eine Angst in einer Situation, die als lebensbedrohlich an gesehen wird.

Die Erkenntnis dieses Problems und seine Heilung sind die Voraussetzung dafür, daß der Betreffende aufhört auf reflexhafte Weise Angst-gesteuert zu sein und stattdessen wieder frei entschieden zu können. Ein Trauma ermöglicht es anderen – die solch ein Trauma bei einem anderen ja spüren können – bei dem Betreffenden „die Knöpfe zu drücken" und den Betreffenden dadurch in die Richtung zu lenken, in die sie ihn haben wollen.

Kollektiv gesehen wird diese Möglichkeit in der Werbung und in der Propaganda verwendet, die ja beide das bewußte Entscheiden der Menschen ausschalten und ihn dadurch lenkbar machen sollen.

Die Berufe, die die Traumata auflösen, und auch die Berufe, die die Selbsterkenntnis fördern, sind daher soziale Berufe, die gegen die sozialen Berufe der Werbefachleute und der Politiker kämpfen. Die einen wollen die Eigenständigkeit und die Freiheit der Menschen vergrößern, damit die Menschen selber bestimmen können, was sie tun – die anderen wollen die Eigenständigkeit und die Freiheit der Menschen verringern, damit sie besser gelenkt werden können.

zu viel Selbsterkenntnis

Wie bereits gesagt, gibt es die Gruppe der Sozial-Berufe, die die Eigenständigkeit der Menschen fördert und die Gruppe der Sozialberufe, die die Eigenständigkeit der Menschen verringert. Ein Sozialberuf ist – wenn man die Definition „Sozialberuf = Beruf, der sich auf Menschen bezieht" verwendet – nicht notwendigerweise für die Menschen förderlich.

Die Egoisten, die Macht über alle wollen, wenden soziale Kenntnisse an und engagieren Spezialisten mit Kenntnissen über das Sozialverhalten der Menschen – und ebenso die Altruisten. Es ist nun einmal eine Tatsache, daß Menschen sowohl Einzelwesen als auch Sozialwesen sind – Individuen in einer Gemeinschaft. Das führt dazu, daß sowohl die Egoisten als auch die Altruisten diese Sozial-Kenntnisse für ihre Ziele verwenden können.

Der Extremfall des „zu wenig Selbsterkenntnis/Selbstverwirklichung" findet sich seit 2017 in China in der Form des Sozialpunktesystems. Durch dieses System legt die Gemeinschaft – also der Staat – die Werte fest, nach denen sich die Menschen in China zu verhalten haben. Jeder startet mit 1000 Punkte und erhält Pluspunkte für Verhaltensweisen, die der Staat vorschreibt, und Minuspunkte für Verhaltensweisen, die der Staat ablehnt.

Wenn die Punkte weniger werden, erhält der Betreffende schrittweise Einschränkungen (Flug-Verbot, Eisenbahn-Verbot, Bus-Verbot u.ä.), durch die er gezwungen werden soll, sein Verhalten zu ändern. Zu den wesentlichen Verhaltensweisen, die zu Minus-Punkten führen, gehören neben Korruption und allen Arten von Gesetzesverstößen natürlich vor allem auch Widerspruch gegen die Regierung.

Durch das Sozialpunktesystem wird also der „staatstreue Bürger" erzogen. Wenn man dabei an Georges Orwells Roman „1984" denken sollte, liegt man damit sicherlich richtig.

Auch die in der Nazi-Zeit angestrebte Gleichschaltung und das Prinzip des Blockwarts, der alle Menschen in seinem Bereich überwachte, gehören in diese Kategorie.

das rechte Maß

Wie soll man hier nun das rechte Maß festlegen können? Die Heilung von Traumata und ähnlichen Einschränkungen ist auf jeden Fall notwendig, damit der Einzelne glücklich werden kann und auch dafür, daß die Gemeinschaft, die ja aus diesen Einzelnen besteht, funktionieren kann.

Andererseits ist ein Mindestmaß an allgemeinen Regeln, die von der Gemeinschaft festgelegt werden, ebenfalls notwendig.

Vermutlich gibt es auch hier wieder keine eindeutige Linie, auf die sich alle einigen könnten – zumal es ja auch immer noch diejenigen geben wird, die Macht über andere anstreben.

Da solche „Linien" zwischen zwei gegensätzlichen Einstellungen oder Impulsen generelle keine festgelegte Form haben, ist zudem zu bedenken, daß solche Formen irgendwann erschaffen werden und daß sie daher später auch wieder verschoben oder sogar ganz aufgelöst werden können. Es gibt also keine Form, die wirklich sicher das sinnvolle Maß bzw. das förderliche Gleichgewicht zwischen der Selbstentfaltung des Einzelnen und der Machtausübung durch die Gemeinschaft festlegen kann. Diese Grenze wird immer wieder verändert werden und es wird an ihr immer einen Interessenskonflikt geben. Diese Grenzlinie wird daher niemals „fertig" sein, sondern ständig weiterentwickelt werden – so wie auch das ganze politische System nicht dauerhaft stabil ist, sondern sich immer wieder verändert.

Berufe

Die zu diesem in diesem Kapitel betrachteten Thema gehörenden Berufe lassen sich in zwei Gruppen einteilen: die Berufe, die die Selbsterkenntnis und den Selbstausdruck des Einzelnen fördern, und die Berufe, die den Einzelnen prägen und lenken sollen.

Die erste der beiden Gruppen – die Eigenständigkeits-Förderer – lassen sich wiederum in diejenigen, die Schäden beheben, und in diejenigen, die die Essenz entfalten, aufteilen.

Zu denen, die die Schäden beheben, gehört der Therapeut, der Psychologe, der Psychiater sowie alle Pfleger und ähnliche, die mit ihnen in Praxen, psychiatrischen Kliniken u.ä. zusammenarbeiten.

Zu denen, die die Essenz entfalten, gehört der Berater, der Coach, der Lebensberater, der Berufsberater, der Yogalehrer, der Personal Trainer, weiterhin ein großer Teil der Menschen, die in den Rathäusern arbeiten, aber auch noch der Astrologe, die Kartenlegerin, die Wahrsagerin, die Menschen, die in der Erwachsenenbildung tätig sind, und viele andere mehr, die teilweise recht spezielle Aufgabenbereiche haben wie das Wiederfinden von verlorenen Gegenstände oder von vermißten Personen mithilfe von Telepathie.

In der Zeit von ca. 600v.Chr. bis 600n.Chr. wurde dieser Aufgabenbereich rings um das Mittelmeer, in Europa und im Nahen Osten bis hin nach Indien von den verschiedenen Mysterienkulten übernommen, die alle das Ziel der Selbsterkenntnis und der Eigenständigkeit hatten. Eine solche Einrichtung fehlt heute leider – wenn man einmal von den verschiedenen, meist abfällig als „Sekte" bezeichneten Gruppierungen absieht, die alle ein sehr unterschiedliches Niveau haben, aber teilweise durchaus ihr Heiler- und Förderer-Handwerk verstehen.

Schließlich bleiben noch die Berufe, die es sich weitgehend zum Ziel gemacht haben, andere zu prägen und zu lenken: die Werbefachleute und die Politiker.

6. Pflege

♍

das Prinzip

Ein wichtiger Aspekt der sozialen Berufe ist die Pflege der Menschen, die alt und schwach oder krank oder auf sonst eine Weise nicht dazu in der Lage sind, sich um ihr eigenes Wohlergehen zu kümmern. Diese Pflege reicht von der gelegentlichen Einkaufshilfe bis zu der Pflege eines Bettlägrigen im Altersheim.

Die Pflege der Alten, Kranken und Behinderten ist früher einmal die Aufgabe der Familie, der Sippe oder des Dorfes gewesen. Dadurch waren diese pflegebedürftigen Menschen weiterhin ein Teil der Gemeinschaft und konnten zumindestens in der ihnen noch möglichen Weise zum Wohlergehen der Gemeinschaft beitragen. Das ist heute, wo diese Menschen in Waisenheimen, Jugendheimen, Behindertenheimen, Krankenhäusern, Altenheimen usw. leben, jedoch nicht mehr möglich.

Dafür, daß ein weiser alter Mann Rat geben, ein Einbeiniger noch Werkzeugstiele schnitzen und der „Dorftrottel" noch bei der Ernte helfen kann, ist eben eine Gemeinschaft notwendig, in der die Einzelnen mit dem, was sie können, integriert werden. Das ist zumindestens in der westlichen Zivilisation heute nicht mehr gegeben, da die Gemeinschaft in Einzel-Individuen und bestenfalls in noch halbwegs intakte Kleinfamilien zerfallen ist.

Das hat dazu geführt, daß die Kranken in den Krankenhäusern zusammengelegt werden, die Alten gemeinsam in Altersheimen „versorgt" werden und die Behinderten in Behindertenheimen fortgesperrt werden.

Nun ist die Zusammenlegung der Kranken, Alten und Behinderten kein Allheilmittel, denn zumindestens die Altenheime und die Behindertenheime sind alles andere als Orte der Lebensfreude.

Es gibt ja auch durchaus schon Ansätze zu der Integration zumindestens von Behinderten in den normalen Alltag, doch die Inklusion von Behinderten in normale Schulklassen durch Integrationshelfer ist nicht gerade einfach und zudem für die Integrationshelfer nervenaufreibend, da er einerseits auf den Behinderten eingehen und ihm helfen sollen, aber andererseits auch das tun muß, was der Lehrer sagt, der die Klasse unterrichtet, und die Behinderten und der Integrationshelfer ja auch nicht den allgemeinen Unterricht stören dürfen. Und möglicherweise hat der Integrationshelfer ja auch noch seine ganz eigene Meinung, wie er gerade am liebsten mit der Situation umgehen würde.

Sowohl bei dieser Inklusion als auch bei dem Umgang mit den Alten wären einige gute kreative Ideen ausgesprochen wünschenswert.

zu wenig Pflege

Gibt es in irgendeinem Bereich unserer westlichen Zivilisation oder zumindestens in der Zivilisation in Deutschland zu wenig Pflege? Man kann zumindest sagen, daß der Umgang mit den Alten alles andere als menschenwürdig ist. Wenn man einmal ein Jahr in einem Altenheim gearbeitet hat, ist das offensichtlich.

Andererseits sind auch die Angehörigen oft mit den Alten überfordert – vor allem, wenn die Alten zu einem Pflegefall werden und die Angehörigen alle berufstätig sind. Eine sinnvolle Einrichtung ist die ambulante Altenhilfe, die es den Alten ermöglicht, weiterhin in derselben Wohnung zu bleiben wie bisher, aber ein- oder zweimal die Woche von einer dazu ausgebildeten Person Hilfe bei den Dingen erhalten, die sie nicht mehr alleine bewältigen können. Bei fortgeschrittener Demenz oder fortgeschrittenem Parkinson ist das allerdings nicht mehr möglich, da dann eine Teilzeit-Betreuung nicht mehr ausreicht.

Dasselbe gilt auch für viele Behinderte. Sie daheim zu beaufsichtigen und evtl. zu pflegen, würde es für viele Familien unmöglich machen, noch einer geregelten Arbeit nachzugehen. Die Größe dieses Problems hängt natürlich auch von der Größe und der Art der Beeinträchtigung des Behinderten ab.

Immerhin sind die Krankenhäuser Orte, an denen die Pflege ein sinnvolles Maß hat – und diese Pflege vor allem in aller Regel ja auch nur vorübergehend ist.

zu viel Pflege

Zu viel Pflege läßt sich eigentlich nirgendwo finden. Wenn man „Pflege" allerdings etwas allgemeiner als „Einsatz von Zeit, Geld und Engagement für das Wohlergehen eines Menschen" faßt, drängt sich der Vergleich zwischen dem Leben eines nur leicht körperlich eingeschränkten Menschen auf der Pflegestation eines Altenheims und einem Milliardär auf.

Hier könnte man durchaus argumentieren, daß man jedem Reichen – z.B ab dem Besitz von mehr als 1 Millionen Euro – die Unterstützung von einem Alten pro Million Euro Besitz auferlegt. Das würde dem Millionär nicht großartig schaden, aber dem Alten ein menschenwürdiges „halb-betreutes" Leben in seiner eigenen Wohnung ermöglichen. Auf diese Weise würde ein einziger Milliardär sogar 1000 Alten ein menschenwürdiges Leben ermöglichen. Diese Anzahl wäre insgesamt sogar noch größer, da der Milliardär die Alten ja nur für deren z.B. fünf letzten Jahre bis zu deren Tod unterstützen würde, wonach der nächste Alte von ihm gefördert werden würde.

Doch das sind zunächst mal nur Gedankenspiele, die sicherlich nicht so bald umgesetzt werden …

Doch man sollte sich einmal überlegen, was die Ausgabe von 500€ pro Monat für einen Millionär bedeutet und was die Unterstützung von 500€ für einen alten Menschen bedeuten kann.

das rechte Maß

Das rechte Maß ist – wie die bisherigen Betrachtungen bereits gezeigt haben – nichts, was man mit Zahl und Maß präzise festlegen könnte. Das rechte Maß hängt immer von dem ab, was die Mehrheit der Gesellschaft als gerecht empfindet – oder was die, die die Macht haben, als für sie nützlich empfinden.

Daher läßt sich nicht allgemein sagen, wie die Pflege in einer Gesellschaft aussehen und wie sie finanziert werden soll.

Man kann allerdings zumindest dazu anregen, sich diese ganzen Zustände, Zusammenhänge und Verhältnisse innerhalb einer Gemeinschaft einmal genauer anzusehen und sie sich bewußt zu machen.

Berufe

Die Arten der Pflege sind genauso vielfältig, wie die Pflegebedürftigkeit der Menschen sein kann:

Um die allgemein Pflege kümmern sich der Pflegefachmann und der Pflegeassistent, ganz allgemein der Betreuer und weiterhin (früher) die Zivildienstleistenden und heute diejenigen, die ein freiwilliges soziales Jahr ableisten.

Auch für die Erhaltung der Gesundheit sind viele verschieden Berufe zuständig: der Gesundheitspfleger und der Gesundheitspflegehelfer, der Kinderpfleger und der Kinderpflegehelfer, der Gesundheitskinderpfleger und der Gesundheitskinderpflegehelfer, der Reha-Trainer, die Übungs-Anleiter und alle Personen, die in einem Kurbetrieb beschäftigt sind.

Während einer Krankheit sorgen wieder andere Personen für die Kranken: die Krankenpfleger (früher „Krankenschwester") und die Krankenpflegehelfer, die Kinderkrankenpfleger und die Kinderkrankenpflegehelfer, der Masseur, der Medizinische Bademeister und noch viele andere.

Einige Berufe helfen auch bei einer Bedürftigkeit im Alltag: der Hauspfleger, der Hauswirtschafter und der Hauswirtschaftshelfer, der Familienpfleger, der Sozialpädagoge und der sozialpädagogische Assistent, der Alltagsbegleiter und nicht zuletzt auch solche Berufe wie die Müllabfuhr.

Speziell für die Unterstützung der Alten sind neben den Ärzten die Altenpfleger und die Altenpflegehelfer zuständig.

Hilfe und Pflege in Notfällen erhalten die Menschen von dem Pflegefachmann für Akutpflege im Krankenhaus und von dem Pflegefachmann für Akutpflege in der Psychiatrie.

Die Behinderten werden u.a. von den Integrationshelfer, den Heilerziehungspflegern und den Heilerziehungspflegehelfer sowie von den Heilerziehungspflegeassistenten unterstützt.

Schließlich gibt es noch die Erziehung, Hilfe und Pflege für verlassene Kindern in den Waisenheimen: die Kinderheim-Erzieherin, den Jugend-Erzieher, den Heim-Erzieher, die Kinderdorfmutter und den Dorfhelfer.

7. Hilfe

♎︎

das Prinzip

Die sozialen Berufe sind allesamt helfende Berufe. Damit sind die sozialen Berufe ein Sonderfall der allgemeinen Erkenntnis, daß das Leben einfacher ist, wen man sich gegenseitig hilft. Die sozialen Berufe sind allerdings keine Hilfe unter Gleichgestellten, sondern – sehr stark vereinfacht gesagt – eine Hilfe von gut ausgebildeten Gesunden für unwissende Kranke.

Man kann diese Hilfe und somit die sozialen Berufe auch noch weiter differenzieren. Es gibt zum einen die „direkten oder Körper-bezogenen Sozialberufe", bei denen z.B. eine Krankenschwester einem Patienten einen Verband anlegt. Dann gibt es die „indirekten oder Psyche-bezogenen Sozialberufe", die z.B. einen Jugendlichen bezüglich seiner Berufswahl beraten. Bei der ersten Gruppe wird ein offensichtliches Problem durch einen Helfer von außen behoben (Verband anlegen), während bei der zweiten Gruppe der, dem geholfen wird, durch diese Hilfe in die Lage versetzt wird, sich selber zu helfen (sinnvolle Berufswahl).

Man kann auch fragen, wie sehr der Anteil des ganz konkreten Kontaktes mit Menschen in dem sozialen Beruf ist? Beim Anlegen eines Verbandes besteht ein Körperkontakt, beim Beraten im Arbeitsamt besteht immer ein gemeinsames Gespräch in demselben Raum, bei der Telefonseelsorge gibt es ein Gespräch, aber keine physische Anwesenheit in demselben Raum, und beim Lesen eines Beziehungs-Ratgebers fehlt der persönliche Kontakt vollständig. Trotzdem sind diese hier angeführten Formen der Hilfe des einen Menschen für einen anderen Menschen alle durchaus eine ernstzunehmende Unterstützung.

Man kann sich auch fragen, ob der betrachtete soziale Beruf einfach nur pflegend ist, also ob die Krankenschwester dem Patienten einen Verband anlegt, wobei der Patient vollkommen passiv ist; oder ob der betrachtete soziale Berufe eine Hilfe im Sinne eines helfenden Austausches ist wie z.B. bei der Berufsberatung, die ja (idealerweise) eine gemeinsame Suche nach dem passenden Beruf des Jugendlichen oder des Arbeitslosen ist.

Der Unterschied zwischen der Pflege und der Hilfe besteht zumindest in der vorliegenden Betrachtung darin, daß ein Mensch bei der Pflege vollkommen passiv eine Unterstützung erhält, während er bei der Hilfe aktiv mitwirkt und diese Form der Unterstützung ohne seine Mithilfe auch gar nicht möglich wäre. Die Krankenschwester gibt eine Hilfe – der Berufsberater gibt eine Hilfe zur Selbsthilfe.

493

Das sind sowohl für den Gebenden als für den Empfangenden zwei vollständig unterschiedliche Situationen.

Bei der Dienstleistung kann die Situation noch einmal anders sein. Der Empfangende muß nicht unbedingt hilfsbedürftig sein, sondern gibt einfach eine Arbeit ab – an eine Putzfrau, an einen Chauffeur, an ein Kindermädchen, an einen Steuerberater usw.

zu wenig Hilfe

Ob es zu wenig Hilfe oder genug Hilfe gibt, hängt sehr von der eigenen Weltanschauung und nicht zuletzt auch von der eigenen Situation ab. Diese Frage wird von einen gesunden Millionär in der Regel anders beantwortet werden als von einem kranken Obdachlosen.

Die Antwort auf diese Frage ergibt sich aus den eigenen Idealen, aus der eigenen Ansicht darüber, wie es einem selber und der Menschheit am besten ergehen wird – und auch davon, von welchen Mißständen und Problemen man selber betroffen ist.

Um für dieses Thema ein besseres Gespür zu erhalten, kann man sich auch anschauen, wie ausgeprägt das soziale Bewußtsein in den verschiedenen Kulturen ist oder wie groß der Anteil der Dienstleistungen an den gesamten Berufen in einem Land ist.

Das soziale Bewußtsein ist in Dorfgemeinschaften und in Kulturen, die in Stämmen organisiert sind, am größten. Das liegt allerdings auch ganz einfach daran, daß sich in einem Dorf oder in einem Stamm so gut wie alle kennen und sich dort daher viel einfacher ein Gemeinschaftsgefühl entwickeln kann. Eine ganze Stadt oder ein Land oder gar die gesamte Menschheit sind wesentlich anonymer und abstrakter … und die Instinkte des Menschen sind auf die Gemeinschaft ausgelegt, in der jeder jeden kennt. Das, was darüber hinausgeht, verliert sehr schnell an Wichtigkeit und kann kaum noch Betroffenheit auslösen.

Der Anteil der Dienstleistung in verschiedenen Zivilisationen steigt mit dem Grad des Wohlstandes. Auf Platz 1 steht Hongkong mit 92,7% Dienstleistungs-Anteil am Bruttosozialprodukt (BSP); auf Platz 10 liegt Großbritannien mit 80,2%, auf Platz 20 liegt Spanien mit 74,1%, auf Platz 30 liegt Kuba mit 72,2%, auf Platz 40 liegt Japan mit 70,0%, auf Platz 50 liegt Litauen mit 68,0%, auf Platz 100 liegt Bangladesch mit 56,5%, auf Platz 150 liegt Äquatorialguinea mit 43,3%, den geringsten Anteil hat auf Platz 193 Angola mit 28,4%. Deutschland findet sich auf Platz 46 mit 69,1% wieder. Der durchschnittliche Anteil der Dienstleistungen am BSP beträgt weltweit etwas über 60%, also knapp 2/3 des gesamten BSP.

Der Anteil der Dienstleistungen am BSP läßt sich natürlich nicht direkt mit dem Maß an sozialem Zusammenhalt gleichsetzen, da ja auch in einer Monarchie oder in einer Diktatur ein hohes Maß an Dienstleistungen vorhanden sein kann. Aber da die

Dienstleistungen zu einem großen Teil „beruflich erbrachte Hilfeleistungen für andere Menschen" sind, läßt sich an dem hohen Anteil der Dienstleistungen am BSP zumindestens die große Wichtigkeit dieser „sozialen Tätigkeiten" und somit auch der sozialen Berufe erkennen.

zu viel Hilfe

Zuviel Hilfe? Wohl kaum … Zu viel sozialer Zusammenhalt? Auch nicht … Zu viele Dienstleistungen? Eigentlich auch nicht …

Doch wenn man schaut, wer sich viele soziale Dienstleistungen leisten kann, dann wird man feststellen, daß jemand der reich ist, sich ganz andere soziale Hilfen und auch allgemeine Dienstleistungen leisten kann, als ein Obdachloser, der froh ist, wenn er einen Platz im Obdachlosenheim erhält.

das rechte Maß

Das vorige Kapitel führt sofort zu der Frage nach dem rechten Maß, die hier offenbar eine Frage der Verteilung ist. Soll die Hilfe zu dem kommen, der das meiste Geld hat und der diese Dienstleistung daher am einfachsten bezahlen kann? Oder soll die Hilfe zu dem gelangen, der sie am dringendsten benötigt?

Die Antwort darauf hängt wieder von der Weltanschauung ab. Von einem liberalen Standpunkt aus soll sich jeder das leisten können, was er bezahlen kann. Von einem sozialen Standpunkt aus sollte die Hilfe jedoch vorrangig an die gegeben werden, die sie am dringendsten brauchen.

Auch hier ist das rechte Maß wieder nichts, was man ein für alle Male eindeutig und unzweifelhaft festlegen kann, sondern es ist etwas, das ständig neu ausgehandelt und neu festgelegt werden muß. Das liegt einfach dran, daß sich die beteiligten Menschen ständig ändern und auch daran, daß sich die Lebenssituationen und die allgemeine Lage der Menschen auf der Erde ständig verändert.

Zudem kommen immer wieder neue Aufgaben hinzu, um die sich zuvor niemand oder fast niemand gekümmert hat wie z.B. die Überbevölkerung und der Umweltschutz, insbesondere der Klimawandel. Diese Themen haben massive soziale Folgen und sind daher auch ein Thema der sozialen Berufe – insbesondere der Politiker. Diese Themen erfordern die bei den sozialen Berufen allgemein notwendige Einsicht in Zusammenhänge und auch eine große Weitsicht in Bezug auf die möglichen Entwicklungen. Leider streben die meisten Politiker vor allem erst einmal danach, gewählt bzw. wiedergewählt zu werden statt sich um die dringendsten Probleme zu kümmern, deren Lösungen möglicherweise unangenehme Maßnahmen erfordern, die ihre Wiederwahl gefährden könnten.

Durch diese Situation ergeben sich ganz neue soziale „Berufe" wie der des Klima-Aktivisten, der global aktiv ist …

Berufe

Zu den Hilfeleistenden zählen letztlich fast alle sozialen Berufe. Im engeren Sinne gehören zu ihnen jedoch die Pädagogen, die Elementarpädagogen, die Jugendpädagogen, die Berufsberater, die Arbeitserzieher, die Sozialmanager, die Sozialberater, die Sozialarbeiter und die Sozialassistenten, der Sozialpädagoge und die Sozialpädagogischen Assistenten und allgemein die Assistenten im Sozialwesen.

Doch – wie bereits gesagt – gibt es kaum einen sozialen Beruf, der nicht auch in dieser Kategorie gehört, denn fast alle sozialen Berufe benutzen auch das „helfende Gespräch", in dem man dem Hilfesuchenden auf Augenhöhe begegnet und mit ihnen zusammen nach einer Lösung vor das vorliegende Problem sucht.

8. Krisen

♏

das Prinzip

In Krisen brauchen fast alle Menschen sachkundige Hilfe und Unterstützung. Besonders offensichtlich ist das bei der Notfallmedizin von der Ersten Hilfe bis hin zum Krankenwagenfahrer. Auch die Feuerwehr und die Polizei sowie das Technische Hilfswerk gehören zu diesen Notfall-Berufen.

Weniger dramatisch ist die Arbeit der meisten Ärzte (klassische Medizin) und der Heiler (alternative Medizin). Hier findet sich eine sehr große Vielfalt an Spezialisten.

Die Arbeit in dem gesamten psychologischen Bereich kann sowohl akut und dramatisch sein als auch sehr langwierig und mühsam.

Mit den untersten Schichten der Gesellschaft und deren Not haben diejenigen zu tun, die in den Frauenhäusern, in den Drogenzentren und in den Obdachlosenheimen arbeiten oder die als Streetworker tätig sind.

Im großen Stil kümmern sich die Friedensforscher und die Diplomaten um die Bewältigung von Krisen.

Schließlich gibt es noch die Betreuer, die eine weitgefächerte Aufgaben-Paletten haben, sowie die Prostituierten und die Steuerfahnder, die sich um zwei grundverschiedene Probleme kümmern.

Die medizinischen Probleme können jeden Menschen treffen – die psychischen Problemen ebenfalls. Die sozialen Probleme finden sich hingegen vor allem in der Unterschicht und teilweise auch in der Mittelschicht, doch sie kommen auch in der Oberschicht vor. Die Prostituierten werden von allen Schichten aufgesucht, während sich die Steuerfahnder vor allem um die Oberschicht kümmern, bei der sich das Aufdecken von Steuerhinterziehungen am meisten lohnt. Auch die Kriege betreffen alle Schichten.

zu wenig Krisenhilfe

In Deutschland gibt es eine gut funktionierende Notfallmedizin – hier besteht also einmal kein Mangel bei einem sozialen Beruf. Das liegt vermutlich daran, daß solch ein Notfall jeden treffen kann und daher alle dafür sind, daß es eine gut ausgebaute Notfallmedizin gibt. Hier gibt es in Deutschland kein „zu wenig".

Auch bei den Ärzten ist die Situation in Deutschland auf jeden Fall verglichen mit vielen ärmeren Länder in einem guten Zustand. Hier gibt es ebenfalls kein „zu wenig".

Was die Heilung der Psyche angeht, sind in den letzten vierzig Jahren (1985-2025) sehr große Fortschritte gemacht worden – vor allem was die gesellschaftliche Akzeptanz der Behandlung von psychischen Problemen angeht, aber auch in Hinblick auf die Psychopharmaka. Man wird nicht mehr wie früher von allen als „irre" angesehen, wenn man einmal bei einem Psychologen gewesen ist. Allerdings sind die psychologischen Methoden durchaus noch ausbaufähig. Hier könnte man von einem geringfügigen „zu wenig" sprechen – vor allem weil die Wartezeiten bei Psychologen oft extrem lang sind und die Methoden noch verbessert werden können.

Ein spezielles psychisches Problem ist die Einsamkeit. Hier fehlt es sowohl an konkreter Hilfe als auch an Konzepten. Einsamkeit entsteht durch einen Mangel an sozialem Zusammenhalt, der in der westlichen Zivilisation ja überall beobachtet werden kann. Die Dorfgemeinschaft ist in Sippen zerfallen, die Sippen sind in Familien zerfallen, die Familien sind in Einzel-Individuen zerfallen …

Um die Größe und Dringlichkeit dieses Problems zu verdeutlichen: In Deutschland fühlen sich 51% der 18 bis 35-Jährigen einsam – in Frankreich sind es sogar 63%. Hier besteht ein dringender Handlungsbedarf, also ein „zu wenig".

Auch bei der Sexualität sieht es übel aus: In Deutschland werden 14% aller Mädchen und Frauen mißbraucht – wobei die Dunkelziffer um ein Mehrfaches größer sein wird, da nur wenige Mißbrauchsfälle tatsächlich angezeigt werden. In Afrika liegt die Mißbrauchsquote bei 22%. Dabei ist es keineswegs so, daß nur Frauen unter sexuellem Mißbrauch leiden: Bei jedem achten Mädchen wird ein Mißbrauch angezeigt, aber auch bei jedem elften Jungen. Mißbrauch ist also kein reines Frauen-Problem. Hier gibt es ganz offensichtlich ein „zu wenig" an Schutz und auch an Konzepten, wie der sexuelle Mißbrauch generell verhindert werden kann – am besten durch eine Lebens- und Beziehungsform, die ganz allgemein ein sexuell erfülltes Leben deutlich einfacher macht als das heute allgemein üblich ist.

Ob man die Prostitution zu den sozialen Problemen hinzurechnet oder nicht, ist weitgehend eine Ansichtssache. Schließlich arbeiten nicht alle Prostituierten unter Zwang – obwohl der Frauenhandel und die Zuhälterei durchaus ein großes Problem sind. Im Wesentlichen regelt sich die Prostitution über Angebot und Nachfrage – und es besteht ein offensichtlicher weitverbreiteter Mangel an erfüllter Sexualität. Das Schaffen der allgemeinen Möglichkeit, ein erfüllteres Sexualleben zu führen, würden die Prostitution am effektivsten auflösen …

Die Kriege sind das Gegenextrem zu einem sozialen Verhalten, weshalb der Soldat das Gegenstück zu einem sozialen Beruf im üblichen Sinne ist. Hier besteht ein sehr krasses „zu wenig" an Strategien, die alle Kriege effektiv vermeiden könnten.

Die Klimaerwärmung, die immer weitere Verbreitung von Mikroplastik, der mit großer Geschwindigkeit fortschreitende Artenschwund und ähnliches erfordern ganz neue soziale Berufe, die derzeit noch in den Anfängen stecken.

Auch in der wissenschaftlichen Forschung gibt es bisweilen einen Mangel an sozial sinnvollem Verhalten. So haben haben die Physiker Robert Oppenheimer, Richard Feynman, Enrico Fermi und ihre Kollegen 1945 die erste Atombombe gebaut und sie auch gezündet – obwohl sie nicht wußten, ob die große Hitze der Atombombe die gesamte Atmosphäre entzünden und dadurch das ganze Leben auf der Erde mit einem Schlag vernichten würde. Da gab es eindeutig viel zu wenig soziales Verantwortungsgefühl. Sie haben damals in Los Alamos den kollektiven Selbstmord der Menschheit riskiert …

zu viel Krisenhilfe

Zu viel Krisenhilfe ist bisher noch nicht vorgekommen, während man nach zu wenig Krisenhilfe nicht lange suchen muß – vor allem in Afrika.

das rechte Maß

Das rechte Maß ist in diesem Fall ganz einfach ein allgemeiner, weltweiter Ausbau der Krisenhilfe – insbesondere in den ärmeren Ländern, in denen die medizinische, psychologische, soziale, finanzielle und technische Hilfe in Notsituationen oft sehr mangelhaft bis gar nicht vorhanden ist. Einmal ganz davon abgesehen, daß es noch immer an vielen Orten an ausreichend Nahrungsmitteln und Trinkwasser mangelt …

Berufe

Man kann die sozialen Berufe, die sich um Krisen kümmern, in vier Bereiche einteilen: Hilfe, die sich auf den Körper, auf die Psyche, auf die soziale Lage und auf die allgemeine Situation bezieht.

1. Körper

Hier gibt es zunächst die Helfer in akuter Not. Das sind Rettungssanitäter, die Ambulanz, die Krankenwagen-Fahrer, die Notfall-Ärzte im Krankenhaus, die Feuerwehr, die Polizei und das Technische Hilfswerk sowie alle Beschäftigten in Frühwarnsystemen.

Den größten Bereich machen die Krankheits-Helfer aus: der Arzt und der Arzthelfer, der Facharzt, der Augenarzt und der Optiker, der Hals/Nasen/Ohren-Arzt, der Zahnarzt und der zahnmedizinische Fachangestellte (Zahnarzthelfer), der Gynäkologe, der Kinderarzt, der Radiologe und der Radiologieassistent, der Anästhesist und der anästhesietechnische Assistent, der Chirurg und der operationstechnische Assistent, der medizinische Fachangestellte, der Laboratoriumsassistent und der pharmazeutisch-technische Assistent, und schließlich noch der medizinische Dokumentationsassistent. Das sind wie auch in allen vorigen Kapiteln natürlich nur einige Beispiele und nicht alle sozialen Berufen, die zu den jeweiligen Gruppen gehören.

Die nächste Gruppe von sozialen „Krisen-Berufen" sind die Heiler, die die alternative Medizin ausüben. Zu ihnen zählen z.B. der Heilpraktiker, der Homöopath, der Akupunkteur und die Heileurythmistin.

Um die langfristigen körperlichen Leiden kümmern sich der Physiotherapeut, der Ergotherapeut, der Motopäde, der Masseur, der medizinische Bademeister, der Ernährungsberater, der Diätassistent, der Atemtherapeut, der Stimmlehrer und der Logopäde. Für die Linderung der unheilbaren körperlichen Leiden und die Hilfe für die dadurch bedingten Probleme sind die Mitarbeiter in den Behinderten-Wohnheimen zuständig.

2. Psyche

Die Aufgabe der Heilung oder zumindestens Linderung von psychischen Problemen liegt in den Händen der Psychologen, der Psychotherapeuten, der Psychiater, der allgemeinen Therapeuten, der Psychiatrie-Mitarbeiter, der Kunsttherapeuten und auch der Sozialarbeiter.

3. Gemeinschaft

Hier findet sich zunächst einmal die Hilfe bei akuter sozialer Not, zu der vor allem die Frauenhaus-Mitarbeiter zählen.

Um die eher langfristigen sozialen Nöte der Menschen kümmern sich die Streetworker, die Sozialarbeiter, die Drogenberater, das Jugendamt, die Mitarbeiter in den Obdachlosen-Unterkünften, die Wohnheim-Mitarbeiter (betreutes Wohnen u.ä.), die Kinderdorfmütter (Waisenheim), die Jugenderzieher und die Heimerzieher.

Daneben gibt es auch verschiedene Tätigkeiten in der sozialen Prävention: den Sozialarbeiter und den Sozialassistent, den Sozialpädagogen und den sozialpädagogischen Assistenten, den Förderlehrer, den Berufspädagogen und noch etliche andere.

Es gibt auch soziale Berufe, die die Vermeidung von Krisen anstreben. Dazu zählen die Diplomaten, die „Aggression-Therapeuten", die Lehrer für gewaltfreie Kommunikation und die Friedensforscher.

4. Allgemein

Hier finden sich recht verschiedene Berufe. Zu ihnen zählen z.B. der Betreuer und der Betreuungsassistent, die die verschiedensten Aufgaben haben.

Man kann auch die Prostituierten und die Callboys zu den sozialen Berufen zählen, da sie sich um andere Menschen kümmern und deren sexuelle Not lindern.

Schließlich gibt es auch noch die Berufe, die sich um die Vermeidung der finanziellen Schädigung der Gemeinschaft kümmern: Das sind die Betriebsprüfer und vor allem die Steuerfahnder.

9. Förderung

das Prinzip

Die Krisenbewältigung beginnt im Negativ-Bereich und will den Betreffenden bis auf das Normal-Null-Niveau bringen – das Prinzip der Förderung setzt bei dem Normal-Null-Niveau an und will es in den Plus-Bereich bringen. Die Förderung hat viele Ähnlichkeiten mit dem 5. Bereich der sozialen Berufe, also mit den Berufen, die sich mit der Selbsterkenntnis und dem Selbstausdruck befassen.

Hier im 9. Bereich geht es jedoch zum einen nicht mehr so sehr um die Selbsterkenntnis wie im 5. Bereich, sondern vor allem um das Erreichen des idealen Zustandes. Die grundlegenden Probleme sind bereits gelöst worden und nun wird darauf aufgebaut. Zum anderen geht es hier nicht mehr nur um das individuelle Ideal – also um den ungehinderten Selbstausdruck wie im 5. Bereich – sondern um den Idealzustand sowohl von Einzelnen als auch von Gemeinschaften.

Die Berufe, deren Vertreter dabei helfen, sind weitgehend dieselben wie im 5. Bereich, also der Berater, der Coach, der Trainer, der Tanztherapeut, der Kunsttherapeut, der Musiktherapeut und vor allem auch der Psychologe. Hier findet sich auch jede Form der Fortbildung und die Anleitung durch externe Berater und alle Arten von Spezialisten.

Doch der wesentliche Punkt ist das eigene Streben nach dem Idealzustand, denn ohne dieses eigene Streben können alle Berater der Welt nicht viel erreichen. Man kann von außen her einem Menschen nur bei dem helfen, was er bereits will, aber man kann ihn nicht dazu bringen, zu wollen.

zu wenig Förderung

Dieser Förder-Bereich ist kaum als sozialer Beruf entwickelt, da sich die sozialen Berufen vor allem damit befassen, die negativen Zustände auf ein Normal-Null-Niveau (NNN) zu bringen – oder auf den Durchschnitt oder zumindest auf ein Existenzminimum. Die Verbesserung des Zustandes über das NNN hinaus beruht jedoch weitgehend auf der Eigeninitiative.

Das kann auch kaum anders sein, da die Gemeinschaft optimalerweise danach strebt, jedes Mitglied auf das NNN zu bringen, damit es nicht leiden muß. Das Sozial-Engagement der Gemeinschaft beschränkt sich weitgehend auf das Vermeiden von

Leid, aber es strebt nicht das Erreichen von Lust, Freude und Glück an – das ist etwas, was jeder selber leisten muß. Die sozialen Berufen versuchen ja auch nicht, diejenigen, denen sie helfen, auf ein besseres Niveau zu bringen als das, auf dem sie selber sind.

zu viel Förderung

Wie die bisherige Betrachtung zeigt, gibt es in diesem Bereich kein „zu viel", sondern eben nur die Not-Versorgung, also das Lindern von Leid.

Es existieren zwar Philosophen, Sektengründer, Weisheitslehrer und dergleichen mehr, die durchaus nicht nur das Vermieden von Leid, sondern auch das Erreichen von Glück als Ziel haben, doch das wird von der Gemeinschaft so gut wie nie unterstützt und oft sogar mit großem Mißtrauen betrachtet, da diese „Verkünder von neuem Wissen, neuen Wahrheiten und neuen Wegen" die bestehende Ordnung zu verändern drohen – was nun mal kaum eine Gemeinschaft freiwillig unterstützen wird. Bestehende Gemeinschaften neigen dazu, das bleiben zu wollen, was sie sind – daher helfen sie ihren Mitgliedern bestenfalls vom negativen Bereich bis zum neutralen NNN.

das rechte Maß

Darüber, was das rechte Maß ist, besteht bei diesem Thema naturgemäß wieder eine große Uneinigkeit. So wissen z.B. fast alle einerseits, daß es dringend notwendig ist, etwas gegen die Klimaerwärmung zu tun und Greta Thunberg ist sogar schon einmal zu einer UNO-Versammlung eingeladen worden um dort zu sprechen, aber andererseits weigern sich die allermeisten Länder noch immer, die nötigen Maßnahmen mit der nötigen Gründlichkeit zu ergreifen.

Das Erreichen von Zielen hängt generell davon ab, wie überzeugt die Menschen von diesem Ziel sind – und ob ihnen andere Dinge möglicherweise gerade wichtiger sind.

Was den Menschen wichtig ist, hängt wiederum vor allem von der Weitsicht der Menschen und auch von ihrem Begreifen von Zusammenhängen und Folgen ab:

Können sie erkennen, daß das Verhindern des Klimawandels heute sehr viel weniger kostet und sehr viel weniger Mühe macht und sehr viel weniger Umstellungen bedeutet als der Klimawandel, wenn er ungehindert weiterläuft, an zukünftigen Kosten, Mühen und Umstellungen mit sich bringen wird?

Können sie erkennen, wohin die Bevölkerungsexplosion führen wird? Können sie sehen, wie wesentlich das Zurückschrumpfen der Bevölkerung auf ein bis zwei Milliarden Menschen ist? Können sie die Folgen der Überbevölkerung erkennen?

Können die Menschen erkennen, was der ideale Zustand für sie selber, für ihre

Gemeinschaft und für die Menschheit als Ganzes sein könnte? Und setzen sie sich dann für das Erreichen dieses Idealzustandes ein?

Können die Menschen Visionen ihrer Zukunft entwerfen und die Verwirklichung dieser Zukunft anstreben? Oder leben sie ganz in der Gegenwart und kümmern sie sich nicht um die kurzfristigen Folgen ihres Handelns – von den mittelfristigen und langfristigen Folgen einmal ganz zu schweigen? Oder können sie wie Erwachsene die gesamten Folgen ihres Handelns überschauen und verhalten sie sich daher auch dementsprechend?

Können die Menschen überhaupt weiter als bis zu dem neutralen NNN hinauf sehen? Oder können sie überhaupt eine Vorstellungen von einem positiven, guten Zustand oberhalb des NNN entwickeln? Meistens kümmern sich die Menschen nur um das, was gerade schmerzt, aber versuchen nicht zu erkennen, wie es noch besser sein könnte.

Das rechte Maß der Förderung – und vor allem die Art und Richtung dieser Förderung – hängt sehr stark mit dem zusammen, was der Betreffende als seinen Lebenssinn erlebt:

- die freie Spontanität des Widders,
- das gesicherte Genießen des Stiers,
- die fröhliche Neugier des Zwillings,
- der innige Kontakt des Krebses,
- der strahlende Selbstausdruck des Löwen,
- die systematische Ordnung der Jungfrau,
- die umfassende Harmonie der Waage,
- die lustvolle Steigerung des Skorpions,
- der zielgerichtete Idealismus des Schützen,
- die solide Beständigkeit des Steinbocks,
- die weltverändernde Utopie des Wassermanns, und
- die allgemeine Teilnahme des Fisches.

Jeder dieser zwölf Stile strebt ein anderes Ideal an – und er strebt es auch auf eine andere Weise an. Doch diese zwölf Stile ergeben gemeinsam etwas Vollständiges, Rundes, so wie die zwölf Kapitel in dieser Buchreihe, die den zwölf Tierkreiszeichen entsprechen, auch jeweils etwas Rundes, Ganzes ergeben sollen.

Berufe

Die Berufe, die hier in Frage kommen, sind alle schon genannt worden: der Berater, der Coach, der Trainer, der Tanztherapeut, der Kunsttherapeut, der Musiktherapeut, der Psychologe und alle Arten von Spezialisten. Auch der Berufsberater, der Jobcenter-Angestellte, der Sozialarbeiter im Jugendamt und viele andere können zu diesen Berufen zählen.

Es hängt allerdings sehr von dem jeweiligen Menschen ab, wie sehr er sich bei dem Menschen, dem er hilft, nicht nur um den Weg vom negativen Zustand zum neutralen NNN, sondern auch um den weiteren Weg vom NNN zum positiven Zustand kümmert.

Die sozialen Berufe, die dem Einzelnen helfen könnten, den eigenen Idealzustand zu erreichen und auch den Idealzustand der Gemeinschaft, zu der sie gehören, stecken allerdings noch alle in den Anfängen. Es gibt natürlich die verschiedenen Weisheitslehren, doch eine umfassende Weisheit, die zumindestens der Großteil der Menschen in der westlichen Zivilisation zustimmen könnten und der sie daher auch folgen würden, gibt es bislang noch nicht. Daher sind die Ideale bisher noch weitgehend suchende Einzelprojekte und noch kein kreativer Gesamt-Impuls.

10. Bewahrung

♑

das Prinzip

Die sozialen Berufe haben das Ziel, ein Mindestmaß an Wohlstand und Wohlergehen für alle zu erreiche, d.h. in den meisten Fällen für das gesundheitliche und finanzielle Existenzminimum zu sorgen. Das psychische Existenzminimum – wenn man die grundlegende psychische Gesundheit einmal so nennen darf – gehört allerdings im Allgemeinen noch nicht zu diesem durch die sozialen Berufe für alle abgesicherten Mindestmaß an sozialer Hilfe. Bei der sozialen Pflege gehört sie hingegen dazu: Waisenheime, Behindertenheime, Psychiatrie u.ä.

Die Tätigkeit der sozialen Berufe geht in vielen Fällen noch über das Erreichen dieses Mindestmaßes an Unterstützung durch die Gemeinschaft hinaus – allerdings nur dann, wenn sich die Betreffenden in gesicherten Verhältnissen leben und ihre Krankenversicherung u.ä. gezahlt haben.

Die dritte Tätigkeit der sozialen Berufe, die auch noch dringend notwendig wäre, existiert hingegen fast noch gar nicht: Es gibt noch keine wirklich effektiven sozialen Einrichtungen, die die Umweltzerstörung, die Klimaerwärmung, die Überbevölkerung, die Kriege und ähnliche kollektive Bedrohungen verhindern. Der bisher weitgehendste Ansatz ist die UNO mit ihren Unterorganisationen wie z.B. der WHO, aber auch einige NGOs wie z.B. das Rote Kreuz, Greenpeace und die SHA („Swiss Health Alliance"). Daneben gibt es aber auch noch lose Zusammenschlüsse mit kollektiven Zielen wie „Fridays for Future".

Man kann diese drei Bereiche der sozialen Berufe als die Erhaltung und Bewahrung

1. des Existenzminimums von allen,
2. des jeweils erreichten Lebensstandards und
3. der Bewohnbarkeit des Planeten Erde beschreiben.

Nun sind diese drei Ziele – wie fast alle Ziele – auch immer eine Frage des Geldes. Wie wird das Erreichen dieser Ziele finanziert? Werden diese Ziele als notwendig erkannt? Werden diese Ziele als vorrangig erkannt? Sind die Menschen bereit, für das Erreichen dieser Ziele auf anderes zu verzichten? Und sehen sie, daß die Kosten für die Verhinderung der Klimaerwärmung (z.B. Solarstrom) deutlich niedriger sind als die Kosten, die die Klimaerwärmung selber verursachen würde (z.B. Dürren, Stürme, Überschwemmungen)? Und letztlich: Wann wird allen – und vor allem auch den Mächtigen – klar sein, daß die Kosten von Kriegen so hoch sind, daß sie schlichtweg unrentabel sind?

Die sozialen Berufe – vor allem deren kollektiver Aspekt, der die Erhaltung der Bewohnbarkeit der Erde zum Ziel hat – sind wie schon gesagt auch eine Frage des Geldes und somit auch eine Frage der Macht. Das bedeutet, daß die Erhaltung der Bewohnbarkeit der Erde dann massiv vorangetrieben werden wird, wenn das Geld und die Macht der Reichen und Mächtigen bedroht wird – z.B. durch die drohende Überflutung ihres Landbesitzes in den Küstengebieten, durch die Zerstörung ihres Eigentums durch Wirbelstürme oder durch die Zerstörung von ihnen gehörenden Wäldern durch Waldbrand.

Doch es gibt noch eine weitere Wirkung der Klimaerwärmung, die auch die Reichen und Mächtigen zum Umdenken zwingen könnte: Wenn die Unwetter-bedingten Schäden weiterhin zunehmen – also Überschwemmungen, Waldbrände, Stürme, Dürren u.ä. – dann werden die Versicherungen nicht mehr in der Lage sein, diese Schäden auszugleichen. Die Versicherungen und auch die Rückversicherungen (die Versicherungen der Versicherungen) haben bereits damit begonnen, sich aus bestimmten besonders bedrohten Gebieten zurückzuziehen und jegliche Versicherung in diesen Gebieten abzulehnen.

Das trifft die Reichen und Mächtigen jedoch an ihrem empfindlichsten Punkt: an der Absicherung ihres Eigentums, auf dem ihr Reichtum und ihre Macht beruht. Wenn dieses Eigentum nicht mehr versichert werden kann, ist es ernsthaft gefährdet und die Reichen und Mächtigen müssen befürchten, daß sie ihren Reichtum und ihre Macht verlieren.

Wenn die Versicherungen so viele Gebiete als „unversicherbar" ablehnen, daß sich die Reichen und Mächtigen bedroht fühlen, wird ein großes Engagement für den Klimaschutz entstehen. Das wird sehr spät sein, wenn man überlegt, daß ein rechtzeitiges Umdenken sehr viel geringere Kosten verursacht hätte, aber es wird immerhin ein starker Impuls für Veränderungen sein.

Besser spät als gar nicht …

zu wenig Bestandsschutz

Es gibt ein grundlegendes Problem in unserer Kultur: Das Erschaffen und Prägen ist hoch angesehen, aber nicht das Bewahren und Pflegen – dabei brauchen wir derzeit angesichts der Klimakrise, der Kriege und der Überbevölkerung genau dieses Erhalten, Bewahren, Schützen und Pflegen.

In allen naturnahen Kulturen – also vor allem bei Gemeinschaften, die noch als Stammes-Verband leben – gilt in der eine oder anderen Form, daß nichts getan werden darf, was den nächsten zehn Generationen Schaden zufügen könnten. Bei ihnen findet sich das Erhalten, Bewahren, Schützen und Pflegen als grundlegender

Wert, der den Weiterbestand des Stammes absichert.

Genau an diesen Werten fehlt es jedoch in unserer Kultur. Bei uns wird der eigene Vorteil abgesichert (die Reichen schützen ihr Eigentum), aber nicht das Weiterbestehen der gesamten Gemeinschaft. Das beruht wieder auf dem Problem, daß Menschen nur durch das motiviert werden, was nah und dringend ist – doch die Klimaerwärmung ist langsam, kaum sichtbar und findet oft weit fort durch irgendeine Naturkatastrophe ihren Ausdruck.

In unserer Kultur haben diejenigen, die nur Menschen und Dinge bewahren, erhalten, schützen und pflegen, ein sehr niedriges Ansehen. Wer kann sich schon stolz damit brüsten, eine Kindergärtnerin oder ein Altenpfleger zu sein?

Diejenigen, die hingegen Neues erschaffen, Dinge verwanden, Kriege gewinnen und dergleichen mehr tun, genießen ein hohes Ansehen oder zumindestens eine große Bekanntheit und einen bisweilen etwas zweifelhaften Ruhm.

Die einzigen sozialen Berufe, die ein hohes Ansehen, ein gutes Image und ein gutes Einkommen haben, sind die „Götter in Weiß", also die höhergestellten Ärzte. Allerdings üben diese „Oberärzte" zwar durchaus auch einen sozialen Beruf aus, doch ein Chirurg ist schließlich auch jemand, der etwas verändert und nicht jemand, der jemand anderen pflegt …

Gleichzeitig verdienen die, die einen sozialen Beruf ausüben, sehr wenig, während die, die erfolgreich etwas Neues gründen oder die ihr Einkommen mit der Ausbeutung der Arbeit von anderen verdienen, wie z.B. Börsenspekulanten, sehr viel Geld verdienen können.

Es ist generell so, daß Egoisten mehr als Altruisten verdienen – schließlich raffen sie alles zusammen, was sie kriegen können, während Altruisten das fortgeben, was die anderen dringend brauchen. Reiche wollen ihr Eigentum bewahren.

zu viel Bestandsschutz

Es gibt tatsächlich auch zu viel Bestandschutz in unserer Kultur – aber nur an einer ganz bestimmten Stelle: der Schutz des Eigentums. Dieser Schutz des Eigentums ist gesetzlich vielfältig abgesichert und auch durch das Fehlen einer Vermögensteuer, durch das Erbschaftsrecht und vieles andere mehr geschützt.

Wer reich genug ist, kann sich sogar über Gesetze hinwegsetzen. So können multinationale Konzerne mit Staaten die Bedingungen aushandeln, unter denen sie in dem betreffenden Land investieren. Wenn man reich genug ist, kann man mit Staaten so verhandeln als wenn man selber ein eigenständiger Staat wäre. Das ist bei multinationalen Konzernen natürlich am ausgeprägtesten, aber auch in den mittleren Reichtums-Etagen gibt das Geld schon eine große Macht, die sich teilweise über Gesetze hinwegsetzen kann.

Dieser Schutz des Eigentums sorgt dafür, daß die Reichen reich bleiben – was ja ihr erklärtes Ziel ist. Das ist eine – aus Sicht der Reichen verständliche – anti-soziale Haltung. Natürlich sind nicht alle Reichen nur egoistisch – schließlich gibt es auch Reiche, die Stiftungen unterstützen oder auf verschiedene Weise wohltätig aktiv sind. Doch die Reichen sind im Großen und Ganzen nicht gerade die, die die sozialen Berufe fördern.

Der Grund dafür ist einfach: Sie brauchen die sozialen Berufe nicht. Reiche brauchen keine Krankenversicherung, keinen Mietendeckel, keine Gewerkschaften, keine bezahlbare Kinderbetreuung, keinen Rechtsstaat, keine Polizei, keine Feuerwehr, keinen Naturschutz, keine Rentenversicherung, keine Pflegeversicherung, kein Arbeitsrecht, keine Tarifverträge, keine Moral, keine Meinungsfreiheit – Reiche können alles mit ihrem Geld erreichen. Der Mittelstand kann das nur manchmal und die Ärmeren können das fast gar nicht.

Wenn es nur Freiheit gibt, gilt das Recht des Stärkeren, also Macht – doch dann fehlen Gleichheit und Gerechtigkeit. Und diese Macht, auf der das Recht des Stärkeren beruht, ist in ersten Linie die Absicherung des Eigentums der Reichen.

Dieses Eigentum wird erst dann bedroht, wenn die Klimaerwärmung so weit fortgeschritten ist, daß an zu vielen Orten Häuser, Fabriken, Felder und ähnliches zerstört oder gleich vollständig überschwemmt werden. Dann sehen sich auch die Reichen in ihrem Reichtum bedroht und werden handeln.

Es gibt leider noch einen weiteren Punkt, an dem wir in unserer Kultur ständig auf die Veränderung und Vermehrung bauen statt auf den Schutz des Bestehenden. Unsere Lebensweise ist auf Wirtschaftswachstum aufgerichtet. Es wird nicht angestrebt, den Status Quo zu erhalten, also das Erreichte abzusichern und zu schützen und gerecht zu verteilen, sondern es wird angestrebt, noch mehr zu produzieren, noch mehr zu verdienen und insgesamt das Bruttosozialprodukt (BSP) zu steigern.

Doch ist die ständige Steigerung sinnvoll? Die Steigerung des BSP? Die Steigerung der Bevölkerungszahl? Die Steigerung der Rüstungsausgaben? Die Steigerung der Abholung der Wälder? Die Steigerung der Ausbeutung der Bodenschätze? Die Steigerung des CO_2-Ausstoßes?

Wenn man sich dieses Wachstum um jeden Preis ansieht, das dabei jedoch das Leben auf der Erde durch die Zerstörung der Grundlagen und des lebendigen Zusammenwirkens aller Lebewesen bedroht … Erinnert das nicht an eine Krankheit, mit der viele von uns große Probleme haben? An eine eine Krankheit, an der sehr viele Menschen sterben? Sieht das nicht wie eine kollektive Variante dieser Krankheit aus, die viele Einzelne befällt? Hat dieses Wachstum um jeden Preis und auf Kosten des Weiterlebens des Ganzes nicht genau dieselbe Dynamik wie die Krankheit Krebs?

das rechte Maß

Offensichtlich müssen die traditionellen sozialen Berufe, die 1. das Existenzminimum des in Not Geratenen und 2. den Wohlstand und das Wohlergehen des Mittelstandes absichern, durch eine 3. Gruppe von sozialen Berufen ergänzt werden, die sich um das Überleben der Menschheit als Ganzer kümmert.

Diese neue Gruppe von sozialen Berufen wird einen engen Bezug sowohl zu der Wissenschaft als auch zu der Politik haben müssen. Diese neue Gruppe von sozialen Berufen wird vor allem die manchmal sehr tiefe Kluft zwischen Wissenschaftlern und Politikern schließen müssen. Das wird nicht einfach werden, denn die Wissenschaftler versuchen zu erkennen, wie etwas ist und wie sich etwas weiterentwickeln wird und stellen das dann möglichst klar und deutlich dar, während die Politiker nach Macht streben und etwas durchsetzen wollen. Daher ist sogar die Sprache der beiden sehr verschieden: Die Wissenschaftler wollen möglichst sachlich sein, während die Politiker vor allem andere von der eigenen Meinung überzeugen wollen.

Für diese 3. Gruppe der sozialen Berufe werden die sozialen Fragen so gut wie immer sowohl wissenschaftliche als auch politische Fragen sein. Diese Gruppe wird so etwas wie Diplomaten zwischen den Wissenschaftlern, den Politikern und der Bevölkerung als Ganzes sein müssen – keine leichte Aufgabe …

Dazu kommt noch ein grundlegendes Problem, daß einst Jethro Tull in dem Song „Thick as a Brick" treffend formuliert hat: „I may make you feel, but I can't make you think." („Vielleicht kann ich Dich fühlen lassen, aber ich kann Dich nicht zum Denken bringen.")

Man kann niemanden zur Einsicht zwingen und man kann daher auch niemanden zu dem sinnvollen Handeln, das auf dieser Einsicht beruht, bringen. Das ist wieder das Problem, daß Menschen im Allgemeinen nur auf das reagieren, was nah bei ihnen ist und sie selber betrifft und das zudem auch noch dringend aussieht … Diese neue, 3. Gruppe von sozialen Berufen muß sich also um den Bereich kümmern, den die Menschen nur allzu gern und allzu oft ausblenden …

Das bedeutet, daß diese 3. Gruppe von sozialen Berufen nicht wie bei der 1. und 2. Gruppe von Menschen aufgesucht wird, die in Not geraten sind, sondern daß diese 3. Gruppe ihrerseits die Menschen aufsuchen muß, die ihre eigene Bedrohung nicht erkennen.

Das wird keine leichte Aufgabe werden, da Menschen nicht gerne von Dingen gestört werden, die ihnen nicht gefallen. Und wer hört schon gerne, daß er seine bisherige Lebensweise ändern muß?

Berufe

Die sozialen Berufe, die das Bestehende erhalten, schützen und pflegen, sind vor allem im öffentlichen Dienst angesiedelt – was natürlich auch für die meisten anderen sozialen Berufe zutrifft, da sie ja zu einem großen Teil von der Gemeinschaft organisiert werden. Zu diesen Berufen, die organisatorisch zu dem Bund, zu den Bundesländern, den Städten, Gemeinden und Kommunen gehören, zählt die gesamte Verwaltung mit Arbeitsvermittlern, Wohngeldämtern, Jugendämtern und vielem mehr, dann der gesamten Bildungsbereich mit den Lehrern, ferner die gesamte Justiz mit den Richtern, Staatsanwälten, Verteidigern, Notaren usw., und nicht zuletzt auch die gesamten Politiker auf der Ebene von Gemeinden, Städten, Länder, Bund und UNO.

Wo die zum größten Teil noch zu gründende 3. Gruppe der sozialen Berufe, die sich um die Erhaltung der Bewohnbarkeit der Rede als Ganzes kümmert, angesiedelt sein wird, ist noch unklar. Einerseits wird sie ein Teil der Verwaltung sein, andererseits sollte sie aber auch Politiker-unabhängig tätig sein können … was noch eine große Herausforderung sein wird, da Politiker dazu neigen, Tatsachen zu verschweigen, die ihren eigenen Zielen im Weg stehen könnten.

11. Gesellschaft

~~~

das Prinzip

Die sozialen Berufe werden gesellschaftlich organisiert und sind u.a. ein Ausdruck des Selbstverständnisses der Menschen in dieser Gesellschaft, die sich eben als Gemeinschaft sieht, in der man nicht nur für sich selber, sondern teilweise auch für die anderen bzw. für das Ganze verantwortlich ist. Es gibt in der Gesellschaft also das Fundament eines Gesamtbewußtseins.

Dieses Bewußtsein, das sich auf das Ganze erstreckt, ist ein typisches Merkmal für einen Erwachsenen, der nicht nur sich selber, sondern auch seinen Partner, seine Kinder und teilweise auch noch seine sonstigen Verwandten sieht und in sein Handeln miteinbezieht. Genau dieses Bewußtsein wird derzeit kollektiv benötigt – also ein Erwachsenwerden der Menschheit als Ganzes.

Das läßt sich möglicherweise besser verstehen, wenn man kurz die früheren Epochen betrachtet:

- <u>Evolution bis zum Beginn der Altsteinzeit</u>: Die Tiere einschließlich der Primaten leben weitgehend instinktiv. Das entspricht dem Ungeborenen im Bauch seiner Mutter während der Schwangerschaft.

- <u>Altsteinzeit</u>: Die Menschen leben als Teil der Natur in der Natur in einer Form der halbbewußten Symbiose. Das entspricht dem Baby (oralen Phase), das noch ganz in der Abhängigkeit von seiner Mutter und in ihrer Obhut lebt.

- <u>Jungsteinzeit</u>: Die Menschen beginnen Inseln der Zivilisation und Kultur in dem Meer der Natur zu erreichen, indem sie Dörfer bauen und Ackerbau und Viehzucht betreiben. Das entspricht dem Kleinkind (anale Phase), das zu laufen und zu sprechen lernt und das vor allem das Wort „Nein!" benutzen kann.

- <u>Königtum</u>: Die Menschen organisieren sich in großen Gemeinschaften, die hierarchisch durch einen König mithilfe seiner Verwaltung gelenkt wird. Dies entspricht dem Kind (phallische Phase), das sich selber als eigenständiges Wesen erkennt und nun das Wort „Ich!!!" benutzt.

- <u>Materialismus</u>: Die Menschen erforschen die Natur und erschaffen dabei die Wissenschaft und sie machen sich die Natur durch Erfindungen und Industrialisierung untertan. Das entspricht dem Jugendlichen (genitale Phase), der seine Kräfte erprobt, die Welt entdeckt und erforscht und in dem seine

Sexualität erwacht.

- <u>Globalisierung</u>: Die Menschen haben so viel Macht erlangt, daß sie die gesamte Menschheit vernichten und die Erde unbewohnbar machen könnten – am schnellsten durch die Atombomben. Idealerweise erkennen sie jedoch ihre Grenzen und erhalten das Leben auf der Erde – und sich selber. Das entspricht dem Erwachsenen („adulte Phase"), der eine eigene Familie gründet und die Verantwortung für diese Familie übernimmt.

Dieses Erwachsenwerden der Menschheit besteht vor allem darin, daß es vorausschauend erkennt, welche ihrer Handlungen welche Wirkungen haben und die daher Verhaltensweisen entwickelt, die die Weiterexistenz der Menschen auf der Erde absichern.

zu wenig Solidarität

Dieser „Blick auf das Ganze" führt u.a. auch zu einer Solidarität mit allen, die auf der Erde in Not sind, und folglich zu einem verantwortungsvollen Verhalten.

Solche Einsichten beginnen zwar allmählich zu entstehen, aber sie sind bei weitem noch nicht so einflußreich geworden, daß sie mit Gewißheit das Überleben der Menschen auf der Erde sicherstellen könnten.

zu viel Solidarität

Von zu viel Solidarität oder gar von zu viel Einsicht oder zu viel Engagement kann bisher nicht die Rede sein. Es ist nicht aussichtslos, da es ja durchaus Ansätze zu einem umfassenden sozialen Verhalten gibt – wenn man das erwachsene Verhalten einmal als „sozial" bezeichnen will – aber zur Lösung der anstehenden Probleme wie Hunger, Klimaerwärmung, Artensterben, Kriege und dergleichen mehr reicht dieses Maß an Gesamtbewußtsein bisher noch nicht aus.

das rechte Maß

Wir sind als Menschheit noch nicht so weit, daß wir das rechte Maß an Gesamtbewußtsein erreicht haben. Auch die „3. Gruppe der sozialen Berufe" ist derzeit bestenfalls gerade mal am Entstehen.

Das rechte Maß wird auf jeden Fall von einem Bewußtsein ausgehen, das sich als Teil des Ganzen begreift. Das bedeutet zum einen, das der Einzelne in Verantwortung das Ganze mitträgt, und zum anderen, daß das Ganze den Einzelnen mitträgt, der daher dem Ganzen vertrauen kann. Daher werden „Vertrauen" und „Verantwortung" die beiden Schlüsselbegriffe für die „3. Gruppe der sozialen Berufe" sein und sie werden auch die Merkmale für das Verhalten der Menschen in der Phase der Globalisierung sein, wenn diese Phase sich vollständig etabliert haben wird, d.h. wenn sie eine reife und funktionsfähige Form gefunden haben wird. Es ist nicht verwunderlich, daß diese Erwachsenen-Phase der Menschheit noch in den Kinderschuhen steckt, da sie ja erst mit dem Ende des 2. Weltkrieges begonnen hat – doch viel Zeit haben wir nicht mehr, um kollektiv erwachsen zu werden …

Wenn die Zivilisation der Menschheit auf Verantwortung und Vertrauen aufgebaut sein wird, wird wird man sagen können, daß die Menschheit endlich kollektiv von der Pubertät des Materialismus und Kapitalismus zu einem Erwachsensein übergegangen sein wird.

Berufe

Die „sozialen Berufe der 3. Gruppe" sind derzeit erst am Entstehen. Sie bestehen bisher vor allem aus ehrenamtlichen Tätigkeiten, Vereinen, Bürgerinitiativen, NGOs, der UNO und ähnlichen Formen, die alle das Gemeinwohl bzw. das Erhalten des Gemeinwohls zum Ziel haben.

12. Gedeihen

H

<u>das Prinzip</u>

Wenn man sich gegenseitig hilft, wird das Leben einfacher … Das ist das schlichte Prinzip, auf dem letztlich auch die ganzen sozialen Berufe beruhen. Die sozialen Berufe sind im Grunde Nachbarschaftshilfe oder Nächstenliebe, die eine öffentlich festgelegte und auch öffentlich sichtbare und für den Einzelnen erreichbare Form erhalten hat.

Die sozialen Berufe sind also nur die „Spitze eines Eisberges", der viel größer ist und der viele kleine Taten im Alltag umfaßt – vom Wickeln des eigenen Kindes über die Hilfe bei den Hausaufgaben, wenn das Kind zur Schule geht bis hin zu dem Einkaufen für den alten Nachbarn, der keine schwere Dinge mehr tragen kann.

Die sozialen Berufe sind die öffentlich verankerte Form eines Verhaltens, das für Menschen ganz normal ist. Diese Ausweitung dieses „normalen Sozialverhaltens" zu einem „öffentlich geregelten Sozialverhalten" ist dadurch notwendig geworden, daß es so viele Menschen gibt und sie in so großen Gemeinschaften zusammenleben, daß die instinktive Hilfe für andere nicht mehr ausreicht.

Während die Hilfe für die Bedürftigen in der direkten Nachbarschaft noch in weiten Bereichen üblich ist und sie sogar den Begriff „Nachbarschaftshilfe" hervorgebracht hat, ist die Hilfe für Bettler in der eigenen Stadt, die früher mal selbstverständlich gewesen ist (als es noch kein öffentliches Sozialsystem gab) bereits deutlich zurückgegangen – und die soziale Hilfe, die die Menschheit als Ganzes braucht (Klimaerwärmung, Kriege u.ä.) hat sich noch gar nicht richtig ausbilden können.

Die öffentliche Form der gegenseitige Hilfe in der Familie und der Nachbarschaftshilfe ist dadurch notwendig geworden, daß die Instinkte nur dann wirksam und in ausreichendem Maße funktionieren, wenn der Leidtragende einem nah verwandt ist oder wenn man ihn zumindest direkt vor sich sieht. Da dies oft nicht der Fall ist wie z.B. bei Hungernden in Afrika, fehlt die Hilfe oft da, wo sie am nötigsten gebraucht wird – und es verhungern nach wie vor jeden Tag 24.000 Menschen auf der Erde …

zu wenig Zusammenhalt

Das soziale Verhalten und somit auch die sozialen Berufe beruhen letztlich auf einem Zusammengehörigkeitsgefühl, also auf einem Gemeinschaftsgefühl. Diese Verbundenheit mit den anderen der eigenen Gruppe hat sich jedoch in der westlichen Zivilisation immer mehr aufgelöst. Das hat eine heftige Auswirkung, auf die schon in einem früheren Kapitel hingewiesen worden ist:

In Deutschland fühlen sich 51% der 18 bis 35-Jährigen einsam – in Frankreich sind es sogar 63%. bei den 36 bis 39-Jährigen sind nur noch 37%. Allerdings geben 17% der Befragten in beiden Gruppen an, daß sie unter starker Einsamkeit leiden. Bei alten Menschen steigt die Einsamkeit sogar auf 66% an.

Da die Einsamkeit nur schwierig zu messen ist und die Angaben vor allem auf Selbstauskünften bei Umfragen beruht, schwanken die Ergebnisse recht stark, So hat z.B eine Umfrage, die 2017 durchgeführt worden ist, ergeben, daß sich ca. 10% der Menschen in Deutschland einsam fühlen.

Einige Untersuchungen ergaben, daß diese Einsamkeits-Rate recht konstant ist – andere Umfragen lassen hingegen vermuten, daß die Einsamkeit der 15 bis 16-Jährigen zwischen 2012 und 2021 weltweit kontinuierlich angestiegen ist. Ebenso uneinheitlich sind die Ergebnisse zu der Frage, ob das Internet und die sozialen Medien die Menschen vermehrt einsam werden lassen.

Unbestritten ist jedoch, daß die Einsamkeit eines der großen sozialen Probleme ist, für das es noch keine wirklich wirksame Gegenmaßnahme gibt.

Die Einsamkeit ist letztlich ein System-Problem und läßt sich daher ohne eine Veränderung des gesamten gesellschaftlichen Systems auch nicht wirklich effektiv lösen: In traditionellen Dorfgemeinschaften mit ihren Großfamilien bilden die Menschen nun einmal eine Gemeinschaft, während man sich in den heutigen Großstädten mit ihren Kleinfamilien erst einmal eine Gemeinschaft aufbauen muß – die dann durch Umzüge in andere Städte jedoch schnell wieder zerfallen kann.

Es hat sich in den Untersuchungen auch gezeigt, daß Menschen mit niedrigem Bildungsstand und niedrigem Einkommen meisten einsamer sind als Menschen mit einer höheren Bildung und einem höheren Einkommen. Bildung und Geld eröffnen neue Kontaktmöglichkeiten …

Da die Einsamkeit aus einem Mangel an „Zugehörigkeitsgefühl" besteht, verringert Einsamkeit auch den gesellschaftlichen Zusammenhalt und könnte daher auch zu einem politischen Problem werden.

zu viel Zusammenhalt

Von „zu viel Zusammenhalt" kann nicht die Rede sein – es sei denn, man geht von einer Abschottung der Reichen gegen die Armen aus, was jedoch nicht allgemein üblich zu sein scheint – zumal es ja auch einen fließenden Übergang zwischen Arm und Reich gibt. Allerdings ist der große und die Gesellschafts-Strukturen maßgeblich prägende Einfluß der Reichen und Mächtigen durchaus ein Problem.

das rechte Maß

Das rechte Maß besteht darin, daß man sich um alles kümmert, was das eigene Wohlergehen, das Wohlergehen der eigenen Familie und das Wohlergehen der Menschheit als Ganzes erhält und fördert. Leider sind wir davon noch recht weit entfernt.

Berufe

Wirkliche Berufe gibt es in diesem Bereich nicht – es wird eher die soziale Einstellung und das soziale Verhalten der Einzelnen gebraucht, die in ihrem Alltag einander helfen und die auch einen Blick auf das Ganze haben und sich daher „erwachsen" benehmen.

Bücher von Harry Eilenstein

Magie für Anfänger
- Telepathie für Anfänger (60 S.)
- Telepathie für Fortgeschrittene (52 S.)
- Telekinese für Anfänger (52 S.)
- Analogien für Anfänger (56 S.)
- Omen und Orakel für Anfänger (52 S.)
- Lebenskraft für Anfänger (60 S.)
- Meditation für Anfänger (56 S.)
- Kundalini für Anfänger (100 S.)
- Hypnose für Anfänger (56 S.)
- Kampfmagie für Anfänger (172 S.)
- Auto-Movement für Anfänger (56 S.)
- Chakra-Magie für Anfänger (148 S.)
- Astralreisen für Anfänger (56 S.)
- Astrologie für Anfänger (120 S.)
- Astrologische Quadrate für Fortgeschrittene (72 S.)
- Partnerhoroskope für Anfänger (100 S.)
- Silberschnüre für Anfänger (52 S.)
- Zaubersprüche für Anfänger (60 S.)
- Ritual-Magie für Anfänger (56 S.)
- Mandalas für Anfänger (68 S.)
- Geldzauber für Anfänger (56 S.)
- Liebeszauber für Anfänger (52 S.)
- Invokationen für Anfänger (52 S.)
- Evokationen für Anfänger (60 S.)
- Geister für Anfänger (52 S.)
- Elfen für Anfänger (56 S.)
- Magie-Forschung für Anfänger (140 S.)
- Magie-Romantik für Anfänger (60 S.)
- Selbsterkenntnis für Anfänger (52 S.)
- Einweihungen für Anfänger (60 S.)
- Drogen-Kabbala für Anfänger (216 S.)
- Zahlensymbolik für Anfänger (60 S.)
- Die Sprache des Mondes – für Anfänger (116 S.)
- Zaubergesänge für Anfänger (100 S.)
- Zukunftschau für Anfänger (60 S.)
- Schamanismus für Anfänger (52 S.)
- Schwitzhütten für Anfänger (52 S.)
- Magische Gegenstände für Anfänger (68 S.)
- Übertragungen für Anfänger (68 S.)
- Zaubertränke für Anfänger (64 S.)
- Magie-Gesten für Anfänger (252 S.)
- Da'ath-Magie für Anfänger (64 S.)
- Magie-Heilungen für Anfänger (68 S.)
- Kornkreise für Anfänger (348 S.)
- Feng Shui für Anfänger (96 S.)
- Tao für Anfänger (112 S.)
- Magie für Anfänger – Sammelband   I (696 S.)
- Magie für Anfänger – Sammelband II (664 S.)
- Magie für Anfänger – Sammelband III (580 S.)
- Magie für Anfänger – Sammelband IV (700 S.)
- Magie für Anfänger – Sammelband V (676 S.)
- Magie für Anfänger – Sammelband VI (640 S.)

Magie
- Handbuch für Zauberlehrlinge (408 S.)
- Wie man das Pentagramm-Ritual zum Leben erweckt (308 S.)
- Tarot (104 S.)
- Physik und Magie (184 S.)
- Die Synthese von Physik und Magie (200S.)
- Die Magie-Formel (156 S.)
- Schwarze Löcher in der Magie (56 S.)
- Krafttiere – Tiergöttinnen – Tiertänze (112 S.)
- Schwitzhütten (524 S.)
- Mythen und Magie der Harfe (116 S.)
- Drei Adeptus Major Rituale (192 S.)
- Drei Adeptus Exemptus Rituale (120 S.)
- Zwei Infans Abyssi Rituale (128 S.)

Traumreisen
- Traumreisen zu Heilpflanzen (700 S.)
- Traumreisen zum kabbalistischen Lebensbaum (132 S.)

Meditation
- Der Lebenskraftkörper (230 S.)
- Die Chakren (100 S.)
- Das Chakren-System mit den Nebenchakren (296 S.)
- Organe und Chakren (64 S.)
- Die platonischen Körper in den Chakren (156 S.)
- Meditation (140 S.)
- Drachenfeuer (124 S.)
- Kundalini I (676 S.)
- Kundalini II (672 S.)
- Reinkarnation (156 S.)
- einsgerichtet (140 S.)

Astrologie
- Astrologie (496 S.)
- Photo-Astrologie (428 S.)
- Die astrologischen Aspekte (88 S.)
- Horoskop und Seele (120 S.)

Kabbala
- Kursus der praktischen Kabbala (150 S.)
- Eltern der Erde (450 S.)
- Blüten des Lebensbaumes:
    1. Die Struktur des kabbalistischen Lebensbaumes (370 S.)
    2. Der kabbalistische Lebensbaum als Forschungshilfsmittel (580 S.)
    3. Der kabbalistische Lebensbaum als spirituelle Landkarte (520 S.)
- Logik und Wirkung der Analogie (700 S.)

Eilenstein, Frater V.D., Knecht, Büdenbender
- Magie heute – Berichte aus der Praxis (288 S.)

Büdenbender, Eilenstein
- Chaos, Alk und Magic (436 S.)

die „Anfänger"-Reihe
- The Synthesis of Physics and Magic (192 p.)
- Telepathy for Beginners (60 p.)
- Telepathy for Advanced Learners (52 p.)
- Telekinesis for Beginners (56 p.)
- Life Force for Beginners (76 p.)
- Kundalini for Beginners (104 p.)
- Astral Projection for Beginners (60 p.)
- Meditation for Beginners (60 p.)
- Prophecy for Beginners (60 p.)
- Ritual Magic for Beginners (64 p.)
- Magic Chant for Beginners (108 p.)
- Invocations for Beginners (52 p.)
- Evocations for Beginners (62 p.)
- Auto-Movement for Beginners (60 p.)
- Elves for Beginners (56 p.)
- Hypnosis for Beginners (56 p.)
- Love Magic for Beginners (52 p.)
- Money Magic for Beginners (60 p.)
- Magic Objects for Beginners (64 p.)
- Shamanism for Beginners (52 p.)
- Chakra-Magic for Beginners (148 p.)
- Language of the Moon – for Beginners (128 p.)
- Self Knowledge for Beginners (60 p.)
- Da'ath-Magic for Beginners (64 p.)
- Astrology for Beginners (112 p.)
- Number Symbolism for Beginners (64 p.)
- Mandalas for Beginners (76 p.)
- Crop Circles for Beginners (344 p.)
- Feng Shui for Beginners (96 p.)
- Magic Research for Beginners (140 p.)
- Magic for Beginners – Anthology I (636 p.)
- Magic for Beginners – Anthology II (616 p.)
- Magic for Beginners – Anthology III (684 p.)
- Magic for Beginners – Anthology IV (580 p.)

Eilenstein, Frater V.D., Knecht, Büdenbender
- Living Magic (261 S.) (= „Magie heute")

sonstige englische Ausgaben
- The Biography of the Devil (140 S.)
- The Synthesis of Physics and Magic (192 S.)
- The Chakra-System with the Minor Chakras (304 S.)